孟子浅释

◎ 天宜 著

齊魯書社

图书在版编目（CIP）数据

孟子浅释／天宜著．—济南：齐鲁书社，2013.11
ISBN 978－7－5333－3020－0

Ⅰ.①孟…　Ⅱ.①天…　Ⅲ.①儒家②《孟子》—注释
Ⅳ.①B222.52

中国版本图书馆 CIP 数据核字(2013)第 252507 号

孟 子 浅 释

天　宜　著

主管单位	山东出版传媒股份有限公司
出版发行	齊魯書社
社　　址	济南市英雄山路 189 号
邮　　编	250002
网　　址	www.qlss.com.cn
电子邮箱	qilupress@126.com
营销中心	(0531)82098521　82098519
印　　刷	日照报业印刷有限公司
开　　本	850mm×1168mm　1/32
印　　张	14.75
插　　页	2
字　　数	370 千
版　　次	2013 年 11 月第 1 版
印　　次	2013 年 11 月第 1 次印刷
标准书号	ISBN 978－7－5333－3020－0
定　　价	**39.00** 元

目　　录

梁惠王下

公孙丑上

公孙丑下

滕文公上

滕文公下

离娄上

离娄下

万 章 上

万章下

告子上

告 子 下

尽心上

尽心下

导　言

（一）

孟子（约前372～前289），名轲，字子舆，邹人，生活在我国东周战国之末，是继圣人孔子之后，儒家学派最杰出的大德，史称亚圣。他为中华民族留下了一笔丰厚的精神财富，都包容在《孟子》这部不朽的典籍里。宋朝著名注释家孙奭（shì）称颂说："统领一切圣人的道理的，不能超过六经，传承六经的教化的，不能高过《孟子》。"（译自《〈孟子正义〉序》）给了极高的评价。

教化的中心在于传承尧舜的至德要道。孟子说："尧舜之道，孝弟（tì）而已矣。"①直承孔夫子的道统，尧舜的至德要道就是孝悌之道，因而形成了孝为道德的核心、孝为百善之先的传统。为政者以孝治天下，贯通中华民族的历史，影响至今，深入人心，无可移易。

读孟子的文章，有一股浩然之气②，洋溢在字里行间，有一股仁义的力量，激励着钦慕的学人奋然前行。

请听："富贵不能淫，贫贱不能移，威武不能屈：此之谓大丈夫。"③义薄云天，声震九霄。

孟子说，仁是天下最宏大的住宅，礼是天下最正确的方位，义是天下最光明的大路，当系"得志与民由之，不得志独行其道"

的大丈夫所“居”、所“立”、所“行”④。居仁由义⑤,行世指南。

(二)

圣王明君体现至善治天下的中心是实行爱民的仁政。孟子说:“三代之所以得天下也,以仁;其失天下也,以不仁。”⑥仁与不仁,是得天下、失天下的试金石、分水岭,决定人心向背。得人心而得天下者,礼乐润人,载青史不朽;失人心而失天下者,独裁虐民,担百世恶名。

对于不仁者的抨击,以行霸发动战争为最烈。孟子怒发冲冠,义愤填膺,猛烈声讨诸侯之间发动的不义之战制造了惨绝人寰的灾难,激烈谴责为统治者谋战与敛财的帮凶罪孽深重:“争地以战,杀人盈野;争城以战,杀人盈城;此所谓率土地而食人肉,罪不容于死。”⑦所以对于那些战争发动者、唆使策划者、迫使百姓开辟荒原、刮尽地力以增加霸主们的赋税者,应该统统处以重刑。

断然否定了残酷的不仁者,自然越发彰显了:“仁者无敌。”⑧无可抗衡的力量源泉凝聚在仁者爱人的光明圣道里面:“老吾老,以及人之老;幼吾幼,以及人之幼:天下可运于掌。”⑨——所向披靡的无上治迹,来自爱民仁政,精准把握了至善治天下的关键。

(三)

仁政爱民一定要切实制定合理的产业政策予以保证。孟子告诉滕文公的名言是“夫仁政必自经界始”⑩,必须从推行井田制度着手,使得民众有恒定的产业,以便稳定人心,稳定社会。对此,孟子不胜其烦,深入论证。在《梁惠王上》篇,我们看到他在向齐宣王具体叙述了“制民之产”、保障“老者衣帛食肉，黎民不饥不寒”的内容之后，晚年又到魏国向梁惠王再度申述这一仁政治国的根本。民生，民生，孟老夫子反复突出地加以强调，民众必须要有生存活命的田产资源；若无田产资源，那么在战国时代人祸连绵的淫威下，大批的平民百姓只能痛楚无比地忍受着被暴君所漠视的饥饿折磨而凄惨地死去，横遭荼毒虐杀之厄，所谓“野有饿莩”，兽食抛尸，惨绝人寰，恰是此状。孟子的严词指控，将一切血腥残害无辜民众、专制主义的民贼独夫，千秋万代钉在历史的耻辱柱上，不得解脱。

（四）

爱民的真实体现乃是与民同乐。王家园林之类，务必要如周文王实行的那般，与民众共同享用。孟子要求统治者必须具有平等的心态，处好同民众的关系。

是以《孟子》一书，突出闪耀着民主思想的光芒。“民贵君轻”，更为卓识超群，是历史主义的至理名言，在人类思想的发展史上，在中华民族的文化史上，有如日月当空，光辉永存。孟子高亢嘹亮的论断：“民为贵，社稷次之，君为轻。”[11]仿佛空谷传响，冲云破雾，响遏行云。他进一步申述，得到民众拥戴的方为天子。“诸侯危社稷，则变置”[12]，“则易位”[13]。高扬着孔子民是水、君为舟、民可“载舟覆舟”的历史发展论。

孔夫子、孟夫子的民主思想比西方自由、平等、博爱理念的提出早了两千年，伏尔泰等思想先驱自己明白表述，他们首先从孔孟等圣哲那里得到了精神营养的滋润。我们国家目前要从事划时代的政治体制改革，宜应在吸取、兼容并包全人类治国智慧的同时，尤其要看重借鉴自己老祖宗的传统。

（五）

《孟子》开篇就着重声扬儒家创始阶段提出来的重大理念“义利”观[14]。曾子在《大学》篇末明白下了结论：“国不以利为利，以义为利也。”是以，孟子向梁惠王断然指出：“以义为利”，臣忠君安，“以利为利”，国家危险；一定要跳出“利”的误区，看到“义”的光明。

义在人道有序，教诲明以五伦：“父子有亲，君臣有义，夫妇有别，长幼有序，朋友有信。”[15]或以“父义、母慈、兄友、弟恭、子孝”的伦常道德称之。在孟子“四端”[16]的基础上发展形成的“仁、义、礼、智、信”五常，更加圆融人类社会的文明。

天道人道都有完善的礼的规范。儒家的着重点在人道。孟子说：“天时不如地利，地利不如人和。”[17]正是这种观点的反映。

（六）

良好的社会秩序有赖于合理的分工。“劳心者治人，劳力者治于人”[18]，通行天下，在长时间内不可更改。今天说，尊重知识，尊重人才，反映着人类文明的迅速进展，飞跃提升。

尊重知识，尊重人才，离不开尊师重道。孟子认为，一个开明的统治者，必须礼贤下士。“大有为之君，必有所不召之臣”，有事商量，则请登门拜教[19]。必须体现招贤者对于士人的充分礼敬。这就是孟子的师道观。

人们之间重视礼敬，是互惠的，更是自利的。孟子说：“爱人者，人恒爱之；敬人者，人恒敬之。”[20]民国年间净土宗高僧大德印光大师告诉我们，一分诚敬得一分利益，十分诚敬得十分利益。可见礼敬是智慧的运用。

若做官，孟子推崇孔子的出仕观。见有行道的可能、君主以礼相待、能够养贤，孔子便考虑做官；所谓行可、际可、公养，三者必备其一，出仕方有起码的条件[21]。

（七）

自然是大宇宙，人体是小宇宙。“万物皆备于我矣。”[22]表现了孟子人天一体的宇宙观。

既如此，作为自然之子的人，只有顺天而行，方可厚德载物，不负人生使命；若是逆天强为，违背人天规律，必定命运悲惨。顺天而行，展示天性，人生光明；逆天强为，损德折福，前途黑暗。所谓：“天作孽，犹可违；自作孽，不可活。”[23]正是此类情形。因而，孟夫子告诉我们，利人利己的纯净天性可以追求，只是为了满足眼、耳、鼻、舌、身的喜好享受不可以追求。追求天性，是人生的通途；追求享受，乃是死路一条。

（八）

追求天性，追求利好天下而大展雄风，必须在人世间首先历尽难于想象的磨难。对此，孟子有极其著名的论析：“故天将降大任于是人也，必先苦其心志，劳其筋骨，饿其体肤，空乏其身，行拂乱其所为；所以动心忍性，曾益其所不能。”[24]有道是：“吃尽苦中苦，方为人上人。”若无人生种种艰苦行程的历练，抵达不了高境界的无限风光。所以，唯独“孤臣孽子，其操心也危，其虑患也深”[25]，反而通达事理，能有成事的智慧。推展到一个国家也是如此，如果内无守法度的大臣和辅佐的贤士，外无相与抗衡的邻国和袭来的忧患，这样的国家常常容易被灭亡。

据此，孟夫子发出告诫：“生于忧患，死于安乐。”[26]谁若违反了这个不朽的名训，他处世做人的路就断了，黑暗顷现眼前，陷阱就在脚下，危险至极！

（九）

追求天性，展示人生的光明历程，孟夫子鼓励我们：“人皆可以为尧舜。”㉗

所谓尧舜之道，本文开头已述亚圣的阐释，就是孝悌之道。人们若能奉守孝道，高尚的道德情操便表现出来了。孔夫子在《孝经》中告诉后人，孝是一切道德的根本，所有的教化都是从孝产生出来的。尧、舜、禹、汤、文、武、周公、孔孟之道，也都是人世教化的道理，也都从孝道产生。孝道高于一切、大于一切。所以说，百善孝为先。你想做好人、做高人，你只要尽心孝养父母、尊敬长者就行了。明人吕新吾的五言古风《好人歌》开篇就点明：“好人重孝弟。”

敬重孝悌之道，是人生光明的集中展示，是立志做好人的无上的主题。

（十）

由尧舜之道直至孔孟之道，都重视人道的教化。是以在孟子行世的三乐里边，便有“得天下英才而教育之”一项。

教育者务必以身作则。孟子说，仁德的言语，比不上仁德的声望深入人心。他更认为，良好的政治比不上善教——良好的教育深得民心㉘。所以他主张要用“民爱之”的“善教”引导人。

教育要讲艺术，更看重大匠教人，“必以规矩”㉙。没有规矩，不成方圆㉚。所以孟子收徒授人，极其严格。若有依仗之嫌，一概不受不教。“教亦多术”㉛，他老人家明白告诉我们，对于因为有依仗之嫌而拒收拒教者,这也是一种特殊的教育,令其必须去掉一切优越的心理及其不平等的表现。

"建国君民,教学为先。"教育的可贵,在于培德,在于明理。孟子说,"以孝悌之义"开导民家子弟,青少年人众便会踊跃行善,特别是争做敬老帮老的好事:"颁白者不负戴于道路矣。"㉜

令人以孝道为核心而明理的培德教育,其所以可贵,是因为只要精进不懈,一定会明心见性。达此目标,天性当家,人可以自控命运,得大自在。心明自在,无需说得,这哪里是目明百步之外的离娄所能相比?为此,孟夫子在全书结笔的《尽心》篇,要求我们务必做到"尽心",即全副身心悟道,并且乐而习之——愉快地时刻付之实践,以验证圣贤之道的光明伟大。闻道时习,人生光明;好学乐学,做人第一。闻者,明以领会;学者,自进之志。

现在,就让我们进入《孟子》这部明心见性、传承六经教化的最佳典籍,倾心接受化导。

2012 年 6 月 13 日初稿,2013 年 12 月 2 日校对、完善于安西书斋

【注引】

①《孟子·告子下》篇第二章。以下凡是出自《孟子》的引文或相关内容,只标篇章。②《公孙丑上》篇第二章。③~④《滕文公下》篇第二章。⑤《尽心上》篇第三十三章。⑥《离娄上》篇第三章。⑦《离娄上》篇第十四章。⑧《梁惠王上》篇第五章。⑨《梁惠王上》篇第七章。⑩《滕文公上》篇第三章。⑪~⑫《尽心下》篇第十四章。⑬《万章下》篇第九章。⑭《梁惠王上》篇第一章。⑮《滕文公上》篇第四章。⑯《公孙丑上》篇第六章。⑰《公孙丑下》篇第一章。⑱《滕文公上》篇第四章。⑲《公孙丑

下》篇第二章。⑳《离娄下》篇第二十八章。㉑《万章下》篇第四章。㉒《尽心上》篇第四章。㉓《公孙丑上》篇第四章。㉔《告子下》篇第十五章。㉕《尽心上》篇第十八章。㉖《告子下》篇第十五章。㉗《告子下》篇第二章。㉘《尽心上》篇第十四章。㉙《告子上》篇第二十章。㉚《离娄上》篇第一章。㉛《告子下》篇第十六章。㉜《梁惠王上》篇第三章。

梁惠王上

第一章　明仁义而抑小利

孟子见梁惠王。王曰:“叟①,不远千里而来,亦②将有以③利吾国乎?”

【译文】孟子拜见梁惠王。梁惠王说:“老先生!不以千里为远前来敝国,一定将有什么利于我国吗?”

【简析】梁惠王接见孟子,开口一个“利”,处当战国之际,不用说是富国强兵之利、争霸称王之利。且听孟子如何作答。

【注释】①叟:年老的男人。亦用作对老年男子的尊称。这儿是对孟子的尊称。赵岐注:“叟,长老之称,犹父也。孟子去齐,老而之魏,王尊礼之。”《孟子》一书的原文,我们主要依据中华书局1980年版《十三经注疏》影印本作底本,以下简析、注释中凡提及《十三经注疏》、《孟子注疏》者,均指此影印本。②亦:实在、毕竟。③以:疑问代词,相当于“何”、“什么”。

孟子对曰:“王何必曰利?亦有仁义而已矣。”

【译文】孟子回答说:“大王何必讲利?说实在的,有仁义就够了呀。”

【简析】针对梁惠王的“利”,孟夫子单刀直入,旗帜鲜明地突出仁义为本,纠正其弊。

“王曰:‘何以利吾国?’大夫曰:‘何以利吾

家[1]?'士庶[2]人曰:'何以利吾身?'上下交征利,而国危矣。万乘之国,弑其君者,必千乘之家;千乘之国,弑其君者,必百乘之家。万取千焉,千取百焉,不为不多矣;苟为后义而先利,不夺不餍。"

【译文】孟子接着说:"大王讲:'拿什么利于我国?'大夫讲:'拿什么利于我的封邑?'士庶人讲:'拿什么利于我们自身?'上下互相征求利益,那么国家就危险了。一个有万辆兵车的大国,谋杀他们的君主的,一定是有千辆兵车的大夫之家;一个有千辆兵车的中等国家,谋杀他们的君主的,一定是有百辆兵车的大夫之家。兵车万辆的国家大夫拥有千辆兵车,兵车千辆的国家大夫拥有百辆兵车,这些大夫拥有的产业不能说不多了;假如是个轻义重利的野心家,不把国君的产业完全夺走是不会满足的。"

【简析】这里,孟子具体地向梁惠王剖析了只顾图"利"的害处,明示其"弊"。只顾图利,不以仁义为本,君臣上下都迷失了立身的光明的方向,就给"后义而先利"者留下了制造祸乱的空子,是以不仅无利可言,恰恰是危险!

【注释】①家:卿大夫或卿大夫的采(cài)地食邑。采地,古代卿大夫的封地。颜师古曰:"采,官也。因官食地,故曰采地。"食邑,古代君主赐予臣下作为世禄的封地。②士庶:士人和普通百姓。亦泛指人民、百姓。

"未有仁而遗其亲者也,未有义而后其君者也。王亦[1]曰仁义而已矣,何必曰利?"

【译文】孟子最后说:"从来没有修仁德者却遗弃他的双亲大人的,从来没有行道义者却对他的君主怠慢的。大王只讲仁义就够了，为什么一定要先讲利呢？”

【简析】孟子指出，推行仁义，方才是梁惠王要图的最大利益所在。孟子这次见梁惠王的谈话，就下了这个明确的结论。

孟子见梁惠王，在历史上真实具体的时间背景，是在到齐国见齐宣王之后。司马迁《史记·孟子荀卿列传》这样叙道：“孟轲，驺（同‘邹’）人也。受业子思之门人。道既通，游事齐宣王，宣王不能用。适梁，梁惠王不果所言。”但是为什么在《孟子》这部书中，孟子见梁惠王，却编排在赴齐之前呢？就是因为孟子见梁惠王，开宗明义讲的是儒家义利之辨这个核心问题。南怀瑾先生说：“这是中国文化千古以来，尤其是儒家思想中，义利之辨的最大关键。……孟子并不是不讲利，而是告诉梁惠王，纵使富国强兵，还都是小利而已；如从仁义着手去做，才是根本上的大吉大利。”（《孟子旁通》）

在《礼记·大学》篇，曾子朗朗地结笔：“国不以利为利，以义为利也。”铮铮十一个字，掷地有声。

清净高人，则将儒家的这一人生大则，贯彻于自己的日常所为。《红楼梦》中的甄士隐，于中秋之夜，设请便席之后，命小童封五十两白银，并两套冬衣，资助借宿隔壁葫芦庙内的穷儒贾雨村上京赶考时说：“愚虽不才，‘义利’二字，却还识得。”

【注释】①亦：副词，相当于“只是”。

第二章　与民同乐

孟子见梁惠王，王立于沼上，顾鸿雁麋①鹿，曰：“贤者亦乐此乎？”

孟子对曰："贤者而后乐此；不贤者虽有此，不乐也。《诗》云：'经始灵台，经之营之。庶民攻之，不日成之。经始勿亟[2]，庶民子来。王在灵囿[3]，麀鹿攸伏[4]。麀鹿濯濯[5]，白鸟鹤鹤[6]。王在灵沼，於牣[7]鱼跃。'文王以民力为台、为沼，而民欢乐之，谓其台曰灵台，谓其沼曰灵沼，乐其有麋鹿鱼鳖；古之人与民偕乐，故能乐也。《汤誓》曰：'时日害丧[8]，予及女皆亡！'民欲与之皆亡，虽有台池鸟兽，岂能独乐哉？"

【译文】孟子拜见梁惠王，惠王站立在水池的一旁，正在顾盼欣赏着鸿雁麋鹿，不经意地随口问道："贤德者也喜欢享受这些吗？"

孟子回答说："贤德的人过后方才享受这种快乐；不是贤德的人纵然有那些东西，也不会享受到快乐。《诗经·大雅·灵台》篇云：'开始筑灵台，经营复经营。百姓齐努力，很快便落成。动工不紧催，百姓更尽力。文王游灵囿，母鹿正安伏。母鹿光且肥，白鸟羽毛洁。文王到灵沼，满池鱼跳跃。'文王用百姓的劳力筑台、开沼，但是百姓高高兴兴，称他的台为灵台，称他的沼为灵沼，为他能享受到饲养的麋鹿鱼鳖而快乐。古时候的贤者能与民同乐，所以能得到这种欢乐。《尚书·汤誓》篇记载着百姓诅咒暴君夏桀的怨言说：'这个太阳啊，什么时候灭亡？我们宁愿同你一起灭亡！'百姓要同他拼命一起灭亡，尽管有台池鸟兽，难道还能够独自享乐吗？"

【简析】孟子以周文王建灵台、游灵台得到百姓衷心拥戴，同民怨沸腾的无道昏君夏桀的黑暗统治作鲜明对比，言之凿凿地向梁惠王证明：贤德者与民同乐，方可享受到真实的欢乐；蹂躏百姓的暴君企图一人独乐，只能激起民变，迅速走向灭亡。指出只有推行仁政方可长治久安。无情的历史就是如此铁面无私。

【注释】①麋(mí)：一种哺乳动物。毛淡褐色，雄的有角，角像鹿，尾像驴，蹄像牛，颈像骆驼，但从整体来看哪一种动物都不像。性温顺，吃植物。原产中国，是一种稀有的珍贵兽类。也叫四不像。②亟(jí)：急速、紧急。③灵囿(yòu)：周文王苑囿名。囿，用来蓄养禽兽的园子。④：麀(yōu)鹿攸伏：母鹿安闲地趴伏。麀鹿，牝(pìn)鹿，即母鹿。攸，安闲从容，自得其乐。⑤濯濯(zhuó zhuó)：肥泽貌。郑玄笺："鸟兽肥盛喜乐。"孔颖达疏："娱乐游戏，亦由肥泽故也。"⑥鹤鹤：形容羽毛洁白。⑦於牣(wū rèn)：啊，满池的鱼儿呀。於，叹词。牣，盈满。郑玄笺："灵沼之水，鱼盈满其中皆跳跃。"⑧时日害(hé)丧：这个太阳什么时候灭亡。时，通"是"，即"此、这"。害，通"曷"，疑问代词，什么时候。

第三章　五十步笑百步

梁惠王曰："寡人之于国也，尽心焉耳矣①。河内②凶，则移其民于河东③，移其粟于河内；河东凶，亦然。察邻国之政，无如寡人之用心者；邻国之民不加④少，寡人之民不加多，何也？"

【译文】梁惠王对孟子说："寡人对于治理国家，已经费尽心力了。河内发生灾荒，就迁移河内的民众到河东，转移河东的粮食给河内；河东发生灾荒，也这样做。考察邻近国家的为政，还不如寡人尽心尽力;但是邻国的民众不更少,寡人的民众不更多,什么道理呢?”

【简析】梁惠王举出救助灾民为例,诉说自己的仁慈爱民,做得比邻国好,但是好心不得好报,他的国民不增加,邻国不减少,要孟子给一个公正的说法。且听孟子如何答复。

【注释】①焉耳矣:的了。加强肯定语气。②河内:春秋战国时以黄河之北为河内(魏地,在今河南省济源市一带),河南为河外。③河东:战国、秦、汉时指今山西省西南部安邑县一带;唐以后泛指今山西全省。因黄河经此作北南流向,本区位在黄河以东而得名。④加:更、更加。

孟子对曰:“王好战,请以战喻。填然①鼓之②,兵刃既接,弃甲曳兵而走,或百步而后止,或五十步而后止。以五十步笑百步,则何如?”

【译文】孟子回答梁惠王说:“大王热衷于用战,请让我用战争来作比喻。战鼓咚咚地敲起来,两军短兵相接之后,一方的兵士丢盔卸甲,倒拖着兵器逃跑,有的跑到百步后停下来,有的跑出五十步就停下来了。用逃跑五十步来嘲笑逃出百步外的,那可以吗?”

【简析】“五十步笑百步”,是一个很有名的话题,意为彼此彼此,不相上下。孟子雄辩,在此以浅近的比喻先设下套路,请看自命不凡的梁惠王如何入套。

【注释】①填然:鼓声咚咚状。填,象声词。赵岐注:“填,鼓音也。”②鼓之:击鼓。鼓,名词动用。之,助词,延长音节。

曰:“不可,直①不百步耳,是亦走也。”

【译文】梁惠王脱口而出说："不可以，只不过不足百步罢了，这同样是逃跑啊。"

【简析】梁惠王果然入套，明确承认五十步不比百步强，属同一类型。这，正中孟子设套的下怀。

【注释】①直：副词。特、但、只不过。颜师古注："直犹但也。"

曰："王如知此，则无望民之多于邻国也。

"不违农时，谷不可胜食也；数罟[1]不入洿池[2]，鱼鳖[3]不可胜食也；斧斤以时入山林，材木不可胜用也。谷与鱼鳖不可胜食，材木不可胜用，是使民养生丧死无憾也。养生丧死无憾，王道之始也。

"五亩之宅，树之以桑，五十者可以衣帛矣；鸡豚[4]狗彘[5]之畜，无失其时，七十者可以食肉矣；百亩之田，勿夺其时，数口之家，可以无饥矣。谨庠序[6]之教，申之[7]以孝悌之义，颁白[8]者不负戴于道路矣。七十者衣帛食肉，黎民不饥不寒，然而不王者，未之有也。

"狗彘食人食而不知检[9]，途[10]有饿莩[11]而不知发。人死，则曰：'非我也，岁也。'是何异于刺人而杀之，曰：'非我也，兵也。'王无罪岁，斯天下之民至焉。"

【译文】孟子说："大王能够了解这一点，那就不要奢望您的百姓比邻国多了。

“不违反农夫从事耕种收获的时节，粮食就会多得吃不完；细密的渔网不准进入水塘捕捞，鱼鳖就会多得吃不完；进山砍伐山林有一定的时限，材木就会多得用不完。粮食与鱼鳖多得吃不完，材木也多得用不完，这样就会使得民众对生养死葬没有怨恨了。生养死葬没有怨恨，就是实行王道的开始。

“有五亩土地范围的住宅周边，都栽种桑树养蚕，五十岁的人就可以穿丝绸衣服了；鸡豚狗彘这类家畜，不耽误繁殖饲养的时机，七十岁的老人就可以享用肉食了；有百亩土地的农家，为政者不抢占他们的稼穑时节，有数口人丁的家庭，就能够避免饥饿了。认真地办好学校教育，使学子明白孝顺父母尊敬长者的道理，须发花白的老人就不会背负头顶东西在道路上艰难地行走了。七十岁的人穿绸吃肉，百姓不缺食缺衣，这样还不能实行王道，那是不可能的事情。

“狗和猪吃人们的粮食却不知道制止，道路上有饿死者的尸体还竟然不知道开仓放粮。人被饿死了，就推脱说：‘不是我的责任啊，是年成不好啊。’这何异于刺杀了人却说：‘不是我的责任啊，是兵器刺杀他的。’大王不去怪罪年成不好，这样天下的民众就会到您的国家来了。”

【简析】在这一部分，孟子首先明确指出，梁惠王掌政的国家人口不能多于邻国，是他的为政措施不比人家优越。接着为他具体叙述了富民强国、达到仁政的途径。

第一，必须要制定保护、发展农副业生产的政策，使得民众的温饱得以解决，生养死葬没有后顾之忧。

第二，在改良民生的前提下，务必办好学校教育，普遍从小提高全社会人们以孝悌为本的道德水准，保证王道的达标。

第三，照应“五十步笑百步”的话题，规劝梁惠王不要推托客观，应严格自律，认真实行王道，人多国盛的局面定将到来。

【注释】①数罟（cù gǔ ）：赵岐注："数罟，密网也。"数，细密。罟，网的总称。②洿（wū）池：水塘。③鳖：甲鱼。④豚（tún）：豚亦作"豘"。小猪。亦泛指猪。⑤彘（zhì）：猪。⑥庠序：古代的地方学校。后亦泛指学校。庠（xiáng），古代特指乡学。科举时代指县学。序，郑玄注："序，州党之学也。"⑦申之：使学生明白。申，明白。之，代庠序学子。⑧颁白：须发半白。颁，通"斑"。⑨检：约束，限制。⑩途：道路。⑪莩（piǎo）：通"殍"。饿死的人。

第四章　抨击暴政虐民

梁惠王曰："寡人愿安承教。"

孟子对曰："杀人以梃[1]与刃，有以[2]异乎？"

曰："无以异也。"

"以刃与政，有以异乎？"

曰："无以异也。"

【译文】梁惠王对孟子说："我愿安心乐意地接受您的教诲。"

孟子却设问应答："用棍棒与刀子杀人，有什么两样么？"

梁惠王说："没有什么两样。"

孟子再问："用刀刃与政权杀人，有什么两样么？"

梁惠王说："没有什么两样。"

【简析】听了孟子上一章的高论，梁惠王心有所动，表示愿意继续洗耳恭听。孟子随即巧设比喻，在得到梁惠王明确回答用棍棒与刀子杀人“没有什么两样”之后，又让梁惠王肯定回答用刀刃与政权杀人也“没有什么两样”，为自己立马展开的抨击暴政的议论，做了有力的铺垫。

【注释】①挺(tǐng)：通“梃”。棍杖。②有以：犹有何。有什么。以，代词，何。

曰：“庖有肥肉，厩有肥马；民有饥色，野有饿莩，此率兽而食人①也！兽相食，且人恶②之；为民父母，行政不免于率兽而食人，恶③在其为民父母也？仲尼曰：‘始作俑者，其无后乎！’④为其象人⑤而用之也。如之何其⑥使斯民饥而死也？”

【译文】孟子说：“厨房里有肥肉，马棚里养着膘肥体壮的群马；民众却面黄肌瘦，野外还有饿死者的尸体，这就是驱赶兽类吃人呀！野兽自相残食，人们尚且憎恶；作为民众的父母官，推行政事时不能免除率兽而食人的暴虐做法，怎么还能够做民众的父母呢？仲尼说：‘第一个制作殉葬用的木偶人者，大概没有后代吧！’因为它像人而使用！怎么推行政事者却使民众饥饿致死呢？”

【简析】杜诗云：“朱门酒肉臭，路有冻死骨。”(摘自《自京赴奉先县咏怀五百字》)王粲《七哀诗》云：“出门无所见，白骨蔽平原。”曹操《蒿里行》诗云：“白骨露于野，千里无鸡鸣。”这就是贫富过分悬殊又加战祸而制造的触目惊心的惨状。孟子对梁惠王说：“‘民有饥色，野有饿莩。’而王宫里呢：‘庖有肥肉，厩有肥马。’”能够心安理得吗？他又引用孔子的话进一步抨击说，使用像人的木偶殉葬尚且不可，为政者却使民众饥饿致死，岂不是苛政猛于虎吗！

【注释】①率兽食人：本指统治者为政失职，只图享乐，不关心百姓疾苦。后因以比喻虐政害民。②恶（wù）：讨厌，憎恨。③恶（wū）：疑问代词，相当于“何”、“安”、“怎么”。④“始作俑者，其无后乎”：比喻某种坏事或恶劣风气的肇事人。⑤象人：木偶人；泥人。林尹注：“象人，以木刻为人而能跳踊者，以其象人，故名。用以送葬。”⑥其（jī）：助词。用于疑问代词前后，表疑问语气，助疑问。

第五章　仁者无敌

梁惠王曰：“晋国[①]，天下莫强焉，叟之所知也。及寡人之身，东败于齐[②]，长子死焉；西丧地于秦[③]七百里；南辱于楚[④]。寡人耻之，愿比[⑤]死者壹洒[⑥]之，如之何则可？”

【译文】梁惠王说：“晋国，天下最强大的国家，是老先生所知道的。到了寡人继承王位，东面败给齐国，长子献身；西面割让给秦国七百里土地；南面又受辱于楚国。寡人深以为耻，希望替为国捐躯者彻底雪耻报仇，怎么样才可以做到呢？”

【简析】梁惠王急功近利，只是想到摆脱眼前的困境。他向孟子诉苦，屡败于他国，感到异常屈辱。

【注释】①晋国：韩赵魏三家大夫分晋之后，晋国已经不存在了；这里梁惠王还自称晋国，无疑是以晋国的正统自居，抬高魏国的地位。梁惠王，是魏国的第三代君主：第一代魏国的创始者，是他的祖父魏文侯；第二代开拓者，是他的父亲魏武侯；梁惠王，即魏惠王，因迁都大梁，故称。②东败于齐：公元前 353 年，魏国围攻赵都邯郸。赵国求救于齐国。齐将田忌、孙膑率军救赵，趁魏国都城兵力空虚，引兵直攻魏国。魏军回救，齐军趁其疲惫，于中途大败魏军，遂解赵围。此即孙膑围魏救赵的计谋。魏将庞涓于马陵被万弩射死，魏太子申被俘。围魏救赵，后指围攻来犯之敌的后方据点，迫其撤兵而更好歼敌的策略。事载《史记·孙子吴起列传》。③西丧于秦：在马陵之战以后，秦屡败魏国，迫使魏国献出河西之地与上郡十五个县，约七百里之地。④南辱于楚：指公元前 324 年（魏惠王后元十一年）魏国军队被楚将昭阳击败于襄陵（今河南睢县西），魏国又失去八邑。⑤比：为、替。⑥壹洒（xǐ）：全部洗雪。洒，洗涤、洗雪，后作“洗”。

孟子对曰：“地方百里，而①可以王。王如施仁政于民，省刑罚，薄税敛；深耕易耨②；壮者以暇日修其孝悌忠信，入以事其父兄，出以事其长上；可使制③梃以挞秦、楚之坚甲利兵矣。彼夺其民时，使不得耕耨，以养其父母；父母冻饿，兄弟妻子离散。彼陷溺其民，王往而征之，夫谁与王敌？故曰：‘仁者无敌。’王请勿疑。”

【**译文**】孟子回答说：“只要有方圆百里的土地，就可以实行王道。大王如果对民众施行仁政，少用刑罚，减轻赋税；鼓励百姓勤于农事；引导青壮年利用闲暇日修学他们本应重视的孝顺父母、尊敬兄长、为人尽心竭力和诚实守信的道理，在家事奉父兄，出外事奉长辈和上级；如此，国民即使拿着制作简陋的木棍也足以打败秦、楚身披坚厚的铠甲、手执锐利的兵器的部队了。那秦楚无时不在征兵派工强占百姓的农时，扰民不能耕种，不能奉养自己的父母；父母挨冻受饿，兄弟逃开，妻离子散。秦楚使百姓陷在痛苦的深渊，大王前往征讨，那还有谁能与大王抗衡？所以说：‘仁德的人无敌于天下。’请大王万勿迟疑。”

【简析】针对梁惠王的困窘、困惑，孟子高瞻远瞩，劝说梁惠王以推行仁政赢得民心，达到无敌于天下的强国目标。

【注释】①而：连词，表示承接，犹“就、然后”。②深耕易耨：深耕土地，勤除杂草。谓勤于农事。易，快，急速。耨（nòu），小手锄，此指用耨除草。③制：造作。

第六章　孟子游说大梁无果

孟子见梁襄王，出，语人曰：“望之不似人君，就之而不见所畏焉。卒然[1]问曰：‘天下恶乎定？’吾对曰：‘定于一。’‘孰能一之？’对曰：‘不嗜杀人者能一之。’‘孰能与之？’对曰：‘天下莫不与也。王知夫苗乎？七八月之间旱，则苗槁[2]矣。天油然作云[3]，沛然[4]下雨，则苗浡然[5]兴之矣。其[6]如是，孰能御之？今夫天下之人牧[7]，未有不嗜杀人者也；如有不嗜杀人者，则天下之民，皆引领[8]而望之矣。诚[9]如是也，民归之，由[10]水之就下，沛然谁能御之？’”

【译文】孟子拜见梁襄王出来，告诉人说：“远远望去不像个国君的样子，靠近他又看不到使人敬畏的地方。他突然对我发问：‘天下要怎样才得安定？’我回答他说：‘安定在于统一。’他问：‘谁能使天下统一？’我作答：‘不喜欢杀人的国君能统一。’他问：‘谁会归附他呢？’我答他：‘天下没有人不归附他的。大王知道禾苗生长的情况吧？七八月之间发生干旱，禾苗就枯萎了。天空浓雾大作，乌云翻滚，倾盆大雨过后，禾苗就蓬蓬勃勃生长起来了。’要是能这样，谁可阻挡呢？如今天下那些做国君的人，没有不喜欢杀人的；若有不喜欢杀人的君主，那么天下的百姓，都会伸长脖子指望他来解救自己啊。果真能如此，民众归附他，犹如水往低处流，奔腾澎湃，谁能挡得住他呢？”

【简析】梁惠王去世，儿子梁襄王即位，孟子同他接触之后，感到他不是做人君的材料，担当不了统一天下的大任，失望地离开魏国。不用说，孟老夫子游说大梁无果。在此，高傲的孟子将梁襄王贬得很低，其实并不妥当；待人接物，梁襄王缺乏应有的礼仪修养，作为人君，自是不该，但他的提问，尚能抓住治国的关键，孟子若能辅佐一个阶段，观察观察再说，也许是一种机遇。老夫子似乎不够冷静。

诚然，魏国一代不如一代。开国君主魏文侯，文武双全，任李悝为相，吴起为将，西门豹为邺令，奖励耕战，兴修水利，进行改革，使魏国成为当时的强国。曾西取秦的河西，向北越过赵国攻灭中山。子夏亦任其师，予以有力指导。到魏武侯则仅有武功少了文治。魏惠王更是屡败于外，丧权辱国。梁襄王益发赶不上乃父，魏国败迹已定。

【注释】①卒（cù）然：突然。卒，后多作“猝”。②槁（gǎo）：枯槁，干枯。③油云：因“油然作云，沛然下雨”，后来诗文以“油云”作浓雾。④沛然：充盛貌、盛大貌。⑤浡（bó）然：兴起貌。这里形容蓬蓬勃勃生长的样子。⑥其：连词，表示假设。如果，假如。⑦人牧:即人君。古代指统领人民的人。⑧引领:伸颈远望。多以形容期望殷切。领,脖子。⑨诚:连词,表假设关系,相当于“如果”。⑩由:通“犹”,如同,好像。

第七章　保民而王

以羊易牛

齐宣王问曰:“齐桓、晋文之事,可得闻乎?”

孟子对曰:“仲尼之徒,无道桓、文之事者,是以后世无传焉,臣未之闻也。无以[1],则王乎?”

曰:“德何如,则可以王矣?”

曰:“保民而王,莫之能御也。”

曰:“若寡人者,可以保民乎哉[2]?”

曰:“可。”

曰:“何由知吾可也?”

曰:“臣闻之胡龁曰:‘王坐于堂上,有牵牛而过堂下者,王见之,曰:牛何之?对曰:将以衅钟[3]。王曰:舍之!吾不忍其觳觫[4],若无罪而就死地。对曰:然则废衅钟与?曰:何可废也?以羊易之!’不识有诸[5]?”

曰:“有之。”

曰:“是心足以王矣。百姓皆以王为爱也,臣固知王之不忍也。"

【译文】齐宣王问道:"齐桓公、晋文公称霸的事情,可以领教吗?"

孟子回答说:"仲尼的门徒,是不说齐桓、晋文霸业之事的,因此后代不得流传,我没有听说过。若一定要说下去,就说说实行王道如何?"

齐宣王问:"德养如何,就可以实行王道了?"

孟子答道:"以保护民众来实行王道,没有谁能抗衡。"

齐宣王问:"若寡人这样,可以保护民众吗?"

孟子答道:"可以。"

齐宣王问:"凭什么知道我可以啊?"

孟子答道:"我从大王的臣子胡龁(hé)那里听到一个故事,这样叙述:'一日大王坐在大堂上,有人牵着牛经过堂下,大王见到了,问道:牵牛往何处去?回答说:将要用来祭钟。大王命令说:放了它!我不忍心见它恐惧发抖,像那样无罪就把它送上死地。牵牛人问道:那么废掉衅钟的仪式吗?大王回答说:怎么可以废除呢?用羊换下它!'不知道有无此事?"

齐宣王回答:"有这桩事。"

孟子喜形于色说:"这样的好心足可实行王道了。百姓都认为大王吝啬,但我原本知道大王有不忍之心哪。"

【简析】孟子劝齐宣王转换话题,别说霸道,改说王道,因此用"以羊易牛"的生活故事比喻齐王有"足以王矣"的"不忍"之心,突出"保民而王"的正题。

【注释】①无以:不得已。②乎哉:吗,表示疑问。③衅钟:古代杀牲以血涂钟行祭。赵岐注:"新铸钟,杀牲以血涂其衅郄,因以祭之曰衅。"④觳觫(hú sù):恐惧战栗貌。赵岐注:"觳觫,牛当到死地处恐貌。”⑤诸：之乎的合音。之，指“以羊易牛”事。乎，吗。

仁术足可弥补见牛未见羊的缺憾

王曰：“然！诚有百姓者。齐国虽褊小①，吾何爱一牛？即不忍其觳觫，若无罪而就死地，故以羊易之也。”

曰：“王无异②于百姓之以王为爱也。以小易大，彼恶③知之？王若隐其无罪而就死地，则牛羊何择④焉？”

王笑曰：“是诚何心哉？我非爱其财，而易之以羊也。宜乎百姓之谓我爱也！”

曰：“无伤也，是乃仁术⑤也。见牛未见羊也。君子之于禽兽也，见其生不忍见其死，闻其声不忍食其肉。是以君子远庖厨⑥也。”

【译文】齐宣王说：“是呀，果真有如此的百姓。齐国的地方纵令不大，我何至于连一头牛都舍不得呢！的确是不忍心它恐惧发抖，像这样无罪而置于死地，故而用羊来换下它。”

孟子说：“大王不要怪罪百姓认为您吝啬。用小的换下大的，他们哪里能够理解您的仁慈之心？大王假若恻隐牲口无罪而将其置于死地，那么牛同羊有何区别呢？”

齐宣王赧然笑道：“这真个是什么心理啊？我并不是吝惜钱财，因而用羊来换下牛的。该当百姓说我吝啬！”

孟子说："无妨啊，这正是仁爱之道的体现啊。仅仅是看见了牛疏忽了羊啊。君子怜悯飞禽走兽，只想看见它们活着，不忍心见到它们被杀死，听到它们临死时的惨叫声就不忍心吃它们的肉。因此君子远离厨房。"

【简析】孟子抓住"以羊易牛"的趣事，顺其不忍之心，晓谕齐王有爱民的"仁术"，此乃推行"保民而王"的根本。

【注释】①褊(biǎn)：狭小，不宽广。②异：惊异、诧异。③恶(wū)：疑问代词，相当于"何"、"安"、"怎么"。④择：区别。⑤仁术：施行仁政的策略。⑥远(yuàn)庖厨：远离厨房，亦称"远庖"。远，离开、避开。

王之不王，不为也，非不能也

王说，曰："《诗》云：'他人有心，予忖度之。'夫子之谓也。夫我乃行之，反而求之，不得吾心；夫子言之，于我心有戚戚①焉。此心之所以合于王者，何也？"

曰："有复②于王者曰：'吾力足以举百钧③，而不足以举一羽；明足以察秋毫之末④，而不见舆薪。'则王许之乎？"

曰："否！"

"今恩足以及禽兽，而功不至于百姓者，独⑤何与？然则一羽之不举，为不用力焉；舆薪之不见，为不用明焉；百姓之不见保，为不用恩焉。故王之不王，不为也，非不能也。”

【译文】齐王听了很是喜悦，说：“《诗经·小雅·巧言》篇上有这样的话：‘他人有何心思，我都可以揣摩测度出来。’说的正是您老夫子啊。我仅仅做了这件事，回过来探求其道理，不能达到我的初衷；经您老先生这么一说，很使我感动。这种心理同王道相合的原因，是什么呢？”

孟子说：“有人告诉大王说：‘我的力量足够举起三千斤的重物，但举不起一根羽毛；视力够得上看清秋天里鸟兽新生的细毛的末端，但看不见一车木柴。’那么大王赞同此种说法吗？”

齐宣王说：“不会。”

孟子说：“如今大王的恩德显然到达了禽兽，而这种功德不能在百姓身上得到体现，却是何故呢？如此看来，那么，举不起一根羽毛，是不愿意用力量；看不见一车木柴，是不肯用目力；百姓不被保护，是不肯广施恩泽。是故大王不实行王道，是不肯付诸行动，并非不能推行。”

【简析】孟子紧紧扣住齐宣王仁心及于禽兽“而功不至于百姓”的矛盾，一针见血地指出，是不愿意推行仁政，根本不是不能推行仁政。

【注释】①戚戚：心动貌。赵岐注：“戚戚然，心有动也。”②复：告诉、回复、回答。③钧：三十斤。④秋毫之末：秋日禽兽毛的末端。秋毫，鸟兽在秋天里新长出来的细毛。比喻极为微细的东西。⑤独：副词，表转折，犹“却”。

捅穿齐宣王不王的用心在兴甲兵

曰：“不为者与不能者之形，何以异？”

曰："挟太山以超北海，语人曰'我不能'，是诚不能也；为长者折枝，语人曰'我不能'，是不为也，非不能也。故王之不王，非挟太山以超北海之类也；王之不王，是折枝之类也。

"老吾老，以及人之老；幼吾幼，以及人之幼；天下可运于掌。《诗》云：'刑[①]于寡妻[②]，至于兄弟，以御[③]于家邦。'言举斯心加诸彼而已。故推恩，足以保四海；不推恩，无以保妻子。古之人所以大过人者，无他焉，善推其所为而已矣。今恩足以及禽兽，而功不至于百姓者，独何与？

"权，然后知轻重；度，然后知长短。物皆然，心为甚；王请度之！

"抑[④]王兴甲兵，危士臣，构怨于诸侯，然后快于心与？"

【译文】齐宣王问道："不肯做与不能做两种情形，怎么区分？"

孟子答道："腋下夹着泰山超过北海，告诉人说'我不能'，这是真的不能；替长者折一枝树枝，告诉人说'我不能'，是不肯做，并非不能做。是故大王不推行王道，并非腋下夹着泰山超过北海那类情形，大王不推行王道，是替长者折枝一类的情形。"

孟子说："尊奉自己的父兄，因而推及尊奉人家的父兄；抚爱自己的孩子，因而推及抚爱人家的孩子；那么，治理天下有如在手掌心里转动小物件那般轻易。《诗经·大雅·思齐》篇上说：'在家为妻子立榜样，一直到兄弟莫不如此，从而推广到治理封邑和国家。'说的是拿自己的这片仁爱之心推加于人罢了。是故由近及远地推加恩德,足以安定天下;不推加恩德,连妻儿也不可能保全。古人远远超过普通人的原因,没有其他诀窍,在善于推加他们的慈心美德罢了。如今大王的恩德足足到达禽兽,但是功德不加到百姓,到底是为什么呢?"

孟子说:"用秤称一称,过后方知轻重;用尺量一量,过后就知长短。物品都是这样,人心更加突出;大王请掂量吧!"

孟子激奋地说:"难道大王想动用军队,令将士冒险冲向战场,同诸侯国结仇,如此之后方感痛快吗?"

【简析】孟子步步紧逼,以"挟太山以超北海"和"为长者折枝"的生动比喻,说明齐宣王不王乃不愿为,再以"推恩足以保四海"和"不推恩无以保妻子"的对比,论述赢得人心系为政的首要;但是坚持不肯做,难道一定要冒险发动战争才"快于心"吗?捅其要害,迫使齐王表态。

【注释】①刑:通"型"。铸造器物的模子。王先谦集解:"刑范,铸剑规模之器也。"引申为典范。②寡妻:嫡妻。毛传:"寡妻,適(音 dí,同'嫡')妻也。"一说为贤妻。郑玄云:"寡妻,寡有之妻,言贤也。"③御(yù):统治、治理。④抑:副词。难道,岂。表示反诘。

兴战必食有灾的恶果

王曰:"否,吾何快于是?将以求吾所大欲也。"

曰:"王之所大欲,可得闻与?"

王笑而不言。

曰:"为肥甘不足于口与?轻暖不足于体与?抑

为采色不足视于目与？声音不足听于耳与？便嬖[1]不足使令于前与？王之诸臣，皆足以供之；而[2]王岂为是哉？”

曰：“否，吾不为是也！”

曰：“然则王之所大欲，可知已：欲辟土地，朝秦、楚，莅中国，而抚四夷也。以若[3]所为，求若所欲，犹缘木而求鱼也。”

王曰：“若是其甚与？”

曰：“殆有甚焉！缘木求鱼，虽不得鱼，无后灾；以若[4]所为，求若[4]所欲，尽心力而为之，后必有灾。”

【译文】齐宣王说：“不是，我哪里对此痛快？将要探求我最大的愿望。”

孟子说：“大王的最大愿望所在，可以让我领教吗？”

齐宣王只是笑着，不作回答。

孟子故作推测说：“是为了肥美之味不饱口福吗？是为了轻暖之衣不够舒身吗？还是为了艳丽的色彩不足悦目呢？还是为了美妙的音乐不能盈耳呢？还是尽心侍候的近臣不够使唤呢？以上诸般，大王手下的臣属都可满足愿望。然而我估计，大王哪里是为了这些烦恼啊！”

齐宣王说：“不，我不为这些！”

孟子揭示说：“那么大王的最大愿望，可以知道了：想要扩张土地，使得秦国、楚国朝贡，自己做天下的盟主，从而安抚四方落后的异族。以您如此的作为，寻求满足您如此的欲望，好像爬到树上捕鱼般一无所得。”

齐宣王说：“有那样的严重吗？”

孟子说:“可能比那更严重呢！爬上树木捕鱼,尽管无鱼可得,过后没有灾难;以您如此所为,寻求如此的欲望,费尽心力去从事,过后必定有灾难。”

【简析】孟子用激将法,用一连串的试探,将齐宣王推到退无可退之处,被迫承认欲行霸事满足其“大欲”。孟子以“后必有灾”发出警告。

【注释】①便嬖(pián bì):君主左右受宠信的小臣。嬖,被宠爱的人。②而:连词,表转折,犹然而。③若:如此、这样的。④若:第二人称代词“你”。

发政施仁,必定吸引四方人民投奔

曰:“可得闻与?”

曰:“邹人与楚人战,则王以为孰胜?”

曰:“楚人胜。”

曰:“然则小固不可以敌大,寡固不可以敌众,弱固不可以敌强。海内之地,方千里者九,齐集①有其一;以一服八,何以②异于邹敌楚哉?盖③亦反其本矣。

“今王发政施仁,使天下仕者皆欲立于王之朝,耕者皆欲耕于王之野,商贾皆欲藏④于王之市,行旅皆欲出于王之途⑤,天下之欲疾⑥其君者,皆欲赴愬于王,其⑦若是,孰能御之?”

王曰:“吾惛⑧,不能进于是矣。愿夫子辅吾志,明以教我，我虽不敏，请尝试之。”

【译文】齐王迫不及待地问：“可以讲来听听吗？”

孟子问：“邹国同楚国交战，那么大王认为哪一国会胜？”

齐宣王说：“楚国胜。”

孟子说：“那么就是说小国原本不可以对抗大国，人数少的原本不可以对抗人数多的，势力弱的原本不可以对抗势力强的。当今天下的土地，拥有千里见方的范围的共九家，齐国总加起来只占九分之一；以九分之一去征服九分之八，同邹国去对抗楚国有什么不同？何不回到根本上去解决问题呢？”

孟子说：“当今大王若是发布政令施行仁德，使得天下做官的都想到大王的朝廷建功立业，耕耘者都想到大王的田野上发展农业，商贾之人都想到大王的都市来做生意，往来的旅客也都想取道大王的国家，天下痛恨本国君主的人们，都想到大王这里来向您申诉，果真做到这样，谁能抵挡齐国？”

齐宣王说：“我糊涂，不能深悟仁学理念。希望夫子帮助我达到目标，明明白白地教导我，我虽不行，请尝试一下。”

【简析】孟子以得人心者得天下的儒家大道，雄辩地、强有力地说服了齐宣王。

【注释】①集：集合、聚集。②何以：用反问的语气表示没有或不能。③盍：同“蓋”，通“盍”，音 hé，何不。④藏：收存、储藏。⑤途：道路。⑥其：连词，表假设，如果、假如。⑦欲疾：喜好和厌恶。俞樾《群经平议·孟子一》：“上‘欲’字犹好也……此文好、疾二字平列，欲其君者，谓好其君者也；疾其君者，谓恶其君者也。天下之好恶其君者莫不来告，故曰皆欲赴愬于王。”可作参考。愬，音 sù，诉说、告发。⑧惛：同“惽”，不明白，糊涂。

制定保障民生的产业政策

曰："无恒产而有恒心者，惟士为能。若[1]民，则[2]无恒产，因无恒心；苟无恒心，放辟邪侈[3]，无不为已。及陷于罪，然后[4]从而刑之，是罔民也。焉有仁人在位，罔民而可为也？是故明君制[5]民之产，必使仰足以事父母，俯足以畜妻子；乐岁终身饱，凶年免于死亡；然后驱而之善，故民之从之也轻。

"今也制民之产，仰不足以事父母，俯不足以畜妻子；乐岁终身苦，凶年不免于死亡；此惟救死而恐不赡[6]，奚暇治[7]礼义哉？"

【译文】孟子说："没有固定的家产却有一贯向善的好心的，惟有读书人能够做到。至于普通百姓，若无固定家产，因而就无固定的向善之心；假如没有固定的向善之心，很容易放荡邪僻，无所不为。等到犯了罪，至此又接着处罚他们，这是陷害百姓。哪有仁德君子坐朝执政，陷害百姓却认为可行的呢？所以明君规定民众的家产，必定使得他们向上足可奉养父母，向下足可抚养妻儿；好年成保证温饱，遇上灾年不致饿死；如此之后引导他们向善，所以民众也就容易服从了。"

孟子说："如今制定的民众产业政策，对上不可能奉养父母，对下不可能养育妻儿；好年成同样是身受苦难，灾荒之年更是难免死亡；如此单单救死还怕力量不够，哪里还有空闲时间修学礼义呢？"

【简析】孟子于此对比鲜明地向齐宣王提出为民众制定恒产

政策的极端重要性。物质基础是人们“仰足以事父母，俯足以畜妻子”以及从事精神文明建设的基本保障。管子说：“仓廪实而知礼节，衣食足而知荣辱。”晋葛洪《抱朴子·诘鲍》有言：“衣食既足，礼让以兴。”正是其意。

【注释】①若：至于。用在句首以引起下文。②则：连词，表假设。犹若、如果。③放辟（pì）邪侈：肆意为非作歹。赵岐注：“放溢辟邪，侈于奸利。”亦作“放僻邪侈”。④然后：表示接着某种动作或情况之后。⑤制（zhì）：制定。⑥赡：足，充足，足够。⑦治：研究。

爱民为本，民无饥寒，王道可行

“王欲行之，则盍反其本矣！五亩之宅，树之以桑，五十者可以衣帛矣；鸡豚狗彘之畜，无失其时，七十者可以食肉矣；百亩之田，勿夺其时，八口之家可以无饥矣；谨庠序之教，申之以孝悌之义，颁白者不负戴于道路矣。老者衣帛食肉，黎民①不饥不寒，然而不王者，未之有也。”

【译文】孟子说：“大王要推行仁政，何不回到根本上啊。有五亩住宅的周围，栽种桑树养蚕，五十岁的人可以穿丝绸衣服了；鸡、狗、猪这类家畜，不要耽误了养殖的时间，七十岁的老人可以享用肉食了；有百亩土地的农户，不要强占其农时，八口人丁的家庭可以不受饥饿了；认真办好学校教育，持之以恒地传授孝悌的根本道理，头发花白的老人就不会背负顶戴东西艰难地走在路途上了。老人穿绸吃肉，百姓不挨饿受寒，这样还不能推行王道,那是从古以来没有的事情。"

【简析】推行仁政的首要达标条件,是要解决民众的温饱问题,同时切实办好学校教育,普遍提高人们以孝悌之道为根本内容的道德修养,敬老帮老,使整个社会的人与人之间充满温馨和睦的气氛。这就是孟子的以爱民为本的仁爱观、仁政观,为齐宣王制定的基本治国方略。

【注释】①黎民:民众,百姓。孔传:"黎,众。"

梁惠王下

第一章 与民同乐，则王

齐王急欲听闻"今之乐，犹古之乐"的道理

庄暴见孟子曰："暴见于王，王语暴以好乐，暴未有以对也。曰'好乐'，何如？"

孟子曰："王之好乐甚，则齐国其庶几乎！"

他日，见于王曰："王尝语庄子以好乐，有诸？"

王变乎色，曰："寡人非能好先王之乐也，直好世俗之乐耳。"

曰："王之好乐甚，则齐其庶几乎！今之乐，犹古之乐也。"

曰："可得闻与？"

【译文】庄暴拜见孟夫子说："我受到大王召见，君王把喜好音乐的事告诉了我，我没有回答。请问老师，一个国君说'喜好音乐'，怎么样呀？"

孟子说："齐王果真十分喜好音乐，那么齐国大概可以得治了吧。"

过后有一天，孟子受到齐王召见时说："大王曾经告诉庄子喜好音乐，有这回事吗？"

齐王一听，改变了脸色，尷尬地说："寡人没能喜好先代帝王

留下的古乐，只是喜好世俗的流行音乐罢了。”

孟子说：“大王若是喜好音乐达于极点，那么齐国就差不多治理好了！当今的流行乐曲，如同古代的乐曲啊。”

齐宣王问：“可以讲来听一听吗？”

【简析】孟子始而说：“王之好乐甚，则齐其庶几乎！”继而说：“今之乐，犹古之乐也。”吊足了齐宣王的胃口，使得宣王迫不及待地想要了解：“可得闻与？”请听孟子如何解析。

与民同乐，则获百姓衷心拥戴

曰：“独乐乐，与人乐乐，孰乐？”

曰：“不若与人。”

曰：“与少乐乐，与众乐乐，孰乐？”

曰：“不若与众。”

“臣请为王言乐——

“今王鼓乐于此，百姓闻王钟鼓①之声、管籥②之音，举疾首蹙頞③而相告曰：‘吾王之好鼓乐，夫何使我至于此极也？父子不相见，兄弟妻子离散。’今王田猎于此，百姓闻王车马之音，见羽旄④之美，举疾首蹙頞而相告曰：‘吾王之好田猎，夫何使我至于此极也？父子不相见，兄弟妻子离散。’此无他，不与民同乐也。

“今王鼓乐于此，百姓闻王钟鼓之声、管籥之音，举欣欣然有喜色而相告曰：‘吾王庶几无疾病与！何以能鼓乐也？’今王田猎于此，百姓闻王车马之音，见羽旄之美，举欣欣然有喜色而相告曰：‘吾王庶几无疾病与！何以能田猎也？’此无他，与民同乐也。

“今王与百姓同乐，则王矣。”

【译文】孟子问：“独自享受音乐之乐，与别人共同享受音乐之乐，哪一种更快乐？”

齐宣王说：“独自享受比不上同人一起享受快乐。”

孟子问：“与少数人一起享受音乐的快乐，与多数人一起享受音乐的快乐相比，哪一种更快乐？”

齐宣王说：“比不上与多数人共同享受快乐。”

孟子说：“请让我为大王谈谈享受音乐的乐趣——”

“如今大王在此演奏音乐，百姓听到君王的钟鼓之声、笙箫吹出来的音调，全部头痛得皱缩着鼻子而彼此哀告说：‘我们的大王喜好演奏音乐，怎么使我们痛苦不堪啊？父子不能相见，兄弟妻儿分离逃散。’如今大王在此打猎，百姓听到君王的车马之声，看见旗帜的华美，全部头痛得皱缩着鼻子而彼此哀告说：‘我们的君王喜好田猎，怎么使我们陷于如此极端的痛苦啊？父子不能相见，兄弟妻儿逃离分散。’这没有其他原因，是不能与民众共同分享快乐造成的。”

“现在大王在此演奏音乐，百姓听到君王的钟鼓之声、笙箫吹出来的音调，全部高兴得喜笑颜开，奔走相告说：‘但愿我们的君王这般康泰啊！如此喜悦兴奋地演奏音乐呀！’现在大王在此打猎，百姓听到君王的车马之声，看见旗帜的华美，全部高兴得喜笑颜开，奔走相告说：‘但愿我们的君王身体这般康泰啊！如此精神抖擞地打猎呀！’这也没有其他原因，乃与民同乐的必然结果。”

“若今大王与民同乐，那就一定可以实行王道了。”

【简析】孟子明确地指出，君主若能同百姓安乐与共，则一定能得到百姓的衷心拥戴，实行王道的条件就具备了。得人心者得天下，古来如此。

【注释】①钟鼓：钟与鼓两种乐器。钟，古乐器，青铜制，悬挂于架上，以槌叩击发音。鼓，打击乐器。②管籥(yuè)：亦作“筦籥”。两种乐器名。赵岐注：“管，笙；籥，箫。或曰籥若笛，短而有三孔。”③蹙頞(cù è)：皱缩鼻翼。愁苦貌。④羽旄(máo)：古时常用鸟羽和旄牛尾为旗饰，故亦为旌旗的代称。

第二章　文王之囿与齐王之囿

齐宣王问曰：“文王之囿①，方七十里，有诸？”

孟子对曰：“于传②有之。”

曰：“若是其③大乎？”

曰：“民犹以为小也。”

曰：“寡人之囿，方四十里，民犹以为大，何也？”

曰：“文王之囿，方七十里，刍荛④者往焉，雉兔⑤者往焉，与民同之；民以为小，不亦宜乎？臣始至于境，问国之大禁⑥，然后敢入。臣闻郊关⑦之内，有囿方四十里，杀其麋鹿者，如杀人之罪。则是方四十里，为阱于国中；民以为大，不亦宜乎？”

【译文】齐宣王问：“文王豢养禽畜、种植花木的园林，方圆七十里，有这回事吗？”

孟子回答说：“在古书上记载有。”

齐宣王说：“果真这样大吗？”

孟子说：“民众还认为小。”

齐宣王疑惑道：“寡人的园林，方圆仅四十里，民众还认为大，什么道理啊？”

孟子说：“文王的园林，方圆七十里，割草打柴的人都可以进入，猎取野鸡和兔子的人也可以进入，与民众共同享用；民众认为小，岂不是应当的吗？我才刚到达大王的国境，必须首先打听明白贵国最大的禁令，这样之后方敢进入。我听说在上邦都城外百里之内的范围，有园林方圆四十里，有人猎杀了其中的麋鹿，与杀人同罪。那么这样方圆四十里的地方，对于百姓来说，就是在国中布置了一个陷阱；民众认为这样的园林太大了，岂不应当的吗？”

【简析】孟子向齐宣王明白指出，国都园林的大小，不与民众共享，而是帝王个人独享，并且严刑峻法，惩罚残酷，那么园林再小也是血淋淋的罪业！周文王的园林与民众共同享用，园林越大，给民众带来的方便越多，文王与民众的利害相同，福祉相同，仁者之心，百姓之心也！老子说：“圣人无常心，以百姓心为心。”（《道德经》第四十九章）*

【注释】①囿（yòu）：古代帝王畜养禽兽以供观赏的园林。汉以后称苑。②传（zhuàn）：书传、著作。本指注释经文的著作，此泛指古书。③其：助词，用于句中，无义。④刍荛（chú ráo）：割草采薪。刍，割草、刈（音 yì，割取）割。荛，柴草。尹知章注：“大曰薪，小曰荛。”⑤雉兔：野鸡和兔子。亦指猎取野鸡和兔子。⑥大禁（jìn）：指在法令、习俗或道德上最禁忌、最避讳之事。⑦

郊关:四郊之门。古代城邑四郊起拱卫防御的关门。郊,周制距国都百里或五十里、三十里、十里之地。根据国的大小而定。

＊由境界上说,圣人之心,至正真心、纯善本性,无疑如如不动;但是佛教讲究"恒顺众生"、"随喜功德",审时度势、方便设教的智慧,为了适合不同档次众生的需要,作出种种顺应他们觉悟程度的引导。是以老子说:"圣人无常心,以百姓心为心。"是以孔夫子才有因材施教的明诲。

第三章　规劝齐王效仿文王、武王之勇,一怒而安天下之民

"以大事小者"与"以小事大者"

齐宣王问曰:"交邻国有道乎?"

孟子对曰:"有。惟仁者为能以大事小,是故汤事葛①、文王事昆夷②。惟智者为能以小事大,故太王事獯鬻③、勾践事吴。以大事小者,乐④天者也;以小事大者,畏天者也。乐天者保天下,畏天者保其国。《诗》云:'畏天之威,于时⑤保之。'"

【译文】齐宣王问道:"同邻国交往有什么讲究吗?"

孟子回答说:"有啊。只有仁德之人能做到以大国的身份服事小国,所以商汤服事葛伯、文王服事昆夷。只有智慧之人能够做到以小国的身份事奉大国,故而太王亶父事奉獯鬻、勾践事奉吴国。以大国的身份服事小国者,是喜爱天的美德的人;以小国的身份事奉大国者,是畏惧天的威严的人。喜爱天的美德的人能够保有天下,畏惧天的威严的人能够保住他们的国家。《诗

经·周颂·我将》篇上说：‘敬畏皇天真威严，于是永葆我周邦。’”

【简析】“以大事小者，乐天者也。”齐国是大国，孟子要齐宣王做喜爱天的美德的人。也即是说，和为贵，国与国之间要和平共处。

【注释】①葛(gé)：古国名。在今河南睢县北，一说在今河南鄢城北。②昆夷：殷周时我国西北部族名。《诗·小雅·采薇序》：“文王之时，西有昆夷之患，北有猃狁之难。”③獯(xūn)鬻：亦作“獯粥(yù)”。“鬻”与“粥”同音通用。古代北方少数民族名。夏商时称獯鬻，周时称猃狁(xiǎn yǔn)，秦汉称匈奴。④乐：喜爱，喜欢。⑤于时：于是，在此。“时”即“是”，指示代词。

文武大勇，一怒而安天下之民

王曰：“大哉言矣！寡人有疾，寡人好勇。”

对曰：“王请无好小勇。夫抚剑疾视曰：‘彼恶敢当我哉！’此匹夫之勇，敌一人者也。王请大之。《诗》云：‘王赫斯①怒，爰整其旅，以遏徂②莒，以笃周祜③，以对于天下。’此文王之勇也。文王一怒而安天下之民。《书》曰：‘天降下民，作之君，作之师。惟曰其助上帝，宠④之四方，有罪无罪，惟我在，天下曷敢有越厥⑥志？’一人衡行⑤于天下，武王耻之，此武王之勇也。而武王亦一怒而安天下之民。今王亦一怒而安天下之民，民惟恐王之不好勇也。”

【译文】齐宣王赞叹:“您说得真好啊!只是寡人有个毛病,寡人喜好勇敢。”

孟子回答说:“我恳请大王不要喜好小勇。有那么一个人,手抚宝剑怒目而视说:‘他怎么敢抵挡我呢!’这就是匹夫的小勇,只能对付一个人。我请大王把好勇的范围扩大。《诗经·大雅·皇矣》篇上说:‘文王对密须国人的侵略暴行勃然大怒,于是整顿军队,率师前往,遏止敌人侵莒国,增强周国的大福,答谢天下人的厚意。’这就是周文王的大勇。文王一旦发怒,便使天下人民得到安全。《尚书·泰誓上》篇说:‘上天降生百姓,替他们立下君主,也替他们安排好老师。派给的君主和老师的唯一责任,是让他们帮助上帝赐给下民恩惠。天下有罪无罪,都由我周武王姬发来裁决,天下何人敢超越上天的意志来作乱?’一人独自在天下横行无忌,武王以为是自己的耻辱。这就是武王的大勇。因而武王同样一怒而使天下人民得到安全。当今大王也能做到一怒而使天下人民得到安全,民众惟恐大王不喜好勇武哩。”

【简析】孟子因势利导,向齐宣王指出,为安天下之民而好勇,这就是周文王、周武王的大勇,必得民众的拥戴。

【注释】①赫斯:郑玄笺:“赫,怒意。”斯,语助。后因以“赫斯”指帝王盛怒貌。遂由“王赫斯怒”语而有“赫怒(盛怒)”一词。此处文王赫怒的对象是密须国。密须国,商时姞(jí)姓之国,周文王灭之,以封姬(jī)姓。后又为周共王所灭。在今甘肃省灵台县西。②:徂(cú):往,去。③祜(hù):福、大福。④宠:恩惠。《字汇·宀(mián)部》:“宠,恩也。”⑤衡行:横行。谓不循正道而行。⑥厥:代词,其,表示领属关系。此代上天。

第四章 乐以天下，忧以天下

君与民众同忧乐，民众亦与君同忧乐

齐宣王见孟子于雪宫。王曰："贤者亦有此乐乎？"

孟子对曰："有。人不得，则非其上矣。不得而非其上者，非也；为民上而不与民同乐者，亦非也。乐民之乐者，民亦乐其乐；忧民之忧者，民亦忧其忧。乐以天下，忧以天下，然而不王者，未之有也。"

【译文】齐宣王在离宫雪宫会见孟子。齐宣王问道："贤德的人也有这种享乐吗？"

孟子回答说："有啊。人们得不到这种享乐，就非议他们的君主。因为得不到而非议他们的君主，是不对的；作为民众的君主而不与民同享快乐，也是不对的。以民众之乐为快乐，民众同样也以君主的快乐为快乐；以民众的忧愁为忧愁，民众同样也以君主的忧愁为忧愁。把天下民众的快乐当做自己的快乐，把天下民众的忧愁当做自己的忧愁，这样做了之后还不能实行王道的，是从来没有的事情。"

【简析】孟子向齐宣王明确指出，把天下民众的快乐当做自己的快乐，把天下民众的忧愁当做自己的忧愁，这样的君主，一定能实行王道。

先王无流连之乐、荒亡之行

“昔者齐景公问于晏子曰：‘吾欲观于转附[①]、朝儛，遵海而南，放[②]于琅邪[③]；吾何修而可以比于先王观[④]也？’

“晏子对曰：‘善哉问也！天子适诸侯曰巡狩；巡狩者，巡所守也。诸侯朝于天子曰述职；述职者，述所职也。无非事者。春省耕而补不足，秋省敛而助不给。夏谚曰：吾王不游，吾何以休？吾王不豫[⑤]，吾何以助？一游一豫，为诸侯度。今也不然，师行而粮食，饥者弗食，劳者弗息；睊睊[⑥]胥[⑦]谗，民乃作慝[⑧]。方命[⑨]虐民，饮食若流；流连荒亡[⑩]，为诸侯忧。从流下而忘反，谓之流；从流上而忘反，谓之连；从兽无厌，谓之荒；乐酒无厌，谓之亡。先王无流连之乐、荒亡之行。惟君所行也。’”

【译文】孟子继续说：“从前齐景公向晏子问道：‘我想到转附山、朝儛山观光，然后沿着海岸南行，到达琅邪邑；我该怎么修养自身才可以同先代贤君的巡游相比拟呢？’

“晏子回答说：‘问得好啊！天子到诸侯国视察称巡狩；所谓巡狩，即是巡视各地诸侯所守的疆土。诸侯朝见天子称述职；所谓述职，即是自述所担负的职守的情况。无不是结合着职事的。春天巡视耕种而补助贫苦农户，秋天巡视收获而补助劳力、口粮不足的农户。夏朝的民谚说：我们的大王不出来游览，我们怎能获得休整？我们的大王不出来走走，我们怎么能得到补助？大王出来游游走走，是诸侯的法度。当今不是如此，国王出游兴师动众，到处筹粮运米，以致闹到饥饿的人们吃不上饭，劳苦的人们得不到休息；民众无不侧目而视，怨声载道，都要起来造反了。如此违背先王的教令，虐待民众，浪费饮食如同流水；流连忘返，纵乐无度，是诸侯的祸患。从上流放舟向下游乐而忘返，叫做流；从下流挽舟向上游乐而忘返，叫做连；田猎没有个满足，叫做荒；酗酒没有个节制，叫做亡。先代的圣王没有这种流连忘返的游乐、纵欲无度的行为。但愿君主慎重择行吧。'"

【简析】晏子规劝齐景公节制纵乐，体恤民生。

【注释】①转附：山名。即之罘(fú)山。在今山东省烟台市芝罘岛上。赵岐注："转附、朝儛(wǔ)，皆山名也。"焦循正义："转附即之罘也，朝儛即成山也。"②放：音 fǎng，至，到。③琅邪：琅邪邑。赵岐注："琅邪，齐东境上邑也。"④观：游览。⑤豫：古代专指帝王秋天出巡。⑥睊睊(juàn juàn)：侧目相视貌。⑦胥：皆，都。⑧慝(tè)：邪恶。⑨方命：违命、抗命。⑩荒亡：谓沉迷于田猎酒色之类，纵欲无度。荒，纵欲迷乱，逸乐过度。亡，谓沉迷于宴饮。"荒亡"两字，即纵乐、纵欲的代名词。

劝止国君，正是爱护君主

"景公说，大戒[①]于国，出舍[②]于郊。于是始兴发，补不足。召大师，曰：'为我作君臣相说之乐。'盖[③]《徵招》、《角招》[④]是也。其诗曰：'畜[⑤]君何尤[⑥]！'畜君者，好君也。"

【译文】孟子说："齐景公听后大为喜悦，先在国都做好赈济贫苦民众的充分准备，然后自己到郊外住下。于是发放钱粮，救济贫苦之民。他召唤乐官说：'替我做君臣同悦的乐曲吧。'指《徵招》、《角招》这些乐章。其歌词中说：'劝止国君有什么过错！'劝止国君，正是爱护君主啊。"

【简析】孟子借用晏子规劝齐景公节制纵乐、体恤民生的历史掌故，讽喻齐宣王"乐以天下，忧以天下"，做一个实行王道的明君。

【注释】①戒：准备。②舍：旅馆，客舍。这里指住宿。③盖：连词，承接上文，表示原因或理由。④徵（zhǐ）招、角招（jué sháo）：古乐章名。孙奭疏云："盖徵以为事、角以为民……"杨伯峻注："招同'韶'。"⑤畜（xù）君：谓匡正君主之失。畜，犹制止。⑥尤：过失、罪愆。

第五章　明堂与王政

文王优先照顾鳏寡孤独

齐宣王问曰："人皆谓我毁明堂①。毁诸？已乎？"

孟子对曰："夫明堂者，王者之堂也；王欲行王政②，则勿毁之矣。"

王曰："王政可得闻与？"

对曰："昔者文王之治岐③也，耕者九一，仕者世禄，关市讥[4]而不征，泽梁[5]无禁，罪人不孥[6]。老而无妻曰鳏，老而无夫曰寡，老而无子曰独，幼而无父曰孤。此四者，天下之穷民而无告[7]者。文王发政施仁，必先斯四者。《诗》云：‘哿[8]矣富人，哀此茕[9]独。’”

王曰：“善哉言乎！”

【译文】齐宣王问道：“人们都劝说我拆毁明堂。是拆毁它呢，还是停止不拆呢？”

孟子回答说：“那个明堂，是先代有道君王实行王道而能统一天下的殿堂；大王要实行仁王之政，则不可拆毁它。”

齐宣王说：“仁王之政可以讲来听听吗？”

孟子回答说：“从前文王做西伯治理岐周之时，对耕田人的税率是九分抽一，对做官人给予世代承袭俸禄，在关口和市场上只稽查不征税，不禁止捕捞，只刑罚罪人本身而不牵连妻儿。老而无妻妾称作鳏、老而无丈夫称作寡、老而无子女称作独、幼而无父母称作孤，这样四类以及天下穷苦民众里边孤苦无处投诉的人，文王发布政令施行仁义之时，一定优先考虑照顾。《诗经·小雅·正月》篇上说：‘有钱财的富人可以了，最可哀怜的是这些孤独者。’”

齐宣王赞叹说：“讲得好啊！”

【简析】孟子向齐宣王明白指出，王政就是减轻对百姓的压迫和剥削，要像周文王做到的那般，特别优先考虑那些孤苦无告之民。

【注释】①明堂：古代帝王宣明政教的地方。凡朝会、祭祀、庆赏、选士、养老、教学等大典，都在此举行。鲁国境内泰山下有一明堂，原是周天子东出巡狩时接受诸侯朝见的处所，当时已被齐国侵占。②王政：犹王道、仁政。③岐：即岐山。在今陕西省岐山县境。上古称“岐”。文王为西伯时治岐，后迁都丰。④讥：稽查、盘问。⑤泽梁：在水流中用石筑成的拦水捕鱼的堰。郑玄注：“梁，绝水取鱼者。”⑥孥（nú）：妻子和儿女。⑦无告：孤苦无处投诉。亦指无处投诉的人。⑧哿（gě）：欢乐。⑨茕（qióng）：孤独无依。

公刘好货

曰：“王如善之，则何为不行？”

王曰：“寡人有疾，寡人好货。”

对曰：“昔者公刘①好货。《诗》云：‘乃积乃仓，乃裹糇粮②，于橐③于囊，思戢④用光⑤。弓矢斯张，干⑥戈⑦戚⑧扬⑨，爰方启行⑩。’故居者有积仓，行者有裹囊也，然后可以‘爰方启行’。王如好货，与百姓同之，于王何有？”

【译文】孟子说：“大王若以之为善，那么为什么不实行呢？”

齐宣王推托说：“寡人有个毛病，寡人喜好财物。”

孟子回答说：“从前公刘喜好财物。《诗经·大雅·公刘》篇上说：‘收拾好外囤和内仓，包裹好途中食用的干粮，装进小袋和大囊，民众和睦国运光昌。弓箭齐武装，盾戈斧钺手上扬，迈步奔前方。’所以留下不走的人仓里有积谷，行军的人囊橐里有干粮，然后能够率军前进。大王如果喜好财物，与百姓共同享用，对于大王实行王政有何困难呢？”

【简析】孟子因势利导，只要发扬前贤公刘好货的优良传统，那么实行王政不难做到。

【注释】①公刘：古代周族的领袖。传为后稷的曾孙。他迁徙豳地（今陕西旬邑）定居，不贪享受，致力于发展农业生产。后用为仁君的典实。②糇（hóu）粮：干粮、食粮。③橐（tuó）：盛物的袋子。毛传："小曰橐，大曰囊。"④思戢（jí）：和睦。思，语助，用于句首或句中。戢，通"辑"，和睦。⑤用光：因而光大。用，连词，因而、因此。⑥干：即盾。⑦戈：用青铜或铁制成的兵器，横刃，装有长柄。⑧戚：锋刃较狭属斧一类的武器。⑨扬：即钺（yuè），用青铜或铁制成的兵器，形状像板斧而较大。⑩行（háng）：军队的行列。杜预曰："百人为卒，二十五人为行。"

古公好色

王曰："寡人有疾，寡人好色。"

对曰："昔者太王[①]好色，爱厥妃[②]。《诗》云：'古公亶父，来朝[③]走马。率西水浒，至于岐下。爰[④]及姜女，聿[⑤]来胥[⑥]宇[⑦]。'当是时也，内无怨女[⑧]，外无旷夫[⑨]。王如好色，与百姓同之，于王何有？"

【译文】齐宣王推托说："寡人有个毛病，寡人喜好美色。"

孟子回答说："从前太王喜好美色，爱他的妃子太姜。《诗经·大雅·绵》之篇上说：'文王的祖父古公亶父，清早驰马外出。沿着西方水边走，一直来到岐山下。他带着太姜，仔细观察建筑宫室的地基。'在太王之世，没有找不着丈夫的女子，也没有找不着妻子的男子。大王如果喜好美色，与百姓共同享有这种需要，对于大王实行王政有何困难呢？”

【简析】孟子继续循循善诱，讽喻齐宣王能如古公亶父一般，满足民众共同享有美色的需求，做到“内无怨女，外无旷夫”，不难施行王政。

【注释】①太王：古公亶父，周文王的祖父。②厥妃：指古公亶父的妃子太姜。厥，代词，其，表示领属关系。③来朝：明早，即次日清晨。④爰：助词。无义。用在句首或句中，起调节语气的作用。⑤聿（yù）：助词。用于句首或句中。⑥胥：观察。⑦宇：房屋。⑧怨女：指已到婚龄而无合适配偶的女子。⑨旷夫：无妻的成年男子。

第六章　王顾左右而言他

孟子谓齐宣王曰：“王之臣，有托其妻子于其友，而之楚游者；比其反也，则冻馁其妻子。则如之何？”

王曰：“弃之。”

曰：“士师[①]不能治士，则如之何？”

王曰：“已之。”

曰：“四境之内不治，则如之何？”

王顾左右而言他。

【译文】孟子对齐宣王说：“大王的臣子中，有个人将他的妻儿托付给朋友照料，自己到楚国去游学；等他回家的时候，则见其妻儿都在挨冻受饿。那么应当如何对待他的朋友？”

齐宣王说：“同他绝交。”

孟子问道："执掌禁令刑狱的官吏不能管理他的下属，那怎么办？"

齐宣王说："撤他的职。"

孟子问道："假如一国之内没有治理好，那怎么办？"

齐宣王扭头去同左右臣下谈其他的话题。

【简析】孟子诱导齐宣王将好勇、好货、好色用来安民、与民共享推行王政之后，不见齐王反应，在此直逼这位诸侯的失职，使其很是难堪，可见孟子游说行仁的急切；但是过于锋锐，不仅指责齐王，还否了齐臣，气氛紧张，"王顾左右而言他"，将孟子晾在一边，场面尴尬。用南怀瑾先生的话说，出拳太重，少了回旋（见《孟子旁通》），也许这就是最终使孟子无果离齐的原因。齐宣王，在当时的各国诸侯中，还是有名的较好的一位，他出招贤榜，期待贤能之士云集临淄，帮他出谋划策，将齐国治好。孟子有欲速则不达的欠缺。

【注释】①士师：亦作"士史"。古代执掌禁令刑狱的官名。王肃注："狱官。"

第七章　谈话的表面与背后

孟子见齐宣王，曰："所谓故国①者，非谓有乔木之谓也，有世臣之谓也。王无亲臣②矣；昔者所进，今日不知其亡③也。"

王曰："吾何以识其不才而舍之？"

曰："国君进贤，如不得已，将使卑逾尊，疏逾戚，可不慎与？左右皆曰贤，未可也；诸大夫皆曰贤，未可也；国人皆曰贤，然后察之，见贤焉，然后用之。左右皆曰不可，勿听；诸大夫皆曰不可，勿听；国人皆曰不可，然后察之，见不可焉，然后去之。左右皆曰可杀，勿听；诸大夫皆曰可杀，勿听；国人皆曰可杀，然后察之，见可杀焉，然后杀之。故曰国人杀之也。如此，然后可以为民父母。”

【译文】孟子拜见齐宣王，说：“所谓历史悠久的国家，不是说它有年代久远的高大的树木之类，是说有累世功勋卓著的贤臣的意思。大王如今没有亲信的臣子了；过去所进用的人，到今日也不知道他们的去向了。”

齐王说：“我怎么识得那些原本缺乏才能的人而不加使用呢？”

孟子说：“国君进用贤才，如果不得已要用新人，将使卑贱者越过位高者，疏远者越过亲密者，能不慎重对待吗？左右亲近者都说其贤能，未可即信；各位大夫都说其贤能，未可即信；国人都说其贤能，后加考察，果见其贤能，然后加以任用。左右亲近者都说不行，别听；各位大夫都说不行，别听；国人都说不行，后加考察，确见其不行，然后即可抛开他。左右近臣都说有可杀之罪，别听；各位大夫都说有可杀之罪，别听；国人都说有可杀之罪，后加考核，确见有可杀之罪，然后杀他。所以说是国人杀死他的。能够做到这样，就可以做民众的父母。”

【简析】第六、第七两章，都是孟子去见齐宣王，并非齐王召见。齐王说：“吾何以识其不才而舍之？”已有下逐客令的味道了，孟子也明显察觉，所以接下来的话虽有如何进用贤臣之意，也透露了孟子在齐国关系紧张，他已做好离开齐国的准备了。南怀瑾先生说："可见这时，齐宣王左右，反对孟子的人很多，甚至可以怀疑，包括稷下先生们，以及推行合纵计划的，如苏秦方面的人，甚至孟尝君的门下客，都可能从中捣鬼。从孟子强调'国人皆曰可杀'的话，可见他们攻击孟子，几乎到了非去之而不甘心的程度。千古以来，政治上的倾轧，都是如此。小人与小人之争，是为了权势利害；君子与君子之争，则是为了思想意见不同。历史的成败关键，往往就种因于此。古今中外，都跳不出这个圈子，深为可叹！"（《孟子旁通》）

【注释】①故国：历史悠久的国家。②亲臣：亲信的臣子。③亡（wáng）：丢失、丧失。

第八章 汤武革命：诛杀民贼独夫

齐宣王问曰："汤放桀，武王伐纣，有诸？"

孟子对曰："于传①有之。"

曰："臣弑其君，可乎？"

曰："贼仁②者，谓之贼；贼义者，谓之残③。残贼之人，谓之一夫④。闻诛一夫纣矣，未闻弑君也。"

【译文】齐宣王问道："商汤流放夏桀，武王讨伐商纣，有这件事吗？"

孟子回答说："在史籍上有此事的记载。"

齐宣王问道："臣子杀他的君主，可以吗？"

孟子明确回答说："破坏仁爱的人，叫做贼；破坏道义的人，叫做残。毁弃败坏仁义的人,叫做独夫。只听说杀掉一个众叛亲离的独夫叫纣的,没有听说杀掉君主。"

【简析】商汤放桀,武王伐纣,为天下百姓惩办民贼独夫,解民众于倒悬,救民众于水火,是一场史无前例的真正革命,古来为史家所称颂。

【注释】①传(zhuàn):书传。②贼仁:毁弃仁爱。贼,败坏、毁坏。③残:毁坏、破坏。④一夫:犹言独夫。指众叛亲离的人,暴君。

第九章　治国不可独断专横

孟子谓齐宣王曰:"为巨室①,则必使工师②求大木。工师得大木,则王喜,以为能胜其任也。匠人③斫④而小之,则王怒,以为不胜其任矣。夫人幼而学之,壮而欲行之。王曰:'姑舍女所学而从我。'则何如?今有璞玉于此,虽万镒⑤,必使玉人雕琢之。至于治国家,则曰:'姑舍女所学而从我。'则何以⑥异于教玉人雕琢玉哉?"

【译文】孟子对齐宣王说:"您要造大宫室,就一定派主管工匠的官吏去寻找大木料。工师得到了大木料,大王就很高兴,以为能胜任这项工作。一旦木工将其削砍小了,大王很恼怒,就以为很不称职了。人家自小学习一门技艺,成人了便想运用它谋生。大王说:'姑且舍弃你所学而服从我的话行事。'则可行吗?现在这里有一块未经雕琢的玉石,尽管非常值钱,也一定要请玉工雕琢它。至于治理国家，就说：‘姑且舍弃你所学而服从我的话行事。’那么这同令玉工雕琢玉石有什么两样？所以不能颐指气使。”

【简析】孟子不请而至，坦诚规劝齐宣王摈弃主观武断、自削国力的下策。

明君用人，一定会扬其所长，避其所短，严格按照高明的法则行事。治理国家，同玉工雕琢玉石一般，都有其固有的客观规律，不能为所欲为，任意胡来。但处在集权君主“舍女所学而从我”的淫威下，人们不仅不能自由自主地表达思想，甚至突如其来，“人在家里坐，祸从天上来”，捕快进门，大难临头，人为炮制腥风血雨的恐怖和冤狱。尤其秦朝、清朝兴文字狱，莫不如此。株连八方，灭杀九族，惨绝人寰。杨国忠兵败冒功，为了补充兵源，不管老弱，肆意大批抓人，以致在尘埃满空的咸阳桥上，“耶（爷）娘妻子走相送”，造成乡间百姓生离死别、撕心裂肺的幕幕悲剧：“牵衣顿足拦道哭，哭声直上干云霄。”最终的惨剧是：“生男埋没随百草！君不见青海头，古来白骨无人收。新鬼烦冤旧鬼哭，天阴雨湿声啾啾。”（杜甫《兵车行》）在历史上，秦始皇焚书坑儒，隋炀帝暴政虐民，尤其明朝后期的皇帝任凭自身精神上的病态胡乱施令，竟于安危存亡之际，只因一时之恼、一处不顺，冤杀忠臣良将，顿毁社稷，令人扼腕叹息！在当代，开国元戎刘少奇、彭德怀、贺龙，被凌辱屈死于蛇蝎小人康生、江青、张春桥之类煽动的“文革”浩劫，中山狼得志，丧心病狂蛮干，坠国事于崩溃的边缘，宁不痛哉！

【注释】①巨室：大宅，大屋。②工师：古官名。上受司空领导，下为百工之长。专掌营建工程和管教百工等事。③匠人：木工、工匠。④斫（zhuó）：砍，削。⑤镒：古代重量单位。合二十两。一说二十四两。⑥何以:用反问的语气表示没有或不能。

第十章　吞并燕国取决于燕民悦与不悦

齐人伐燕,胜之。宣王问曰:"或谓寡人勿取,或谓寡人取之。以万乘之国,伐万乘之国,五旬而举[①]之,人力不至于此。不取,必有天殃。取之何如?"

孟子对曰:"取之而燕民悦,则取之;古之人有行之者,武王是也。取之而燕民不悦,则勿取;古之人有行之者,文王是也。以万乘之国,伐万乘之国,箪食壶浆[②]以迎王师,岂有它哉!避水火也。如水益深,如火益热,亦运而已矣。"

【译文】齐国攻伐燕国,打了胜仗。齐宣王问孟子说:"有人劝我切勿吞并,有人劝我趁机吞并了它。以有万辆兵车的大国攻伐同等兵力的大国,仅仅五十天便攻下了,此是天意,人力不能达此。如不顺势吞并,必有天灾降临。如果吞并它,先生意下如何?"

孟子回答说:"吞并它而燕国民众欢迎,就吞并它;古代的高人有这样做的,周武王即是。吞并它而燕国民众不欢迎,就切勿吞并;古代的高人有这样做的,周文王即是。以有万辆兵车的大国攻伐同等兵力的大国而取胜,如果百姓衷心拥戴,带着饭筐、茶水、酒壶来欢迎大王的军队,难道会有别的用意吗?是想避开原来那种水深火热的苦难啊。如果他们陷入的水厄更深,遭遇的火烤更热,命运也只是由燕国换为齐国罢了。"

【简析】社稷重器，王者大统，得人心者得之。孟子向齐宣王着意指出，占领燕国，燕民悦与不悦的取向，是齐王抉择定夺的核心。否则，强取这个烫手的山芋，将会带来不测之祸。

【注释】①举：攻克、占领。②壶浆：茶水、酒浆。以壶盛之，故称。③运：南怀瑾先生在《孟子旁通》中说："原来的统治者是暴虐的，而你又更暴虐。这样，只不过是换一个暴虐的'手'而已。——这个'运而已矣'的'运'字用得很妙，可以作'换一手'解释，也可以解释为'也会轮到你遭遇同样的失败下场'。这'运'是运转，有如佛家说的轮回果报。"

第十一章　制止各国诸侯援燕伐齐的关键在顺应燕民

齐人伐燕，取之。诸侯将[①]谋救燕。宣王曰："诸侯多谋伐寡人者，何以待之？"

孟子对曰："臣闻七十里为政于天下者，汤是也。未闻以千里畏人者也。《书》曰：'汤一[②]征，自葛始[③]。'天下信之。东面而征，西夷怨；南面而征，北狄怨；曰：'奚为后我？'民望之，若大旱之望云霓也。归市[④]者不止，耕者不变。诛其君而吊其民，若时雨降，民大悦。《书》曰：'徯[⑤]我后[⑥]，后来其苏。'

"今燕虐其民，王往而征之，民以为将拯己于水火之中也，箪食壶浆以迎王师。若杀其父兄，系累[⑦]其子弟，毁其宗庙，迁其重器[⑧]，如之何其可也？天下固畏齐之强也，今又倍地而不行仁政，是动天下之兵也。王速出令，反其旄倪[9]，止其重器，谋于燕众，置君而后去之；则犹可及止也。”

【译文】齐国攻打燕国，占领了燕国。诸侯各国正在商讨救援燕国。齐宣王向孟子请教说：“不少诸侯国在商讨攻打寡人的国家，怎么对付啊？”

孟子回答说：“我听说凭纵横七十里的国土而在全天下成功地推行仁政的，商汤是这样做到的。没有听说拥有国土千里反而怕人的。《尚书·仲虺之诰》篇上说：‘商汤当初出征，从讨伐葛伯开始。’天下都相信他。向东出征，西夷人埋怨；向南出征，北狄人抱怨。他们说，为什么把我们放在后面？民众盼望商汤，有如大旱之年渴望天空出现云雾。赶集的人不停止脚步，耕田的人照样下地。诛杀暴虐的国君而抚慰被残害的民众，有如天降及时雨一般，民心大快。《尚书·仲虺之诰》篇上说：‘等待我们的王，王来了我们也就复活了。’”

孟子继而说：“当今燕国君主苛虐他的民众，大王前往征讨他，民众以为将把自己从水深火热之中拯救出来，因此携带饭筐、茶水、酒壶欢迎大王的军队。假若杀害他们的父兄，囚禁他们的子弟，拆毁他们的祖庙，夺走他们的传国宝器，那怎么可以呢？天下各国本来就畏惧齐国的强大，现今又因吞并燕国而增加了一倍的国土，却不施行仁政，这是挑动天下的军队来对付您。大王请快速颁布命令，遣回燕国老老小小的俘虏，停止搬运燕国的宝器，同燕国民众共商大计，协助拥立新的燕王，而后撤离军队；那么还来得及阻止各国兴兵。”

【简析】齐国占领燕国后，各个诸侯国要救燕攻齐，齐宣王万分着急，征求了孟子的意见后，又听取了从燕国来说齐的苏秦的应急之计。苏秦说,燕秦是姻亲之国,弱燕是西陲强邻秦王的少婿,您齐宣王同秦国结仇了,秦将以保护弱小为名,来向您进攻,危险极了。齐王听计,当即归还燕国十座城市。南怀瑾先生说:“孟子的意见,比起苏秦的理由来,崇高而伟大,深谋而远虑,只有更好,没有更坏。……因为孟子说的目标,是要齐宣王光明正大,施行大仁大义的王道精神,所以齐宣王听了,认为是读书人的迂腐之见而已。苏秦说的,是动之以眼前的利害,惧之以可怕的后果,人的眼光见地到底是短视的,眼前的利害容易看得到,长远的大利实在无法去想象。”(《孟子旁通》)

【注释】①将:副词,方。②一:初、开始。③《尚书·仲虺(huǐ)之诰》原文:“乃葛伯仇饷,初征自葛。”葛伯仇饷,后面《滕文公下》篇第五章有详载。乃,副词,始。此处可译为“从前”。孔疏:“此言乃者,却说已过之事。”饷,馈送食物。葛伯,葛国的君主。葛(gé),古国名,在今河南睢县北,一说在今河南郾城北。④归市:趋向集市。形容人多而踊跃。⑤徯(xī):等待。⑥后:君主、帝王。⑦系累:束缚,捆绑,拘囚。⑧重器:指国家的宝器。⑨旄(mào)倪:老人和幼儿。旄,通“耄”、“眊”。倪,幼弱。

第十二章　出乎尔者,反乎尔者也

邹与鲁閧①。穆公问曰:“吾有司②死者三十三人,而民莫之死也。诛之,则不可胜诛;不诛,则疾视其长上之死而不救。如之何则可也?”

孟子对曰:“凶年饥岁,君之民,老弱转③乎沟壑，壮者散而之四方者，几[④]千人矣；而君之仓廪[⑤]实、府库[⑥]充，有司莫以告，是上慢而残下也。曾子曰：'戒之戒之！出乎尔者，反乎尔者也。'夫民今而后得[⑦]反[⑧]之也，君无尤焉。君行仁政，斯民亲其上，死其长矣。"

【译文】邹国与鲁国正在激烈开战。邹穆公向孟子请教说："我的官吏死了三十三人，但民众没有一个为官吏死难的。杀了他们吧，则杀不了那么多；不杀吧，他们瞪着眼睛袖手旁观长官被杀却不营救。怎么办才好呢？"

孟子回答说："灾荒饥饿的年月，您的民众，年老体弱的抛尸在山沟荒野之中，年轻力壮的四散逃荒，近达千人；可是您的谷仓中堆满了粮食，库房里装满了财宝，官吏不向您报告这种情况，这就是上位的人轻慢残害下民。曾子说：'警惕啊警惕啊！出自你的做法，也照样回报给你。'自今而后，您的民众还有报复官吏的情形发生，请您不要责怪他们。您若推行仁政，那些民众就一定亲爱他们的上级，为他们的长官死难了。"

【简析】常言道："善有善报，恶有恶报。"在凶年饥岁，小小邹国的百姓逃荒、饿死、抛尸野外，近达千人之多，穆公作为该国之君，粮满仓，财满库，竟然坐视他的子民在死亡线上挣扎而不伸援手，不言而喻，是个没有心肝的残忍君主！"有司莫以告"，乃是孟子留他面子的婉转之词，那么弹丸之地的一个小国，怎可能一点不知？若是确实不知，更加说明他是一个不折不扣的漠视民生疾苦而只顾独自享乐的昏君，可怜兮兮的守财奴！曾子说："出乎尔者，反乎尔者也。"国难临头，他活该受报。但是孟子面对这位故乡的目光短视、胸量狭小、井底之蛙似的小国之君，仍然耐心地予以开导:“君行仁政,斯民亲其上,死其长矣。”

【注释】①鬨(hòng):相斗。此指战场之声。②有司:官吏。古代设官分职,各有专司(专管的事),故称。③转:弃尸。④几(jī):将近、几乎。⑤仓廪(lǐn):粮仓。⑥府库:指国家贮藏财货、兵甲的处所。财货,货贿。郑玄注:“金玉曰货,布帛曰贿。”贿,财物。⑦得:有。表示行为的存在或者发生。⑧反:报复。

第十三章　凿池筑城,同仇敌忾,与民死守

滕文公问曰:“滕[1],小国也,间[2]于齐、楚。事齐乎? 事楚乎?”

孟子对曰:“是谋非吾所能及也。无已,则有一焉:凿斯池也,筑斯城也,与民守之,效死而民弗去[3],则是可为也。”

【译文】滕文公请教孟子说:“滕国是小国,处在齐、楚之间。事奉齐国好呢,还是事奉楚国好?”

孟子回答说:“这样重大的谋划实在不是我的能力所可办到。一定要我谈,那就只有一法:挖深护城河,加固护城墙,同民众誓守,民众舍命报效而不离开,就是这个办法可行啊。”

【简析】宁可立着死,不可跪着生。君民一心,同仇敌忾,志不可夺,则社稷幸甚,民生幸甚。南怀瑾先生说:“我们看到孟子答复‘两大之间难为小’的基本原则,只有自强自立的一条路。……绝无其他妥协的良策。……宁可亡国,也不可丧失国格或人格……”(《孟子旁通》)如此,他人纵有觊觎,也不敢贸然

行蛮。

【注释】①滕：西周诸侯国名，姬姓。在今山东省滕州市一带。杜预云："滕国在沛国公丘县东南。"江永《春秋地理考实》云："今兖州府滕县西南十五里有古滕城，即滕国也。"②间：空隙、缝隙。此指"处在……之间"。③效死而民弗去：谓百姓竭尽忠诚。

第十四章　行仁政，后世子孙必有王者矣

滕文公问曰："齐人将筑薛[①]，吾甚恐，如之何则可？"

孟子对曰："昔者大王居邠[②]，狄人侵之，去之岐山之下居焉。非择而取之，不得已也。苟[③]为善，后世子孙必有王者矣。君子创业垂统[④]，为可继也；若夫[⑤]成功，则天也。君如[⑥]彼何哉？强为善而已矣。"

【译文】滕文公向孟子请教说："齐国要加固薛邑的城墙，我很害怕，怎么办方好？"

孟子回答说："从前太王古公亶父居住在邠地，狄人屡次侵犯，大王就离开邠地到岐山脚下定居。他不是因为那块地方好而选择来作为定居之所，而是被逼无奈。然而只要实行仁德之政，他的后代子孙必定会有成为帝王的。君子创造功业传之子孙，乃为着代代承继；至于成功，那是天意。您如何对付齐国人呢？只有努力实行仁政罢了。"

【简析】孟子要滕文公学习古公亶父，并且一再强调指出，只

要坚定实行仁政，事业定然兴旺发达："后世子孙必有王者矣。"光明的目标定了，推进事业便有百折不挠的底气。

【注释】①薛：古国名。周初分封的诸侯国之一。今山东省滕州市东南五十里有薛城，即其故地。靠近滕国。②邠（bīn）：诸侯国名。周后稷的曾孙公刘由郃迁居于此。在今陕西省彬县。汉赵晔《吴越春秋·吴太伯传》："古公乃杖策（拄杖）去邠，逾梁山而处岐周。"《庄子·让王》："〔大王亶父〕因杖策而去，民相连而从之，遂成国于岐山之下。"③苟：只要。④垂统：把基业留传下去。多指皇位的承袭。⑤若夫：至于。用于句首或段落的开始，表示另提一事。⑥如：奈（对付，处置）。

第十五章　君子不以其所以养人者害人

滕文公问曰："滕，小国也，竭力以事大国，则不得免焉。如之何则可？"

孟子对曰："昔者大王居邠，狄人侵之。事之以皮币[①]，不得免焉；事之以犬马，不得免焉；事之以珠玉，不得免焉。乃属[②]其耆老[③]而告之曰：'狄人之所欲者，吾土地也。吾闻之也：君子不以其所以养人者害人。二三子何患乎无君？我将去之。'去邠，逾梁山，邑于岐山之下居焉。邠人曰：'仁人也，不可失也。'从之者如归市[④]。或曰：'世守也，非身之所能为也；效死勿去！'君请择于斯二者。"

【译文】滕文公向孟子请教说："滕，是一个小国啊，竭尽力量事奉周边的大国，还是不能免除被侵犯的祸患。怎么办才可以呢？”

孟子回答说：“从前太王古公亶父居住于邠地，屡遭狄人侵犯。用毛皮和丝绸事奉他们，不能免除侵犯；用好狗骏马事奉他们，不能免除侵犯；用珍珠宝玉事奉他们，不能免除侵犯。于是将邠地的年老资深者召集来，向他们报告说：‘狄人所想要的，是我们的这块土地。我听说过这样的道理：君子不能用他据以养人的东西害人。在座各位何必担心没有君主呢？我将离开这里（免得你们受侵扰之害）。’旋即古公亶父率领族人离开邠地，翻过梁山，在岐山脚下重建城邑定居。邠地的众人说：‘是个仁德君主，不可失去他。’于是追随太王而去的人如赶集一般踊跃。另有舆论说：‘国土是祖宗传给子孙世代相守的基业，不是我本人能够擅作主张的；拼上身家性命也不能离开！’请君主从以上两种立国办法之中选择一项。”

【简析】两种立国方略，一种是古公亶父为了子孙后代的长远利益考虑，贮备力量，眼前暂作妥协退让；一种是当下就要誓死捍卫祖宗留下的领地，寸土不放，坚守到底。两种对策，都很有道理，确实面临两难选择。在此情形之下，当学习圣人善用中道的智慧，以“权”应对。孔夫子说：“君子之于天下也，无適（dí）也，无莫也，义之与比。”（《论语·里仁》篇）关键是决定于“义”，要符合“义”。有了抉择“义”的这一方向，是进，是退，心中便坦荡了。究竟如何定策，稍后学习《滕文公》篇时，再作讨论。

【注释】①皮币：毛皮和缯帛。古代用作聘享的贵重礼物。②属（zhǔ）：聚集、会合。③耆（qí）老：a. 老年人。b. 指年老而有地位的士绅。④归市：人们从各方涌向市集，比喻归附者的众多。

第十六章　宠臣臧仓阻止鲁平公拜见孟子

鲁平公将出，嬖人臧仓者请曰："他日君出，则必命有司所之；今乘舆已驾矣，有司未知所之，敢请。"

公曰："将见孟子。"

曰："何哉？君所为轻身以先[①]于匹夫者，以为贤乎？礼义由贤者出，而孟子之后丧逾前丧。君无见焉。"

公曰："诺。"

乐正子入见曰："君奚为不见孟轲也？"

曰："或告寡人曰：'孟子之后丧逾前丧。'是以不往见也。"

曰："何哉，君所谓逾者？前以士，后以大夫？前以三鼎，而后以五鼎[②]与？"

曰："否，谓棺椁衣衾之美也。"

曰："非所谓逾也，贫富不同也。"

乐正子见孟子曰："克告于君，君为来见也；嬖人有臧仓者沮君，君是以不果来也。"

曰："行，或使之；止，或尼[③]之；行止，非人所能也。吾之不遇鲁侯，天也。臧氏之子，焉能使予不遇哉？"

【译文】鲁平公将要出行，宠臣臧仓请示说："以前您外出，一定告知管事下臣的去向；现在乘坐的车子已经驾好了马，管事的臣下尚未清楚去处，故而我放胆问个明白。"

鲁平公说："我要去拜访孟子。"

臧仓故作惊讶说："是何道理啊？您所做的是降低身份去向一个常人表示敬意，以为是贤德吗？礼法道义由贤德者显示出来，但是孟子办母亲的丧事超过了以前办父亲的丧事。您就别去会见他了。"

鲁平公回答说："好吧。"

乐正子进去拜见鲁平公问："君主为何改变主意不去见孟轲啊？"

鲁平公回答："有人告诉寡人说：'孟子操办母亲的丧事超过了他先父的丧事。'故而不去见他了。"

乐正子问道："君主所说的超过，是指的什么啊？是说前面给父亲治丧用的是士礼，后面为母亲治丧用的是大夫之礼吗？还是前丧行三鼎祭礼，后丧行五鼎祭礼呢？"

鲁平公说："不是，是说内外棺和衣被的华美。"

乐正子说："这不能认为是后面的丧礼超过了前面的丧礼，乃家境贫富前后不一样啊。"

乐正子拜见老师孟子说："我把您推荐给了国君，鲁君决定要拜见您；宠臣有个叫臧仓的阻止了君主的这个计划，君主是以未能守约前来。"

孟子说："行事，或许有一种力量在促使着；不行，或许也有一种力量在阻拦着；行与不行，不是单凭人力所能做到的。我不能与鲁侯相遇，是天意。臧家那小子，怎能使得我见不到鲁侯呢？"

【简析】小人的本性之一，就是妒贤嫉能，蒙蔽君主视听，阻挠国君接触贤能之人；国君接触贤能的人多了，耳濡目染，潜移默化，小人遂有被疏远的危险。他们在这方面有着天才的敏感和凡人难以赶上的快速反应。孟子极其鄙视小人，是以说能否见鲁侯，是天意，而不是臧仓那小子；事相的本质反映着鲁平公是昏庸之君，他的行止，竟为小人所左右，可怜哪！历朝历代多少悲剧的发生，祸因在此啊！小人的存在，是人类社会的最大不幸与哀伤。

【注释】①先：致意。②三鼎、五鼎：据南怀瑾先生在《孟子旁通》中介绍，士礼丧祭，行的是鱼、豚、鸡的三鼎祭礼；大夫的身份，行的是羊、豚、鸡、鱼、肤的五鼎祭礼。肤，古代用于祭祀或供食用的肉类。郑玄注："肤，豕肉也。"③尼（nì）：阻止、阻拦。

公孙丑上

第一章　抓住当前行王政的最佳时机

耻与行霸者管仲为伍

公孙丑问曰："夫子当路①于齐，管仲、晏子之功，可复许②乎？"

孟子曰："子诚齐人也，知管仲、晏子而已矣。或问乎曾西③曰：'吾子④与子路孰贤？'曾西蹴然⑤曰：'吾先子⑥之所畏也。'曰：'然则吾子与管仲孰贤？'曾西艴然⑦不悦，曰：'尔何曾比予于管仲！管仲得君，如彼其⑧专也；行乎国政，如彼其久也；功烈，如彼其卑也！尔何曾比予于是！'曰：管仲，曾西之所不为也，而子为⑨我愿之乎？"

曰："管仲以其君霸，晏子以其君显；管仲、晏子犹不足为与？"

曰："以齐王，由⑩反手也。"

【译文】公孙丑问道："若果老师在齐国当政，管仲、晏子那样的功业，能够再度重建吗？"

孟子说："你果真是个齐国人，只知道管仲、晏子罢了。有人问曾西说：'您同子路相比谁优胜一些？'曾西惶恐而又崇拜地说：'子路是我先父所敬畏的前贤。'人家又问：'那么您与管仲相比谁强?’曾西怒形于色,说:‘你为什么竟拿我比为管仲?管仲得到他君主的信赖,是那样的专一;行使国家政权,又是那样的长久;可是成就的功业,是那样的微小!你何以竟拿我比为那样的人!’我说啊,管仲是曾西都不愿同他相比的人,你认为我会学他吗?”

公孙丑说:“管仲凭借他的才能使国君成就霸业,晏子凭借他的才华使国君名扬诸侯;管仲、晏子,还不值得仿效吗?”

孟子说:“凭借齐王的条件实行王道,易如反掌。”

【简析】孟子说,“仲尼之徒,无道桓文之事”(《梁惠王上》篇第七章),反对霸道,专行王道仁政,是以言辞激烈否定管仲。齐国是姜子牙的封国,东临黄海,水陆交通方便,姜尚于开国之初,从事渔盐之利,奠定了经济富庶的基础。南怀瑾先生说,到了齐宣王时代,齐都临淄的繁华,闻名天下,有如当今人称誉纽约。故而孟子认为,齐国地域辽阔,有方圆千里的国土,实行王道,统一天下,具备了条件。但是孟子有绝对化的偏向,不能辩证地看待历史人物的功过得失;在这一点上,他偏离了孔夫子的中道观。孔夫子明确指出,管仲虽非仁人,却建立了惠及天下、惠及后世的不朽勋业,曾赞不绝口说:“如其仁!如其仁!”(《论语·宪问》篇)

【注释】①当路:执政、掌权。②许:期望。③曾西:赵岐注:“曾西,曾子之孙。”④吾子:对对方的敬爱之称。一般用于男子之间。郑玄注:“吾子,相亲之辞。吾,我也;子,男子之美称。”⑤蹴(zú)然:恭敬貌。⑥先子:赵岐注:“先子,曾子也。”是说先子指曾子,据此特定关系,显然,可解“先子”为“祖父”。⑦艴(bó)然:恼怒貌。⑧其:助词,a. 音 qí,用于定语之后,犹之;b. 音 jì,常用在“彼”之后,如“彼其之子”。于此,两解均可。⑨为(wèi):

通“谓”，认为，以为。⑩由，通“犹”。如同，好像。

当今行仁政，事半功倍古之人

曰：“若是，则弟子之惑滋[①]甚[②]。且以文王之德，百年而后崩，犹未洽[③]于天下；武王、周公继之，然后大行。今言王若易然，则文王不足法与？”

曰：“文王何可当也？由汤至于武丁，贤圣之君六七作，天下归殷久矣，久则难变也。武丁朝诸侯，有[④]天下，犹运之掌也。纣之去武丁未久也，其故家遗俗，流风善政，犹有存者；又有微子、微仲、王子比干、箕子、胶鬲，皆贤人也，相与辅相之；故久而后失之也。尺地，莫非其有也；一民，莫非其臣也；然而文王犹方百里起，是以难也。齐人有言[⑤]曰：‘虽有智慧，不如乘势；虽有镃基[⑥]，不如待时。’今时则易然[⑦]也：夏后、殷、周之盛，地未有过千里者也，而齐有其地矣；鸡鸣狗吠相闻，而达乎四境，而齐有其民矣。地不改辟矣，民不改聚[⑧]矣；行仁政而王，莫之能御也。且王者之不作[⑨]，未有疏于此时者也；民之憔悴于虐政，未有甚于此时者也。饥者易为食，渴者易为饮。孔子曰：‘德之流行，速于置邮[⑩]而传命。’当今之时，万乘之国行仁政，民之悦之，犹解倒悬也。故事半古之人，功必倍之，惟此时为然。”

【译文】公孙丑说:“按先生这样的说法,那么弟子的疑惑就更大了。况且凭着文王的德高望重,寿达百岁以后驾崩,尚未能使德业周遍天下;武王、周公忠贞继承其未竟之事,然后方才得以大力推行王道教化。现今先生说行王道那般轻易,那么文王也不值得效法了吗?”

孟子说:“文王当时的条件怎么能够与后世相当呢? 商从成汤到武丁,贤圣明君有六七位兴起,天下人归服殷商已很长久,时间一久便很难变动。武丁使诸侯朝见,治理天下,像把东西放在手掌心转动那样容易。辛纣距离武丁的年代不很久远,当时的勋旧世家承袭上代留下的良好习俗,君主的好作风好政教还有保存;又有微子、微仲、王子比干、箕子、胶鬲,都是贤德之人,共同辅助他;所以过了很久以后才失去天下。尺寸之地,莫不是为纣王所拥有,一个百姓,莫不是纣王的臣民;然而文王只能凭借方圆百里的小国起事,是以艰难啊。齐国人中有名言说:‘纵然有智慧,不如顺应形势;纵然有大锄,不如等待农时。’现今就是容易推行王道的合适时机:纵令在夏朝、殷朝、周朝最兴盛的年代里,土地没有超过一千里的国家,而今齐国有了这样宽广的土地了;并且人烟稠密,鸡啼狗叫互相听到,从首都直达四方的边境都是如此,齐国有了这么多的民众。土地不必改变扩张了,民众不必改变增加了;实行仁政统一天下,没有谁能抵挡得了的。而且统一天下的贤君没有出现,于史未有现在这么长久的时间段;民众被暴政折磨,没有比当今更厉害的了。饥饿的人容易满足对食物的需求,干渴的人不会讲究饮料的优劣。孔子说:‘德政的推行,比驿站传递政令还要迅速。’现在这个时期,有万辆兵车的大国推行仁政,民众欢迎喜悦的程度,好像一个倒挂着的人渴望被解救下来一般强烈。所以只要做古人一半之事,而功业必定加倍于古人，确定无疑，只有当前这个时期是推行仁政的最佳时机。”

【简析】孟子认为，当前齐国推行仁政的条件是：地域辽阔、人烟稠密、贤君没有出现、处在水深火热之中的民众渴望仁政；齐国可凭优胜于文王之世、事半功倍于古人而“乘势”崛起。但是孟老夫子疏忽了最重要的一条，齐宣王是不是推行仁政的贤德之君？有如下棋一般，一子走错，满盘皆输。历史表明，春秋战国之际，根本没有推行仁政、大爱民众的贤君，所有的列强、大小诸侯，都是急功近利，只顾眼前强兵强国，是以霸业大兴，法术张扬，到孟子所处的战国末期，行霸吞并于天下已成定势。此乃孟子仁术难行的时代悲剧所在。

【注释】①滋：愈益、更加。②甚：大、多。③洽（qià）：周遍、广博。④有：治理。⑤有言：有名言，有善言。亦泛指有话。⑥镃（zī）基：农具名，大锄。⑦然：犹宜。合适。⑧聚：谓众。⑨不作：不兴起。赵岐注：“不作，圣王之道不兴。”⑩置邮：用车马传递文书信息。亦谓传递文书信息的驿站。焦循正义：“置、邮、传三字，同为传递之称。以其车马传递谓之置邮，谓之驿。其传递行书之舍，亦即谓之置邮，谓之驿。”

第二章　我善养吾浩然之气

孟子四十不动心

公孙丑问曰：“夫子加[1]齐之卿相，得行道焉，虽由此霸王不异[2]矣。如此，则动心否乎？”

孟子曰："否。我四十不动心。"

曰："若是，则夫子过孟贲[3]远矣。"

曰："是不难。告子先我不动心。"

【译文】公孙丑向老师请教说："夫子要是官居齐国卿相的高位，能够推行自己的主张，即使从此成就霸者王者的大业，也不足奇怪。如此，那么会不会动心呢？"

孟子说："不会。我四十岁起就不再动心了。"

公孙丑说："这么看来，夫子超过孟贲很远啦。"

孟子说："这个不难。告子比我早就不动心啦。"

【简析】这是本章的序文，由此引出不动心的话题。

【注释】①加：使居其位，担任。赵岐注："加，犹居也。"②异：奇特的。③孟贲：战国时勇士。孙奭疏引《帝王世说》："秦武王好多力之人，齐孟贲之徒并归焉。孟贲生拔牛角，是谓之勇士也。"

主以必胜、无惧而不动心，皆非大勇

曰："不动心有道乎？"

曰："有。北宫黝[1]之养勇也，不肤桡[2]，不目逃[3]；思以一豪挫于人，若挞之于市朝[4]。不受于褐宽博[5]，亦不受于万乘之君；视刺万乘之君，若刺褐夫，无严[6]诸侯；恶声至，必反之。孟施舍之所养勇也，曰：'视不胜，犹胜也。量敌而后进，虑胜而后会，是畏三军者也。舍岂能为必胜哉？能无惧而已矣。'孟施舍似曾子，北宫黝似子夏。夫二子之勇，未知其孰贤;然而孟施舍守约[7]也。昔者曾子谓子襄曰:'子好勇乎?吾尝闻大勇[8]于夫子矣:自反而不缩[9],虽褐宽博,吾不惴焉;自反而缩,虽千万人,吾往矣!'孟施舍之守气[10],又不如曾子之守约也。"

【译文】公孙丑问道:"做到不动心有办法吗?"

孟子回答说:"有啊。北宫黝培养勇气,皮肤被刺毫不颤动,眼睛被戳不眨一眨;认为被人动了一根毫毛(原文中"豪"通"毫"),有如蒙受在市集上被人鞭打一般的耻辱。不能忍受卑贱人的侮辱,同样不能忍受大国君主的侮辱;看待刺杀大国君主,如同刺杀贫贱者一般,心目中没有觉得国君值得畏惧;骂声到来,必定回击。孟施舍培养勇气之处有所不同,说:'看待制伏不住的对方,有如战胜了他一般。先估量敌方的强弱然后进兵,先考虑有必胜的把握然后会战,这是被三军的数量所吓倒的人。我难道能够稳操胜券吗?只是能够无所畏惧罢了。'孟施舍养气好像曾子,北宫黝养气好像子夏。这二位男士的勇气,不知道他们哪个强些;但是孟施舍的方法能够抓住要领而简易可行。从前曾子对他的弟子子襄说:'你喜好勇武吗?我曾经从先师孔夫子那里聆听大勇的理论:反躬自问而没有正义,纵然是卑贱者,我也不能让人家害怕;反躬自问正义在我,纵然面对千万人之众,我也会勇往直前。'孟施舍的养气方法,又不如曾子提纲挈领,明心见性。"

【简析】孟施舍比之于北宫黝,强在抓住要领。皆非大勇,只是血气之勇。曾子系大勇之士,在于正义,在于义勇。曾子一生注重自我反省,以大勇代替小勇,实施的保证是守约寡欲。

【注释】①北宫黝:古代齐勇士。②肤桡(náo):桡,冒犯。

有的版本作“肤挠”，赵岐则据此注解说：“人刺其肌肤，不为挠却（屈从败退）。”③目逃：谓眼睛受到突然刺激而避开。形容心存怯懦。④市朝：偏指“市”，谓市集，市场。焦循正义引顾炎武《日知录》：“‘若挞之于市朝’，即《书》所言‘若挞于市’。古者朝无挞人之事，市则有之。”⑤褐（hè）宽博：古代贫贱者所穿的宽大粗布衣服。亦借指贫贱者。焦循正义：“上言褐宽博，下言褐夫，则褐宽博即是衣褐之匹夫。故云独夫（指年老无妻者）被褐者。褐宽博，盖当时有此称也。”⑥严：畏惧。⑦守约：简易可行。⑧大勇：谓超乎寻常的勇敢。⑨缩：直、正。⑩守气：谓保持勇气。

志与气之辨

曰：“敢问夫子之不动心，与告子之不动心，可得闻与？”

“告子曰：‘不得于言，勿求于心；不得于心，勿求于气。’不得于心，勿求于气，可；不得于言，勿求于心，不可。夫志，气之帅也；气，体之充也。夫志至焉，气次[①]焉，故曰：‘持其志，无暴[②]其气。’”

“既曰‘志至焉，气次焉’，又曰‘持其志，无暴其气’者，何也？”

曰：“志壹[③]则动气，气壹则动志也。今夫蹶者、趋者，是气也；而反动其心。”

【译文】公孙丑问道：“大胆请问老师的不动心，与告子的不动心有何不同，能让弟子领教吗？”

孟子告诉公孙丑：“告子说：‘不能在言语上取胜，不必求助于思想；不能在思想上取胜，不必求助于意气。’不能在思想上取胜，不必求助于意气，可以；不能在言语上取胜，不必求助于思想，不可以。那个思想意志，是意气的主帅；意气，是充满体内的兵卒。意志到了哪里，意气也随之在哪里表现出来。所以说：‘要持守自己的意志，不能放纵自己的意气。’”

公孙丑紧接着问：“既说‘意志到了哪里，意气随之在哪里出现’，又说‘要持守自己的意志，不能放纵自己的意气’，什么道理呢？”

孟子告诉公孙丑说：“意志专一就会影响意气，意气专一也会影响意志。现在看那些跌倒的人、奔跑的人，这只是体气在支配着他们的行动；可是反转来又动荡他们的思想。”

【简析】这一段，孟子辨别说明意志与意气的不同及其相互作用：意志是主帅，意气是小卒，二者会彼此影响，变动对方。

【注释】①次：至，及。②暴：急骤、猛烈。③壹：专一。

浩然之气

“敢问夫子恶乎长？”

曰：“我知言，我善养吾浩然之气[①]。”

“敢问何谓浩然之气？”

曰：“难言也。其为气也，至大至刚，以直养而无害，则塞于天地之间。其为气也，配义与道；无是，馁也。是集义所生者，非义袭[②]而取之也；行有不慊[③]于心，则馁矣。我故曰‘告子未尝知义’，以其外之也。必有事焉而勿正[④]，心勿忘，勿助长也。无若宋人然：宋人有闵[⑤]其苗之不长而揠[⑥]之者，芒芒[⑦]然归，谓其人曰：'今日病矣！予助苗长矣！'其子趋而往视之，苗则槁矣！天下之不助苗长者寡矣。以为无益而舍之者，不耘苗者也。助之长者，揠苗者也；非徒无益，而又害之。"

【译文】公孙丑问道："大胆请问老师专长于哪一方面？"

孟子说："我善于分析别人的言辞，我善于培养自己的浩然之气。"

公孙丑问道："大胆请教什么叫做浩然之气？"

孟子说："很难说清楚啊。它作为一种气，最伟大最刚毅，用正当方法培养它一点不加伤害，就会充满在天地之间。它作为一种气，必须与正义和圣道配合；不是这样，就没有力量了。这种气是集日常正义行为产生的，不是偶然的正义行为掩盖于外所能取得的；只要做一件于心有愧的事情，就没有力量了。我所以说'告子不曾懂得义'，因为他把义看成是心外之物。一定要培养它，但不要有特定的目的，时刻不忘于心，但不能人为助长。不要像一个宋国人那样：宋国有个担心他的禾苗不能快长从而将苗拔高的人，过后匆匆忙忙、跌跌撞撞地回到家里，对他的家人说：'今日我累坏了！我帮助禾苗长高了！'他的儿子跑步前往观看，禾苗全枯萎了。天下不帮助禾苗生长的人的确很少。以为帮助培养没有好处而放弃的，等于是种庄稼而不间苗、除草、培土的懒汉。违背作物生长规律想以主观意志帮助禾苗生长的人，就是拔高禾苗的人，不只是没有一点好处，反而害处无穷。"

【简析】孟子指出，培养浩然之气，在于心诚，在于同正义和圣道相配合，在于长期坚持，不能凭主观空想，不能超越规律，拔苗助长。

【注释】①浩然之气：正气、正大刚直之气。②袭：遮盖、掩藏。③慊（qiè）：满足、满意。④正（zhēng）：箭靶的中心位置。⑤闵：忧虑、担心。⑥揠（yà）：拔起。⑦芒芒：匆忙貌。芒，通"忙"。

知言辨邪

"何谓知言？"

曰："诐辞[①]，知其所蔽；淫辞，知其所陷；邪辞，知其所离；遁辞，知其所穷。生于其心，害于其政；发于其政，害于其事。圣人复起，必从吾言矣。宰我、子贡，善为说辞。冉牛、闵子、颜渊，善言[②]德行。孔子兼之，曰：'我于辞命，则不能也。'"

【译文】公孙丑问道："什么叫做善于分析别人的言辞？"

孟子回答他说："听了偏颇不正的话，就明白他的病根在于遮隔；听了放荡的话，就明白他的病根在于沉溺；听了邪僻的话，就明白他的病根在于背离正道；听了躲躲闪闪的话，就明白他的病根在于理屈词穷。四种言辞从心灵深处产生，自食危害政事的恶果；发端于政事措施的偏差，酿成危害国事的大局。即使圣人再度出现，也定会赞同我所说。宰我、子贡，善于表达言辞；冉牛、闵子、颜渊，善于体现德行。孔子兼有这两方面的长处，但他还是说：'我对于辞令，则不擅长。'"

【简析】所谓知言，孟子指出，就是对于一切邪门歪道的话，一听即能明白言者心灵深处的病根所在。其恶果则是害己、害国、害民。孔子“言满天下无口过”，不用说，口才了得，但此产生于道德并为道德所用；是以孔子重视道德而不偏重言辞。言辞在道德的指引下进行，则能达到“行满天下无怨恶”（《孝经·卿大夫章》）、引领和平的终局。例如子贡遵从孔子的教令，在爱国主义情感的驱使下，高屋建瓴，凭借他擅长的言辞，说动田常和吴、越、晋三国诸侯，听他的调遣，成功解救了鲁国的危难。但是如果排除了道德的主导，越是能言善辩、娴于辞令的口才，就越是罪业滔滔，害人不浅。

上面是对恶言的分析。按理说，知悉恶言之后，还应该熟悉善言；但是孟子于此，为什么只分析恶言而省略了善言呢？道理是因为恶言有伪装，迷人、害人，埋藏不测的祸因，不可丧失警惕，必须鉴别、揭穿，断它的后路；善言明光闪亮，如日当空，照亮人心，引人向善，学之愉悦，行之吉祥，谁不向学！

【注释】①诐（bì）辞：偏邪不正的言论。诐，偏颇、不正。②言：犹“于”。

夫圣，孔子不居

“然则夫子既圣矣乎①？”

曰：“恶！是何言也！昔者子贡问于孔子曰：‘夫子圣矣乎②？’孔子曰：‘圣，则吾不能；我学不厌而教不倦也。’子贡曰：‘学不厌，智也；教不倦，仁也。仁且智，夫子既圣矣乎！’夫圣，孔子不居。是何言也！昔者窃闻之：子夏、子游、子张，皆有圣人之一体③；冉牛、闵子、颜渊，则具体而微④。”

“敢问所安⑤？”

曰：“姑舍是。”

【译文】公孙丑试探着说：“老师已经是圣人了吗？”

孟子动气说：“哎！这是什么话啊！从前子贡问孔子说：‘夫子是圣人了吧？’孔子说：‘圣人，那我做不到；我学不满足诲人不倦而已。’子贡说：‘学不满足，是智慧；诲人不倦，是仁德。仁德且具智慧，夫子已经是圣人了！’那圣人，连孔子都不敢自居。你这是什么话啊！从前我听说过：子夏、子游、子张，都学有圣人的一方面的特长；冉牛、闵子、颜渊，则大体接近圣人而不能博大精深。”

公孙丑复问：“与此数子相比，大胆请问，老师您处在哪种人的位置上？”

孟子说：“姑且不谈这些吧。”

【简析】圣人而不居圣人之位，表明孔子但愿承当圣人的事业，不要享用圣人的名誉。摒绝杂念，清净崇高。是以孟子衷心向往，引为师表。

【注释】①矣乎：了吗。矣，表示“已然”、“将然”；乎，表示“疑问”。连用以助疑问语气。②矣乎：了吧。矣表示“已然”、“将然”，乎表示揣测性的“赞叹”。连用以助赞叹语气。③一体：一部分。④具体而微：总体的各部分都具备而形状或规模较小。⑤所安：处在什么位置上。所，代词，表示疑问。安，介词，于。

自有生民以来，未有盛于孔子也

曰：“伯夷、伊尹何如？”

曰：“不同道。非其君不事，非其民不使，治则进，乱则退，伯夷也。何事非君，何使非民，治亦进，乱亦进，伊尹也。可以仕则仕，可以止则止，可以久则久，可以速则速，孔子也。皆古圣人也，吾未能有行焉；乃[1]所愿，则学孔子也。”

“伯夷、伊尹于孔子，若[2]是班[3]乎？”

曰：“否。自有生民[4]以来，未有孔子也！”

“然则有同与？”

曰：“有。得百里之地而君之，皆能以朝诸侯，有天下；行一不义，杀一不辜，而得天下，皆不为也。是则同。”

曰：“敢问其所以异？”

曰：“宰我、子贡、有若，智足以知圣人；污[5]不至阿其所好。宰我曰：‘以予观于夫子，贤于尧舜远矣。’子贡曰：‘见其礼而知其政，闻其乐而知其德，由百世之后，等[6]百世之王，莫之能违也。自生民以来，未有夫子也！’有若曰：‘岂惟民哉？麒麟之于走兽，凤凰之于飞鸟，泰山之于丘垤[7]，河海之于行潦[8]，类也。圣人之于民，亦类也；出于其类，拔乎其萃[9]，自生民以来，未有盛于孔子也！’”

【译文】公孙丑问道：“伯夷、伊尹同孔子比怎么样啊？”

孟子回答说：“处世之道不同。不是他理想的君主不去服事，不是他理想的民众不去使唤，天下清平就出来做官，天下昏乱就退而隐居，这是伯夷的处世法则。任何国君都可事奉，任何民众都可使唤，天下清平做官，天下昏乱也做官，这是伊尹的处世法则。可以做官就做官，可以退隐就退隐，可以继续干就继续干，可以马上走就马上走，这是孔子的处世法则。都是古代的圣人，我没有能够做到；若问我的愿望，便是学习孔子。”

公孙丑问道：“伯夷、伊尹同孔子相比，是同等的吗？”

孟子明确回答说：“不是。自有人类以来，没有出现过孔子这样伟大的人物！”

公孙丑追着问道：“那么他们有相同的地方吗？”

孟子爽快地回答说：“有啊。若得方圆百里的土地而做国君，他们都能使诸侯来朝觐，拥有天下；如果让做一件不合道义之事，杀一个无辜之人，因而得到天下，他们都不会做。这是相同的。”

公孙丑接着又问：“大胆请问他们不同的地方如何？”

孟子从容回答道：“宰我、子贡、有若，他们的智慧足以了解圣人，三子尽管自大，不至于偏袒他们所崇拜的人。宰我说：‘凭我观察夫子，他远远超出尧舜的贤德。’子贡说：‘见到一国的礼制因而就了解它的政事，听到一国的音乐因而就了解它的德教，即使百代之后，去评价百代以来的君王，没有一个君王能够背离孔子之道。自从人类诞生以来，没有夫子这样伟大的人物。’有若说：‘难道仅有人类有高下的不同吗？麒麟对于走兽，凤凰对于飞鸟，泰山对于土堆，河海对于小溪，何尝不是同类。圣人对于民众，也是同类；但是远远超出他们的品别，大大高出他们的群伦，自有人类以来，没有人能赶得上孔子的伟大！’”

【简析】孔夫子的伟大，在于智慧，在于中道的运用，在于一个“权”字，于是应对世事，无有不通，无有不成。“言满天下无口过，行满天下无怨恶”，就是他老人家一生的行谊，昭示亮丽的境界，熠熠耀明。

【注释】①乃：连词，表示假设关系，相当于“若”、“如果”。②若：乃、就。③班：等同、并列。④生民：犹言人类诞生。亦指人类。⑤污：或作“洿”，通“夸”。大，夸大。⑥等：比较、衡量。⑦丘垤（dié）：小山丘、小土堆。垤，小土堆。⑧行潦（lǎo）：沟中的流水。⑨萃（cuì）：犹群、类，指聚在一起的人或物。

第三章　以德服人，心悦诚服

孟子曰：“以力假仁者霸，霸必有大国。以德行仁者王，王不待大：汤以七十里，文王以百里。以力服人者，非心服也，力不赡[①]也。以德服人者，中心悦而诚服也，如七十子之服孔子也。《诗》云：‘自西自东，自南自北，无思不服。’此之谓也。”

【译文】孟子说：“依仗实力假借仁术号召征伐的人可以称霸，称霸一定要有强势的大国地位作基础。以道德推行仁政被拥戴为王的，仁德之王不必期待强大国力作基础：汤仅以方圆七十里的领地，文王仅以方圆一百里的领地，实行仁政而使人心归服。以武力征服人，不是人家真心服从，只是因为力量不足。以行仁教使人服气的，人们心悦诚服，有如七十位弟子归服孔子那般。《诗经·大雅·文王有声》篇上说：‘从西排到东，从南排到北，没有人心不服。’正是这个道理。”

【简析】得人心者得天下，古今不易的真理。例如七十位弟子归服孔子，是因为孔子的仁爱大德有如人们沐浴在春风之中，通身舒泰、中心喜悦而诚服。

【注释】①赡:足够。

第四章　祸福无不自己求之

仁则荣,不仁则辱

孟子曰:“仁则荣,不仁则辱。今恶辱而居不仁,是犹恶湿而居下也。如恶之,莫如贵德而尊士,贤者在位,能者在职,国家间暇①,及是时明其政刑②,虽大国必畏之矣。《诗》云:‘迨③天之未阴雨,彻④彼桑土⑤,绸缪⑥牖户;今此下民,或⑦敢侮予?’孔子曰:‘为此诗者,其知道乎!能治其国家,谁敢侮之?’

【译文】孟子说:“国君实行仁政,就会身享荣乐,不行仁政则会遭受屈辱。现今既然厌恶屈辱却仍处不仁的困境,这就好像讨厌潮湿又甘居低洼处一般。若真憎厌屈辱,不如重德而尊敬士人,使贤德者居于官位,能人担当职务,国家安定了,趁此时机修明政教法令,纵然是大国也一定畏惧。《诗经·豳风·鸱鸮》篇上说:‘趁着天未阴、没下雨,从那桑树根上剥些皮,门儿窗儿都修理;现今住在下面的人,谁还敢来把我们欺?’孔子赞叹说:‘做这篇诗的人,他懂得道啊!能够治理他的国家,谁敢侮辱他呢?’”

【简析】实行仁政,取用贤能之士,是最好的安民治国、自强自荣之道。

【注释】①间暇：同"闲暇"。平安无事。②政刑：政令和刑罚。③迨(dài)：趁着。④彻：剥、取。⑤桑土(dù)：指桑根皮。⑥绸缪(móu)牖户：犹"绸缪未雨"。后以"绸缪未雨"或"未雨绸缪"比喻事前做好准备工作。"桑土绸缪"、"桑土之防"、"桑土之谋"，均有防患未然之意，其间"土"字音都为 dù。⑦或：代词。谁。表示疑问。

祸福无不是自己求来

"今国家间暇，及是时，般乐[①]怠敖[②]，是自求祸也。祸福无不自己求之者！《诗》云：'永言[③]配命[④]，自求多福。'《太甲》曰：'天作孽[⑤]，犹可违；自作孽，不可活[⑥]。'此之谓也。"

【译文】孟子说："现今国家太平，若是国君趁着这个时候，纵情享乐，放荡田猎，此乃自找祸害。祸福无不是自己求来的。《诗经·大雅·文王》篇上说：'长言当配天命行事，自己求取诸多福禄。'《尚书·太甲》篇上说：'天降的灾害，还可以逃避；自造的灾难，不可躲避。'正是这个意思。"

【简析】"生于忧患，死于安乐"，孟子和欧阳修都说过类似的警世名言。孟子的话将后学到。欧阳修在《新五代史·伶官传》开篇写道："夫祸患常积于忽微，而智勇多困于所溺。"生死之界，在一忧一安，是以居安思危，乃长治之道。

【注释】①般乐(pán lè)：大肆作乐。赵岐注："般，大也。"②怠敖：怠惰遨游。③永言：长言、吟咏。④配命：配合天命。一说，天所给予之命。⑤孽：灾害，灾祸。⑥活：救活。

第五章 天吏无有不王

孟子曰："尊贤使能，俊杰在位，则天下之士，皆悦而愿立于其朝矣。市廛[1]而不征，法而不廛，则天下之商，皆悦而愿藏于其市矣。关讥[2]而不征，则天下之旅，皆悦而愿出于其路矣。耕者助而不税，则天下之农，皆悦而愿耕于其野矣。廛[3]无夫里之布[4]，则天下之民，皆悦而愿为之氓[5]矣。信能行此五者，则邻国之民，仰之若父母矣。率其子弟[6]，攻其父母，自生民以来，未有能济者也。如此，则无敌于天下；无敌于天下者，天吏[7]也。然而不王者，未之有也。"

【译文】孟子说："君主尊重贤士使用能人，令德才出众者均有官职，那么天下的士人，都衷心喜悦而自愿到他的朝廷里来做官了。市场上提供储物的货栈而不征货物税，依法征购滞销商品不使长久积压，那么天下的商人，都衷心喜悦而把货物储放在他的市场上了。过关卡只稽查不征税，那么天下的游客，都衷心喜悦而愿意取道于那个国家了。对耕者实行井田制助耕公田而不征税，那么天下的农夫，都衷心喜悦而愿意在该国的田野上耕种了。市宅居民全无附加的雇役钱和地税，那么天下的民众，都衷心喜悦而愿意做这个地方的百姓了。真能实行这五项方针，那么邻国的民众，就会仰慕这样的国君如同父母了。假若邻国之君侵犯这样的国家，便如率领士兵攻打他们的父母，自有人类以来,没有能够成功的例子。如此一来,全天下就没有谁能同他抗衡;全天下没有谁能同他抗衡,这是奉行天命领导人民的官员。这样还不能统一天下,那是从来没有的事情。”

【简析】孟子认为,若广施仁政,具体切实让利于民,民众自会归服,则可无敌于天下。这就是奉守天命而行仁政的天吏。天吏无有不王。

【注释】①市廛(chán):市中店铺。廛,特指公家所建供商人存储货物的邸(dǐ)舍。邸舍,古代专指货栈。一说廛是市内可以储存货物的空地。孔颖达云:“廛谓公家邸舍,使商人停物于中,直税其所舍之处价,不税其在市所卖之物。”②讥:稽查、盘问。③廛:古代平民一家在城邑中所占的房地。后泛指民居、市宅。④里之布:古代的一种地税钱。里,人所聚居的地方。布,古代行实物贸易时,作为货币的一种,其长宽有定制。⑤氓(méng):民、百姓。⑥子弟:指从军者,兵丁。⑦天吏:奉天命治民的人。

第六章　扩充四端,安定天下

以不忍人之心,行不忍人之政,治天下可运之掌上

孟子曰:“人皆有不忍①人之心。先王有不忍人之心,斯②有不忍人之政矣。以不忍人之心,行不忍人之政,治天下可运之掌上。

“所以③谓人皆有不忍人之心者:今人乍④见孺

子[5]将入于井，皆有怵惕[6]恻隐[7]之心；非所以[8]内[9]交于孺子之父母也，非所以要誉于乡党朋友也，非恶[10]其声而然也。”

【译文】孟子说：“人人都有怜悯之心。先代圣王有怜悯之心，遂有怜悯他人的仁政产生了。以怜悯之心，行怜悯之政，治理天下则能够像在手掌心里运转小物件那般轻易。

“我说人人都有不忍之心的情由：譬如此刻有人突然看见小孩子掉到井里去了，都会产生惊骇同情的心理；并非要用来结交童子的父母，并非要用来博取家乡朋友的美誉，也不是畏惧幼儿的惨叫声才这样想的。”

【简析】不忍怜悯之心，即是人天然本有的慈悲之心；以这样的善良之心去行政，必然是善为民谋的仁政。是以精心培育、发扬“人之初，性本善”的天性，将人最宝贵的功夫着力地下在根上、本上，是保证人际和睦、社会和谐、天下和平的长治久安之计，因而也是最具睿智卓识的高明之计。我们要善于发现人的天良，找回人的天良，永恒地保持人的天良，这是世界尚可期待的希望所在，光明所在。

【注释】①不忍：不忍心，感情上觉得过不去。心肠软，硬不起心。反义词“忍心”即是心肠硬，所谓心狠手辣。②斯：连词，犹则、乃。③所以：原因，情由。④乍：突然。⑤孺子：幼儿，儿童。⑥怵（chù）惕：惊惧。⑦恻隐：同情，怜悯。⑧所以：用以，用来。⑨内（nà）：“纳”的古字。接纳。⑩恶：畏惧。

扩充仁义礼智四端，足以保四海

“由是观之，无恻隐之心，非人也；无羞恶[1]之心，非人也；无辞让[②]之心，非人也；无是非之心，非人也。恻隐之心，仁之端也；羞恶之心，义之端也；辞让之心，礼之端也；是非之心，智之端也。人之有是四端也，犹其有四体也；有是四端，而自谓不能者，自贼[③]者也；谓其君不能者，贼其君者也。

“凡有四端于我者，知皆扩而充之矣，若火之始然[④]，泉之始达。苟能充之，足以保四海；苟不充之，不足以事父母。”

【译文】孟子接着说：“从上述看起来，没有怜悯之心的，算不了人；没有羞耻之心的，算不了人；没有谦让之心的，算不了人；没有是非之心的，算不了人。怜悯之心，是仁的开端；羞耻之心，是义的开端；谦让之心，是礼的开端；是非之心，是智的开端。人有这四项开端，好比他有四肢一样；有这四项开端，却自己认为不能实行的，是自家害自家的人；认为他的君主是不行的，是害他君主的人。

“凡是自身具有这四项开端的，并且知道都将它们扩充起来，便像刚刚燃烧的火一般不可扑灭，像泉水刚刚开始流出一般终成江河。假如能扩充这四项开端，足以安定天下；假如不能扩充，连父母也无法奉养了。”

【简析】植根于恻隐、羞恶、辞让、是非之心的仁、义、礼、智四端，且加扩充，“若火之始然，泉之始达”，能量无限，足以安定天下，否则，连父母也无法奉养。足见四端是做人、为政的保证，只能持守、扩充，不能削减、丧失。

【注释】①羞恶（wù）：对自己或别人的坏处感到羞耻厌恶。②辞让：谦逊推让。③贼：害、伤害。④然：“燃”的古字。燃烧。

第七章　回到自身寻找原因

孟子曰："矢人[1]岂不仁于函人[2]哉？矢人惟恐不伤人，函人惟恐伤人。巫匠[3]亦然。故术不可不慎也。孔子曰：'里仁为美；择不处仁，焉得智？'夫仁，天之尊爵也，人之安宅也；莫之御而不仁，是不智也。不仁不智，无礼无义，人役也。人役而耻为役，由[4]弓人[5]而耻为弓、矢人而耻为矢也。如耻之，莫如为仁。仁者如射，射者正己而后发，发而不中，不怨胜己者，反求诸己[6]而已矣。"

【译文】孟子说："造箭者难道比制造铠甲者更残忍吗？造箭者惟恐箭不伤人，制造铠甲者惟恐甲不坚厚而让人受了伤。专为人求福的巫人和专为人制造棺材的匠人也是这样。所以选择谋生之术不可不谨慎。孔子说：'与仁德共处最好；选择住处却不选择在仁者居住之处，怎么能说有智慧呢？'（《论语·里仁》篇）那个仁，是天最尊贵的爵位，是人最安逸的住宅；没有谁阻拦却不行仁，这是不明智的。没有仁慈没有智慧，不重礼仪不重正义，只能供人奴役。做人仆役却耻为仆役，好像造弓人却以造弓为耻、造箭人却以造箭为耻一模一样。要是感到耻辱，不如去行仁。行仁者好比射箭一样，射箭的人先端正好自己的姿势而后发箭，若是不能射中，不埋怨胜过自己的人，回到自身寻找原因罢了。"

【简析】世上万般，比不上行仁最好；仁是天最尊贵的爵位，是人最安逸的住宅。是以孔子说："选择住处却不选择在仁者居住之处，怎么能说有智慧呢？”自己没有做好，绝不能责怪旁人和寻找其他借口，唯一行得通的办法，只能是回到自身寻找原因。

【注释】①矢人：造箭的工匠。②函人：造铠甲的工匠。③巫匠：巫人和匠人。古代从事祈祷、卜筮、星占，并兼用药物为人求福、祛灾、治病的人，称巫。商代巫的地位较高。周时分男巫、女巫，司职各异，同属司巫。春秋以后，医道渐从巫术中分出，但民间专行巫术、装神弄鬼为人祈祷治病者，仍世世不绝。木工、工匠称匠人。④由：通“犹”，如同，好像。⑤弓人：制弓的人。⑥反求诸己：犹反躬自问。谓从自己方面找原因。

第八章　君子莫大乎与人为善

孟子曰：“子路，人告之以有过则喜；禹，闻善言则拜。大舜有大焉，善与人同，舍己从人，乐取于人以为善。自耕稼陶渔，以至为帝，无非取于人者。取诸人以为善，是与人为善者也。故君子莫大乎与人为善。”

【译文】孟子说：“子路，人们告诉他有过错就高兴；大禹，听了有益的话就向人拜谢。大舜有更伟大的地方，愿与别人一同行善，放弃自己的不是而听人对的，乐意吸取人家的长处来行善。从耕种庄稼烧制陶器打鱼，直到做天子，没有一处优点不是从人家那里虚心吸取来的。吸取别人的优点来行善，这就是与人为善的人。所以君子没有比与人为善更大的了。”

【简析】与人为善者，最懂得做人之道。子路闻过则喜，大禹听到有益的话就向人拜谢，大舜做任何事情都取人之长，直到做天子,都虚心地吸取人家的优点。善取人长者,知识面在不断地扩大,智慧与时俱增,境界迅速上升。是以孟子说:“君子莫大乎与人为善。”

第九章　隘与不恭,君子不由也

孟子曰:“伯夷,非其君不事,非其友不友;不立于恶人之朝,不与恶人言。立于恶人之朝,与恶人言,如以朝衣朝冠,坐于涂炭①。推恶恶之心,思与乡人立,其冠不正,望望②然去之,若将浼③焉。是故诸侯虽有善其辞命④而至者,不受也;不受也者,是亦不屑就已。柳下惠不羞污君,不卑小官;进不隐贤,必以其道;遗佚⑤而不怨,阨穷⑥而不悯⑦。故曰:‘尔为尔,我为我,虽袒裼裸裎⑧于我侧,尔焉能浼我哉!’故由由⑨然与之偕而不自失焉。援⑩而止之而止;援而止之而止者,是亦不屑去已。”

孟子曰:“伯夷隘,柳下惠不恭。隘与不恭,君子不由也。”

【译文】孟子说:“伯夷,不是他理想的君主不事奉,不是他理想的朋友不交结;不站在坏人的朝廷里,不同坏人讲话。站在坏人的朝廷里,同坏人讲话,好比穿戴着礼服礼帽,坐在泥淖和炭灰之上一样叫人受不了。把这种厌恶坏人的心思推广开去,他想同一个乡下人一块站着,那人帽子没有戴正,便扫兴地离开他，头也不回，像要被玷污一般。因而诸侯尽管用好言好语来聘请他去做官，他也不接受；不接受招聘，这是他认为不值得去接近他们。柳下惠不以事奉无道之君为羞耻，不以自己官职小为卑下；入朝做官不隐瞒才能，但一定按他的原则办事；自己被遗弃却不埋怨，遭遇艰难困苦却不忧伤。所以他说：‘你是你，我是我，纵然在我身旁赤身露体，你怎么能玷污我呢！’所以无论对什么人他都高兴地同他在一道，并且不失常态。别人挽留他，请他留住就留住；他之所以被挽留即留住，这是因为他宽宏不介意罢了。”

孟子说：“伯夷胸襟狭隘，柳下惠的态度不太严肃。胸襟狭隘和处世态度不严肃，君子是不会做的。”

【简析】东方朔《答客难》说：“水至清则无鱼，人至察则无徒。”至清，过于清澈。至察，过于明察。无徒，指没有朋友、没有同伴。显然，人至察是有害的，将会孤立无援，难于成就事业。好像人有洁癖一样，太讲究干净了，人家就不敢上门，不敢接触。伯夷要求人都是完人，容不得一点瑕疵。孟子认为这是胸襟狭隘的表现。柳下惠则走入另一个极端，待人宽容固然好，但是孟子认为太随和，太不严肃。君子做人是要讲庄重、讲威严的。孔子说：“君子不重则不威，学则不固。”（《论语·学而》篇）是以孟子下结论说：“隘与不恭，君子不由也。”

【注释】①涂炭：泥淖和炭灰。喻污浊之地。亦为污浊。涂，泥。②望望：失望貌、扫兴貌。③浼（měi）：沾污、玷污。④辞命：辞令（应对的言辞）。⑤遗佚：亦作“遗逸”、“遗轶”，遗弃而不用。⑥阨穷：困厄窘迫。阨，音 è，困厄、困窘。⑦悯：忧愁、忧伤。⑧袒裼裸裎（tǎn xī luǒ chéng）：赤身露体。谓粗野无礼。袒，脱衣露出上身。裼，袒开或脱去上衣，露出身体。裸，赤身露体。裎，脱衣露体。⑨由由：愉悦。⑩援：牵拉、牵引。

公孙丑下

第一章　得道者多助,得人心者得天下

孟子曰:“天时①不如地利②,地利不如人和③。

“三里之城,七里之郭④,环而攻之而不胜。夫环而攻之,必有得天时者矣;然而不胜者,是天时不如地利也。城非不高也,池非不深也,兵革非不坚利也,米粟非不多也,委⑤而去之,是地利不如人和也。

“故曰:域⑥民不以封疆之界,固国不以山溪之险,威天下不以兵革之利。得道者多助,失道者寡助。寡助之至,亲戚畔⑦之;多助之至,天下顺之。以天下之所顺攻亲戚之所畔,故君子有不战,战必胜矣。”

【译文】孟子说:“得到天时比不上得到地利,得到地利比不上得到人和。

“一座内城三里、外城七里的城郭,包围攻打它却无法取胜。包围攻打这座城郭,一定是具有了天时方面的条件;但是不能取胜,是天时的条件比不上地理方面的优势。再如另一处守城者,城墙并非不高,护城河并非不深,兵器盔甲并非不锐利坚固,粮食也不是不多,敌军一到,便弃城撤离,这是因为地利的条件比不上对方人和的优势。

“所以说,限制百姓不必靠国家疆域的界线,巩固国家不必

凭借山河的险要，威慑天下不必凭借兵器的锐利。能行仁道的帮助他的人就多，不行仁道的帮助他的人就少。帮助他的人少到极点时，连亲戚都要背叛他；帮助他的人多到极点时，天下的人都顺从他。靠全天下人顺从的力量，攻打亲戚都背叛的人，胜局已定，因此正义的君主要么不战，战则必胜。”

【简析】战争的胜负，主要靠人和；自然条件再好，比不上人和。人和在于仁道的推行；推行仁道一定得到多数人的拥护，以至全天下的顺从。这是战争取胜的前提、基础和根本，一句话，决定于人心的向背。天下者，有道者得之；得道者多助，得人心者得天下，这个历史的总规律，古今中外不能例外。

【注释】①天时：宜于做某事的自然气候条件。②地利：地理优势。地理，土地、山川等的环境形势。今指全世界或一个地区的山川、气候等自然环境及物产、交通居民点等社会经济因素的总的情况。③人和：人事和谐、民心和乐。人与人之间互敬互爱。④三里之城，七里之郭：都邑四周的墙垣，一般分两重，里面的叫城，外面的叫郭。⑤委：舍弃、丢弃。⑥域：谓划分区域而居。⑦畔：通“叛”。背叛、叛变。

第二章　大有为之君，必有所不召之臣

我非尧舜之道，不敢以陈于王前

孟子将朝王。王使人来曰：“寡人如就①见者也，有寒疾②，不可以风。朝将视朝③，不识可使寡人得见乎？”

对曰："不幸而有疾，不能造朝[④]。"

明日，出吊于东郭氏。公孙丑曰："昔者辞以病，今日吊，或者不可乎？"

曰："昔者疾，今日愈，如之何不吊？"

王使人问疾，医来。孟仲子对曰："昔者有王命，有采薪之忧[⑤]，不能造朝。今病小愈，趋造于朝，我不识能至否乎？"

使数人要[⑥]于路，曰："请必无归，而造于朝。"

不得已，而之景丑氏宿焉。

景子曰："内则父子，外则君臣，人之大伦[⑦]也。父子主恩，君臣主敬；丑见王之敬子也，未见所以敬王也。"

曰："恶！是何言也！齐人无以仁义与王言者，岂以仁义为不美也？其心曰'是何足与言仁义也'云尔，则不敬莫大乎是。我非尧舜之道，不敢以陈于王前，故齐人莫如我敬王也。"

【译文】孟子将要去朝见齐王。齐王派人来说："寡人本应当前往看你的，因患感冒，不可以吹风。如果你肯来朝，我将临朝听政，不知道能使寡人见到你吗？"

孟子回答说："不幸得很，我也有病，不能朝觐。"

第二天，孟子出门到东郭氏大夫家去吊丧。公孙丑对孟子说："昨天托病谢绝召见，今天出门吊丧，或许不可以吧？"

孟子说："昨天病了，今天好了，怎么不可以去吊丧呢？"

齐王派人来探问孟子疾病，医生同来。学于孟子的堂兄弟孟仲子应对说:“昨天大王召见,因为先生患了病,不能奉命上朝进见。今天病刚好一点,已经急急忙忙上朝去了,我不知道他是否到达了?”

孟仲子紧接着派了好几个人分别在孟子回家的路上拦截他,嘱咐派去的人说:“请先生务必不要归家,赶快去上朝。”

没有办法,孟子只得躲到景丑大夫家中歇宿。

景子对孟子说:“在家就得讲父子之亲,在外就得讲君臣大义,这是人之间最大的伦常关系。父子之间以恩爱为主,君臣之间以敬重为主;我只看到齐王对您的尊敬,却未见您尊敬齐王的表示。”

孟子说:“哎!这是什么话呀!齐国人没有一个用仁义来向齐王进言的,难道以为仁义不好吗?他们心里想‘这个王哪里值得同他谈仁义啊’罢了;那么不敬齐王没有比此更大的了。我呢,不是尧舜之道,不敢拿来在齐王面前陈述,所以齐国人没有一个像我这样敬重齐王的。”

【简析】这一段文字是对齐王尊敬与失敬的辩析。孟子认为:“我非尧舜之道,不敢以陈于王前,故齐人莫如我敬王也。”

【注释】①就:指主动亲近、俯就。②寒疾:指因感受寒邪所致的疾病。③视朝:谓临朝听政。④造朝:进谒、朝见。⑤采薪之忧:自称有病的婉辞。后因以“采薪之忧”指患病。亦作“采薪之疾”、“采薪之患”。采薪,砍柴。⑥要:拦阻。⑦大伦:人类社会的基本伦理道德。

礼贤下士,尊德乐道,方可有所作为

景子曰:“否,非此之谓也。《礼》[①]曰:‘父召,无诺[2]；君命召，不俟驾[3]。'固将朝也，闻王命而遂[4]不果[5]，宜[6]与夫《礼》若不相似然。"

曰："岂谓是与？曾子曰：'晋楚之富，不可及也。彼以其富，我以吾仁；彼以其爵，我以吾义。吾何慊乎哉？'夫岂不义而曾子言之？是或一道也。天下有达[7]尊三：爵一、齿一、德一。朝廷莫如爵，乡党莫如齿，辅世长民[8]莫如德。恶得有其一，以慢其二哉？故将大有为之君，必有所不召之臣，欲有谋焉，则就之。其尊德乐道，不如是，不足以有为也。故汤之于伊尹，学焉而后臣之，故不劳而王；桓公之于管仲，学焉而后臣之，故不劳而霸。今天下地丑[9]德齐，莫能相尚，无他，好臣其所教，而不好臣其所受教。汤之于伊尹，桓公之于管仲，则不敢召；管仲且犹不可召，而况不为管仲者乎？"

【译文】景子说："不，我说的不是这个意思。礼书上说：'父亲召唤，唯一声就起身，绝不慢条斯理地说声诺；君命召唤，应立即动身，不等车马驾好就先走去。'你呢，本来要朝见王，听到王命竟然不去遵行，大概与那礼书上说的好像不相合吧？"

孟子说："难道你说的是这个吗？曾子说：'晋国、楚国的财富，我们比不上。他靠他的财富，我用我的仁德；他凭他的爵位，我行我的道义。我有什么遗憾呢？'这些话难道不合道义而曾子肯轻易说出？其中有同一的道理。天下有三个方面人们普遍尊重：一是爵位，一是年龄，一是道德。在朝廷爵位重要，在乡里年龄重要,辅佐教化世人的君主德行最重要。他怎能只凭一个爵位,而轻慢我的道德和年龄呢?所以大有作为的君主,一定有他不受召唤的臣子,要有事商量,就亲自到臣子那里去。他尊重德行,乐于行仁道,认为不这样做,就不可能有所作为。所以商汤对于伊尹,先向他学习然后命他为臣子,因此不费多少气力就统一了天下;齐桓公对于管仲,先向他学习然后命他为臣子,因此不费多少气力就成就了霸业。当今天下大国土地面积是相类的,德行也一般无二,谁也不能超过谁,没有其他原因,喜欢任用听他话的人为臣,却不喜欢任用教导他的人为臣。商汤对于伊尹,齐桓公对于管仲,就不敢召唤;管仲这样的人尚且不可召唤,而况不屑于做管仲的人呢?"

【简析】尊师重教,中华民族的优良传统,作为君主,应当率先遵行。春秋有三月达成鲁国大治的孔子而定公不知道长期任用,是以鲁国迅速由盛而衰。战国末期的弊病,正如孟子指出的:"喜欢任用听话的人为臣,却不喜欢任用教导君主的人为臣。"是以孟老夫子想要达到的目标"大有为之君,必有所不召之臣",只能是一个茫茫然无法有着落的空想。

【注释】①《礼》:礼书。《周礼》、《仪礼》、《礼记》皆古代言礼之书,合称"三礼"。②父召,无诺:《弟子规·入则孝》:"父母呼,应勿缓。"③君命召,不俟驾:《论语·乡党》篇:"君命召,不俟驾行矣。"④遂:终于、竟然。⑤不果:没有成为事实;终于没有实行。⑥宜:犹大概、似乎、恐怕。表示不十分肯定。⑦达:普遍、全面。⑧长(zhǎng)民:为民之长、官长。古指天子、诸侯,后泛指地方官吏。⑨丑:类。

第三章　馈金合礼可受，君子不可以为金钱动心

陈臻问曰："前日于齐，王馈[1]兼金[2]一百而不受；于宋，馈七十镒而受；于薛，馈五十镒而受。前日之不受是，则今日之受非也；今日之受是，则前日之不受非也。夫子必居一于此矣！"

孟子曰："皆是也。当在宋也，予将有远行，行者必以赆[3]，辞曰'馈赆'，予何为不受？当在薛也，予有戒心，辞曰'闻戒，故为兵馈之'，予何为不受？若[4]于齐，则未有处[5]也。无处而馈之，是货[6]之也。焉有君子而可以货取[7]乎？"

【译文】陈臻问老师孟子说："往日在齐国，齐王赠送您上等的好金一百镒却不接受；在宋国，赠送七十镒金却接受了；在薛国，赠送五十镒金也接受了。如果往日在齐国不接受赠金是对的，那么今日的接受就是错的；如果今日的接受是对的，那么前日的不接受就是错的。夫子于此二者之中一定有一个错了！"

孟子回答说："都是对的。在宋国时，我准备远行，按例对出门行人一定要送点路费，宋君当时说'送程仪'，我为什么不接受？在薛国，我有警惕之心，薛君说'听说你需要戒备，故送点钱给你买兵器吧'，我为什么不接受？至于在齐国，就没有什么用处。没有用途却送钱给我，这是用金钱收买我。哪有君子却可以被金钱收买的呢？"

【简析】“焉有君子而可以货取乎?”掷地有声,孟子处世的人格金言。

【注释】①馈(kuì):赠送。②兼金:价值倍于常金的好金子。③赆(jìn):送行时赠送的财物。亦称“程仪”、“程敬”,俗谓“盘缠”。④若:至于。⑤处:安排。⑥货:购买。⑦货取:谓以财货收买。

第四章 考察为都者五人,知罪者惟有孔距心

孟子之平陆[1],谓其大夫曰:“子之持戟之士,一日而三失伍[2],则去之否乎?”

曰:“不待三。”

“然则子之失伍也亦多矣!凶年饥岁,子之民,老羸[3]转[4]于沟壑,壮者散而之四方者,几[5]千人矣。”

曰:“此非距心之所得为也。”

曰:“今有受人之牛羊而为之牧之者,则必为之求牧与刍矣。求牧与刍而不得,则反诸其人乎?抑亦立而视其死与?”

曰:“此则距心之罪也。”

他日[6],见于王曰:“王之为都[7]者,臣知五人焉;知其罪者,惟孔距心。”为王诵之。

王曰:“此则寡人之罪也。”

【译文】孟子到平陆,对那里的邑令孔距心说:“您的持戟的

士卒，一日之中三次掉队，那么开不开除他呢？”

孔距心说：“不必等待三次。”

孟子说：“那么您自己的失职之处也多着哩！灾荒年成，您的百姓中，年老体弱抛尸露骨山沟中的，年轻力壮逃散到四方的，将近千人啦。”

孔距心说：“这不是我的力量所能做到的。”

孟子说：“现在有一个接受了人家牛羊而为他人放牧的人，就一定得替这些牛羊找到牧场和草料。如果找不到牧场同草料，那把牛羊退还给主人呢，还是站在那里看好那些牛羊一一饿死呢？”

孔距心说：“这就是我的罪过了。”

过些天，孟子朝见齐王说：“大王的地方长官，我认识了五位；能明白自己失职的罪过的，只有孔距心一人。”遂将自己同孔距心的问答过程给齐王复述了一遍。

齐王说：“这是我的罪过啊。”

【简析】孟子赞扬诚实为政、勇于承当责任的官吏。做官的根本职责，在于为百姓解除苦难，能有温饱的生活，特别在灾荒年头，杜绝让人冻饿而死、四处逃亡的惨况发生。在孟子的启发下，孔距心认识到了自己根本方面的失职，当即表示了忏悔。在孟子认识的五位地方官员中，只有孔距心算是诚实的，尚且如此；可见齐国官员队伍问题的严重。更可怕的是齐王并不怎么知情。吏治的腐败是最大的腐败，在历历事实面前，齐王感到沉痛。若此乘机大力整顿，则社稷有望，民生有望。

【注释】①平陆：齐边境邑名，位于今山东汶（wèn）上县北，汶水流经那里。②失伍：谓失其行（háng）伍，掉队。③羸（léi）：指瘦弱困惫的人。④转：弃尸。⑤几（jī）：将近。⑥他日：过些天；日后；将来的某一天或某一时期。⑦为都：治理一方。为，治。都，古代行政区划名。a. 夏制，十邑为都；b. 周制，四县为都；c. 四乡为都；d. 十州为都。此处的“都”犹“邑”。

第五章 有名无实，理当辞职；无官守，无言责，进退无已

孟子谓蚳蛙曰：“子之辞灵丘①而请士师，似也，为其可以言也。今既数月矣，未可以言与？”

蚳蛙谏于王而不用，致②为臣而去。

齐人曰：“所以③为蚳蛙，则善矣；所以自为，则吾不知也。”

公都子以告。

曰：“吾闻之也，有官守④者，不得其职则去；有言责者，不得其言则去。我无官守，我无言责也。则吾进退⑤，岂不绰绰⑥然有余裕⑦哉？”

【译文】孟子对齐大夫蚳（chí）蛙说：“您辞去灵丘令不当却请求作治狱官，似也不错，因为这样可以向主上进言。目今已过几个月了，不可以进言吗？”

蚳蛙谏于王而不用，便辞职离开。

齐国有人评论说：“孟子为蚳蛙考虑的，还是好的；用来为自己考虑的，那我就不知道了。”

弟子公都子将此议论报告了孟子。

孟子说：“我听说过，有官职的，不能履行他的职责就辞职；

有进言责任的人，进言不被采纳就辞职。我无官职，我又无言责；那我是进是退，岂不宽宽绰绰更加自由吗？”

【**简析**】官在其位，就要为国为民谋其政，尽其职。孟子一向以为，言官不被重视，不用其言，就应辞职不干，不能空担虚名。他老人家既无官职，又无言责，考虑的无非是国家、民众的利益，哪里是站在一旁好说风凉话的人所能识得、所能理解！

【**注释**】①灵丘：赵岐注：“灵丘，齐下邑。”下邑，国都以外的城邑。孔颖达云：“国都为上，邑为下。”②致：归还、交还。③所以：用以，用来。④官守：官位职守、官吏的职责。⑤进退：出仕和退隐、去就。⑥绰绰：宽裕貌。⑦余裕：宽绰有余、宽裕。亦用以表示应对从容、胸怀宽广。赵岐注：“今我居师宾之位，进退自由，岂不绰绰然舒缓有余裕乎。绰、裕，皆宽也。”

第六章　既无谋私之心，吊滕何必多言

孟子为卿于齐，出吊于滕，王使盖①大夫王驩为辅行②。王驩朝暮见；反③齐、滕之路，未尝与之言行事④也。

公孙丑曰：“齐卿之位，不为小矣，齐、滕之路，不为近矣；反之而未尝与言行事，何也？”

曰：“夫既或治之，予何言哉？”

【**译文**】孟子在齐国做卿，派他到滕国吊唁，齐王又安排盖邑令大夫、宠臣王驩（huān）做副使。同王驩朝暮相见；来回于齐、滕的路途，孟子从不同他谈出使的事情。

公孙丑问道："齐卿的官位，不算小了，齐、滕之间的路程，也不算近了；往返之际而没有同王驩谈出使的事情，为什么啊？"

孟子说："那已有人办理了，我还说什么呢？"

【简析】高人心胸阔大，不计名位，不动声色，智慧过人；既有齐王宠臣王驩出头露面，撇开正使具体管事，孟子认为乐得自在，清净其心，轻松其身；同时也不屑答理小人。恰可洗净攀附之嫌，自然保持独立高贵的人格。此时无声胜有声。一股不为势利撼动的凛然正气，洋溢于言外。

【注释】①盖(gě)：赵岐注："盖，齐下邑也。"②辅行：辅助正使行事，故称。③反：往返。④行事：出使之事。

第七章　君子不以天下俭其亲

孟子自齐葬于鲁，反于齐，止于嬴①。

充虞请曰："前日②不知虞之不肖，使虞敦匠，事严③，虞不敢请；今愿窃有请也：木若以④美然。"

曰："古者棺椁无度。中古，棺七寸，椁称之，自天子达于庶人，非直为观美也，然后尽于人心。不得，不可以为悦；无财，不可以为悦；得之为有财，古之人皆用之，吾何为独不然？且比⑤化者⑥，无使土亲⑦肤，于人心独无⑧恔⑨乎？吾闻之：君子不以天下俭⑩其亲。"

【译文】孟子从齐国将母亲归葬到鲁国后，返回齐国，在嬴邑停留下来。

弟子充虞请教老师说："早先您不知道我的能力差，派我敦促备办棺椁，事情紧急，我不敢请教；现在我想请老师明示，棺木好像太华美了。"

孟子说："上古时期对于内外棺尺寸没有规定。中古规定，内棺厚七寸，外棺与之相称，从天子一直到平民百姓，不只是为了好看，都认为这样做了才算尽孝心。限于礼法，不得用好棺木，当然不可以称心如意；限于财力，不可以购买好棺木，也不能称心如意；能够有财力，古人都会用好棺木，我为什么单单不这样做呢？并且为了死者，不要使泥土挨近体肤，对于人子的孝心来说，岂不稍微得到了一点慰藉吗？我听说，一个懂得孝道的人，绝不因为要替天下节约物资而在父母身上省钱。"

【简析】在不违礼法、财力又许可的情况下，孟子认为，用好棺木安葬先人，是人子应有的孝心。一个懂得孝道的人，绝不能在父母身上省钱。这确实是孟子的殷殷孝心。但也不能过分奢华。孔子说："就一般礼仪说，与其奢靡铺张，宁可朴素节俭；就丧仪说，与其治办周备，宁可哀伤悲戚。"（《论语·八佾》篇）

【注释】①嬴（yíng）：齐国南面的一个都邑，故城在今山东莱芜县西北四十里。②前日：前些日子、往日。③严：急、紧急。④以：通"已"，太、过分。⑤比：为、替。⑥化者：死者。化，死。⑦亲：接近、接触。⑧无：微小。⑨恔（xiào）：快慰。⑩俭：薄、少。

第八章　孟子难脱劝齐伐燕的被动

沈同以其私问曰："燕可伐与？"

孟子曰："可。子哙不得与人燕，子之不得受燕于子哙。有仕于此，而子悦之，不告于王，而私与之吾子之禄爵；夫士也，亦无王命，而私受之于子；则可乎？何以异于是？”

齐人伐燕。

或问曰：“劝齐伐燕，有诸？”

曰：“未也。沈同问：‘燕可伐与？’吾应之曰：‘可。’彼然而伐之也。彼如曰：‘孰可以伐之？’则将应之曰：‘为天吏，则可以伐之。’今有杀人者，或问之曰：‘人可杀与？’则将应之曰：‘可。’彼如曰：‘孰可以杀之？’则将应之曰：‘为士师，则可以杀之。’今以燕伐燕，何为劝之哉？”

【译文】齐大夫沈同以他私人身份问道：“燕国可以讨伐吗？”

孟子说：“可以。燕王子哙不能任意把燕国交给别人，相国子之也不能够从子哙那里接受燕国。有个谋求官职的人在此，您很喜欢他，也不向齐王报告，私自把您的俸禄和官爵都给了他；那个士人呢，也无齐王的任命，私自从您那里接受爵禄；这样做可以吗？”

齐国果然攻打燕国。

有人问孟子说：“听说您曾鼓励齐国去讨伐燕国，有这回事吗？”

孟子回答说：“没有。沈同问：‘燕国可以讨伐吗？’我回答他说：‘可以。’他便真的去讨伐燕国。他假如进一步问：‘谁可以讨伐燕国？’那我会回答他说：‘是得到天意的天吏，才可以讨伐燕国。’假如有个杀人的罪犯，有人问道：‘这个杀人犯可以杀掉吗?'被问的人回答说:'可以。'他假如再问:'谁可以杀他?'那么被问的人会回答他说:'是治狱官,则可以杀他。'现在以一个同无道燕国差不多的国家去讨伐燕国,我为什么要鼓励他们那样做呢?"

【**简析**】孟子回答沈同的话很容易被误会。因为他接着叙说的是燕国出现了"君不君、臣不臣"的无道局势,岂不是燕国可伐的理由?历史没法改写,事后的辩解,已经无补于事!眼下,孟子的说明有没有道理?有!他的的确确向齐宣王做过至关重要的开释:燕民乐不乐意齐人伐燕?但是目前这里的问题却在于,沈同不是孟子,他绝没有孟子的领悟力!总之,孟子未能当即主动向齐大夫沈同表示最终不能伐燕的明朗态度,是特大的失误。

第九章　没有君子之智,岂解君子之意

燕人畔[①]。王曰:"吾甚惭于孟子。"

陈贾曰:"王无患焉。王自以为与周公孰仁且智?"

王曰:"恶!是何言也!"

曰:"周公使管叔监殷,管叔以[②]殷畔。知而使之,是不仁也;不知而使之,是不智也。仁、智,周公未之尽也,而况于王乎?贾请见而解之。"

见孟子,问曰:"周公何人也?"

曰:"古圣人也。"

曰:"使管叔监殷,管叔以殷畔也,有诸?"

曰："然。"

曰："周公知其将畔而使之与？"

曰："不知也。"

"然则圣人且有过与？"

曰："周公弟也，管叔兄也，周公之过，不亦宜乎？且古之君子，过则改之；今之君子，过则顺之。古之君子，其过也，如日月之食，民皆见之；及其更也，民皆仰之③。今之君子，岂徒顺之，又从为之辞。"

【译文】燕人奋起反抗齐国。齐王说："我对于孟子感到十分惭愧。"

齐大夫陈贾说："请大王对此不要忧虑。大王自己以为同周公相比谁更仁爱更有智慧呢？"

齐王说："哎！这是什么话呀！"

陈贾说："周公派管叔监督殷商遗民，管叔却带领殷人一起背叛。如果知道而派遣他，这是他缺乏仁爱；如果未曾预见而派遣他，这是他缺乏智慧。仁慈、智慧，周公都没有完全做到，何况您大王呢？我请求去见孟子解释其间的原委曲折。"

陈贾拜见孟子，问道："周公是什么样的人啊？"

孟子回答："是古代的圣人啊。"

陈贾问："周公派遣管叔监督殷商遗民，管叔却带领殷人一起背叛，有这回事吗？"

孟子说："有的。"

陈贾故意问："周公知道他将要背叛仍然派遣他吗？"

孟子说："不曾知道。"

陈贾说："这样看来圣人尚且有过错啊！"

孟子说："周公是兄弟，管叔是兄长，周公有过错，岂不合乎情理吗？而且古代的君子，有过就改正；当今的君子，有了过错却将错就错。古代的君子，他的过错，有如日食月食一般，民众都能看到；当他改正了，民众都敬仰他。当今的君子，哪里只是将错就错，还从而为此过错编造一套理由来辩解。"

【简析】陈贾怀着阴暗、愚蠢的心理去向孟子为齐王做说客，不惜贬损古圣人周公，企图挽回齐王一意孤行霸占燕国的被动。孟子洞若观火，正气凛然，以他极其敬佩的子贡的正大光明之辞，稍加发挥，当下点穿来者的不端的动机："古之君子，过则改之；今之君子，过则顺之。古之君子，其过也，如日月之食，民皆见之；及其更也，民皆仰之。今之君子，岂徒顺之，又从为之辞。"令其痛悔，只有向古圣人学习，有过则改，方为正理、正道。

【注释】①燕人畔：见《史记·燕世家》。齐王伐燕，燕国士兵不抵抗，城门不闭，燕君哙丧命，子之逃亡，齐国大胜。第二年，燕国人共同拥立太子平，即燕昭王。此记载说明燕人不归附齐，故说"燕人畔"。②以：介词。表示处置或主使。犹言带着、率领。③古之君子，其过也，如日月之食，民皆见之；及其更也，民皆仰之：《论语·子张》篇："子贡曰：'君子之过也，如日月之食焉。过也，人皆见之；更也，人皆仰之。'"

第十章　绝不做降志辱没之事

孟子致为臣而归，王就①见孟子曰："前日愿见而不可得，得侍同朝，甚喜。今又弃寡人而归，不识可以继此而得见乎？"

对曰："不敢请耳，固所愿也。"

他日，王谓时子曰："我欲中国[②]而授孟子室，养弟子以万钟，使诸大夫国人，皆有所矜式[③]。子盍为我言之。"

时子因陈子而以告孟子。

陈子以时子之言告孟子，孟子曰："然。夫时子恶知其不可也？如使[④]予欲富，辞十万而受万，是为欲富乎？

"季孙曰：'异哉！子叔疑[⑤]。使己为政，不用，则亦已矣；又使其子弟为卿。人亦孰不欲富贵？而独于富贵之中，有私[⑥]龙断[⑦]焉。'古之为市[⑧]也，以其所有，易其所无者，有司者治之耳。有贱丈夫焉，必求龙断而登之，以左右望而罔市利[⑨]，人皆以为贱，故从而征之。征商，自此贱丈夫始矣。"

【译文】孟子辞去齐国的官职准备回乡，齐王登门拜见孟子说："以前我希望见到您却没有可能，后来有幸同朝共事，我非常高兴。如今您又抛开寡人而回乡，不知道从今以后还能够见面吗？"

孟子回答说："我只是不敢请求罢了，这本来是我的愿望呢。"

过些日子，齐王对大夫时子说："我想在国都的中心地带给孟子盖一套房子，用万钟之粟作为他弟子的生活费用，使得我国的官吏和都城的人民，都能够有敬重和取法的榜样。您能不能去代我向孟子说说那种打算？"

时子拜托陈子把齐王之意转告孟子。

陈子将时子的话告诉了孟子，孟子说：“哦，这样啊。那位时子哪里知道这件事情做不得呢！假如我想富，辞去十万钟的俸禄不要却接受万钟的赐予，这是贪图财富吗？”

“季孙说：‘奇怪啊，那个子叔疑！自己谋求到了官职，没有取得信任，也就罢了；却又要他的子弟去做卿。人们谁不想获得厚禄高官？而只有他却想在升官发财之中，私自垄断一切。’古代做买卖，用自己有的东西，去交换自己所没有的，有相关的部门管理它罢了。这里有那么一个下贱的汉子，一定想要找一个独立的高地登上去，四处张望想要独占所有买卖人的好处，人们都把他看作下贱人，所以从此之后就征他的税。向商人抽税，就是从这个下贱汉子开始的。”

【简析】孟子向陈子断然说明，决不做子叔疑那般怪诞、愚蠢、下贱之事，自己不受信用，还赔上子弟居人篱下做人的摆设！

【注释】①就：指主动亲近、俯就。②中国：京师。此有国都的中心之谓。③矜式：敬重和取法。④如使：设使、倘若。⑤季孙、子叔疑：赵岐注：“二子，孟子弟子也。”二子即指“季孙、子叔疑”。而朱熹则注说不知二子“何时人”。⑥有私：有私心。⑦龙断：垄断。龙，通“垄”。本指独立的高地。引申为独占其利。⑧为市：交易、做买卖。⑨罔市利：罔利，犹渔利。罔，搜刮、牟取。市利，贸易之利。

第十一章　留人不但要听其言，尤其要观其行

孟子去齐，宿于昼①。有欲为王留行者，坐而言；

不应，隐几[②]而卧。

客不悦，曰："弟子齐宿[③]而后敢言，夫子卧而不听，请勿复敢见矣。"

曰："坐！我明语子。昔者鲁缪公无人乎子思之侧，则不能安子思[④]；泄柳、申详无人乎缪公之侧，则不能安其身。子为长者虑，而不及子思；子绝长者乎，长者绝子乎？"

【译文】孟子离开齐国，在昼邑过夜。有个想替齐王挽留孟子的人，跪坐着同孟子说话；孟子不予应答，靠在小桌子上打盹。

来客很不高兴，说："弟子先一天斋戒沐浴，今天方敢同您说话，夫子却伏几睡觉不听，请让我告辞，不再敢求见您了。"

孟子说："请坐下来。我明白地告诉您。从前鲁缪（mù）公如果不派人在子思身旁侍候示诚，就不能留住子思；泄柳、申详若见无人在缪公身旁事奉，就也不能使他们自身安下心来。您为长者想想，我都赶不上子思的待遇；所以是您同我决绝呢，还是我跟您决绝呢？"

【简析】孟子自视，他有子思的德才，却得不到子思的待遇，不受信用，岂可屈居？士为知己者死，怠慢不得，是以去意已决，难可挽回。

【注释】①昼：赵岐注："昼，齐西南近邑也。"②隐几（jī）：隐，依据、凭依。几，小桌子，用以搁置物件。古人的几用以依凭身体。③齐（zhāi）宿：同"斋宿"。斋戒后寝宿。④安子思：留住子思。安，谓留客。

第十二章　孟子之志，在天下之民举安

孟子去齐。尹士语人曰："不识王之不可以为汤武，则是不明也；识其不可，然且至，则是干泽①也。千里而见王，不遇②故去，三宿而后出昼，是何濡滞③也？士则兹不悦。"

高子以告。

曰："夫尹士恶知予哉！千里而见王，是予所欲也；不遇故去，岂予所欲哉？予不得已也！予三宿而出昼，于予心犹以为速，王庶几④改之。王如改诸，则必反予。夫出昼而王不予追也，予然后浩然⑤有归志。予虽然，岂舍王哉？王由⑥足用⑦为善；王如用予，则岂徒齐民安？天下之民举安。王庶几⑧改之，予日望之！予岂若是小丈夫然哉？谏于其君而不受，则怒，悻悻⑨然见于其面；去则穷日⑩之力而后宿哉？"

尹士闻之曰："士诚小人也。"

【译文】孟子离开齐国。齐人尹士对人发表评论说："不认识齐王不能成为商汤、周武王那样的人，便是孟子的眼力不明；认识到他不可，然而还要来，那是孟子贪图富贵。不以千里为远来见齐王，因为不被赏识之故而离开，但又住了三晚之后方才走出昼邑，这又何故如此慢腾腾的呢？我就对此很不高兴。"

弟子高子将此议论报告了孟子。

孟子说："那个尹士如何能了解我呀！不以千里之远来见齐王，这是我的愿望；由于意见不投合而离开，岂是我所预想的呢？我没有办法啊！我过了三晚才出昼邑，在我的心情说还以为太快了，齐王也许会改变态度吧。齐王如改变态度，就必定会召回我。我离开齐国但齐王并没有追我回去，我这样以后才毫不留恋，生起了归心如箭的念头。我尽管如此，难道愿意舍弃齐王吗？齐王有条件可以办好政事；王如用我，那何止是齐国民众可以平安？天下的民众都可以平安，但愿齐王改变做法，我天天盼望！我难道会如那种小男子的样子吗？进谏君王而不被接受，就大发怒气，满脸都是怨恨的怒色；一旦离开，整天快走，精疲力竭，然后住宿吗？"

尹士听到这番话后，说："我真是个小人啊。"

【简析】圣贤的宏愿，感人心魄，但是遇不上明主，孟老夫子徒有安天下之志。千载以下，民族英雄岳武穆壮怀激烈，慷慨悲歌："靖康耻，犹未雪；臣子恨，何时灭？"到头来不仅是壮志难酬，而且竟为奸臣所害，屈死于杭州风波亭上。呜呼！世上不平之事多，称愿之事少，古来多少志士仁人，赍志而没，空悲切。

【注释】①干泽：犹干禄。②不遇：不得志，不被赏识。遇，遇合、投合。③濡滞：停留、迟延、迟滞。④庶几：或许，也许。⑤浩然：不可阻遏、无所留恋貌。⑥由：机缘。⑦足用：足以，可以。⑧庶几：希望，但愿。希望之词。⑨悻悻：怨恨失意貌。悻，恼怒，怨恨失意。⑩穷日：尽一整天的时间、终日。

第十三章　五百年必有王者兴，其间必有名世者

孟子去齐，充虞路问曰："夫子若不豫[1]色然。前日虞闻诸夫子曰：'君子不怨天，不尤人。'"

曰："彼一时，此一时也。五百年必有王者兴，其间必有名世者[2]。由周而来，七百有余岁矣。以其数，则过矣；以其时考之，则可矣。夫天未欲平治[3]天下也；如欲平治天下，当今之世，舍我其谁也？吾何为不豫哉？"

【译文】孟子离开齐国，充虞在路上问道："夫子好像有点不高兴的样子。以前我听夫子说过：'君子不埋怨天，不责怪人。'"

孟子说："那时是那时，这时是这时。五百年一定有推行王道的圣君出现，这中间一定有闻名于世的能人涌现出来。从周朝建立以来，已有七百多年了。论年数，超过五百年了；凭时势考察，当今该是圣君贤臣出来的时候了。那是上苍不想使天下得到整治罢了；若想治理天下，在今日这个世界上，除了我还有谁能担当呢？我为什么不愉快呢？"

【简析】孟夫子高瞻远瞩，站在时代的前列，坦陈自己是指导治理天下的帝王之师。是时代冷落了孟子，错失了孟子。但是孟子的思想是不朽的，他紧随孔夫子之后，坚定卫护孔子之道，高扬孔子的旗帜，是传承孔门儒家仁学的最杰出的、最光辉的代

表。他的英名、学说与孔子并列，不是偶然的，是前进中的时代的选择，是中华民族的抉择。孔孟之道，在当今、在今后，将继续领航于时代，指引着人类，不偏离光明的方向。

【注释】①豫：喜悦、欢快。②五百年必有王者兴，其间必有名世者：在《尽心下》篇最后一章，孟子据史实说明："由尧舜至于汤，五百有余岁；若禹、皋陶，则见而知之；若汤，则闻而知之。由汤至于文王，五百有余岁；若伊尹、莱朱，则见而知之；若文王，则闻而知之。由文王至于孔子，五百有余岁；若太公望、散宜生，则见而知之；若孔子，则闻而知之。"③平治：治理、整治。

第十四章　久于齐，非我志也

孟子去齐，居休①。公孙丑问曰："仕而不受禄，古之道乎？"

曰："非也。于崇，吾得见王，退而有去志②；不欲变，故不受也。继而有师命③，不可以请，久于齐，非我志也。"

【译文】孟子离开齐国，在休地住下。公孙丑问道："做官却不接受俸禄，是古代传下来的规矩吗？"

孟子说："不是。当日在崇地，我有机会见到了齐王，回来后便生起离开的念头；我不愿改变想法，所以不接受俸禄。接着齐国有战事，不可以请求离开，但是长久留在齐国，不是我的心愿。"

【**简析**】当日在崇地，孟子初见齐王之时，即话不投机，便有离开齐国的念头。过后不接受俸禄，亦其证明。经孟子在齐考察，更见齐王不是明主，不能长期共事。是以归隐故乡，教学著书，明其心志。

【**注释**】①休：古地名。在今山东省滕州附近。②志：意念、心情、感情。③师命：师旅之命（作战的命令），即战事。

滕文公上

第一章　志向坚定，善国可成

滕文公为世子[①]，将之楚，过宋而见孟子。孟子道性善[②]，言必称尧舜。

世子自楚反，复见孟子。

孟子曰："世子疑吾言乎？夫道，一而已矣。成眮[③]谓齐景公曰：'彼丈夫也，我丈夫也，吾何畏彼哉？'颜渊曰：'舜何人也？予何人也？有为者亦若是。'公明仪曰：'文王我师也[④]，周公岂欺我哉？'今滕绝长补短，将五十里也，犹可以为善国。《书》曰：'若药不瞑眩[⑤]，厥疾不瘳[⑥]。'"

【译文】滕文公做太子的时候，一次到楚国去，经过宋国，会见孟子。孟子向他讲了性善的道理，开口必称尧舜。

太子从楚国回国，又拜见孟子。

孟子说："太子怀疑我的话吗？天下的真理，就一个罢了。成覸对齐景公说：'他是丈夫，我也是丈夫，我何必要怕他呢？'颜渊说：'舜是什么人？我是什么人？有作为的应该像他那样。'公明仪说：'文王是我的老师，周公难道会欺骗我吗？'现今滕国截长补短，将近有方圆五十里的国土，还可以治理成一个良好的国家。《尚书·说命》篇上说：'若药物不能使人吃得头晕目眩，那病是不会痊愈的。'"

【简析】孟子鼓励做太子时的滕文公坚定信念，向颜回等先贤学习，以亚圣开宗的儒家性善之学，义无反顾、百折不挠地治理好滕国。

【注释】①世子：太子，帝王和诸侯的嫡长子。②性善：《三字经》开篇："人之初，性本善。"依据的是孟子的性善论。"性相近，习相远。"遵循的是孔子的理念："性相近也，习相远也。"（《论语·阳货》篇）故而，《三字经》是以孔孟之道为纲领、为指导而撰写的一部著名蒙学读物。③成眮（jiàn）：齐景公手下一个以勇敢闻名的臣子。④文王我师也："公明仪曰：'文王我师也，周公岂欺我哉？'"表明"文王我师也"乃周公之言。⑤瞑眩：指用药后而产生的头晕目眩的强烈反应。⑥瘳（chōu）：病愈。

第二章　不可以他求，成事在世子

滕定公薨[①]。世子谓然友曰："昔者孟子尝与我言于宋，于心终不忘。今也不幸至于大故[②]，吾欲使子问于孟子，然后行事。"

然友之邹，问于孟子。孟子曰："不亦善乎！亲丧，固所自尽也。曾子曰：'生，事之以礼；死，葬之以礼，祭之以礼；可谓孝矣。'[③]诸侯之礼，吾未之学也。虽然，吾尝闻之矣：三年之丧，斋疏[④]之服，馆粥[⑤]之食，自天子达于庶人，三代共之。"

然友反命。定为三年之丧。父兄百官皆不欲

也，故曰：“吾宗国[6]鲁先君莫之行，吾先君亦莫之行也。至于子之身而反之，不可。且《志》曰：‘丧祭从先祖。’”曰：“吾有所受之也。”

谓然友曰：“吾他日未尝学问，好驰马试剑。今也父兄百官不我足也，恐其不能尽于大事，子为我问孟子。”

然友复之邹问孟子。孟子曰：“然。不可以他求者也。孔子曰：‘君薨，听于冢宰[7]，歠[8]粥，面深墨，即位而哭，百官有司莫敢不哀，先之也。上有好者，下必有甚焉者矣。君子之德，风也；小人之德，草也；草上之风必偃。’是在世子。”

然友反命。世子曰：“然。是诚在我。”

五月居庐，未有命戒[9]。百官族人，可谓曰知。及至葬，四方来观之，颜色之戚，哭泣之哀，吊者大悦。

【译文】滕文公之父滕定公辞世。做太子的滕文公对师傅然友说：“从前在宋国，孟子曾同我谈过不少话，深记在心始终不忘。眼前不幸遇到了大变故，我想派您去向孟子请教，然后治丧。”

然友到了邹国，拜问孟子。孟子说：“太子能有此问，岂不好啊！父母辞世，原该自己尽心办理的。曾子说：‘父母生前，以礼事奉；父母死后，以礼安葬，以礼祭祀；可说是尽孝了。’关于诸侯的礼仪，我没有学习过。尽管这样，我曾经听说过：实行三年的守丧之礼，穿粗布缝边的孝服，喝稀饭，从天子一直到平民，是夏商周三代共同遵守的礼规。”

然友迅即回国复命。太子决定行三年的守丧之礼。公族的父兄和朝廷的百官都不愿意,因此说:“我们的同宗国鲁国的先代君主都没有实行过,我们的先代君主也没有实行过。到您这一代便要违反祖宗的做法,不可以。况且《志》书上说过:‘丧礼祭礼一律依从先祖的规定。’”他们特意坚持说:“我们理应承受传统。”

太子对然友说:“我以往不曾研究学问,只是喜好跑马击剑。现在父兄百官不满意我的做法,我担心这次治丧不能做到尽心竭力,请您代我去认真请教孟子。”

然友再次到邹国请教孟子。孟子说:“哦。此事不可以求别人。孔子说:‘国君死了,储君将一切政务委托给冢宰管理,自己喝稀饭,哀伤得面目深黑,一临太子之位便哀哀痛哭,百官和下属官吏没有敢不悲哀的,是储君带头的缘故。上位的人有所提倡,下面的人一定会做得更加厉害些。君子的德行,如风;小人的德行,如草;风吹过草上,草必定会顺风倒下。’这件大事全在于太子的定夺。”

然友向太子复命。太子说:“对。此事的确在我。”

太子整整五个月居于丧屋之中,没有发号施令。朝廷百官和同宗公族,都认可说太子懂礼。到安葬之时,四面八方都来观礼,太子容颜悲戚,哭泣哀痛,使得吊丧的人都大为满意。

【简析】滕定公薨,做太子的滕文公面临国事重大转折关头,坚定地派出心腹使臣一再请求孟夫子指点迷津,孟子因势利导,以孔子孝悌之道的明诲照耀他的心路历程,使其猛志立决,“五月居庐,未有命戒”,举国举哀,孝感朝野。国事开始有了转机的苗头。千真万确:“上有好者,下必有甚焉者矣。君子之德,风也;小人之德,草也;草上之风必偃。”以德治国,以孝治国,这是国家的最大凝聚力所在。

【注释】①薨(hōng):“薨”字的用法需要辨别。薨为死的别称。自周代始,人之死亡,有尊卑之分,“薨”以称诸侯之死。《礼记·曲礼下》:“天子死曰崩,诸侯曰薨,大夫曰卒,士曰不禄,庶人曰死。”但是周代以前,凡是人死一律用“薨”,不加分别。②大故:指父母丧。赵岐注:“谓大丧也。”③“曾子曰:‘生,事之以礼;死,葬之以礼,祭之以礼;可谓孝矣。’”见《论语·为政》篇:“子曰:‘生,事之以礼;死,葬之以礼,祭之以礼。’”显然,孟子引用的曾子关于孝道的理念直接来自于孔子的教诲。④斋(zī)疏:丧服名。⑤饘(zhān):稠粥。⑥宗国:同姓诸侯国。因与天子同宗,故称。赵岐注:“滕鲁同姓,俱出文王。鲁,周公之后;滕,叔绣之后。”滕,西周分封的诸侯国。姬姓。开国君主系周文王之子错叔绣。⑦冢(zhǒng)宰:周代官名,为六卿之首,亦称太宰。六卿有:冢宰、司徒、宗伯、司马、司寇、司空。天子死后,冢宰为朝廷代摄政事。三年之内,新君清心寡欲,专心守孝,实际上为天下所有人立了最高的行为规范。⑧歠(chuò):饮,喝。⑨命戒:命令与禁令。

第三章 仁人在位,仁政为本

这一章孟子答复滕文公的治国之道,包含总体指导方针、纳税制度、学校教育、井田制优胜等项内容。

首定恒产，保证恒心

滕文公问为国。孟子曰："民事不可缓也。《诗》云：'昼尔于[①]茅，宵尔索绹[②]；亟其乘屋[③]，其始播百谷。'[④]民之为道也，有恒产者有恒心，无恒产者无恒心。苟无恒心，放僻邪侈，无不为已。及陷乎罪，然后从而刑之，是罔民也。焉有仁人在位，罔民而可为也？是故贤君必恭俭、礼下，取于民有制。阳虎曰：'为富不仁矣，为仁不富矣。'"

【译文】滕文公请教治国之事。孟子说："民事（农事）不可以容缓。《诗经·豳风·七月》篇上说：'白天赶紧割茅草，晚上要把绳索搓好，急忙修缮房屋，到时播种百谷。'民众的处世之道要妥为对待，有固定的产业便有稳定的心态，没有固定的产业便无稳定的心态。若无稳定的心态，放荡邪僻，无所不为。等到犯了罪，接着而来的是处罚他们，这实际上是预设圈套陷害民众。哪有仁爱的君主在位，可以做陷害民众的事呢？所以贤德君主一定敬业节俭、礼待下属，向民众征税有定规。阳虎说：'要致富就不能讲仁爱，要仁爱就不能致富。'"

【简析】给农民固定的田产房屋，稳定其思想，这是推行仁政，保证社会和谐、国家太平的先决物质条件；反之——贫穷，则是乱源所在。孔子说："好勇疾贫，乱也。"（《论语·泰伯》篇）"民事不可缓"的紧要性在此。孟子首先为滕文公指引了一条明确无误的立国方针。

【注释】①于：有"往取"、"往割"义。②索绹（táo）：制绳索。

郑玄云："夜作绞索，以待时用。"绹，绞制绳索。③乘屋：修盖房屋。④昼尔于茅，宵尔索绹；亟其乘屋，其始播百谷：这是《诗经·豳风·七月》篇里的诗句。诗中写及西周时期农夫们一年间每月为贵族从事的农业劳动和生活情况。全诗凡八章八十八句，为《国风》中第一长篇。

什一之税，助法为优

"夏后氏五十而贡①，殷人七十而助②，周人百亩而彻③，其实皆什一也。彻者，彻④也；助者，藉也。龙子曰：'治地莫善于助，莫不善于贡。'贡者，挍⑤数岁之中以为常。乐岁粒米狼戾⑥，多取之而不为虐，则⑦寡取之；凶年粪其田而不足，则必取盈焉。为民父母，使民盻盻⑧然，将终岁勤动，不得以养其父母，又称贷而益之，使老稚转乎沟壑，恶在其为民父母也？夫世禄，滕固⑨行之矣。《诗》云：'雨我公田，遂及我私。'⑩惟助为有公田。由此观之，虽周亦助也。"

【译文】孟子说："夏朝规定每户五十亩地而征收五亩地收入的贡法，殷朝制定每户七十亩土地而出力帮助公家耕种七亩地的助法，周朝每户百亩土地而实行缴纳十亩地收入的彻法，三个朝代税率的实际都是十分抽一。彻法之'彻'，是贯通的意思；助法之'助'，是借助的意思。古代贤人龙子说：'管理土地的赋税没有比助法更好，没有比贡法更差。'所谓贡法，比较几年的收成得出一个定数。丰收年景粮食到处抛撒，多征收一点也不算苛刻，按均等的定数征收反觉少了；灾荒年头土地的收入还不足购买来年肥田的费用，还按额定数征收就觉得多了。作为民众的父母，却使民众勤苦不堪，终年劳碌，不能养活自己的父母，又向人告贷凑足定数缴税，使一家老小辗转流亡饿死抛骨山沟之中，哪里是在做民众的父母啊？官宦贵族世代享有爵禄，滕国也久已实行了。《诗经·小雅·大田》篇上说：‘雨先撒到公田，然后下到我私田。’只有助法才有公田。由这一点看来，虽是周朝也是实行助法的。”

【简析】助法的合理，在于农户只为公田出有限度的劳力，不用另外上缴税款。贡法的不合理，一在于机械教条，不能因时制宜；二在于要缴税款，特别碰上灾年，还要借贷缴税，连父母也不能养活，甚至合家逃荒讨饭，饿死在山沟之中。是以孟子引用古代贤人龙子的话说：“治地莫善于助，莫不善于贡。”作为统治一个朝代的天子或诸侯，不但不能保证人民的温饱，还要造成饿死民众的不该发生的触目惊心的惨剧，就没有资格管理天下了，迟早要被揭竿而起的百姓推翻，自食恶果，自取灭亡！

【注释】①贡：夏代田赋税。②助：助法，古代借民力助耕公田的一种劳役租赋制度。据说试行于殷代。③彻：周代的田税制度。范文澜、蔡美彪等《中国通史》第一编第三章第四节：“彻，是低税，这可能是高级领主向低级领主收税的税率，也可能是公田制度废弃后，农夫在兵役徭役以外应缴纳所种田亩的税率。”④彻：通，贯通。⑤挍（jiào）：比较。“挍”同“校”。⑥狼戾：谓散乱堆积。⑦则：相同，均等。⑧盻盻（xì xì）：勤苦不休息貌。一说恨视貌。⑨固：副词。久已、已经。⑩雨我公田，遂及我私：这是《诗经·小雅·大田》篇的诗句。《大田》篇可能是西周贵族祈年（祭祀田祖）之诗。诗中有“雨我公田，遂及我私”等语，可作为研究当时社会经济形态的资料。

办学明人伦

“设为庠序[1]学校以教之。庠者，养也；校者，教也；序者，射[2]也。夏曰校，殷曰序，周曰庠，学则三代共之，皆所以明人伦[3]也。人伦明于上，小民亲于下，有王者起，必来取法，是为王者师也。

“《诗》云：‘周虽旧邦，其命[4]惟新[5]。’[6]文王之谓也。子力行之，亦以新子之国。”

【译文】孟子说：“设立庠、序、学、校，用来教育民众。所谓庠，是教养的意思；所谓校，是教习的意思；所谓序，是陈述的意思。乡学的名称，夏代称校，殷代称序，周代称庠，大学三代都称学，都是用来阐明人伦的。上层的诸侯、卿大夫、士都明白人伦了，底层的小民百姓自然会亲密团结，如有圣王出现，必定来学习仿效，这样便做了圣王的老师了。

“《诗经·大雅·文王》篇上说：‘岐周虽是一个古老的国家，天命却使其国运更新。’这是对文王的赞美。您去大力实行，也可以使您的国家气象一新。”

【简析】人民生活有了着落之后，兴教办学就是重中之重。《礼记·学记》篇上说：“建国君民，教学为先。”切实办好地方学校（乡学）和京都大学，使国人都明白尊卑长幼之间天然本有的关系，是国家兴盛、人民团结的关键：“人伦明于上，小民亲于下，有王者起，必来取法，是为王者师也。”所谓高明、先进的治国方略，在此。

【注释】①庠序：古代的地方学校。后亦泛称学校。庠（xiáng），古代特指乡学。科举时代指县学。序，郑玄云："州党之学也。"②射：陈述。③人伦：尊卑长幼之间的等级关系。④命：天命、命运。⑤惟新：更新。⑥周虽旧邦，其命惟新：这是《诗经·大雅·文工》篇中的诗句。诗中反复称述文王受天命而创立周朝。谓周公所作。

夫仁政，必自经界始

使毕战问井地。孟子曰："子之君将行仁政，选择而使子，子必勉之！夫仁政，必自经界①始。经界不正②，井地不钧③，谷禄④不平；是故暴君污吏⑤必慢⑥其经界。经界既正，分田制禄，可坐⑦而定也。

【译文】滕文公派毕战向孟子询问井田制的事。孟子说："您的君主将要推行仁政，经过选择推派您来问我，您务必尽力吧！推行仁政，必须从划分、理清田界开始。田界划得不合法度，井田大小不相等，官员的俸禄收入也就不会公平合理；所以暴君贪官必定要打乱这种田界。田界正确了，分配土地给人民，制定官吏的俸禄，自然可以决定了。"

【简析】孟子认为，实施井田制是推行仁政的前提。经济基础决定上层建筑。这项重大的工程慎重处理好了，国家其他方面的事情才能走向正规，而且可以杜绝暴君贪官的不法行为。

【注释】①经界：土地、疆域的分界。这里是孟子叙述的一种古代的土地制度，叫做"井田"或"井田制"。以方九百亩为一里，划为九区，形如"井"字，故名。中心为公田，外八区为私田，八家均私百亩，同养公田。公事毕，然后治私事。《谷梁传·宣公十五年》："古者三百步为里，名曰井田。井田者，九百亩，公田居一。"范宁注："出除公田八十亩，余八百二十亩，故井田之法，八家共一井，八百亩。余二十亩，家各二亩半，为庐舍。"②正：合乎法度、规律或常情。③钧："钧"、"均"古代通用。④谷禄：犹俸禄。古代以谷量计俸禄的高下。⑤污吏：贪污受贿的官吏。污，贪赃，不廉洁。⑥慢：放松；无节制。⑦坐：自然。

乡田同井，百姓亲睦

"夫滕，壤地褊小，将为君子①焉，将为野人焉。无君子莫治野人，无野人莫养君子。请②野九一而助，国中什一使自赋。卿以下必有圭田③，圭田五十亩，余夫④二十五亩。死徙无出乡。乡田⑤同井，出入相友，守望相助⑥，疾病相扶持，则百姓亲睦。方里⑦而井，井九百亩，其中为公田。八家皆私百亩，同养公田。公事毕，然后敢治私事。所以别野人也。此其大略也。若夫润泽之，则在君与子矣。"

【译文】孟子接着说："你们滕国，尽管国土狭小，也要有人做官吏，也要有人做百姓。没有官吏不能治理百姓，没有百姓不能养活官吏。希望郊野田实行九分抽一的助法，使城邑居民自行交纳十分抽一的赋税。卿以下的官吏一定有供祭祀用的圭田，每家圭田五十亩，如还有剩余劳力，每一劳力再给二十五亩。死葬、搬家不需要出离本乡。同乡共一井田的各家，出入互相友爱，相互共同防御，一家有疾病八家共同照顾、服侍，那么百姓之间便亲爱和睦了。每一方里的土地上划一井田，每一井田有九百亩土地，其中一百亩是公田。八家各耕私田百亩，共同耕种养护好公田。先把公田的农事做完，然后才敢料理私人的事务。这就是用来区别官民的办法。这是大概说明。至于做得更完善一些，那就在滕君同您啦。”

【简析】井田制是孟子向往、称赞的古代田亩制度。其优越性是公私分明，百姓负担较轻；实行之后：“乡田同井，出入相友，守望相助，疾病相扶持，则百姓亲睦。”

【注释】①君子：对统治者和贵族男子的通称。常与“小人”或“野人”对举。②请：敬辞，希望对方做某事。③圭田：古代卿、大夫、士供祭祀用的田地。赵岐注：“古者卿以下至于士皆受圭田五十亩，所以供祭祀也。圭，洁也。”④余夫：古代谓法定的受田人口之外的人。赵岐注：“余夫者，一家一人受田，其余老小尚有余力者，受二十五亩，半于圭田，谓之余夫也。”⑤乡田：古谓共井田的各家。⑥守望相（xiāng）助：谓相互共同防御。守望，看守瞭望。⑦方里：一里见方。《韩诗外传》卷四：“古者八家而井田，方里为一井。”

第四章　大人、小人之事各有其分，天下之通义也

一人所需之物，都必自为而后用之，是率天下之人疲于奔命

有为神农之言者许行，自楚之滕，踵门而告文公

曰："远方之人，闻君行仁政，愿受一廛[①]而为氓。"

文公与之处。其徒数十人，皆衣褐[②]，捆屦[③]织席以为食。

陈良之徒陈相，与其弟辛，负耒耜而自宋之滕，曰："闻君行圣人之政，是亦圣人也。愿为圣人氓。"

陈相见许行而大悦，尽弃其学而学焉。

陈相见孟子，道许行之言，曰："滕君则[④]诚贤君也。虽然，未闻道也！贤者与民并耕而食，饔飧[⑤]而治。今也滕有仓廪府库，则是厉[⑥]民而以自养也，恶得贤？"

孟子曰："许子必种粟而后食乎？"

曰："然。"

"许子必织布然后衣乎？"

曰："否。许子衣褐。"

"许子冠乎？"

曰："冠。"

曰："奚冠？"

曰："冠素。"

曰："自织之与？"

曰："否。以粟易之。"

曰："许子奚为不自织？"

曰："害于耕。"

曰："许子以釜[⑦]甑爨[⑧]，以铁耕乎？"

曰："然。"

"自为之与？"

曰："否。以粟易之。"

"以粟易械器者，不为厉陶冶；陶冶亦以械器易粟者，岂为厉农夫哉？且许子何不为陶冶，舍皆取诸其宫[9]中而用之？何为纷纷然与百工交易？何许子之不惮烦？"

曰："百工之事，固不可耕且为也。"

"然则治天下独可耕且为与？有大人之事，有小人之事。且一人之身，而百工之所为备，如必自为而后用之，是率天下而路[10]也。故曰，或劳心，或劳力。劳心者治人，劳力者治于人。治于人者食人，治人者食于人，天下之通义也。"

【译文】有位研究神农学说的学者叫许行，从楚国来到滕国，上门向滕文公禀告说："我这个远方的人，听说明君推行仁政，希望得到一个住所做您的百姓。"

滕文公给了他住所。他有门徒数十人，都穿粗麻布衣，依靠编织草鞋织席维持生活。

楚国儒者陈良的徒弟陈相，同他的弟弟陈辛，背负农具耒耜从宋国来到滕国，对滕文公说："听说明君推行圣人的仁政，这也就是圣人啊。我们愿意做圣人的百姓。"

陈相拜见许行，大为喜悦，便全部抛弃他原来所学，转而向许行学习。

陈相拜访孟子，转述许行的话，然后说："滕国国君虽然确实是个贤明的君主,尽管如此,但还不懂得做贤君的道理！贤君应该与百姓一道耕种获取口粮,自己做饭吃,兼理国事。现在滕国有的是粮仓、财库,那就是损害百姓来养肥自己,怎么称得上贤德呢?”

孟子说:“许子必定自己种庄稼而后才吃饭吗?”

陈相说:“是这样。”

孟子问:“许子必定自己织布然后才穿衣吗?”

陈相说:“不是。许子只穿粗麻织成的衣服。”

孟子问:“许子戴帽子吗?”

陈相说:“戴帽子。”

孟子问:“戴什么帽子?”

陈相说:“戴白绸帽子。”

孟子问:“是他自己织的吗?”

陈相说:“不是这样。是用谷米交换来的。”

孟子问:“许子为什么不自己织?”

陈相说:“因为妨碍农耕。”

孟子问:“许子用锅甑做饭,用铁器耕田吗?”

陈相说:“是的。”

孟子问:“是自己制造的吗?”

陈相说:“不是如此。是用谷米交换来的。”

孟子说:“农夫用谷米换取炊具和农具,不能说是损害了瓦匠、铁匠;瓦匠、铁匠用他们制造的器械交换谷米,难道是损害了农夫吗?况且许子为何不烧窑炼铁,什么东西都储备在家中而只顾随时方便取用呢?为何要那样烦忙跟各种工匠去交换呢?为何许子那样不怕麻烦呢?”

陈相说:“百工的活儿,本来不可既耕种又同时兼干得了的。”

孟子说：“那么治天下的事却可以既耕种又同时兼干得了么？有君主、官吏做的事情，有小民百姓做的事情。况且一人身上所用之物，是所有工匠给做的，假如必定都要自己做了而后才去使用，这是率领全天下的人疲于奔命。所以说，社会的分工，有的人从事脑力劳动，有的人从事体力劳动。脑力劳动者管理人，体力劳动者被人管理。被人管理者养活人，管理人者被人养活，是天下通行的道理。”

【简析】陈相放弃儒学改学许行之说，原本无可厚非，问题是他提出了世上每个人都要自种自食同时兼职他事那样荒唐、绝对行不通的话题。孟子以许行自己也做不到的事实轻松推倒了陈相的笑谈。有一联著名的格言，叫做“人人为我，我为人人”，道尽世间每个成员分享全人类劳动成果的同时必须各尽职守的人生课题，强调人们只要岗位敬业、有为他人的心念就行，不可能也不需要做尽天下所有的人生项目。孟子这里主要讲脑体力劳动的分工，他指出，社会有大人、小人之事，有劳心、劳力的分工，违背不了。“或劳心，或劳力。劳心者治人，劳力者治于人。治于人者食人，治人者食于人。”是孟子的名言，尽管一时之间有争议，但是这个具有普世价值的命题，绝不是主张认命贵贱的合理性，反倒是一剂清除混淆视听、以假乱真的祸害的清醒的良药。人人都是脑力劳动者，又都是体力劳动者，那是共产主义社会的设想，目前阶段，一无实践的可能。

【注释】①廛（chán）：古代城市平民一家可居的房地。②褐（hè）：指粗布或粗布衣，古时贫贱者所服，最早用葛、兽毛，后通常指大麻、兽毛的粗加工品。③捆屦（jù）：编织草鞋。屦，草底鞋。多以麻、葛、皮等制成。后亦泛指鞋。捆，编织。④则：表让步。犹言固然，虽然。⑤饔飧（yōng sūn）：做饭。赵岐注："饔飧，熟食也。"饔，早餐；飧，晚餐。⑥厉：虐害、欺压。⑦釜：古炊器，敛口，圆底，或有二耳。有铁制的，也有铜和陶制的。⑧甑爨：甑（zèng），蒸食炊器。其底有孔，古用陶制，殷周时代有以青铜制，后多用木制。俗叫甑子。爨（cuàn），杜预云："爨，炊也。"⑨宫：古代对房屋、居室的通称。⑩路：这儿的意思是奔忙于路途之上，永无休息，作动词用，所以译为"疲于奔命"。

尧举舜分治天下

"当尧之时，天下犹未平，洪水横流，泛滥于天下，草木畅茂，禽兽繁殖，五谷不登，禽兽逼人，兽蹄鸟迹之道交于中国。尧独忧之，举舜而敷治[1]焉。舜使益[2]掌火[3]，益烈山泽而焚之，禽兽逃匿。禹疏九河，瀹济[4]、漯[5]而注诸海，决汝[6]、汉[7]，排淮、泗[8]，而注之江，然后中国可得而食也。当是时也，禹八年于外，三过其门而不入；虽欲耕，得乎？"

【**译文**】孟子说："在唐尧的时代，天下还没有整治好，洪水乱流，到处泛滥成灾，草木密密麻麻地生长，禽兽成群地繁殖，谷物没有收成，恶禽猛兽危害人类，被兽蹄鸟爪踩出来的路径交贯于中原各地。尧对此独自忧虑，遂将虞舜选拔出来分领治理之事。虞舜派遣伯益主管用火，伯益便用烈火烧毁山野川泽的草木，使禽兽逃避。禹疏通九条河流，治理济水、漯水，引流入海，挖掘汝水、汉水，排放淮河、泗水，引导流入长江，然后中原地带的人们则能够种上庄稼，得到饭吃。在禹治水的时间内，长达八年奔波在外,三次经过自己的家宅门前而没有进去看一看。没有大禹成功治水,纵使人们想亲自种地,可能吗?"

【简析】传说盘古分天地,讲的是宇宙开始形成之际。这里尧、舜、禹治理天下,是在中原地带开天辟地、永垂华夏青史的不朽创业。这是中华民族通向文明的源头所在,继往开来的光明所在。

【注释】①敷治:治理。一说为分治。焦循正义:"敷之训布,布,散也。散亦分也。敷治即分治。尧不能一人独治,故使舜分治之。"②益:即伯益,舜的臣子,起初做火正(掌火之官),后来做掌管山林沼泽的虞官(掌管山林川泽之官)。伯益,原是舜时东夷部落的首领,为嬴姓各族的祖先。相传伯益助禹治水有功,禹欲让位于益,益避居箕山之北。③掌火:主管用火。④瀹(yuè)济:治理济水。济水,古水名,古四渎(泛滥)之一。包括黄河南北两部分。瀹,疏通水道,使水流通畅。⑤漯(tà):古水名,为古黄河支流,其道屡有变迁。⑥汝:古水名,源出河南省鲁山县大盂山,流经宝丰、襄城、郾城、上蔡、汝南,注入淮河。⑦汉:汉水,也称汉江,为长江最长的支流。发源于今陕西省宁强县,在武汉市入长江。⑧淮、泗:淮河、泗水。淮河,我国大河之一。源出河南省桐柏山,东流经河南、安徽等省到江苏省入洪泽湖。泗水,古水名,源于今山东省泗水县东,四源并发,故名。

后稷教民稼穑,唐尧启教人伦,所虑非凡,岂暇耕乎

"后稷[①]教民稼穑,树艺[②]五谷;五谷熟,而民人育。人之有道也,饱食、暖衣、逸居而无教,则近于禽

兽。圣人有忧之，使契③为司徒④，教以人伦：父子有亲，君臣有义，夫妇有别，长幼有叙，朋友有信。放勋⑤曰：‘劳之来⑥之，匡之直⑦之，辅之翼之，使自得之，又从而振德之。’圣人之忧民如此，而暇耕乎？”

【译文】孟子说：“周的始祖后稷教导民众耕种收获，栽培五谷；五谷成熟了，从而使百姓得以养育。人类的事理往往如此，吃饱了，穿暖了，住得安逸了，如果不受教育，就同禽兽相似。圣尧忧虑此事，分派契做司徒官，教导人们懂得并遵行五种伦理关系：父子之间有骨肉之情，君臣之间有礼义之道，夫妇之间有内外之别，长幼之间有尊卑之序，朋友之间有诚信之德。尧帝说：‘慰劳劝勉人们，扶正振作人们，帮助保护人们，使他们各得其所，又从而提携教化他们。’圣人关心民生疾苦如此周密，还有空余时间去耕种吗？”

【简析】圣人要考虑并保障全天下民众的物质和精神生活的安然，尤其人伦道德规范的提升，硬要勉强他们同时去耕稼自食，岂不是颠倒主次，弱化、损害或放弃民众的、天下的大事不管？圣人的最大职责，是在保证全体民众生存的同时，还要着重教化民众的道德，主持社会的公平正义！这就是所谓大人之事。

【注释】①后稷：周的先祖。相传姜嫄践天帝足迹，怀孕生子，因曾弃而不养，故名之为“弃”。虞舜命为农官，教民耕稼，称为后稷。②树艺：种植，栽培。③契：商的祖先，为帝喾（kù）之子。舜时佐禹治水有功，任为司徒，封于商，赐姓子氏。帝喾，古代部族首领，号高辛氏，有四妻四子：姜嫄生弃，是周族的祖先；简狄生契，是商族的祖先；庆都生尧；常仪生挚。④司徒：官名。相传少昊（hào）始置，唐虞因之。周时为六卿之一，曰地官大司徒。掌管国家的土地和人民的教化。少昊,传说中古代东夷集团首领,名挚(一作质),号金天氏。东夷集团曾以鸟为图腾,相传少昊曾以鸟名为官名。传说少昊死后为西方之神。⑤放勋:唐尧的称号。一说是尧的名。⑥来(lài):慰劳、劝勉。⑦直:挺直、伸直。

为天下得人者谓之仁

“尧以不得舜为己忧,舜以不得禹、皋陶①为己忧。夫以百亩之不易为己忧者,农夫也。分人以财谓之惠,教人以善谓之忠,为天下得人者谓之仁。是故以天下与人易,为天下得人难。孔子曰:‘大哉尧之为君!惟天为大,惟尧则之;荡荡乎民无能名焉。君哉舜也!巍巍乎有天下而不与②焉。’尧舜之治天下,岂无所用其心哉?亦③不用于耕耳。”

【译文】孟子说:“尧把不能得到舜当做自己的忧愁,舜把不能得到禹、皋陶当做自己的忧愁。那些把分得的百亩土地没有整治好当做自己忧愁的人,是农夫。分给别人钱财叫做惠,教人行善叫做忠,替天下民众找得杰出人才叫做仁。所以把天下让给别人比较容易,替天下找得杰出人才却是极大的难事。孔子说:‘尧作为帝王真伟大啊!只有天最高大,只有尧能效法天;无边无际的功德啊,民众无法用他们的言语表达他们的赞美。舜是了不起的帝王啊!何等的崇高啊,坐了天下却不去享受它。’尧舜治理天下,难道不要用心思考虑吗?只是不能把时间、精力具体用于农耕上罢了。”

【简析】孟子高瞻远瞩地指出，替天下找得杰出人才是极大的难事，一语中的，说到了治天下的根本：人才难得。他老人家说，这就是仁。有了杰出人才这个根本的仁，“分人以财”的“惠”，“教人以善”的“忠”，全都有了，一得百得，一通百通。

【注释】①皋陶（yáo）：传说中东夷族的首领。偃姓，虞舜时的司法官，后被禹选为继承人，因早死，未继位。据刘心武在百家讲坛探佚《红楼梦》后二十八回涉及狱神庙时介绍说，庙内所供奉的神像就是皋陶。②与：喜悦。③亦：仅仅、只是。

吾闻用夏变夷者，未闻变于夷者也

“吾闻用夏变夷者，未闻变于夷者也。陈良，楚产①也，悦周公、仲尼之道，北学于中国。北方之学者，未能或之先②也。彼所谓豪杰之士也。子之兄弟事③之数十年，师死而遂倍之！昔者孔子没，三年之外④，门人治任⑤将归，入揖于子贡，相向而哭，皆失声，然后归。子贡反，筑室于场，独居三年，然后归。他日，子夏、子张、子游以有若似圣人，欲以所事孔子事之，强曾子。曾子曰：‘不可。江汉以濯之，秋阳⑥以暴之，皜皜⑦乎不可尚已！’今也南蛮鴃舌⑧之人，非先王之道，子倍子之师而学之，亦异于曾子矣！吾闻出于幽谷，迁于乔木者；未闻下乔木，而入于幽谷者。《鲁颂》曰：‘戎狄是膺，荆舒是惩。’周公方且膺之，子是之学，亦⑨为不善变⑩矣！”

【译文】孟子说:“我听说用华夏的文化习俗改变边远落后民族的事,没有听说被边远落后民族改变的。陈良,出生在楚国,喜欢周公、仲尼的学说,所以由南向北到中原来学习。北方的读书人,还没有人能超过他的。他确实是个豪杰之士。你们兄弟俩向他学习几十年,老师死了就背叛了他!从前孔子辞世,三年之后,弟子们整理好行李担子将要各自回去,走进子贡的屋子作揖告别,相对而哭,都泣不成声,然后才慢慢回去。子贡回屋后,在墓地上筑了一间屋子,又独自住了三年,这才依依不舍忧伤而归。之后有一天,子夏、子张、子游因为有若的相貌有点像孔子,想用事奉孔子的礼节事奉他,勉强曾子同意。曾子说:‘不可以。老师给我们的教育有如用江汉(长江、汉水)的水洗濯过我们,像烈日曝晒过我们,他老人家光明高大的境界实在是不可能超越的!’现在许行这个南方蛮子,像伯劳鸟一样弄舌啼聒,非难我们祖先圣王的规矩,你们背叛你们的老师而学习他,这也同曾子完全不同了!我只听说鸟总是从深暗的山谷出去,迁飞到乔木上栖息;没有听说飞下乔木,而迁移到深暗的山谷的。《诗经·鲁颂·闷(bì)宫》篇上云:‘攻击戎狄,痛惩荆舒。’周公还要攻击荆舒(楚国),你们却学习南蛮之徒的歪理,实在是太不善于明辨是非了呀!”

【简析】孟子强调向陈相指出,放弃原先师承的周公、孔子的先进学说,却转而去学习南蛮落后的歪理,是很不应该的。学先进是对的,但是孟子太绝对化,即使在古代,也不一定代表真理。许行有绝对化的偏差,孟子用另一种绝对化去对待,以偏纠偏,不是办法,应予以扬弃。屈原不就是南方楚国的大德之才吗?南方也有可学之处!

【注释】①产:出生、生长。赵岐注:“陈良,生于楚。”②未能或之先:没能有人超过他。之,代词,代陈良。先,动词。在否定句中,代词作宾语,置于动词之前。或,代词,代人。③事:谓从师求学。④外:越出、超出。⑤治任:谓整理行装。赵岐注:“任,担也。”担,肩挑、背负。⑥秋阳:烈日。赵岐注:“秋阳,周之秋,夏之五、六月,盛阳也。”⑦皜皜(hào):光明貌、盛大貌。⑧鴃(jué)舌:伯劳弄舌啼聒。比喻语言难懂。⑨亦:实在、毕竟。⑩变:通“辨”,明辨。

物之不齐,物之情也,比而同之,是乱天下也

“从许子之道,则市贾[1]不贰,国中无伪;虽使五尺之童适市,莫之或欺。布帛长短同,则贾相若;麻缕丝絮轻重同,则贾相若;五谷多寡同,则贾相若;屦大小同,则贾相若。”

曰:“夫物之不齐,物之情也。或相倍蓰[2],或相什百,或相千万;子比[3]而同之,是乱天下也!巨屦[4]小屦[5]同贾,人岂为之哉?从许子之道,相率[6]而为伪者也,恶能治国家?”

【译文】陈相辩解说:“听从许子的学说行事,遂使市场物价一致,国度中无假;纵令使唤身高五尺的孩童到市面购物,也没有人会欺蒙他。棉布丝绸长短相同,那么价格同样;麻线丝绵轻重相同,那么价格同样;五谷多少相同,那么价格同样;鞋子大小相同,那么价格同样。”

孟子说:“各类货物的品种、质量不一样,是物品的常情。有的相差五倍,有的相差十倍百倍,有的相差千倍万倍;你把它们

排列一起等同起来,这是扰乱天下的做法!制作粗糙的、精细的鞋子同样价格,人家难道会干那样的事么?按许子的办法,是带领人们一同造假啊,还怎么治理国家?”

【简析】孟子向陈相严肃地指出,混同事物各各不一、天然本有的品类,人为否定社会原有的合理的秩序,制造麻烦,那就是扰乱天下!不问物类的品位、质地,只管数量相近,一律同价,那又是张扬不负责任,鼓励落后,社会岂非愚昧黑暗?不须多饶舌,无差别论行不通,平均主义行不通!

【注释】①贾:“价(價)”的古字。②蓰(xǐ):五倍。③比:并列、排列。④巨屦(jù):粗糙的鞋子。⑤小屦:制作较细的鞋。⑥相率:相继、一个接一个。

第五章　儒墨关于天生万物根源的纷争

墨家以薄葬为贵,然而其信徒夷之葬其亲厚,则是以所贱事亲也

墨者夷之,因①徐辟而求见孟子。孟子曰:“吾固愿见,今吾尚病,病愈,我且往见。”夷子不来。

他日,又求见孟子。孟子曰:“吾今则可以见矣。不直则道不见,我且直之。吾闻夷子墨者,墨之治丧也,以薄为其道也。夷子思以易天下,岂以为非是而不贵也?然而夷子葬其亲厚,则是以所贱事亲也。”

【译文】墨家学派的门徒夷之(姓夷名之,原文“夷之”、“夷

子”并书），凭借与孟子弟子徐辟的关系要求拜见孟子。孟子对自己的弟子说：“我本来想见，现在我还在生病，等病好了，我将前去见他。”那位夷先生就不来了。

过些天，夷之又要求拜见孟子。孟子说：“我今天可以见他了。不说直话真理就表现不出来，我姑且直说吧。我听说夷先生是墨家的门徒，墨家治丧，以薄葬当做他们信奉的正道。那位夷先生考虑用薄葬改变天下的风尚，难道以为不这样做就不尊贵吗？但是夷先生安葬自己的父母却相当丰厚，可惜这就用他们所轻贱的做法对待双亲了。”

【简析】孟子推托生病拒绝了墨家门徒夷之的求见之后，又直指夷之的言行不一令其难堪，不用说是儒墨隔阂之大，成见之深，会见更加无望而困难。夷之学习墨子的治丧之道而没有照做，故而孟子反诘他恐怕自己也没有能心安理得。

【注释】①因：依托、利用、凭借。

夷之针对儒家“若保赤子”的理念
乘机抛出墨家“爱无差等”的命题

徐子以告夷子。夷子曰：“儒者之道，‘古之人若保赤子’，此言何谓也？之则①以为，爱无差等，施由亲始。”

【译文】孟子弟子徐辟把老师的话告诉了墨家信徒夷子。夷子说：“儒家的学说以为，‘古代的君王爱护百姓像爱护婴儿一样’，这话是什么意思呢？我却认为，爱护人应当没有差别，这才是儒家从双亲开始实施这种爱的真义。”

【简析】“若保赤子”是《尚书·康诰》篇中周公告诫康叔治

理殷民的诰(gào)词(君王所颁文告)。夷之采用代替儒家解释这句经典的所谓真正含义的手法反击孟子之时,乘机抛出墨家的主张"爱无差等",可谓一箭双雕。但是他偷换了概念。儒家的平等施爱,并不是"爱无差等"的意思;儒家说,爱要从孝顺父母双亲开始,就是《弟子规》上规定的源自孔夫子教导的"弟子入则孝",在家要孝顺父母,"出则弟",在外要像孝顺父母、礼敬兄长一般地尊敬一切长者,爱的次序是从父母开始扩大到敬爱天下所有的人众,所谓"老吾老,以及人之老",施爱的心情、程度,要做得同敬爱父母一般无二。其所以爱从亲始,因为父母是生养子女的根源、根本;"人之初,性本善"的"善性"是从这里诞生的。人的根本在父母,唯有此独一无二之本,天生万物莫不如此,都是一个根本。

【注释】①则:连词,表转折,犹却。

夷之错在物有两个根本

徐子以告孟子。孟子曰:"夫夷子信[1]以为人之亲其兄之子,为若亲其邻之赤子乎?彼有[2]取尔也。赤子匍匐将入井,非赤子之罪也。且天之生物也,使之一本,而夷子二本故也。盖上世[3]尝有不葬其亲者,其亲死,则举而委之于壑。他日过之,狐狸食之,蝇蚋姑嘬[4]之。其颡[5]有泚[6],睨而不视。夫泚也,非为人泚,中心达于面目。盖归反虆梩[7]而掩之。掩之诚是也,则[8]孝子仁人之掩其亲,亦[9]必有道矣。"

徐子以告夷子。夷子怃然,为间,曰:"命[10]

之矣。”

【译文】徐子把夷之的话告诉了孟子。孟子说:“那位夷先生是向我们表明,你们不是认为人们爱他的侄子,是像爱护邻家的婴孩一样的吗？他不过是抓住了这一点罢了。婴孩爬行快要掉入井中,原不是婴孩的罪过,是他的无知。况且天生万物,都使它们只有一个根源,但夷子认为有两个根源,原因在此。大概太古人们曾经有不安葬自己父母的陋俗,人的父母死了,就抬着抛到山沟之中。一段时日后经过那里,看到狐狸啃吃双亲的尸体,苍蝇、蚊子用嘴吸吮尸血。那个人额头冒汗,斜着眼睛不忍心正视。那种冒汗的情景,不是他人见到能如此汗颜的,这是由心底震撼而到达面部,眼睛流露痛楚。于是赶回家里复又到此,用土笼、锹铲挖土、装土掩埋双亲尸体。掩埋双亲遗体确定无疑是对的,因而孝子仁人严守安葬他们父母的礼仪,定然都有无上的道理了。”

徐子把老师孟子的话告诉了夷子。夷子流露出怅然失意的样子,过了片刻,说:“我衷心受教了。”

【简析】孟子指出,夷之抓住儒家“人们爱他的侄子,像爱护邻家的婴孩一样”的理念不放,认为那不是无差别之爱吗？不过是他的无知。爱由亲始,有次序上的差别;首孝父母,再敬他人,是中华民族的礼义之本。其次,“爱无差等”,爱自己的父母等同爱他人的父母,成了人有两个父母,两个根源,违背“天生万物,只有一个根源”的法则。复举上古不葬双亲令人痛彻心脾的陋俗,说明墨者薄葬之非,夷之自己也未能做到,“爱无差等”,行有障碍。最后,孟子下结论说,孝子仁人严守安葬他们父母的礼仪,定然都有无上的道理,是天理所在,无法改变。夷之也只得表示领教,心服口服。

【注释】①信：表明、明确。②有：助词，无义，作动词词头。③上世：远古时代。④姑嘬（chuài）：用嘴吸吮。姑，通“盬（gǔ）”，吸饮。嘬，咬，吃。⑤颡（sǎng）：额头。⑥泚（cǐ）：冒汗、出汗貌。⑦虆梩（léi lí）：虆，古代盛土器。梩，锹锸（chā）一类的起土工具。⑧则：连词，表递进，犹而。⑨亦：副词，皆。⑩命：教令。

滕文公下

第一章　枉己者，未有能直人者也

陈代曰："不见诸侯，宜若①小然。今一见之，大则以王，小则以霸。且《志》曰：'枉尺而直寻。'宜若可为也。"

孟子曰："昔齐景公田，招虞人以旌，不至②，将杀之。'志士不忘在沟壑，勇士不忘丧其元'③，孔子奚取焉？取非其招不往也。如不待其招而往，何哉？且夫枉尺而直寻者，以利言也。如以利，则枉寻直尺而利，亦可为与？昔者赵简子④使王良⑤与嬖⑥奚乘⑦，终日而不获一禽。嬖奚反命⑧曰：'天下之贱工也。'或以告王良。良曰：'请复之。'强而后可。一朝而获十禽。嬖奚反命曰：'天下之良工也。'简子曰：'我使掌与女乘。'谓王良。良不可，曰：'吾为之范⑨我驰驱，终日不获一；为之诡遇⑩，一朝而获十。《诗》云：不失其驰，舍矢如破。我不贯与小人乘，请辞。'御者且羞与射者比；比而得禽兽，虽若丘陵，弗为也。如枉道而从彼，何也？且子过矣！枉己者，未有能直人者也。"

【**译文**】孟子弟子陈代问老师说："不愿谒见诸侯，似乎只是拘泥于小节吧。如今去谒见诸侯，大的就可以帮助他们实行王道，小的也可以称霸中国。况且《志》书上说：'受委屈的不过一尺，而得伸直的却是八尺。'似乎可以干的。"

孟子说："从前齐景公打猎，用旌旗召唤虞人，虞人没有听命，景公愤怒要杀他。'志士守义，常念弃尸沟壑而不恨，义勇之士常念丢脑袋而无怨'。孔子赞叹虞人什么呢？赞叹他不接受非礼的召唤。我如不等待诸侯以礼相招径去谒见，那成什么话呢？而且那些所谓受委屈一尺却能伸直八尺的话，只是从获利的观点说的。如单从利益考虑，则委屈八尺伸直一尺而得利，也可干吗？从前赵简子派王良给他的宠臣叫奚的赶车，赶了整天却没打到一只鸟。嬖奚向赵简子汇报说：'王良是天下最蹩脚的赶车工。'有人把这个话转告了王良。王良说：'请让我替他再干一次车吧。'奚经过劝说勉强同意。一个早晨就打到了十只鸟。嬖奚报告赵简子说：'王良是天下最好的赶车工。'简子对他说：'那我就派他这个掌车能手专门给你驾车。'派人传告王良。王良不答应，说：'我替他按规矩赶车，整天打不到一只鸟；不按规矩赶车，一个早晨便打到十只鸟。《诗经·小雅·车攻》篇上说：不失赶车的正规，一放箭便射中。我不习惯给小人驾车，请允许我辞去这份差使。'驾车人尚且以同坏射手合作为羞耻，这种合作获得的禽兽，尽管堆积如山，也不干。假如我们违背正道去追随那些诸侯，那成什么人了？况且你又错了！使自己不正直的人，不可能使人家正直的。"

【简析】孟子向学生陈代指出，做一个正直的人，一切都要如礼如法，堂堂正正，违背礼法之事，利益再大也坚决不干。孟子还指出，自己不正直，不可能使人家正直。

【注释】①宜若：表拟测或推断之词。犹言似乎、好像。②招虞人以旌，不至：招虞人应用打猎时戴的皮帽子，齐景公用旌（在旗杆上饰有五色羽毛的旗子），故不至。虞人，掌山泽苑囿之官。③志士不忘在沟壑，勇士不忘丧其元：所谓“不忘沟壑”，为守信义，即使弃尸沟壑而无恨。赵岐注：“志士守义者也，君子固穷，故常念死无棺椁没沟壑而不恨也。”④赵简子：赵鞅，春秋时晋国的正卿。⑤王良：晋国驾车能手。⑥嬖（bì）：被宠爱的人。⑦乘（chéng）：驾御。⑧反命：复命。⑨范：纳入规范，使依规矩行事。⑩诡遇：谓违背礼法，驱车横射禽兽。赵岐注：“横而射之曰诡遇，非礼之射，则能获十。”诡，欺诈、假冒。

第二章　为大丈夫正名

景春[①]曰：“公孙衍[②]、张仪[③]，岂不诚大丈夫哉？一怒而诸侯惧，安居而天下熄。”

孟子曰：“是焉得为大丈夫[④]乎？子未学礼乎？丈夫[⑤]之冠也，父命之；女子之嫁也，母命之，往送之门，戒之曰：‘往之女家，必敬必戒[⑥]，无违夫子[⑦]。’以顺为正[⑧]者，妾妇之道也。居天下之广居[⑨]，立天下之正位，行天下之大道[⑩]；得志与民由之，不得志独行其道；富贵不能淫，贫贱不能移，威武不能屈；此之谓大丈夫。”

【译文】景春对孟子说：“公孙衍、张仪，难道不是真正的大丈夫吗？他们一旦发怒，天下的诸侯便要为之战战兢兢，要是他们安静下来，天下便太平无事了。”

孟子说："这样的人怎能称得上是大丈夫呢？先生没有学过礼仪吧？男子长大成人行冠礼时，父亲要特地训导他；女子出嫁时，母亲要特地训导她，送她到门口，告诫她说：'前去到了你的夫家，务必恭敬务必谨慎，不要违背丈夫。'以顺从为准则，是妇女的规矩。应住在仁这个天下最宽大的住宅里面，站在礼这个天下最正确的位置上面，行走在义这个天下最光明的大路之上；实现志愿时偕同民众一起沿着正道前进，不能实现志愿也要独自坚持处世原则；富贵不能惑乱我的心地，贫贱不能改变我的形态，权势武力不能折损我的气节；这样的人方能称得上大丈夫。"

【简析】"居天下之广居，立天下之正位，行天下之大道；得志与民由之，不得志独行其道；富贵不能淫，贫贱不能移，威武不能屈；此之谓大丈夫。"浩然正气，溢于言表。这是孟夫子光明正大、气贯长虹的用世信条，千百年来鼓舞着多少志士仁人、热血青年、尽忠报国。

【注释】①景春：与孟子同时人，习纵横之术。景春在此只提公孙衍、张仪，没提苏秦，估计苏秦已在齐国被杀。②公孙衍：魏人，纵横家。③张仪：魏国人，是与苏秦并称的大纵横家，曾说六国连横以奉事秦国。④大丈夫：有志气、有节操、有作为的男子。⑤丈夫：指成年男子。⑥戒：戒慎，谨慎。⑦夫子：女子称丈夫。⑧正：标准、准则。⑨广居：宽大的住宅。儒家用以喻仁。⑩大道：正道、常理。指最高的治世原则，包括伦理纲常等。

第三章　出仕和遵道

这一章阐明依正道出仕对于士人的极端重要性；若无出仕

的可能，则丧失了立身、处世、报效国家的可能；士人的人生价值所在，就是能够为民、为国尽责。

出仕的急迫所在

周宵问曰："古之君子仕乎？"

孟子曰："仕。《传》曰：'孔子三月无君，则皇皇[①]如也。出疆必载质。'公明仪曰：'古之人，三月无君则吊[②]。'"

"三月无君则吊，不以[③]急乎？"

曰："士之失位也，犹诸侯之失国家也。《礼》曰：'诸侯耕助[④]，以供粢盛[⑤]；夫人蚕缫，以为衣服。牺牲[⑥]不成，粢盛不絜，衣服不备，不敢以祭。惟[⑦]士无田，则亦不祭。'牲杀[⑧]、器皿、衣服不备，不敢以祭，则不敢以宴，亦[⑨]不足吊乎？"

【译文】魏人周宵问孟子说："古代的君子做官吗？"

孟子说："做官。上代的传记里说：'孔子要是三个月没被君主任用，便觉心神不安。离开国境一定要带上和别国君主的初次见面礼。'曾子弟子、鲁人公明仪说：'古代的人，三个月不被君主任用，就要去慰问他。'"

周宵问："三个月没被君主任用就要去慰问他，不太急了吗？"

孟子说："士人失掉了官位，如同诸侯失掉了国家。《礼记》上说：'诸侯带头参加藉田的耕种，用来提供祭品；诸侯的夫人亲自养蚕、缫丝，用来提供祭服。牛羊不肥壮，谷物不洁净，衣服不完备，不敢用来祭祀。只是士人若无圭田，就没有资格祭祀。’牛羊、祭具、祭服不完备，不敢用来祭祀，就也不能举行宴会，那还不可以去安慰他吗？”

【简析】“士人若无圭田，就没有资格祭祀”，说明官位是士人立身报国的紧要条件；立身报国的士人若无立身报国的可能，其身心的不安可以想见，以忠恕之道设身处地想一想，理应前去慰问。

【注释】①皇皇：惶恐貌、彷徨不安貌。②吊：祭奠死者或对遭丧事及不幸者给予慰问。③以：通“已”，太、甚。④耕助：即“耕藉”。在《滕文公上》篇第三章叙述夏商周田亩制度时有：“助者，藉也。”古时每年春耕前，天子、诸侯举行仪式，亲耕藉田，种植供祭祀用的谷物，并以示劝农。历代皆有此制，称为耕藉礼或藉田礼。⑤粢盛（zīchéng）：盛在祭器内以供祭祀的谷物。何休注：“黍稷曰粢，在器曰盛。”⑥牺牲：供祭祀用的纯色全体牲畜。韦昭注：“纯色曰牺。”牲，供祭祀用的全牛。⑦惟：副词，相当于“只是”。⑧牲杀：畜牧和田猎得来的牺牲。王夫之《孟子稗疏》：“畜牧曰牲，渔猎曰杀。大夫用麋，士用兔，皆渔猎所获，所谓杀也。”⑨亦：副词，尚、犹。

出仕必依正道，鄙弃丑陋的歪门邪道

“出疆必载质①，何也？”

曰：“士之仕也，犹农夫之耕也；农夫岂为出疆，舍其耒耜哉？”

曰：“晋国亦仕国也，未尝闻仕如此其急。仕如此其急也，君子之难[②]仕，何也？”

曰：“丈夫生而愿为之有室[③]，女子生而愿为之有家[④]；父母之心，人皆有之。不待父母之命、媒妁[⑤]之言，钻穴隙相窥，逾墙相从，则父母国人皆贱之。古之人未尝不欲仕也，又恶不由其道；不由其道而往者，与钻穴隙之类也。”

【译文】周宵问道：“出国必带谒见别国君主的见面礼，什么缘故呢？”

孟子说：“士人的做官，如同农夫的耕地；农夫难道因为离开家乡，会抛开他的农具不要吗？”

周宵说：“我们晋国（实指魏国）也是讲究做官的国家，不曾听说做官那样急迫。做官如此急迫，君子却又不轻易做官，什么道理呢？”

孟子说：“男孩子一生下来父母便希望替他找个好妻室，女孩子一生下来父母便希望替她找个好婆家；做父母的这种殷切的心愿，人们大概都会有吧。要是做子女的等不得父母的许可、媒人的介绍，就自己钻墙洞扒门缝互相偷看，爬过墙去私相幽会，那么父母和社会上的人都会瞧不起他们。古代的人不是不想做官，但又讨厌不走正道做官；不走正道找官做，如同钻墙洞扒门缝之类的丑行一样不堪。”

【简析】孟子继续向周宵解释谨慎做官的道理。一定要依正道做官，严守官品官德，反对任何形式的投机钻营，否则如同钻墙洞扒门缝之类的丑行一样丑陋，令人鄙弃。

【注释】①质：通“贽”，古代相见时所送的礼物。②难：谨慎。③室：妻子。《礼记·曲礼上》：“人生十年曰幼，学；二十曰弱，冠；三十曰壮，有室。”郑玄注：“有室，有妻也。妻曰室。”孔颖达疏：“壮有妻，妻居室中，故呼妻为室。”所以有室，即指男子娶妻，就是有妻。④有家：谓女子出嫁。⑤媒妁：说合婚姻的人。媒，谓谋合二姓者；妁，谓斟酌二姓者。一说男方曰媒，女方曰妁。

第四章　凡是有功者都应褒奖

孟子指出，不能只重视木工、车工有形的体力劳动，而轻视士人传道的脑力劳动；凡是有功之人，一律论功行赏。

彭更偏在只尚体力之劳，不见传道之功

彭更问曰：“后车①数十乘，从者数百人，以传食②于诸侯，不以泰③乎？”

孟子曰：“非其道，则一箪食不可受于人；如④其道，则舜受尧之天下，不以为泰。子以为泰乎？”

曰：“否。士无事而食，不可也。”

曰：“子不通功易事⑤，以羡⑥补不足，则农有余粟，女有余布。子如通之，则梓匠⑦轮舆⑧，皆得食⑨于子。于此有人焉，入则孝，出则悌，守先王之道，以待⑩后之学者，而不得食于子。子何尊梓匠轮舆，而轻为仁义者哉？”

【译文】弟子彭更问道：“跟从的车子几十辆，随从的人员几

百人，在诸侯各国辗转接受供养，不太过分吗？”

孟子说：“要是不合理，那么一筐饭也不可以从人那里接受；要是合理的话，那么虞舜接受唐尧的天下，也不能认为过分。我的高足，你认为过分吗？”

彭更说：“不是这个意思。士人不干具体事情却白吃饭，是不可以的。”

孟子说：“你如果不实行各司其业，互换劳动产品，使各人都拿出多余的部分弥补人家的不足，那么农夫就会有多余的粮食、妇女有剩余的布匹积压。你如果采取互通有无的做法，那么木匠、车工都能从你那里得到报酬。这里有个人，在家孝顺父母，在外尊敬长者，严守先代君王的法规，以此扶持、培养后来的学者，却不能从你这里得到报酬。你为什么如此尊重木匠、车工，却轻视传道的仁义之士呢？”

【简析】社会上有一种通病，在实行通功易事的做法之时，容易承认有形的体力劳动，忽视无形的脑力劳动。孟子的弟子彭更，也受了习惯势力的影响，认为士人“无事而食”是不可以的。孟子指出了这个严重偏差与错误。

【注释】①后车：副车，侍从所乘的车。②传（zhuàn）食：辗转受人供养。传，通“转（zhuàn）”，转悠，游逛。③泰：过甚。④如：相当、及（比得上）。⑤通功易事：谓人各有业，互通有无。通，流通。功，事业。易，交换。⑥羡：有余、剩余。⑦梓匠：两种木工。梓（zǐ），梓人，造器具；匠，匠人，主建筑。⑧轮舆：古代造车的工人。轮，制作车轮的工匠；舆，制作车厢的工匠。⑨食：俸禄。这里指劳动报酬。⑩待：供给。

食志与食功

曰："梓匠轮舆，其志[1]将以求食也。君子之为道也，其志亦将以求食与？"

曰："子何以其志为哉？其有功于子，可食[2]而食之矣。且[3]，子食志乎？食功乎？"

曰："食志。"

曰："有人于此，毁瓦画墁[4]，其志将以求食也，则子食之乎？"

曰："否。"

曰："然则子非食志也，食功也。"

【译文】彭更说："木匠、车工，他们的目的在于解决吃饭问题。君子们学习、施行圣人之道，他们的目的难道也是为了解决吃饭问题吗？"

孟子说："你为什么要论他们的目的呢？他们对你有功劳，可以给他们报酬便给他们报酬。现在我问你，你是论目的给报酬呢，还是论功劳给报酬呢？"

彭更说："论目的给报酬。"

孟子说："有人在此，打碎屋瓦，乱涂墙壁，他的目的是要混些报酬，那你也付给他吗？"

彭更说："不给。"

孟子说："那么你不是论目的付酬，而是论功行赏。"

【简析】彭更要以目的给报酬，结果他自己的答案却是以业绩付报酬，不能自圆其说，陷入尴尬境地。孟子据此指出，合理的做法应该是，不管是有形的劳力，还是无形的劳心，都必须论功行赏，如此方可避免动机目的与实际效果脱节的困惑。

【**注释**】①志：目标。②食（sì）：拿东西给人吃。③且：此、今。④毁瓦画墁（màn）：打碎屋瓦，涂灭已画好的田地界线。比喻一种无益有害的行为。墁，涂抹。

第五章　汤始征，自葛载

这一章记叙了商汤除暴安民、受到普天之下衷心拥戴的盛况，强有力地展示了仁者无敌的熠熠风采。得人心者得天下，永远是书写历史的指南。

商汤征讨葛伯，为匹夫匹妇复仇

万章问曰："宋，小国也，今将行王政，齐、楚恶而伐之，则如之何？"

孟子曰："汤居亳[1]，与葛[2]为邻。葛伯放而不祀，汤使人问之曰：'何为不祀？'曰：'无以供牺牲也。'汤使遗之牛羊。葛伯食之，又不以祀。汤又使人问之曰：'何为不祀？'曰：'无以供粢盛也。'汤使亳众往为之耕，老弱馈食[3]。葛伯率其民，要其有酒食黍稻者夺之，不授者杀之。有童子以黍肉饷，杀而夺之。《书》曰：'葛伯仇饷。'此之谓也。为其杀是童子而征之，四海之内皆曰：'非富天下也，为匹夫匹妇复仇也。'"

【译文】弟子万章问老师说:"宋国,是一个小国,将要实行王政,齐、楚两个大国却因而怀恨,出兵攻打它,那怎么办呢?"

孟子说:"商汤居住南亳,同葛国为邻。葛伯放纵而不依礼祭祀,商汤派人问他说:'为何不行祭祀之礼?'葛伯回答说:'没有牛羊做祭祀的供品。'商汤派人送给他牛羊。葛伯将牛羊吃了,仍不依礼祭祀。商汤又派人问他说:'为何不行祭祀之礼?'葛伯说:'没有谷米做祭物。'商汤派亳地的民众前去为他们耕种,年老体弱的人给耕田人送饭。葛伯率领他的百姓,拦住并抢夺那些拿着酒食的送饭者,不给的人就被杀死。有个孩子拎着饭和肉给耕田人送去,当即被杀害,抢走了饭与肉。《尚书·仲虺之诰》篇上说:'葛伯以送饭人为仇敌。'说的正是这件事。商汤就为葛伯杀害这个童子而征讨他,普天之下的人都说:'汤不为贪图天下的财富,是替普通百姓报仇。'"

【简析】商汤对葛伯的耐心教育,一而再,再而三,仁至义尽;但是葛伯不但不思悔改,反而杀人越货,没有了人性;在万不得已之下,商汤为了替平民讨回公道,义愤填膺,出师征讨葛伯。这就是《尚书》上说的商汤有名的"初征自葛"的由来。

【注释】①亳(bó):古都邑城,商汤的都城。相传有三处。a.在今河南商丘县东南,传说商汤曾居于此,又名南亳。b.在今河南商丘县北,传说诸侯拥戴汤为盟主于此,又名北亳。c.在今河南偃师县西,传说汤攻克夏时所居,又名西亳。颜师古注引郑玄曰:"亳,成汤封邑,今河南偃师汤亭是。"②葛(gé):古国名,在今河南睢县北,一说在今河南鄢城北。《书·仲虺之诰》:"葛伯仇饷,初征自葛。"仲虺(huǐ),臣名,成汤的左相。③馈(kuì)

食：献熟食。原指古代天子诸侯每月朔朝庙的一种祭礼。这里是指老人、体弱者给田间耕夫送饭。

诛暴吊民行王政，四海之内翘首望

“汤始征，自葛载①，十一征而无敌于天下。东面而征，西夷怨；南面而征，北狄怨。曰：‘奚为后我？’民之望之，若大旱之望雨也。归市②者弗止，芸者不变。诛其君，吊其民，如时雨降。民大悦。《书》曰：‘徯③我后④，后来其无罚！’‘有攸⑤不惟⑥臣，东征，绥厥士女；篚厥玄黄⑦，绍我周王见休，惟臣附于大邑⑧周。’其君子实玄黄于篚，以迎其君子；其小人箪食壶浆，以迎其小人。救民于水火之中，取⑨其残而已矣。《太誓》曰：‘我武惟扬，侵于⑩之疆，则取于残，杀伐用张，于汤有光。’

“不行王政云尔；苟行王政，四海之内皆举首而望之，欲以为君。齐、楚虽大，何畏焉？”

【译文】孟子说：“商汤初次征讨，从征讨葛伯开始，总共十一次出征，在天下没有遇到敌手。向东征讨，西边的部族埋怨；向南征讨，北边的部族埋怨。他们说：‘为什么把我们放在后面？’民众盼望商汤的到来，好像大旱的日子渴望下雨一样。商汤南征北伐期间，匆匆赶集的人不停止急速的步伐，芸禾者不放下手里除草的活儿。商汤被迫出征是为了惩罚那些暴虐的君主，安抚那些无辜的民众，有如及时雨降下来一般滋润心田。是以民心大快。《尚书·仲虺之诰》篇上记载民众急切期待商汤到来的心声说:‘恭候我们君王的抵达,君王来了我们不再受罪!’《尚书》里有关周武王出征受到欢迎的情形记载说:‘攸国不愿臣服于周,周武王便出征东讨,安抚那里的男女民众。青年男女将黑黄的丝绸捆好放进竹筐,请求介绍拜见武王得到荣光,愿做大周国的臣民。’那里的官员将黑黄的丝绸装进竹筐,迎接武王的官员;民众用竹筐盛饭、壶盛酒浆,迎接武王的士兵。武王出征,为的是从水火之中解救民众,除掉那些残害民众的暴君。《尚书·太誓》篇上说:‘我们的威武要发扬,攻到邘国的疆土上,除掉那些残暴的君王,杀伐之功因而张扬,比商汤还辉煌。’

“不行王政便作罢;假如实行王政,那么普天之下都会抬头盼望,拥戴他做君王。齐、楚尽管强大,有什么可怕呢?”

【简析】历史一再无可辩驳地证明,得人心者得天下,所谓商汤、文武一怒而安天下,民心大悦,就是这种情形。孟子指出,假如齐王有这个雄图大略,历史就会给他提供机会。

【注释】①载:开始。②归市:趋向集市。形容人多而踊跃。③徯(xī):等待、期望。④后:君主、帝王。⑤攸:古国名,攸国。杨伯峻注:“根据甲文和晚商金文都有攸国。”⑥惟:愿,希望。⑦篚厥玄黄:篚,竹器。形似竹箧。此作动词。厥,代词,其。玄黄,指彩色的丝织品。孔传:“言东国士女,篚(fěi,盛物的竹器)筐盛其丝帛,奉迎道次,明我周王为之除害。”⑧大邑:犹大邦。殷周时尊称上国之词。亦用以自称。⑨取:捕捉、捉拿。⑩于:通“邘(yú)”,古诸侯国名。周武王子邘叔之封地。春秋时为郑邑。在今河南沁阳西北邘台镇。

第六章　王宫长幼卑尊皆善士只是假设，宋王为善实是无望

孟子谓戴不胜曰："子欲子之王之善与？我明告子：有楚大夫于此，欲其子之[①]齐语也，则使齐人傅[②]诸？使楚人傅诸？"

曰："使齐人傅之。"

曰："一齐人傅之，众楚人咻[③]之，虽日挞而求其齐也，不可得矣；引而置之庄、岳之间数年，虽日挞而求其楚，亦不可得矣。子谓薛居州善士也，使之居于王所。在于王所者，长幼卑尊皆薛居州也，王谁与为不善？在王所者，长幼卑尊皆非薛居州也，王谁与为善？一薛居州，独[④]如宋王何？"

【译文】孟子对宋国大夫戴不胜说："您希望您的君王朝好的方向走吗？我明白地告诉您，有个楚国的大夫在这里，想使他的儿子学会说齐国话，那么是请齐国人教导他呢，还是请楚国人教导他？"

戴不胜说："请齐国人教导他。"

孟子说："若是一个齐国人教导他，好几个楚国人扰乱他，尽管每天鞭打要求他说齐国话，不可能办到；要是把他领去安置在临淄的庄街、岳里这样的闹市住上几年，尽管也是每天鞭打要求他讲楚国话，同样不可能办到。您说薛居州是个有德之士，推荐他住在宋王宫中。在宋王宫里的人，年长的、年幼的、地位低的、

高的都是薛居州这样的好人，宋王能同谁干出坏事来呢？在王宫里的人，要是年长的、年幼的、地位低的、高的都不是薛居州这样的好人，宋王还能同谁一起干好事呢？单单一个薛居州，还能把宋王怎么样呢？”

【简析】为善要成势成气候。孟子要戴不胜多引导贤能俊士辅导宋王，促使宋王向善。周边榜样的力量，若能加上宋王自身的努力，见贤思齐，勇于纳谏，则为善有望。这是孟子的设想。但是现实罕有能成全忠臣义士的这种纯净良好的心愿的。孟子在齐国做了种种努力，亲口向齐王深入阐述了仁政的优胜，结果呢，没有同道者的相助，相反“国人皆曰杀”，一人敷之，众人咻之，反对的声音很大，特别关键的是齐王不予理会，孟老夫子还是不得不心灰意冷地离开齐国，真正是千古遗憾，莫此为大。

【注释】①之：相当于“为”。训（解释）“作”。在本章是“学”之意。清吴昌莹《经词衍释》：“之，犹为也。”②傅：教导。③咻（xiū）：喧嚷、扰乱。④独：副词，犹将。多用于疑问句。

第七章　谒见诸侯尚礼，在于诸侯的招贤若渴之心

公孙丑问曰：“不见诸侯，何义？”

孟子曰：“古者不为臣不见。段干木①逾垣②而辟③之，泄柳闭门而不纳，是皆已甚。迫，斯可以见矣。阳货欲见孔子，而恶无礼。大夫有赐于士，不得受于其家，则往拜其门。阳货瞰④孔子之亡⑤也，而馈孔子蒸豚⑥。孔子亦瞰其亡也，而往拜之。当是

时，阳货先，岂得不见？曾子曰：‘胁肩[7]谄笑，病于夏畦[8]。’子路曰：‘未同而言，观其色赧赧然[9]，非由之所知也。’由是观之，则君子之所养，可知已矣。”

【译文】公孙丑问老师说：“不去谒见诸侯，是什么意思呢？”

孟子说：“古代没做诸侯的臣属，不去谒见诸侯。段干木翻墙回避魏文侯，泄柳紧闭家门不接待鲁缪公，这些做法都太过分。对方逼着要见你，就也可以会见。阳货想使孔子见自己，但又怕失礼。大夫如果赏赐东西给士，士要是碰巧不在家，不能在家里接受赏赐，就应前往大夫家登门拜谢。阳货听说孔子不在家，就送一只蒸小猪给孔子。孔子也打听阳货不在家时，前去拜谢他。在当时，阳货先礼于前，孔子怎能不去回拜？曾子说：‘耸起肩膀，装出讨好的笑脸，比在盛夏在田地里干活的人还苦。’子路说：‘不愿同人交谈却勉强交谈，看他的脸上表现出惭愧的颜色，我不能理解那种人。’由此看来，那么君子怎样培养品德操守，就可以知道了。”

【简析】诸侯若无“选贤与能”（《礼记·礼运》篇）、推行仁政的渴望，士人单方面前去拜谒，正如曾子、子路所说，那多痛苦、多尴尬啊。参拜诸侯要讲时机，要凭主客观的条件，时机成熟，具备了条件，会见双方谈话投机，相识恨晚，因而一拍即合，民众的好运、国运的昌盛，由此创始，历史有动人的记载。这是孟子又一次借题发挥，总结在齐国的教训。

【注释】①段干木：姓段干，名木，战国魏人。《史记·儒林列传序》载有此人。②逾垣（yuán）：翻墙。垣，矮墙。③辟（bì）：退避、躲避。④瞰：窥视、侦伺。⑤亡（wáng）：外出、不在家。⑥蒸豚（tún）：蒸熟的小猪。⑦胁肩：耸起肩膀，故示敬畏。胁，通“翕”，收缩。⑧夏畦：指夏天在田地里劳动的人。畦，有一定界限的长条田块。⑨赧赧然：惭愧脸红貌。赧（nǎn），因羞愧而脸红。

第八章　非义德行，立即停止

戴盈之曰："什一，去关市①之征，今兹②未能，请轻之，以待来年然后已，何如？"

孟子曰："今有人日攘③其邻之鸡者，或告之曰：'是非君子之道。'曰：'请损之，月攘一鸡，以待来年然后已。'如知其非义，斯速已矣，何待来年？"

【译文】宋国大夫戴盈之请教孟子说："要恢复古代十分抽一的税率，免除关卡和市上的征税，今年还不能完全实行，预备先减轻一点，等待来年全部停止旧的章程，怎么样？"

孟子说："现有一个人每天偷盗他邻居的鸡，有人告诫他说：'这不是正派人的行为。'偷鸡人说：'请先让我减少一点，一个月偷一只鸡，明年洗手不干。'如果知道那种行为不正当，就要立即停止，为什么要等到明年呢？"

【简析】孟子这里说的"非义"之举，是广义的，包括经济、政治、道德等一切方面。若是指道德，不义之举，毫无疑问应该立即停止，就像偷鸡人洗手不干偷鸡一样，纠正得越快、越彻底越好；但是经济的、政治的方针政策的调整，恐怕要深思熟虑，全面规划，协调方方面面的利益，不能急于求成。《弟子规》上说："事勿忙，忙多错，勿畏难，勿轻略。"正确的、先进的方针政策一定要实行，"勿畏难"；但是抓紧的同时，务必做到"勿轻略"，应当积极、稳妥、完善，尽可能地减少、杜绝盲目带来的损失。

【注释】①关市：关，交通要道；市，贸易地点。关市合称，原指设在交通要道的市集，或专指边境互市市场。②今兹：今年。杜预云："今兹，此岁。"高诱注："兹，年也。"③攘：盗窃，窃取。

第九章　为正人心，勇往直当
护持三圣的道统

孟夫子以整个中华民族广阔久远的历史为背景，追随圣人利民利国的足迹，胸怀天下，洋洋洒洒、气势磅礴地叙说了讨伐邪恶、弘扬正气、保卫三圣的道统，是他义不容辞、责无旁贷的宏愿和决心。

大禹治水，功在千秋

公都子曰："外人皆称夫子好辩，敢问何也？"

孟子曰："予岂好辩哉！予不得已也。天下之生久矣，一治一乱。当尧之时，水逆行，泛滥于中国，蛇龙居之，民无所定；下者为巢，上者为营窟①。《书》曰：'洚水②警余。'洚水者，洪水也。使禹治之。禹掘地而注之海，驱蛇龙而放③之菹④。水由地中⑤行，江、淮、河、汉是也。险阻⑥既远，鸟兽之害人者消，然后人得平土⑦而居之。"

【译文】弟子公都子请教说："外界的人都称说老师喜好辩

论，请问这是为什么呢？”

孟子说：“我哪里喜好辩论啊！我是不能回避啊。人类社会的产生已经很久远了，治世和乱世总是交替着出现。在唐尧的时代，洪水横流，全天下到处泛滥，蛇和龙居住在大地上，人们无处安身；低地的人在树上搭巢，高地的人挖掘相连的洞穴。《尚书》上说：‘洚水警戒我们。’洚水就是不遵水道横流的水，就是洪水。虞舜指派大禹治水。大禹开掘挖通河道把水引入海中，驱赶蛇龙安放它们到水草丛生的沼泽地。水便顺着河床流动，长江、淮河、黄河、汉水便是这样得到治理的。危险和苦难已经远离，危害人类的鸟兽之灾也消除了，然后人们才能在平原上居住。”

【简析】大禹治水的功德，在中华民族的历史上高山仰止，景行行止。他治水的高明之处，在于“掘地而注之海”，采用疏导的方略，引百川入海，一改过去那种只知堵塞的无奈；长江、淮河、黄河、汉水便是这样得到治理的，利益达于数千年后的当代。所以孟子否定白圭治水“以邻为壑”的愚劣，张扬大禹疏浚利人的先进。大禹还重视生态的保护，驱赶蛇龙安放它们到水草丛生的沼泽地：护养了湿地、护养了动物。科学家研究指出，湿地是地球的肾脏，对于维护地球生态，有着根本的、关键的作用。所谓青史留名，永垂不朽，就是大禹这种利好人类的情形。

【注释】①营窟：上古时掘地或累土而成的住所。一说是相连的洞穴。②洚：大水泛滥。《说文》：“洚，水不遵道。”③放：安放、安置、安排。④菹(jù)：水草丛生的沼泽地。⑤地中：地平面以下、地面以下。⑥阻：艰难、苦难。⑦平土：指平原之地。

文武周公，除暴安良，替天行道，功绩辉煌

“尧舜既没，圣人之道衰，暴君代作。坏宫室[①]以为污池[②]，民无所安息；弃田以为园囿，使民不得衣食。邪说暴行又作。园囿、污池、沛泽[③]多而禽兽至[④]。及纣之身，天下又大乱。周公相武王，诛纣伐奄[⑤]；三年讨[⑥]其君，驱飞廉[⑦]于海隅[⑧]而戮之；灭国者五十；驱虎豹犀象而远之；天下大悦。《书》曰：‘丕显[⑨]哉，文王谟！丕承[⑩]哉，武王烈！佑启我后人，咸以正无缺。’”

【译文】孟子说：“尧舜去世之后，圣人之道逐渐衰微，暴虐的君主代代产生。拆毁民房挖成深池，使得民众无处安身；毁弃农田来做园林，使得民众没有了衣食来源。荒谬的学说、残暴的行为随即兴起。园林、水池、沼泽一多，禽兽便又多起来了。到纣的时代，天下大乱又发生了。周公辅助武王，攻打纣王讨伐奄国；三年内诛杀了商纣暴君，将飞廉这个专事溜须拍马的奸臣追杀于海边；一共灭亡了五十个国家；把老虎、豹子、犀牛、大象赶到了远方；使得普天之下，人心大快。《尚书》上说：‘文王的谋略，何等英明！武王的功业，何等伟大！帮助启发我们，泽被后代，使得大家都遵行王道，没有亏损。’”

【简析】文武周公，是继尧舜禹汤之后，三位杰出的圣人。文王求贤若渴，为建立西周准备了人才条件；周公辅助武王，推翻了暗无天日的纣王的残暴统治，把民众从水深火热之中解救出来。特别是礼乐制度的创制，使得人类社会的文明，达到了前所

未有的高度。

【注释】①宫室:房屋的统称。②污池:水池。③沛泽:沼泽,水草茂密的低洼地。④至:众多。赵岐注:“田畴不垦,故禽兽众多。”⑤奄(yǎn):古国名,在今山东省曲阜县。⑥讨:诛杀。⑦飞廉:纣王手下一个阿谀逢迎的臣子。⑧海隅:海角、海边。常指僻远的地方。⑨丕(pī)显:犹英明。⑩丕承:很好地继承。帝王承天受命,常曰“丕承”。

孔子作《春秋》的本怀

“世衰道微,邪说暴行有作;臣弑其君者有之,子弑其父者有之。孔子惧,作《春秋》。《春秋》,天子之事也。是故孔子曰:‘知我者,其①惟《春秋》乎!罪②我者,其惟《春秋》乎!’”

【译文】孟子说:“世风日下,王道衰微,荒谬的学说和残暴的行为又出现了;臣子杀害君主的事有,儿子杀害父亲的事也有。孔子深为忧虑,便作了《春秋》这部史书。《春秋》这部经典,叙述的是天子权限内的紧要之事。所以孔子说:‘了解我的,怕只在这部《春秋》吧!责骂我的,怕只在这部《春秋》吧!’”

【简析】孔子作《春秋》这部史籍,涉及的重大内容,其要旨都是天子权限之内的事情。孔子这部著作,阻断人欲在横流的时候,保存天理在寂灭的关头,为后代考虑,意义极为深远。

【注释】①其:副词。表推测、估计。大概,或许。②罪:归罪、责备。

义无反顾，挺身捍卫先圣之道

“圣王不作，诸侯放恣①，处士②横议③，杨朱④、墨翟⑤之言盈天下；天下之言⑥，不归杨则归墨。杨氏为我，是无君也；墨氏兼爱，是无父也。无父无君，是禽兽也。公明仪曰：‘庖有肥肉，厩有肥马；民有饥色，野有饿莩。此率兽而食人也。’杨墨之道不息，孔子之道不著，是邪说诬民，充塞仁义也。仁义充塞，则率兽食人，人将相食。吾为此惧，闲⑦先圣之道，距⑧杨墨，放⑨淫辞⑩，邪说者不得作。作于其心，害于其事；作于其事，害于其政。圣人复起，不易吾言矣。”

【译文】孟子说：“自此后圣王不再出现，诸侯横行无忌，一般士人也乱发议论，杨朱、墨子的学说充满了天下；天下人的主张，不归杨朱一派，就归墨子一派。杨朱张扬为自我，那是目无君上；墨子标榜爱无差等，那是目无父母。目无君上目无父母，那都是禽兽一类而不是人了。公明仪说：‘厨房里摆着肥肉，马棚里养着肥马；民众却饿得面黄肌瘦，野外还有饿死者的尸体。这是驱赶禽兽吃人啊。’杨墨两派的学说不停止流行，孔子的学说便无法发扬光大，那是因为歪理邪说欺骗了民众，阻塞了仁义的道路。仁义被阻塞了，就会率领着禽兽去吃人，人将出现自相残杀的惨相。我为此深深忧虑，便出面捍卫古代圣人的学说，反对杨墨的主张，批驳邪僻荒诞的言论，使荒谬学说的制造者不能兴风作浪。那种荒诞之说，从心里产生出来，危害从事的事业；在事业上产生出来，一定会危害政局。即使圣人再度出世，不会改变我的说法。”

【简析】孟子坦陈胸怀，为了中华民族的历史不偏离尧舜以来开辟的正确航向，为了子孙万代的平安，他不能不挺身而出，捍卫先圣的学说，排除不合儒家正统的谬见。这就是他知言、善养浩然正气的智慧和力量所在。

孟子义形于色斥责杨墨的学说，在当时是大是大非的问题。关于墨子的“爱无差等”说，孟子所以强烈反对的缘由是在于，第一，那种说法取消了将亲情之爱扩大到所有人的渐施的过程，第二，那种说法取消了生父母、养父母的差别；但是生父母、养父母的差别是取消不了的，因为事实摆着，即使他人收养了失去亲人的孤儿，收养者也只能被称为养父母。孟子认为，人只有一个根本，“爱无差等”则成了两个根本，是以他指斥：“墨氏兼爱，是无父也。”从取消生父母、养父母差别的角度看，“爱无差等”说纵令到今天也不能被认为是科学的。

【注释】①放恣：放纵。恣，放肆。②处士：本指有才德而隐居不仕的人，后亦泛指未做过官的人。③横议：恣意议论。④杨朱：先秦古书中又称他为杨子、阳子居或阳生。魏国人。杨朱主张“为我”、“贵生”（重视个人生命的保存），反对墨子的“兼爱”和儒家伦理思想。反对别人对自己的侵夺，也反对侵夺别人。孟子说他“拔一毛而利天下不为也”，抨击他“为我”思想。没有著作留下。⑤墨翟：春秋战国之际宋国人，墨家创始人。反对儒家“天命”、“爱有差等”说，认为“执有命”是“天下之大害”。力主“兼相爱，交相利”，不应有亲疏贵贱之别。“非攻”体现人民反战思想。⑥言：学说、主张。⑦闲：捍卫、保卫。⑧距：通“拒”，抗拒、违抗。⑨放：舍弃、废止。⑩淫辞：邪僻荒诞的言论。

我欲端正人心，继承三圣的大业

“昔者禹抑洪水，而天下平；周公兼夷狄，驱猛兽，而百姓宁；孔子成《春秋》，而乱臣贼子惧。《诗》云：‘戎狄是膺[①]，荆舒[②]是惩，则莫我敢承[③]。’无父无君，是周公所膺也。我亦欲正人心，息[④]邪说，距[⑤]诐行[⑥]，放淫辞，以承三圣者。岂好辩哉？予不得已也！能言距杨墨者，圣人之徒也。”

【译文】孟子说：“从前大禹治理了洪水，使得天下太平；周公兼并了夷狄，赶跑了猛兽，使得百姓安宁；孔子成就了《春秋》，使得乱臣贼子大为恐惧。《诗经·鲁颂·閟(bì)宫》篇上说：‘攻打戎狄，惩罚荆舒，就没有人敢抗拒我。’像杨墨那般目无父母目无君上的人，这正是周公所要惩罚的。我也要端正人心，根绝谬论，抵制偏邪不正的行为，驳斥荒唐的言论，用来继承大禹、周公、孔子三位圣人的事业。难道这是喜好辩论吗？我是不能不辩论啊！能用言论来抗拒杨墨的，乃是圣人的门徒。”

【简析】孟子站在时代的前沿，叙说他挺身继承大禹、周公、孔子三位圣人的事业，是圣人门徒理应担当的责任。所谓见义勇为，孟子以他的凌云之志、铮铮风骨，以他光明磊落的襟怀和不可移易的行持，作了最为令人叹服的诠释。

自然，历史发展到了今天，已无孟子当时的社会氛围和人际环境，已经不需要有孟子那样的执着，没有必要排斥和消除杨墨的学说；我们只把他们当做春秋战国百家争鸣园中不可或缺的流派，有他存在的道理。凡是存在的就是合理的。若无杨墨的学派,我们今天也就读不到孟夫子讨伐他们的檄文、激昂慷慨的精彩华章。

【注释】①膺(yīng):伐击。②荆舒:指春秋时的楚国和舒国。舒在今安徽省庐江县境内,时为楚之与国,故连称。与国,盟国、友邦。③承:制止、抵御。④息:灭绝、消失。⑤距:通“拒”。抵抗、抵御。⑥诐(bì)行:偏邪不正的行为。

第十章　陈仲子之“义”,是自断生路的无知

守蚯蚓之操的愚人

匡章①曰:“陈仲子岂不诚廉士②哉?居於陵③,三日不食,耳无闻,目无见也。井上有李,螬④食实者过半矣,匍匐往,将食之,三咽,然后耳有闻,目有见。”

孟子曰:“于齐国之士,吾必以仲子为巨擘⑤焉。虽然,仲子恶能廉?充⑥仲子之操,则蚓而后可者也。夫蚓,上食槁壤,下饮黄泉。仲子所居之室,伯夷之所筑与?抑亦盗跖⑦之所筑与?所食之粟,伯夷之所树与?抑亦盗跖之所树与?是未可知也。”

【译文】匡章说:“陈仲子难道不是确定无疑的廉洁之士吗?居住在於陵,三天没有吃东西了,虚弱到已经耳朵听不到声音,眼睛也看不见东西。井台上有只李子,被核桃虫啃咬掉了大半

果肉，他爬往前去，拿过来吃了它，吞咽了三口，这样以后耳能听声，眼能见物。”

孟子说：“在齐国的士人当中，我一定把陈仲子当做首屈一指的人物。纵然如此，仲子怎能称得上廉洁呢？要推广仲子的操守，那要将人变成蚯蚓之后才能办到。那个蚯蚓，向上吃干土，向下饮泉水。仲子所居住的屋子，是像伯夷那样的高人建造的呢，或者还是像盗跖那样的恶人建造的呢？他所吃的粮食，是伯夷那样的高人栽种出来的呢，或者还是像盗跖那样的恶人栽种出来的呢？这些都是不可能弄清楚的。”

【简析】在此，孟子对陈仲子那般不可理喻的所谓持守廉洁的怪诞行为，给予了无情的嘲讽、鞭挞和否定。实际上，他在全然糊涂之中讨生活；他要对食宿“守义”，但他对食宿的来源却一点不清楚，也不可能有人替他搞清楚；那么，他持守的“义”又在何处？他要坚守的只能是蚯蚓之“义”，蚯蚓是不需要清楚生命的道理的。可怜不可怜？真正愚不可及！孟子为什么要针砭那样的丑类？因为古今中外的社会生活中有那样的怪类怪异存在！

【注释】①匡章：齐人，曾在齐威王、宣王朝做过官。②廉士：有节操、不苟取的人。③於（wū）陵：齐地名，位于今山东邹平东南，离齐国首都临淄大约二百里。亦借指陈仲子。因居於陵，故称。他是齐国一个既不能做官也无益于世的士子。司马贞《史记索引》：“《孟子》云陈仲子，齐陈氏之族，兄为齐卿，仲子以为不义，乃适楚，居于於陵，自谓於陵子仲。楚王聘以为相，子仲遂夫妻相与逃，为人灌园。《烈士传》云字子终。”关于陈仲子，有种种不同的称谓。④螬：蛴螬（qí cáo），金龟子的幼虫。白色，圆柱状，向腹面弯曲。居粪土中，吃农作物的根和茎。俗称地蚕、土蚕、核桃虫。⑤巨擘(bò):大拇指。比喻杰出的人物。擘,大拇指。⑥充:扩大、发扬。⑦跖:春秋战国之际聚众造反的代表人物。名跖(zhí),旧时称为盗跖,作盗贼或盗魁的代称。

陈仲子脱离人世常情的操守

曰:“是何伤哉?彼身织屦,妻辟纑[1],以易之也。”

曰:“仲子,齐之世家也,兄戴,盖禄万钟。以兄之禄为不义之禄,而不食也;以兄之室为不义之室[2],而不居也;避兄离母,处于於陵。他日归,则有馈其兄生鹅者,己频顑[3]曰:‘恶用是鶃鶃[4]者为哉?’他日,其母杀是鹅也,与之食之。其兄自外至,曰:‘是鶃鶃之肉也。’出而哇之。以母则不食,以妻则食之;以兄之室则弗居,以於陵则居之;是尚为能充其类[5]也乎?若仲子者,蚓而后充其操者也。”

【译文】匡章说:“那有何妨呢?他亲自编织草鞋,妻子绩麻和练麻,用来交换生活必需品。”

孟子说:“仲子,是出身齐国世代做官人家的子弟,其兄陈戴,从盖(gě)邑每年得禄米几万石。他以为兄长的俸禄是不义之财物,便不食用;以为兄长的房屋是不义之产,便不居住;避开兄长离别母亲,住到於陵。后来有一天他回到老家,碰到有人给他兄长送活鹅,他频频皱眉说:‘要这种鶃鶃叫的怪东西做什么用呢?’一天,他母亲杀掉了这只活鹅,同他一块食用鹅肉。他的兄长从外面回来,对兄弟没有恶意地讥笑着说:‘这就是鶃鶃叫的怪东西的肉啊。’仲子奔到屋外哇一声吐出所食之物。从此，因为是母亲的食物便不吃，却吃妻子的；因为是兄长的房屋早就不居，住到了於陵去；这样还能算是发扬廉洁的榜样吗？像仲子那样的人，只有变成蚯蚓后才能发扬他的廉洁的操守。”

【简析】陈仲子所为，自己将自己贬到了人类之外，是自绝人类、自绝生路的愚昧之举。尽管如此，陈仲子奉守的极端主义的人生哲学，还只是自律自为，除了伤害亲情，没有侵害和胁迫他人伙同蛮干。但在这个地球上，曾经发生、还在发生的自绝人类生路、灭绝人伦人性的怪异害人之事，肆虐者在极端主义的口号之下，煽动、裹挟着无知而盲从的人们疯狂地、无孔不入地摧毁着人类长远的根本利益。例如列宁指斥过的共产主义运动中的左派幼稚病、中国“文革”时期的“四人帮”、目前世界上正在横行着的极端势力之类，莫不如此。

【注释】①辟纑（bì lú）：绩麻和练麻。谓治麻之事。赵岐注：“缉绩其麻曰辟，练其麻曰纑，故曰辟纑。”辟，劈开，分析，此指绩麻。绩，缉麻，把麻析成细缕捻接起来。纑，搓线成缕。②室：家资、家产。③颦（cù）：皱缩。④鶃鶃（yì yì）：鹅叫声。亦借指鹅。⑤类：法式、法则。

离 娄 上

第一章 虽有尧舜之道，不行仁政，不能平治天下

没有规矩，不成方圆

孟子曰："离娄[1]之明，公输子之巧，不以规矩，不能成方员；师旷之聪，不以六律[2]，不能正五音[3]；尧舜之道，不以仁政，不能平治天下。

"今有仁心仁闻，而民不被其泽，不可法于[4]后世者，不行先王之道也。故曰：徒善不足以为政，徒法不能以自行。《诗》云：'不愆不忘，率由旧章。'遵先王之法而过者，未之有也。"

【译文】孟子说："纵令有古代明目者离娄那般明察秋毫的目力，有公输般那种精巧的手艺，假如不利用圆规和曲尺，也不能画出精准的方形和圆形；纵令有师旷那样高超的辨音能力，假如不依照六律的乐音标准，就不能校正五音；纵令拥有了高明的尧舜之道，假如不实行仁政，也不能治理好天下。

"现在有些诸侯虽有仁爱的心思、仁爱的名望，但是百姓得不到他们的恩泽，也不能被后世效法，原因就在于不能实行前代圣王的治世方略。所以说，光有好心不能够治理政事，光有良法本身它也不会自动实行。《诗经·大雅·假乐》篇上说：'不要出

偏差也不要遗忘，一切都遵照传统的规章。’遵循先王的法度行政却会有过失的，那是从来不会有的事情。”

【简析】没有规矩不成方圆，孟子强调，在治理天下方面，规矩就是坚定不移、百折不挠地实行前代圣王的仁政，这就是法宝，这就是高悬的明灯，永世不能偏离。

【注释】①离娄（lóu）：古代传说中的人名。亦作“离朱”。赵岐注：“离娄者，古之明目者，盖以为黄帝之时人也。黄帝亡其玄珠，使离朱索之，离朱即离娄也。能视于百步之外，见秋毫之末。”②六律：古代乐音标准名。相传黄帝时伶伦截竹为管，以管之长短分别声音的高低清浊，乐器的音调皆以此为准。乐律有十二，阴阳各六，阳为律，阴为吕。③五音：我国古代五声音阶中的五个音级，即宫、商、角、徵（zhǐ）、羽。相当于简谱中的1、2、3、5、6。④于：介词，被。

恭敬在于责难、陈善、闭邪的卫道功夫，屏除不臣的贼君之念

“圣人既竭目力焉，继之以规矩准绳，以为方员平直，不可胜用也；既竭耳力焉，继之以六律，正五音，不可胜用也；既竭心思焉，继之以不忍人之政，而仁覆天下矣。故曰：为高必因丘陵，为下必因川泽。为政不因[1]先王之道，可谓智乎？是以惟仁者宜在高位；不仁而在高位，是播其恶于众也。

“上无道揆[2]也，下无法守[3]也；朝不信道，工不信度；君子犯义，小人犯刑；国之所存者，幸也。故

曰：城郭[4]不完，兵甲不多，非国之灾也；田野不辟，货财不聚，非国之害也；上无礼，下无学，贼民[5]兴，丧无日矣。

"《诗》曰：'天之方蹶[6]，无然[7]泄泄[8]。'泄泄，犹沓沓[9]也。事君无义，进退无礼，言者非先王之道者，犹沓沓也。故曰：责难[10]于君谓之恭，陈善闭邪谓之敬，吾君不能谓之贼。"

【译文】孟子说："古代圣王既竭尽自己的目力进行测试，接着又以圆规、曲尺、水准仪、绳墨，用来制作方的、圆的、平的、直的东西，那些东西便使用不尽了；古代圣王竭尽了自己的耳力之后，接着就以六律的乐音标准，校正五音，各种音阶也就用不尽了；古代圣王竭尽心思考虑了政事，接着实行仁政，从而便使恩惠广泽天下百姓了。所以说，筑高台一定凭借丘陵，挖深池一定利用原有的河流沼泽。为政不依托先王的高明办法，能说是明智吗？因此只有仁德者应当处在要凭卓越水平才能占据的统治地位；没有仁德而处在高高的统治地位上，这会将他的恶行败德播散给众人。

"在上者不守道德规范，在下者不守法度而履行自己的职守；朝廷不信守道义，工匠不信守尺度；做官的人违反义理，百姓触犯刑法；如此之下，国家还能存在下来，太侥幸了。所以说，城墙不坚固，兵器不充足，不一定是国家的灾殃；农田没有开发，财富没有聚集，不一定是国家的灾害；在上位的人没有礼义，作臣下的人缺失德学，造反的百姓多起来了，国家的灭亡就没有多少日子了。

"《诗经·大雅·板》之篇上说：'老天正在降灾难，不要唠叨多言语。’多言，就是啰唆。事奉君主不讲道义，应付进退没有礼仪，说话便诋毁前代圣王的规矩，就是喋喋多言不要根本的人。所以说，责难君主实行他认为难行的仁政称作‘恭’，陈说善道阻塞邪念称作‘敬’，认为我君不能行仁政称作‘贼’。”

【简析】严守前代圣王的仁政规范，君行君道，臣行臣道，长治久安，必可达成。古代圣王已经树立了成功的典范。孟子在此指出了一个做臣下的尽忠国事的关键，那就是以责难、陈善、闭邪的恭敬功夫保卫圣道，推动君主实行仁政。

【注释】①因：依托、利用、凭借。②道揆（kuí）：准则、法度。③法守：谓按法度履行自己的职守。④城郭：亦作“城廓”。城墙。城指内城的墙，郭指外城的墙。孔晁注：“廓与郭同。”⑤贼民：犯上作乱之民。⑥蹶：动乱、扰乱。⑦无然：不要这样。⑧泄泄（yì yì）：弛缓、懈怠。⑨沓沓：语多貌。⑩责难（nán）：勉励人做难为之事。赵岐注：“人臣之道，当进君于善，责难为之事，使君为敬。”

第二章　殷鉴不远，在夏后之世

孟子曰：“规矩，方员之至[①]也；圣人，人伦[②]之至也。欲为君，尽君道；欲为臣，尽臣道。二者皆法尧舜而已矣。不以舜之所以事尧事君，不敬其君者也；不以尧之所以治民治民，贼其民者也。孔子曰：‘道二，仁与不仁而已矣。’暴其民甚，则身弑国亡；不甚，则身危国削。名之曰幽、厉，虽孝子慈孙，百世不能改也。《诗》云：‘殷鉴不远，在夏后[3]之世。’此之谓也。”

【译文】孟子说：“圆规、曲尺，是画出方圆图形的标准；圣人，是做人的最高典范。想做一个好的君主，就要尽君主之道；想要做一个好的臣子，就要尽臣子之道。两个方面都效法尧舜便行了。不用虞舜服事唐尧的态度和方法来服事自己的君主，是不尊敬自己君主的人；不用唐尧治理百姓的态度和方法来治理百姓，是残害百姓的人。孔子说：‘治理国家的办法有两种，行仁政与不行仁政罢了。’一个君主虐待百姓太过分，就会有自身被杀和亡国的恶果；即使虐民轻些，也有自身危险和国力削弱的衰退。死后的谥号名为‘幽’、‘厉’，纵令后代出了孝子贤孙，经历百代也不能更改恶名。《诗经·大雅·荡》之篇上说：‘殷朝的教训不远，就在夏王朝的时代。’说的正是这个意思。”

【简析】君不尽君道，不行仁政，过分虐民，身死国灭，死后背上“幽”、“厉”的黑名，永世不得洗刷。殷朝的教训不远，就在夏桀这个末代暴君肆虐的时代。

【注释】①至：准则。②人伦：礼所规定的人与人之间的关系。③夏后：指禹受舜禅而建立的夏王朝。称夏后氏。亦称“夏氏”、“夏后”。后，君主、帝王。此处“夏后”的实际指向，是夏王朝末代暴君夏桀统治的黑暗时期。

第三章　仁与不仁，是存与亡的分界线

孟子曰：“三代之得天下也，以仁；其失天下也，以不仁。国之所以废[1]兴存亡者亦然。天子不仁，不

保四海；诸侯不仁，不保社稷；卿大夫不仁，不保宗庙；士庶人不仁，不保四体。今恶[2]死亡而乐不仁，是由恶醉而强酒。”

【译文】孟子说：“夏商周三代能够得到天下，是因为推行了仁政；三代后来又失去了天下，是因为不行仁政。诸侯国家兴衰存亡的原因也是如此。天子要是不仁，不能保住天下；诸侯要是不仁，不能保住国家；卿大夫要是不仁，不能保住宗庙；士人和百姓要是不仁，不能保住自身。如今有些人害怕死亡，却又乐于干坏事，这就好比害怕喝醉却又偏要喝酒一样。”

【简析】孟子在此集中指出，从治理天下、国家到个人，兴旺发达的原因都在于仁，败亡呢，都在于不仁；仁与不仁，是存与亡的分界线。有些人害怕死亡，却又乐于干坏事，乃是因为心念自私，行又贪得，被黑暗包围，已经掉在陷阱之中，不能自拔。确实可怖、可畏！

【注释】①废：败坏，衰败。②恶（wù）：畏惧。

第四章　行有不得者，皆反求诸己

孟子曰：“爱人不亲，反其仁；治人不治，反其智；礼人不答，反其敬。行有不得者，皆反求诸己。其身正，而天下归之。《诗》云：‘永言[1]配命[2]，自求多福。’”

【译文】孟子说：“我敬爱人家人家却不亲近我，要反躬自问仁爱是不是深厚；管理别人却没有管好，要反省自己智慧够不够;礼貌待人却得不到相应的回敬,要反省自己的诚敬足与不足。任何行为不能有预期效果,都要回头从自身寻找原因。自身端正了,天下人自然归向自己。《诗经·大雅·文王》篇上说:'常顺天意不相违,多福全靠自己求。'"

【简析】任何行为不能有预期效果,都要回头从自身寻找原因,这是古今中外一切成功之士所以成功的高明所在,秘诀所在。

【注释】①永言:长言、吟咏。②配命:配合天命。郑玄笺:"常言配合天命而行。"一说,天所给予之命。

第五章　家之本在身

孟子曰:"人有恒言,皆曰:'天下国家。'天下之本在国,国之本在家,家之本在身。"

【译文】孟子说:"人们口头常有一句话,都说:'天下国家。'天下的根本在国家,国家的根本在家,家的根本在人们自身。"

【简析】以人为本,人本的关键在于修身。曾子在《大学》篇中有名言:"自天子以至于庶人,壹是皆以修身为本。"他接着下结论说,这叫做懂得根本,这叫做懂得做人生学问的完善。修身这一根本抓好了,齐家、治国、平天下,顺势而来,天下国家的治理,英明君主自会朝于斯、夕于斯,心心念念,落实于仁政,惠及于百姓。

第六章 善于树德教的典型引导国人、天下人

孟子曰："为政不难，不得罪于巨室①。巨室之所慕，一国慕之；一国之所慕，天下慕之。故沛然②德教，溢乎四海。"

【译文】孟子说："治理政事不难，不可得罪声誉远播、有口皆碑的世家大族。世家大族所敬慕的，举国人跟着敬慕；举国人所敬慕的，天下人跟着敬慕。所以就有声势浩大的德教，充溢于天下。"

【简析】声誉远播、有口皆碑的世家大族，这是齐家的典范。举国、举天下人见贤思齐，学习世家大族的齐家之则，名副其实，是充满天下的声势浩大的德教。榜样的力量无穷。孟子指出，为政要善于树立杰出的正面典型，启发、引导上上下下的所有臣民，将落实修身、齐家、治国、平天下的目标，见诸每个人自觉的行动。

【注释】①巨室：世家大族。赵岐注："巨室，大家也，谓贤卿大夫之家。"②沛然：充盛貌，盛大貌。

第七章 国君好仁，天下无敌

孟子曰："天下有道，小德①役大德②，小贤役大贤③；天下无道，小役大，弱役强。斯二者，天也。顺

天者存，逆天者亡。齐景公曰：‘既不能令，又不受命，是绝物④也。’涕出而女于吴⑤。今也，小国师大国而耻受命焉，是犹弟子而耻受命于先师⑥也。如耻之，莫若师文王。师文王，大国五年，小国七年，必为政于天下矣。《诗》云：‘商之孙子，其丽不亿；上帝既命，侯于周服。侯服⑦于周，天命靡常；殷士肤敏⑧，裸⑨将于京。’孔子曰：‘仁，不可为众也。夫国君好仁，天下无敌。’今也，欲无敌于天下，而不以仁，是犹执热而不以濯也。《诗》云：‘谁能执热，逝⑩不以濯？’”

【译文】孟子说：“天下清平，小有德行操守者供德行高尚者役使，不太贤能的人被非常贤能的人役使；天下黑暗，小国被大国奴役，弱国被强国奴役。这两种情况，都是天意的决定。顺从天意者生存，违背天意者灭亡。齐景公说：‘既不能命令别人，又不能接受别人命令，这是自绝于人。’他只好流着眼泪把女儿嫁给吴国。如今，小国学习大国却以接受大国命令为耻，这就好像弟子接受前辈老师教令为羞耻一样。若以之为耻，不如以文王为师。以文王为师，大国经过五年，小国经过七年，则一定可以统治整个天下了。《诗经·大雅·文王》篇上说：‘商朝的子孙，其数不下十万；上帝既已接受文王，商只得向周朝臣服。臣服于周，可见天命没有一定；殷商朝代的臣子都漂亮聪明，执行灌酒的礼节助祭于周京。’孔子说：‘仁德的力量，是不能以人数多定夺的。如果国君爱好仁德，则天下无敌。’如今，想无敌于天下，却不行仁政，这就好像手执滚热的东西却不用冷水浇手一样。《诗经·大雅·桑柔》篇上说：‘谁能手持灼热之物，却不用冷水浇濯?’”

【简析】以文王为师，就是顺从天意；所以学习文王，大国经过五年，小国经过七年，则一定可以统治整个天下了；关键是文王行仁爱民，得民心无敌于天下，商纣残暴虐民，失民心孤家寡人。

【注释】①小德：德行节操之小者。②大德：指德行高尚的人。③大贤：才能超群的人。④绝物：谓断人士交往。⑤涕出而女于吴：《吴越春秋·阖闾内传》：吴王阖闾要攻打齐国，齐景公将女儿作为人质嫁吴国。⑥先师：前辈老师。⑦侯服：服王侯之衣。⑧肤敏：优美敏捷。⑨裸(guàn)：祭名。以香酒灌地而求神。⑩逝：语助词。

第八章　天作孽，犹可违；自作孽，不可活

孟子曰：“不仁者可与言哉？安其危而利其菑[1]，乐其所以亡者。不仁而可与言，则何亡国败家之有？有孺子歌[2]曰：‘沧浪[3]之水清兮，可以濯我缨[4]；沧浪之水浊兮，可以濯我足。’孔子曰：‘小子听之！清斯濯缨，浊斯濯足[5]矣。自取之也。’夫人必自侮，然后人侮之；家必自毁，而后人毁之；国必自伐，而后人伐之。《太甲》曰：‘天作孽，犹可违；自作孽，不可活。’此之谓也。”

【译文】孟子说：“对于没有仁德的人，能用言辞说服吗？他们以危险为安、灾害为利，以亡国败家之事当做快乐的追求。若

能用言辞说服没有仁德的人，那么哪里还会有亡国败家的事情发生？古代有曲《孺子歌》唱道：‘沧浪的水清澈啊，可以洗我的帽缨；沧浪的水浑浊啊，可以洗我的两足。’孔子说：‘弟子们听好！水清可以洗帽缨，水浊只能洗两足。这都是由水本身决定的。’一个人必有自取侮辱的行为，这样之后别人才侮辱他；一个家庭必有自取毁灭的因素，而后别人才毁灭他家；一个国家必定有自取供人讨伐的借口，而后别人才讨伐它。《尚书·太甲》篇上说：‘天造的罪业，还可以逃开；自造的罪业，那就活不了啦。’说的正是自作自受的可怖情形。”

【**简析**】国家兴败，都是统治者的仁与不仁造成的，都要统治者找自身原因，不能他求。

【**注释**】①菑（zāi）：同“灾”。②孺子歌：古代歌谣。③沧浪：古水名。有汉水、汉水之别流、汉水之下流、夏水诸说。北魏郦道元《水经注·夏水》：“刘澄之著《永初山川记》云：‘夏水，古文以为沧浪，渔父所歌也。’”沧浪，青苍色，多指水色。④濯缨：洗濯冠缨。后以“濯缨”比喻超脱世俗，操守高洁。⑤濯足：洗去脚污。后以“濯足”比喻清除世尘，保持高洁。

第九章　得天下者，仁德感天下

孟子曰：“桀纣之失天下也，失其民也。失其民者，失其心也。得天下有道：得其民，斯得天下矣。得其民有道：得其心，斯得民矣。得其心有道：所欲，与之聚之；所恶，勿施尔也。

“民之归仁也，犹水之就下、兽之走圹[①]也。故为渊驱鱼者，獭也；为丛驱爵[②]者，鹯[③]也；为汤武驱民者，桀与纣也。今天下之君有好仁者，则诸侯皆为之驱矣。虽欲无王，不可得已。

“今之欲王者，犹七年之病，求三年之艾也。苟为不畜，终身不得。苟不志[④]于仁，终身忧辱，以陷于死亡。《诗》云：‘其何能淑[⑤]，载[⑥]胥[⑦]及溺。’此之谓也。”

【译文】孟子说：“夏桀、商纣丧失天下，是他俩失去了民众的支持。失去民众的支持，是因为失去了民心的归向。得到天下有办法：就在于得到民众的支持，民众支持就会得到天下了。得到民众的支持有办法：就在于得到民心归向，民心归向就得到民众支持了。得到民心归向有办法：民众所想要的，帮助他们聚集拢来；民众厌恶不愿要的，不要强加给他们，如此罢了。

“民众归附仁德者，犹如水往下流，野兽向旷野奔跑一样。所以替深渊赶来游鱼的是水獭，替森林赶来鸟雀的是鹞鹰；替商汤、武王赶来民众的是夏桀与商纣。当今天下的君主有爱好仁德的，那么其他的诸侯就会替他把民众赶来。这样的仁德君主，纵使不想统一天下，也是不可能的。

“当今想统一天下的人，好像得了七年的病，要找三年的陈艾来治疗一样。假若平常不蓄藏，一生不能得到。假若不专一于仁政，一生担忧受辱，以致陷入死亡。《诗经·大雅·桑柔》篇上说：‘这样怎能好，大家落水都遭殃。’正是这个意思。”

【简析】得民心者得天下。仁德君主得到天下，乃是缺少或者没有仁心的诸侯替他将民众赶来的结果。能够统一天下的人，一定是终身专一于推行仁政，仁名远扬，仁德感天，所以四方百姓扶老携幼，前来投奔。

【注释】①圹：同“旷”。②爵：通“雀”。③鹯（zhān）：猛禽名。又名晨风。似鹞，羽色青黄，以鸠鸽野雀为食。鹞（yào），猛禽名，通称雀鹰、鹞鹰，似鹰而较小，背灰褐色，腹白带赤，善捕小鸟。④志：专一、诚心。⑤淑（shū）：美、美好。⑥载：助词，用在句首或句中，起加强语气的作用。⑦胥：皆，都。

第十章 仁义是人居身行世的安宅正路

孟子曰：“自暴①者，不可与有言②也；自弃者，不可与有为也。言非礼义，谓之自暴也；吾身③不能居仁由义，谓之自弃也。仁，人之安宅也；义，人之正路也。旷④安宅而弗居，舍正路而不由，哀哉！”

【译文】孟子说：“自我损害的人，不可能同他讲有价值的话语；自我抛弃的人，不可能同他做有意义的事情。出言破坏礼义，叫做自我损害；自己不能居仁行义，叫做自我抛弃。仁爱，是人们最安祥的住宅；道义，是人们最正确的行路方向。空放着安祥的住宅不住，抛开正路不走，可悲啊！”

【简析】自暴自弃的人，心不在仁，行不在义，不住吉祥之宅，不走光明之路，可悲之至，危险之至。

【注释】①暴：糟蹋、损害。②有言：有名言，有善言。③吾身：即自身。④旷：空缺。

第十一章 天下太平的根本是亲亲、长长

孟子曰：“道在迩，而求诸远；事在易，而求诸难。人人亲其亲、长其长，而天下平。”

【译文】孟子说：“道理在近处，却向远处寻找；事情本来容易，却向难处做去。事实上只要每个人亲爱自己的双亲，尊敬自己的长辈，从而天下就太平易处，人都明理了。”

【简析】这是涉及修身齐家的一个大则。齐家首先要向自己的父母双亲大人和长辈请教，他们是过来人，过的桥比我们走的路还多、还长，有的亲长很可能世事洞明、人情练达，是处世的智者；探讨道理、从事实践，不向亲长请教，却舍近求远，结果难有收获，不是糊涂至极吗？是以孟子不容置疑地断然指出：“人人亲其亲、长其长，而天下平。”很显然，孝顺敬爱双亲、尊重长者，明白事理，首先向亲长请教，是一件关乎修身、齐家、治国、平天下的大事，不能偏差分毫。

第十二章 诚则灵，至诚之心天之道

孟子曰：“居下位而不获于上，民不可得而治也。获于上有道：不信于友，弗获于上矣。信于友有道：事亲弗悦，弗信于友矣。悦亲有道：反身不诚，不悦于亲矣。诚身有道：不明乎善，不诚其身矣。是故诚

者，天之道也；思[1]诚者，人之道也。至诚而不动者，未之有也；不诚，未有能动者也。”

【译文】孟子说：“身处下面的职位而不能得到上司的信任，不可能领导好百姓。得到上司的信任有办法：不被朋友信任，就不能被上司信任。被朋友信任有办法：事奉双亲不受喜爱，就不会被朋友信任。取得双亲喜悦有办法：反省自身缺乏诚心，不会取得双亲的喜悦。使自身诚心有办法：不明白什么是善，也就不能使得自身诚心。所以所谓诚心，是自然的法则；追求诚心的人，是做人的法则。做到极端诚心却不能感动别人，是从来没有的事情；心不诚，是不可能感动别人的。”

【简析】由学子思的《中庸》篇明白，至诚之道是沟通天地自然的法则。心诚则灵，因为重信，心善，心地正大光明，必在中道；心不诚寸步难行，因为失信，心恶，心地私邪黑暗，必偏中道。“信”、“诚”、“善”，是本章的文眼，心诚，“信”、“诚”、“善”具足，诚必正，诚必中，一定完美行于中道。

【注释】①思：想望。

第十三章　人心归向，必得天下

孟子曰：“伯夷辟纣，居北海之滨，闻文王作，兴曰：‘盍归乎来[1]！吾闻西伯[2]善养老者。’太公辟纣，居东海之滨，闻文王作，兴曰：‘盍归乎来！吾闻西伯善养老者。’二老者，天下之大老[3]也，而归之，是天下之父归之也。天下之父归之，其子焉往？诸侯有行文王之政者，七年之内，必为政于天下矣。”

【译文】孟子说：“伯夷避开纣王，住到北海边上，听说文王兴盛起来了，欣慰地说：‘何不归向他呢！我听说西伯是以慈善心奉养老人的人。’太公姜尚避开纣王，住到东海边上，听说文王兴盛起来了，欣慰地说：‘何不归向他呢！我听说西伯是以慈善心奉养老人的人。’这两位老人，是天下德高望重的老人，却归向西伯，这是天下的父亲归向他了。天下的父亲都归向他了，他们的儿子还到哪里去呢？诸侯若有实行文王的仁政的，七年里边，一定能掌握天下的政权了。”

【简析】政治家以慈善心待人，特别是老人，爱如自己的父母，此乃贯彻尧舜的“至德要道”（《孝经·开宗明义章》），必定深得民心；以慈善心行政，就是实行爱民的仁政，“仁者无敌”（《梁惠王上》篇），必定获得天下。这是中外历史不变的定律。

【注释】①乎来：语气助词，用于句末，表疑问或感叹。此表感叹。②西伯：指周文王或周武王。此指周文王。朱熹《孟子集注》：“西伯，即文王也。纣命为西方诸侯之长，得专征伐，故称西伯。”③大老：德高望重的老人。此指伯夷、姜子牙（即姜尚、姜太公）。大，敬辞，赞美、称扬。

第十四章　率土地而食人肉，罪不容于死

孟子曰：“求也为季氏宰，无能改于其德①，而赋粟倍他日。孔子曰：‘求非我徒也，小子鸣鼓而攻之可也。’由此观之，君不行仁政而富之，皆弃于孔子者

也，况于为之强战[2]？争地以战，杀人盈野；争城以战，杀人盈城；此所谓率[3]土地而食人肉，罪不容[4]于死。故善战者服上刑，连诸侯者次之，辟草莱[5]、任[6]土地者次之。”

【译文】孟子说：“冉求做季孙氏的家臣，不能改变主子的行为，却帮着主子向百姓征收比往日多一倍的粮食。孔子义形于色对在学弟子说：‘冉求不是我的徒儿，你们可以大张旗鼓地去攻击他。’从这件事看来，凡是帮助君主不行仁政却使他富起来的人，都被孔子所唾弃，况且替不行仁政的君主卖力作战呢？为争夺土地而战，杀死的人堆满田野；为争夺城池而战，杀死的人堆满城池；这就是为了聚集土地而吞食人肉，处于死刑也不能抵偿他们的罪恶。所以对于那些惯于喜好发动战争、加之能征惯战助纣为虐者应受最重的刑罚，唆使诸侯合纵连横的人受次一等的刑罚，那些迫使百姓开辟荒原、刮尽地力以增加霸主们赋税的人，也应该受更次一等的刑罚。”

【简析】在此，孟子怒发冲冠，义愤填膺，猛烈抨击、声讨诸侯之间发动的不义之战制造了惨绝人寰的灾难，激烈谴责为统治者谋划敛财的帮凶罪孽深重。老子指控说：“军队所到的地方，过后就长满了荆棘；大战过后，必定有荒年发生。”（译自《道德经》第三十章）老子还揭露人类社会极端不合理的现状，财富垄断在少数人手里，穷苦的民众还得可怜巴巴地向他们缴租纳税，用其原话说即为：“损不足以奉有余。”是以老子主张将“损有余而补不足”的慈悲的天道应用于人道（以上两处引文均见《道德经》第七十七章），改变、改良不合理的人道。

【注释】①德：行为、操守。②强战：谓强行用战争手段以达到一定的目的。③率(shuài):聚集、积聚。④容:抵偿。⑤草莱(lái):指荒芜之地。⑥任:使用(土地过分)。

第十五章　观人观眸子

孟子曰:“存①乎人者,莫良于眸子;眸子不能掩其恶。胸中正,则眸子瞭②焉;胸中不正,则眸子眊③焉。听其言也,观其眸子,人焉廋④哉!”

【译文】孟子说:“观察人的方法,没有比观察人的眼睛更好的了;眼睛不能掩盖人内心的丑恶。内心正,眼睛就明亮;内心不正,眼睛就昏暗。听人说话之时,注意观察他的眼睛,人往哪里隐藏他的善恶呢!”

【简析】眼睛是人心灵的门窗,透过眼睛可以省察人内心的秘密。高人察人可以达到这一水平。这里孟子的目明,自然高于离娄的本事,离娄只是“能视于百步之外,见秋毫之末”,见外不见内,孟子却可以穿透人心,因而不可以同日而语。能力各异,境界亦别。孟子在这里主要是为敦促修身养性,内心务正。

【注释】①存:鉴察、省察。察人善恶。②瞭:眼珠明亮。③眊(mào):眼睛失神,视物不清。④廋(sōu):藏匿,隐藏。

第十六章　美好的品德要凭实际行动的表现

孟子曰:“恭者不侮人,俭者不夺人。侮夺人之君，惟[1]恐不顺焉，恶得为恭俭？恭俭岂可以声音笑貌为哉？”

【译文】孟子说：“恭敬他人的人不会侮辱他人，节俭的人不会掠夺他人。那些侮辱掠夺他人的君主，专门担心他人不顺从他的欲望，怎么能够力行恭敬节俭呢？恭敬节俭这两种美德难道能凭声音笑貌装出来吗？”

【简析】揭露战国时期那些专一谋划掠夺、侮辱他国、发动不义之战的诸侯，欲壑难填，外表却还花言巧语骗人。楚怀王不听屈原的忠告，上了张仪摇唇鼓舌的哄骗，因而造成客死秦国的悲剧。秦国是惯会使离间计等阴谋邪术的虎狼之国。

【注释】①惟：惟一（专一）。

第十七章　天下溺，援之以道

淳于髡[1]曰：“男女授受[2]不亲，礼与？”

孟子曰：“礼也。”

曰：“嫂溺，则援之以手乎？”

曰：“嫂溺不援，是豺狼也。男女授受不亲，礼也；嫂溺援之以手者，权也。”

曰：“今天下溺矣，夫子之不援，何也？”

曰：“天下溺，援之以道；嫂溺，援之以手。子欲手援天下乎？”

【译文】淳于髡问孟子说：“男女之间不亲手递接东西，是礼制规定的吗？”

孟子说："是礼制规定的。"

淳于髡问："那么，嫂子掉进水里，就用手去拉她吗？"

孟子冷冷地说："嫂子掉进水里不亲手去救援，那是没得人性的豺狼虎豹。男女之间不亲手递接东西，是礼制的规定；嫂子掉进水里用手去拉，那是变通的办法。"

淳于髡问："现在天下人都掉进水里了，先生您不去救援，是何缘故呀？"

孟子说："天下人都掉进水里，用仁义之道去救援；嫂子掉进水里，用手去救援。您想用手去救援天下掉进深渊的百姓吗？"

【简析】这一章孟子表示了以道济世的决心与心愿，决不枉道殉人（陪葬于人），走向末路。

【注释】①淳于髡（kūn）：齐国辩士。稷下学士七十六人之一。《史记·孟荀列传》说他"博闻强记，学无所主"（郭老说是"无所谓派"）。是战国时齐国学者，赘婿出身，以博学著称。齐威王在稷下招揽学者，被任为大夫。多次讽谏齐威王和邹忌改革内政。楚国攻齐，他赴赵国求援，赵王给以精兵十万，革车千乘，楚军因而主动撤退。后到魏国，魏惠王拟任为卿相，他辞受离开。稷下，古地名，战国时各学派荟萃的中心，在齐国都城临淄（今山东淄博市）稷门（西边南首门）附近地区。齐宣王继其祖桓公、父威王之后在这里扩置学宫，招揽文学游说之士数千人，任其讲学议论。有淳于髡、驺衍、田骈、接子、慎到、宋钘（jiān）、尹文、环渊、田巴、鲁仲连和荀况等著名人物。学宫的设置，对开展百家争鸣，繁荣学术起了极大作用。②授受：给予和接受。

第十八章　易子而教不会发生父子相责之事

公孙丑曰："君子之不教子，何也？"

孟子曰："势不行也。教者必以正；以正不行，继之以怒；继之以怒，则反夷①矣。夫子教我以正，夫子未出于正也，则是父子相夷也。父子相夷，则恶②矣。古者易子而教之，父子之间不责善③。责善则离，离则不祥莫大焉。"

【译文】公孙丑问道："君子不亲自教育儿子，什么道理呢？"

孟子说："情势行不通啊。执教的人一定要用正理施教；若父亲用正理施教无效，接着而来的便是动怒；动怒一施，那么反而伤害感情了。儿子会说，您拿正理教导我，您自己的行为却未必正，那么这样一来父子之间互相伤害了。父子互伤，那就失策了。古人互相交换儿子加以教导，父子之间发生不了因为求好而责备对方的行为。因求好而互责就使父子隔离，没有比隔离更不祥的事了。"

【简析】将责善的朋友之道施于父子之间显然是不相宜的。易子而教则避免了那种偏失，所以发展而来，自然成了后来的拜师学艺、从师学道和学校教育。

【注释】①夷：贬低。②恶(è)：粗劣、不好。③责善：劝勉从善。本章这里，则是因求好而责备对方。

第十九章　事亲为大，守身为大，事亲养志

孟子曰："事孰为大？事亲为大。守孰为大[①]？守身为大。不失其身[②]，而能事其亲者，吾闻之矣；失其身，而能事其亲者，吾未之闻也。孰不为事？事亲，事之本也。孰不为守？守身，守之本也。曾子养曾皙，必有酒肉；将彻，必请所与；问有余，必曰：'有。'曾皙死，曾元养曾子，必有酒肉；将彻，不请所与；问有余，曰：'亡矣。'将以复进也。此所谓养口体者也。若曾子，则[③]可谓养志[④]也。事亲若曾子者，可也。"

【译文】孟子说："事奉谁头等重要？事奉父母头等重要。守护什么第一重要？守护自身操守第一重要。不使自己陷于不义，而又能事奉好父母的，我听说过；丧失自身操守而陷于邪恶，而又能事奉好父母的，我没有听说过。哪个长者不应事奉？事奉父母，乃是事奉的根本。哪一项正义不应该守护？守护自身坚持道义，乃是守护的根本。曾子孝养父亲曾皙，每餐必备酒肉；吃完饭将要撤去碗筷，曾子必定请示父亲剩下的给谁；父亲问有否多余，曾子必定回答说：'有。'曾皙死后，儿子曾元赡养曾子，每餐必备酒肉；吃完饭将要撤去碗筷，曾元不会请示剩余的给谁；曾子问有否多余，曾元回答说：'没有了。'意思是，将拿剩余的下餐再供父亲吃。这个叫做奉养父亲的口体。像曾子那样

做，方可以称作奉养父亲顺从心意。事奉父亲有如曾子的孝心，就可以了。”

【简析】“事亲”和“守身”是一体相连的。孔夫子告诉我们说：“一个人的身体、毛发、皮肤，都是从父母那里来的，不能、不去毁坏损伤它，就是行孝的开始。”（译自《孝经·开宗明义章》）是以曾子辞世之时，特地要弟子看看自己保养完好的身体（见《论语·泰伯》篇），要将此完好之体归还父母，至死不忘对自己有养育深恩的父母双亲大人。曾子做到了“事亲为大”、“守身为大”的大孝，因而他被列到了中华二十四孝的排行榜上。

事奉父母不能只供口体之养，像曾子那般有大孝之心的人，名副其实地做到了顺从父母、敬重父母的心意之养。孔夫子严肃地指出，对父母只有口体之养，没有内心的尊敬，是不能叫做“孝”的（见《论语·为政》篇）。

【注释】①大：排行第一。②失其身：失去自己操守。③则：犹乃，才。④养（yàng，今读 yǎng）志：谓奉养父母能顺从其意志。养（yàng），奉养、事奉。

第二十章　君正则国定

孟子曰：“人不足与適[①]也，政不足与间[②]也。惟大人为能格[③]君心之非。君仁，莫不仁；君义，莫不义；君正，莫不正。一[④]正君而国定矣。”

【译文】孟子说：“对在位的小人不值得给予指责，对他们的政务也不值得予以非议。只有大德之人方可能纠正君主思想的偏差。君主讲仁德，下属没有不讲仁德的；君主讲道义，下属没有不讲道义的；君主行正道，下属没有敢不行正道的。君主的德行若能长远端正，整个国家就永远安定了。”

【简析】孔子对季康子说：“政者，正也。子帅以正，孰敢不正！”（《论语·颜渊》篇）常识告诉人们：“上梁不正下梁歪。”若上梁正了，下梁也就正了，这是一定的道理。中外历史证明，国家的长治久安，莫不来自于君主之正的带领。孔子称大治天下的虞舜说：“他做了些什么？只是专心专意谨慎地修养自身，端正地安坐在王位上罢了。”（译自《论语·卫灵公》篇）可见君王带头的无比重要。于是如北极星一般，自身安坐王位而众星环绕（见《论语·为政》篇）。这就叫做：“其身正，不令而行。”（《论语·子路》篇）

【注释】①適（zhé）：通“谪”。责备，谴责。②间（jiàn）：非难，毁谤。③格：纠正，匡正。④一：副词，一直、始终，表示动作不间断，情况不改变。

第二十一章　毁誉之来，任其自然

孟子曰：“有不虞①之誉，有求全之毁②。”

【译文】孟子说：“人有意料之外的称扬，也有欲求完美反遭苛刻的诋毁。”

【简析】令尹子文三次出任令尹，脸不露喜悦之情；三次被免职，脸不见怨恨之色。孔子对他的评价是“忠”，对国事全副身心，竭尽己能，名副其实做到了忠（见《论语·公冶长》篇）。柳下惠做典狱官，三次被罢免。有人对他说：“先生不可以离开鲁国吗？”柳下惠说：“按正道事奉人主，到哪里能不被免职呢？按

邪道事奉人主，何必离开父母之国呢？”（译自《论语·微子》篇）

人生修养境界进入清净之时，于私于公，无论誉也好，毁也罢，一律以平常心、平静心对待，不喜不忧，若无其事。这就是高人的定力。

【注释】①虞：猜度、料想。②求全之毁：谓欲求完美反招致诋毁。

第二十二章　人生轻言的教训

孟子曰：“人之易其言也，无责[①]耳矣[②]。”

【译文】孟子说：“人们所以轻易地说话，是因为没有遭受过失言的责罚罢了。”

【简析】孔子说：“古人不肯轻易出口许诺，因为他们顾及自身做不到乃是失信羞耻之事。”（译自《论语·里仁》篇）

言必行，行必忠，此乃仁者看重的至贵人格。君子要有言少行多、言出行随的高度负责的处世品格。是以孔子又说：“君子欲讷于言而敏于行。”（《论语·里仁》篇）

眼前这一章，孟子是从失言强调人生的教训。失言，讲错话，人们的痛悔比比皆是，孟子要人们避免那种偏差酿致的恶果、损失。事非经过不知难，不经一堑，不长一智。失言有轻重之别，不管轻重，都要严肃接受教训，真正做到像孔子教导的那样，讷言，慎言，达成人际关系和谐，人生道路平坦，事业顺利。

【注释】①责：惩处，处罚。②耳矣：而已、罢了。含有“不过如此”的意味，以助限制语气。

第二十三章　好为人师之害

孟子曰:“人之患,在好为人师。”

【译文】孟子说:“人们的毛病,在于喜好充当别人的老师。”

【简析】朱熹说:“若好为人师,那么就自满自足不想进取了。这是人们的大毛病。”(译自《孟子集注》)真是自说自话,其实,好为人师者不是别人,恰恰是他,这位南宋鼎鼎大名的姓朱的理学方家,擅自妄动圣贤名典曾子原本《大学》无上清晰的、美轮美奂的构架,开了恶例,受到学界泰斗南怀瑾先生等严肃、严正的批评。恶例之二,《古文观止》的编选者,清初吴楚材、吴调侯叔侄,竟然于许多处或增、或改书圣王羲之名垂青史的宝典《兰亭集序》的字词,且不予说明,鱼目混珠,糟蹋了原著高洁的品貌。若照准朱熹一类人离开正道的做派,古籍便面目全非!

第二十四章　乐正子追随小人,罪不容赦

乐正子从于子敖[①]之齐。乐正子见孟子。孟子曰:“子[②]亦来见我乎?”

曰:“先生何为出此言也?”

曰:“子来几日矣?”

曰:“昔者。”

曰:“昔者,则我出此言也,不亦宜乎?”

曰:“舍馆③未定。”

曰:“子闻之也,‘舍馆定,然后求见长者’乎?”

曰:“克有罪。”

【译文】乐正子跟从王子敖到了齐国。如此之后,乐正子才去拜见老师孟子。孟子问他说:“你也会来见我吗?”

乐正子惊讶地说:“先生为何说这样的话呀?”

孟子冷冷地问他:“你来了几天了?”

乐正子低低地回答:“昨天。”

孟子说:“昨天,那么我说这样的话,不也相宜吗?”

乐正子赧颜推托说:“因为客馆还没有定下来。”

孟子追着激问:“你听说过,‘等客馆找好了,然后才求见长者’的吗?”

乐正子认错说:“我有罪。”

【简析】在前《公孙丑下》篇第六章,齐王派孟子为正使、王驩为副使去滕国吊丧,来回的旅途,孟子都不屑答理王驩;因为王驩是齐王宠臣、小人,而孟子一身正气,见不得折节哈腰者,自然是道不同不相为谋,正邪不能合流;眼前自己的学生竟然与此等下流龌龊之辈混在一起,岂不恼怒?罪在不赦。乐正子丧失了自身的操守了,这个罪责不可等闲!

【注释】①子敖(王子敖,即王驩,子敖是其字):齐国贵臣。子敖出使鲁国,返齐时,乐正子跟他一起到齐国。孟子正在齐国为卿,所以乐正子能见到孟子。②子:第二人称,相当于“您”。这里因为是孟子同学生的对话,所以译为“你”。③舍馆:住所、客舍。

第二十五章　乐正子学古之道而不遵古道

孟子谓乐正子曰："子之从于子敖来，徒餔啜[①]也。我不意子学古之道，而以[②]餔啜也。"

【译文】孟子说："你跟着子敖到齐国来，原来只是为着吃喝。我没有想到你学古人的处世大道，竟然仅仅为着吃喝。"

【简析】吃喝岂是君子之道！"君子谋道不谋食。"(《论语·卫灵公》篇)孟子失望已极，不想自己的弟子倒退到如此地步，是以批评严厉。

【注释】①餔啜(bū chuò)：吃喝。餔，吃。啜，饮。②以：仅。

第二十六章　没有后代是最大的不孝

孟子曰："不孝有三，无后为大。舜不告而娶，为无后也。君子以为犹告也。"

【译文】孟子说："不孝顺父母的事有三件，没有子孙后代是最为重大的一件。虞舜没有禀告父母就娶了妻子，为的是怕没有后代。君子认为他如同禀告了一样。"

【简析】传宗接代，养儿防老，乃是古人极其看重的人生观。就是在今天，也不能说它不对。尽管社会在发展，有日益完善的保障机制，但是社会绝不能没有家庭这个最小的基层单位，父母儿女，温暖融洽的亲情，也永远不可或缺。生儿育女，不仅仅是一家一户的事，因为没有后代，人类社会就不复存在。从这个简单的角度来考察，孟夫子说的“不孝有三，无后为大”，其实在的真理性也是不容置疑的。

第二十七章　事亲从兄，仁义之本

孟子曰：“仁之实，事亲是也。义之实，从兄是也。智之实，知斯二者弗去是也。礼之实，节文①斯二者是也。乐之实，乐斯二者。乐则生矣，生则恶②可已也。恶可已，则不知足之蹈之、手之舞之。”

【译文】孟子说：“仁爱的实质，就是事奉父母双亲。道义的实质，就是尊从兄长。智慧的实质，就是明白这二者的道理坚守不离。礼仪的实质，就是调节这二者之间的关系使之和谐。音乐的实质，就是从这二者之间得到快乐。音乐使快乐产生了，一产生快乐就无法停止。快乐无法停止，就在不知不觉之际手舞足蹈起来。”

【简析】事亲从兄，是仁义的根本。而智慧、礼仪、音乐的实际内容，则使事亲从兄的仁义之本遵奉得更加圆满，生意盎然，从中享受无穷之乐。

【注释】①节文：谓制定礼仪，使行之有度。②恶（wū）：怎么，哪里。

第二十八章 大孝确定父子之间伦常的关系

孟子曰："天下大悦而将归己，视天下悦而归己，犹草芥也，惟舜为然。不得乎亲，不可以为人；不顺乎亲，不可以为子。舜尽事亲之道，而瞽叟厎豫[1]。瞽叟厎豫，而天下化。瞽叟厎豫，而天下之为父子者定。此之谓大孝。"

【**译文**】孟子说："天下的人极其愉悦，而且将要归附自己，但把天下人的悦服并将归附自己的事，看得如同草芥一般不重要的，只有虞舜能这样做到。不能得到父母的欢心，不可以做人；不能顺从父母的旨意，不可以做儿子。虞舜竭尽事奉双亲的孝道，因而使得父亲瞽叟高兴起来。瞽叟高兴了，因而天下的人都受到了感化。瞽叟高兴了，因而天下作为父子伦常的关系也确定了。这就叫做大孝。"

【**简析**】这一章是《离娄上》篇的结笔，孟子归宗目明、心明的要旨在于孝道，大舜为天下人做了最高垂范。

【**注释**】①厎豫：得以欢乐。赵岐注："厎，致也；豫，乐也。"厎，音 dǐ，或读 zhǐ。

离娄下

第一章　先圣后圣，其道相同

孟子曰："舜生于诸冯①，迁于负夏②，卒于鸣条③，东夷④之人也。文王生于岐周，卒于毕郢⑤，西夷⑥之人也。地之相去也，千有余里；世之相后⑦也，千有余岁。得志⑧行乎中国，若合符节⑨。先圣后圣，其揆⑩一也。"

【译文】孟子说："虞舜出生在诸冯，迁居到负夏，辞世于鸣条，是东方部族的人。文王出生在岐周，辞世于毕郢，是西方部族的人。两地相距，一千余里；时代相隔，一千多年。他俩在中国实现其志愿，成功推行，有如符节两合，一模一样。前后两个时代的圣人，他们的准则是一样的。"

【简析】虞舜、文王，都是坚定推行爱民仁政的伟大圣王，是以孟子说："先圣后圣，其揆一也。"这是中华五千年文明传承的光辉所在，永不衰竭的源头所在。

【注释】①诸冯：古地名。杨伯峻注："传说在今山东菏泽县南五十里。"一说在山西。清顾祖禹《读史方舆纪要·山西三·平阳府》："又诸冯山，在县东北四十里，《孟子》云舜生诸冯，盖即此。"②负夏：古邑名。又名负瑕。今山东兖州北。③鸣条：古地名。又名高侯原。在今山西运城安邑镇北，相传商汤伐夏桀，战于鸣条之野，即此。④东夷：古代对我国中原以东各族的统称。⑤毕郢：即"程"——古邑名。周文王曾迁居于此。在今陕西咸阳市东。⑥西夷：古代指我国西部地区的部族。⑦相后：为前后相隔。⑧得志：谓实现其志愿。⑨符节：古代符信之一种。以金玉竹木等制成，上刻文字，分为两半，使用时以两半相合为验。符信：a. 符节印章等信物的统称。b. 凭据。⑩揆（kuí）：道理、准则。

第二章　孟子指责子产“惠而不知为政”属不实之词

子产听郑国之政[1]，以其乘舆济人于溱、洧[2]。孟子曰：“惠而不知为政。岁十一月徒杠[3]成，十二月舆梁[4]成，民未病[5]涉也。君子平其政[6]，行辟人[7]可也，焉得人人而济之？故为政者，每人而悦之，日[8]亦不足矣。”

【译文】子产主持郑国的政务，将他所乘的车辆帮助行人渡过溱水、洧水。孟子针对这种行为评论说：“只是搞些小恩小惠，他并未解得为政的根本。夏历十一月修成独木桥暂作通行的过渡，十二月修成通车的正式桥梁，使得百姓不再为渡河的事担心了。君子只要修明政事，外出要人鸣锣开道令行人回避也可以，怎么能去一一帮人渡河呢？所以为政的人，若去取悦每一个人，时间也就不够用了。”

【简析】这是孟子的偏激。做官的以具体行动帮助民众解除眼前遇到的实际困难，有何不可？即使机会碰巧，亲身用自乘的车辆为行人渡河，恰恰是给下属官吏树立了良好的榜样，是爱民的真切展示，只应赞扬，哪可讥讽伤害？又不是丢了当官的正事天天如此去陷入其中！不用说得，以他所乘的车辆帮助行人渡河期间，决计是下属官吏具体执行。同孟子相反，孔子对子产的评价很高，说："他具备了四种君子之道：待人处世行为谦逊，事奉君上恭敬尽心，养护百姓使得实惠，役使百姓能有法度。"（译自《论语·公冶长》篇）这个评价符合历史事实。确确实实，子产是郑国极具名望的政治家、改革家，深通为政之道，治迹卓著，历来为史家所称导。

【注释】①听郑国之政：处理郑国政务。听政，坐朝处理政务、执政。听，审察、断决、治理。②溱、洧：郑国二水名。溱（zhēn），源出河南密县东北的圣水峪，东南流会洧（wěi）水，为双洎（jì）河，东流入贾鲁河。洧，古水名，即今双洎河，源出今河南省登封阳城山，自长葛县以下，故道原经鄢陵、扶沟两县南，至西华县西入颍水。③徒杠（gāng）：可供徒步行走的小桥。杠，独木桥。焦循正义："凡独木者曰杠，骈木者曰桥。"④舆梁：桥梁。孙奭疏："今云舆梁者，盖桥上横架之板若车舆者，故谓之舆梁。"杨伯峻译解为"通车的桥"。⑤病：忧虑。⑥平其政：谓修明其政治。⑦辟人：谓驱除行人，使避开。⑧日：光阴、时间。

第三章　孟子建议齐宣王以三有礼的做法优待臣下，赢得君臣和谐

孟子告齐宣王曰："君之视臣如手足，则臣视君如腹心；君之视臣如犬马，则臣视君如国人；君之视臣如土芥，则臣视君如寇雠。"

王曰："礼，为旧君有服，何如斯可为服矣？"

曰："谏行言听，膏泽[①]下于民；有故而去，则使人导之出疆，又先于其所往；去三年不反，然后收其田里[②]。此之谓三有礼焉。如此，则为之服矣。今也为臣，谏则不行，言则不听，膏泽不下于民；有故而去，则君搏执之，又极[③]之于其所往；去之日，遂收其田里。此之谓寇雠。寇雠，何服之有？"

【译文】孟子告诉齐宣王说："君主将臣下看得有如自己的手足一样爱护，那么臣下将君主看得如同自己的腹心一般看顾；君主将臣下看得有如狗马一样饲养，那么臣下将君主看得如同国人一般平常；君主将臣下看得有如土块小草一样下贱，那么臣下便将君主看得如同仇敌一般憎恨。"

齐宣王问道："按礼制规定，臣下对过去的君主还得服一定时间的孝，君主怎样对待臣下，臣下才会服孝呢？"

孟子回答说："臣下进谏，听取实行，恩惠下达到民众；臣下因故离开国家，就应派人引领他安全出境，又先派人到他要去的地方妥善安置；离开了三年不回来，方才收回土地房屋。这个叫做三有的礼制。如此，臣下就为过去的君主服孝了。当今做臣下的，劝谏不予采纳，建议不被听取，恩惠到达不了民众；需要离国，君主还将他捆绑起来，又将他所到之处搅得困苦不堪；离开的那一天，便收回土地房屋。这就叫做仇敌。成了仇敌，还有何孝好服？"

【简析】孟子以为，君主对臣下假如能够实行三有的礼制，臣下便效命于君主，君臣关系和谐；若是相反，君臣对立，不可能有合作的关系。

【注释】①膏泽：比喻恩惠。②田里：田地和庐舍。田指产业，里即宅院。③极：困窘，使之困窘、疲困。

第四章　及时离开无道昏君避祸

孟子曰："无罪而杀士，则大夫可以去；无罪而戮民，则士可以徙。"

【译文】孟子说："若是君主杀害无罪的士人，那么大夫就可以离开国家；若是君主屠杀无罪的民众，那么士人就可以迁走避祸。"

【简析】君主滥杀无辜，显系暗无天日的危邦、乱邦。孔子说："危邦不入，乱邦不居。"（《论语·泰伯》篇）圣人要我们不作无谓牺牲，立马避祸离开，强调说这是智慧，要善用智慧。

第五章　君正莫不正

孟子曰："君仁，莫不仁；君义，莫不义。"

【译文】孟子说："君主推行仁爱，没有人敢违背仁爱；君主讲求道义，没有人敢违背道义。"

【简析】属重出，本篇上第二十章有"君仁，莫不仁；君义，莫不义；君正，莫不正"之语。其所以如此编排，是为了强调君主在落实仁义上的示范作用。

第六章　大人杜绝非礼、非义之举

孟子曰："非礼之礼，非义之义，大人弗为。"

【译文】孟子说："不合礼仪的所谓的'礼'，不合道义的所谓的'义'，有高尚道德修养的君子是不予理会的。"

【简析】礼仪是人类社会的行为规范，是通向"天人合一"的桥梁；道义体现人格所在，有道是"铁肩担道义"。礼仪行，人天一体；信义在，人生通达。行礼义，重担当，大人君子必然是这样两个方面的典范。

第七章　"养"与"弃"的辩证法

孟子曰："中[①]也养不中，才也养[②]不才，故人乐有贤父兄也。如中也弃不中，才也弃不才，则贤不肖之相去[③]，其间不能以寸[④]。"

【译文】孟子说："道德修养很高的贤者应该熏陶培育德养不高的人，有才能的人应该熏陶培育才能低下的人，因此人们愿意家里有贤能的父兄。如果德养高的抛弃德养不高的人，才能高的抛弃才能低下的人，那么贤和不肖两种人之间相隔的距离，就近得不能用寸尺来测量了。"

【简析】德才高的人抛弃德才低下的人，那么所谓德才高的人就会从高的、强的方位跌落下去，混同于德才低下的人。这就叫做不进则退。是以曾子主张“以能问于不能，以多问于寡”（《论语·泰伯》篇），那是仁者之言、智者之言、勇者之言，境界极高，充满了辩证法。要知道，德才高的人所以能够熏陶培育德才低下的人，一是自律严格，一丝不苟遵行原有的标准，不会松懈，二是坚持学习，见贤思齐，不断提高自身，从容保持优势，向更高的、更强的目标攀登。做领导的不能亲行，政措上也务必要“举善而教不能”（《论语·为政》篇），强民强国。愿我们永远记取：“自强不息”，“厚德载物”（见《周易·乾》和《周易·坤》的象辞）。首先要“自强不息”，勇猛精进，方可能“厚德载物”，有更大的承当。

【注释】①中：行事没有过分或不及，达于中庸之道的境界。这里指道德修养很高的贤者。②养：教育、熏陶。③去：距离。④寸：犹寸尺，喻微小。

第八章　“不为”与“有为”之间

孟子曰：“人有不为也，而后可以有为。”

【译文】孟子说：“人们惟有舍弃不做某些事，而后方可以对要做的事集中目标有所作为。”

【简析】有所不为，有所为，这是讲的得与失的辩证法，即有所失，有所得，不失不得。或者换一种表达方式，叫做舍得之理：欲得则舍。世人万般心态，莫不在舍得之间，或者说是在得失之际转悠。人心贪婪，只想得，不肯失，结果一无所得，甚至事与愿违，损失惨重。只想得，干起事来没有重点，眉毛胡子一把抓，累得很，糟得很，不会有成绩，只可能连连哀叹。此乃笨人、愚人的做派。小丈夫处事，患得患失，拿不出舍的大手笔，缺乏筛选的功夫，结果是有得有失，得失相当，白干了一场，还是失了，白干无疑是损失嘛！只有智者会选择，瞄时机，挑轻重，权利弊，方向明，心态轻松，手到擒来，心想事成。是以要想把事业做大做强，必须具备豁达的心胸，高远的视野，通达得失观，深明舍得理，方可能自在达成孟夫子教导的“人有不为也，而后可以有为”的处世法则。

第九章　言人不善，后果自负

孟子曰：“言人之不善，当如后患何？”

【译文】孟子说：“说别人的坏话、短处，该当如何对待过后因此而引起的麻烦、灾变？”

【简析】《弟子规》告诫说：“人有短，切莫揭，人有私，切莫说……扬人恶，即是恶，疾之甚，祸且作。”揭人家的短处，张扬人家的过错，出发点不好，存心不良，人家因而怀恨，俟机报复，后果当有言人不善者自负。日常社会生活中因为说人坏话而自食恶果，酿成冤冤相报的悲剧，不知道发生了多少！这叫做“祸从口出”。子贡好“方人”，当场受到孔夫子的警告（《论语・宪问》篇）。所以我们一定要遵照圣人、遵照《弟子规》的要求，管好自己的嘴巴，要修口、守口德，只能口出良言，不可恶语损人。良言一句三冬暖，恶语伤人六月寒。

第十章　推崇孔子行中庸之道

孟子曰："仲尼不为已[1]甚者。"

【译文】孟子说："孔子不做过头的事情。"

【简析】孔子的境界就在中庸之道上，无过无不及，没有过头也没有不够，恰好在中道，中道是圣人的标志。他说："君子之于天下也，无適(dí)也，无莫也，义之与比。"(《论语・里仁》篇)意为君子对于天下的事情，没有规定可以这样做，也没有规定不可以那样做，只要合于义就行。他说："我则……无可无不可。"(《论语・微子》篇)没有可以，也没有不可以。用一个字表达，就是"权"，权变，变通，通达则行，不会有固定的模式。所以孟子赞叹孔子是见机行事的圣人。

【注释】①已：太、过分。

第十一章　惟义所在，言不必信，行不必果

孟子曰："大人者，言不必信，行不必果，惟义所在。"

【译文】孟子说："道德境界很高的君子，讲话不一定句句守信，行事不一定件件有结果，只要合于大义便可。"

【简析】大义是根本，做人的守信和做事的结果应当服从大义这个根本，那么做人和做事的方向就不偏了。大义当前，如果

有碍于大义推进的做人的守信和做事的结果是可以让步的。有所不为方能有所为，道理在此。我们应当信从大人行大义。

第十二章 大人永不失赤子之心

孟子曰："大人者，不失其赤子之心者也。"

【译文】孟子说："道德高尚被称为大人的人，就是不会失去他那有如婴儿般纯洁善良的心地，只知考虑爱护百姓、保护百姓利益的人。"

【简析】心底里只有百姓而没有自己，这就是道德高尚的大人。恰如范仲淹所说："居庙堂之高，则忧其民；处江湖之远，则忧其君。"进退全然在忧国忧民。"先天下之忧而忧，后天下之乐而乐。"一心为民、为国，毕生奉守，永不退色，这就是怀抱赤子之心的大人。

第十三章 养生送死，孝子俱当

孟子曰："养生①者不足以当②大事，惟送死③可以当大事。"

【译文】孟子说："赡养父母还不能视为完善的大事，只有直到送终为双亲慎重办好丧事方可视为纯孝完备的大事。"

【简析】孟子的意思是说，孝子的孝行要善始善终，生前当然要至诚奉养，体贴入微，惟恐稍有不周，但是绝对不能看轻为双亲大人送终的紧要之事，少了最后这一关，必为人生莫大的遗憾，应该杜绝“鲜克有终”*a不幸的发生。是以孔子说，人们在什么时候最悲伤，就是在父母辞世的当口，若是这个时候的悲痛之情不能奔涌而出，就没有表达感情的最好的时机了*b。死生事大，古人极其看重。曾子的“慎终追远”*c的重大意义在此。孔夫子概括为“至德要道”*d，揭示做人真谛，引领最高境界。这也就是子思写的《中庸》和李毓秀编著的《弟子规》都注重“事死如事生”的精义所在。慎办送终之事，要像在父母生前至纯奉孝一样真诚无二，决定做到如老子所说的“慎终如始”*e，方可孝心明备。

【注释】①养生：指奉养父母。焦循正义：“孝子事亲致养，未足以为大事，送终如礼，则为能奉大事也。”养，音 yàng，奉养，事奉。②当(dàng)：当做、算是。③送死：犹送终。送终，为死者办理丧事。亦指亲属临终时在身旁照料。

＊简析部分的引文依次为：＊a.《诗经·大雅·荡》篇，原诗还有一句，合起来即为“靡不有初，鲜克有终”，意为人们做事无不有开始的时候，但是很少能够坚持到最后，总结的是治国如治家、周幽王败朝灭国的重大教训；＊b. 见《论语·子张》篇；＊c.《论语·学而》篇；＊d.《孝经·开宗明义章》；＊e.《道德经》第六十四章。

第十四章　君子悟道的功夫

孟子曰：“君子深造①之以道②，欲其自得③之也。自得之，则居④之安⑤；居之安，则资之深；资之深，则取之左右逢其原⑥。故君子欲其自得之也。”

【译文】孟子说：“君子学问有高深的造诣是因为有‘道’的

光明照引，所以愿意有自己得‘道’的明悟。自己有得‘道’的明悟，学问才能有稳固的掌握；学问有了稳固的掌握，就能有更深悟‘道’的功夫；有更深悟‘道’的功夫，就能有左右逢源取用‘道’的无穷奥妙。是以君子愿意自己有得‘道’的明悟。”

【简析】孟子以为，为学之道，在于结合人生大道，对大自然的本源、本体有反复深切的体悟，将“道”悟深，方能有随心所欲取用“大道”的得力功夫，方能左右逢源而不违反天道、人道的规矩，抵达自在安然的自由王国。这种境界的达成，都得依赖于自身百折不挠、着意努力悟道的功夫。陆游诗云：“纸上得来终觉浅，绝知此事要躬行。”(《冬夜读书示子聿》，其一二句为：“古人学问无遗力，少壮功夫老始成。”子聿，陆放翁幼子)

【注释】①深造：谓不断前进，达到精深的境地。②道：宇宙万物的本原、本体。③自得：自己有心得体会。④居：占有、掌握。⑤安：安稳、稳固。⑥原：根本，指水来之处。

第十五章 做学问的功夫，在于明道的深切

孟子曰：“博学而详说之，将以反①说约②也。”

【译文】孟子说：“能够广泛地学习，详尽地解说，是要回归解说‘道’义的精要。”

【简析】做学问要融会贯通，既能广博，又能精约，在于悟到了“道”的要义，在于明“道”深切，取用自在。孟子以为，这才是做人生学问的真实功夫。

【注释】①反：还归、回。后多作“返”。②说约：叙说简要。

第十六章 使天下人归服，在于人心服从

孟子曰："以善[1]服人者，未有能服人者也；以善[2]养人[3]，然后能服天下。天下不心服而王[4]者，未之有也。"

【译文】孟子说："君主想拿自己的优势慑服人家，不可能使人从心底里服从；君主若用鼓励的办法教育熏陶他人一同向善，可以预计，这样实行之后，必定能使天下人心归服。天下人心不服，却可以统一天下的，那是从来没有的事情。"

【简析】实行王道，在于自己德高望重，做出榜样，并且带给民众实惠，带给他国和平，使人心服口服，愿意跟着你走；决计不能只凭威势压服他人、他国，结果压而不服，事与愿违。古来独霸天下、镇压天下的暴君，无不一个个垮台。得人心者得天下，乃是亘古不变的真理。

【注释】①善：好处、优点。②善：赞美、褒扬。③养人：教育熏陶他人。④王（wàng）：动词，实行王道，统一天下。

第十七章 埋没贤能的人自食不祥的后果

孟子曰："言无实，不祥。不祥之实[1]，蔽贤者当之。"

【译文】孟子说："说话没有实际内容，不好。这种不好的结果，将有阻挡进贤的人承当。"

【简析】孟子警告埋没贤能者将自食不祥的后果。

【注释】①实：结果。

第十八章　君子耻得虚名，务求学问的根本

徐子[1]曰："仲尼亟称于水，曰：'水哉，水哉！'何取于水也？"

孟子曰："源泉[2]混混[3]，不舍昼夜，盈科[4]而后进，放[5]乎四海。有本者如是，是之取尔。苟为无本，七八月之间雨集[6]，沟浍[7]皆盈；其涸也，可立而待[8]也。故声闻过情，君子耻之。"

【译文】徐子问老师说："仲尼对水屡加赞美，叹道：'水啊，水啊！'请问老师他取法于水什么呢？"

孟子回答他说："有本源的泉水滚滚地朝下面倾泻，昼夜不停，低洼之处被注满后又继续向前奔流，一直流进海洋。有本源的泉水是这样的，仲尼取法它这一点罢了。假如不存在本源，七八月之际雨水集中，大小沟渠很快都满起来了；假如雨停了呢，干枯也很快到来。所以名望超过了实际情形，君子感到羞耻。"

【简析】名望超过了实际情形，如同无源之水，来得快，去得也快，过眼烟云，骗人骗己，有害无益。是以君子修学，不图虚名，必定"务本，本立而道生"（《论语·学而》篇），重视树立根本，达到悟道得道的真实学问。人有本源之秉，在于心存天理

道德。

【注释】①徐子：孟子弟子徐辟。②源泉：焦循正义："阮氏元校勘记云：'源泉混混……宋九经本、岳本、咸淳衢州本、廖本、孔本、韩本，源作原，原正字，源俗字。'"③混混（gǔn）：同"滚滚"。水奔流不绝貌。④科：坎、坑。地面凹陷处。⑤放（fǎng）：至，到。⑥七八月之间雨集：这里孟子用的是周历，周正建子，夏正建寅，相差两个月，故周历七八月即夏历五六月，正当夏至之后，常多大雨。⑦沟浍（kuài）：泛指田间水道。浍，田间水渠、排水道。⑧立待：犹立等。立等，立着等候，多指时间短暂。

第十九章　明天理之正，得圣人之道

孟子曰："人之所以异于禽兽者几希[①]，庶民去之，君子存之。舜明于庶物[②]，察于人伦[③]。由仁义行，非行仁义也。"

【译文】孟子说："人类比禽兽不同的地方仅仅一点点罢了，凡夫俗子抛弃了它，道德君子保存了它。虞舜明察万物之道，深解人类伦常的真谛。是以本着仁义行事，不会只是为了例行公事般地行使仁义。"

【简析】人类比之禽兽不同的地方，在于明天地之理。所以明白这一点进而保存它的是君子，不明白这一点而把它抛弃的是俗人。虞舜深明这一天理之正，存于心底，行使仁义是从心底发出而见之于行动，心行同一，圣人之道在此。圣人心同天理，君子保存天理，俗人抛弃天理。理存人存，理废禽兽；一点不同，人兽之别。

对于做人来说，如上所述，尚不完善理想。儒释道三家之学都重视做人之道，层次一个比一个高远。儒家创始人孔子着重人类世界的做人，做好人，做高人；道家祖师老子认为人道不合理，天道合理，是以主张把天道应用于人道；佛祖释迦牟尼要将人类引领到三界之外，永远离苦得乐而过完美的人生。做人的层次越高，凡夫俗子不能认同的越多，抛弃越多，所以最可怜的是俗人，最艰巨的救人救世的任务，是向凡夫俗子说明宇宙人生的真相，愿意他们接受宇宙人生的真理，通达光明美好的前程。

【**注释**】①几希：极少。赵岐注："几希，无几也。"几，音 jī，差不多，接近于。希，少、罕有。②庶物：众物，万物。③人伦：人与人之间的关系，尊卑长幼之间的关系。伦，辈、类。

第二十章　大禹、商汤、文武、周公，诸圣勤政，特色各异，天理则一

孟子曰："禹恶旨酒而好善言。汤执中，立贤无方①。文王视民如伤，望道②而未之见。武王不泄③迩，不忘远。周公思兼三王以施四事，其有不合者，仰而思之，夜以继日；幸而得之，坐以待旦。"

【**译文**】孟子说："大禹讨厌别人进献美酒却喜听有益的话。商汤坚持中道，推举贤人不以常法。文王看待民众唯恐他们受到伤害，仰慕高人担心不能面见求教。武王不轻慢近臣，也不忘记远在他方的诸臣。周公想着学习夏商周三代君主，实践禹汤文武所立的勋业，若有不合于圣王情况的，仰头深思，从白天想到夜晚，一旦豁然贯通，高兴得坐待天亮，以便立即实行。"

【**简析**】上章说，虞舜明察万物之道，深解人类伦常的真谛，忠实推行仁义。“人类伦常的真谛”就是尧舜的至德要道——孝道。大禹、商汤、文武、周公治理天下，所守天理同一，指的就是尧舜的以孝治天下的传统，因而保持了历史正确而光明的走向，忠实推行仁义的方向；而又各具特色，说明其为政高度负责，并有创造，没有教条主义，杜绝形色主义，是以他们所在的时代，无不兴旺发达，令人向往。

【**注释**】①立贤无方：推举贤人不以常法。焦循正义：“方，常也……惟贤则立，而无常法，乃申上执中之有权。”②望道：谓敬慕有道之人。望，景仰。③泄：轻慢。

第二十一章　孔子《春秋》开创的扬善贬恶的笔法，是中国史书的优良传统

孟子曰：“王者之迹①熄而《诗》亡，《诗》亡然后《春秋》作。晋之《乘》②、楚之《梼杌》③、鲁之《春秋》，一也。其事则齐桓、晋文，其文则史。孔子曰：‘其义则丘窃④取之矣。’”

【**译文**】孟子说：“圣王采诗的做法废止了，因而《诗经》的编选也就终止了，《诗经》的编选停止了，《春秋》便产生了。晋国的《乘》、楚国的《梼杌》、鲁国的《春秋》，都是史书的一类。它们所记载的事情无非是齐桓、晋文图霸之类，文笔为一般史书的笔法。孔子说：‘《诗经》三百篇中寓有褒善贬恶的大义，我在《春秋》中采用了。’”

【**简析**】《春秋》微言大义，惩恶扬善，是中国史书优良传统

的滥觞。孟子称扬说,《春秋》作,乱臣贼子惧。可见其代表的正义性及其雄威所在。

【注释】①迹:行迹、行动。②乘:春秋时晋国的史书。赵岐注:“乘者,兴于田赋乘马之事,因以为名。”后用以称一般史书。③梼杌(táo wù):楚史书名。明张萱《疑耀·梼杌》:“梼杌,恶兽,楚以名史,主于惩恶。又云,梼杌能逆知未来,故人有掩捕者,必先知之。史以示往知来者也,故取名焉。亦一说也。”梼杌亦省称“杌”。④窃:私下、私自。多用作谦词。

第二十二章　孟夫子自告奋勇,愿将孔子道统的流风余韵继往开来

孟子曰:“君子之泽[①],五世而斩[②];小人之泽,五世而斩。予未得为孔子徒也,予私淑[③]诸人也。”

【译文】孟子说:“圣明君主的流风余韵,五代以后便断绝了;在野贤圣的流风余韵,五代以后也断绝了。我未能有机会做孔子的门徒,他老人家的学说,我是私下辗转从子思的门人那里学习承袭的。”

【简析】孟子认为自己的责任重大,未表而流露在言辞之外。

【注释】①泽:影响。②斩:断绝。③私淑:私自敬仰而未得到直接的传授。赵岐注:“淑,善也。我私善之于贤人耳,盖恨其不得学于大圣也。”淑,通“叔”。拾取、获益。杨伯峻注:“淑,借为‘叔’,《说文》:‘叔,取也。’”

第二十三章　取用中道，善防过头之害

孟子曰："可以取，可以无取，取伤廉；可以与，可以无与，与伤惠；可以死，可以无死，死伤勇。"

【译文】孟子说："可以拿，可以不拿，拿了如果伤害养廉，还是不拿；可以施与，可以不施与，施与了如果伤害仁爱，还是不施与；可以死，可以不死，死了如果伤害勇敢，还是不死。"

【简析】孟子教导弟子，在面临拿取伤害养廉、施与伤害恩惠、赴死伤害勇敢的关头，应善用智慧，明辨是非，绝不离开无过无不及中道的立场，作过头无谓之事。孙奭举例解释说，孔子给原思充裕的粟米是可以给方才给的，冉子过多地给子华五秉之粟是不适当的（见《孟子注疏》），关键在于"君子周急不继富"。（见《论语·雍也》篇）

第二十四章　后羿咎由自取，收徒不问善恶

逄蒙[1]学射于羿，尽羿之道，思天下惟羿为愈己，于是杀羿。孟子曰："是亦羿有罪焉。"

公明仪曰："宜若[2]无罪焉。"

曰："薄乎云尔，恶得无罪？郑人使子濯孺子侵卫，卫使庾公之斯追之。子濯孺子曰：'今日我疾作，

不可以执弓，吾死矣夫！'问其仆曰：'追我者谁也？'其仆曰：'庾公之斯也。'曰：'吾生矣。'其仆曰：'庾公之斯，卫之善射者也；夫子曰吾生，何谓也？'曰：'庾公之斯学射于尹公之他，尹公之他学射于我。夫尹公之他，端人也，其取友必端矣。'庾公之斯至，曰：'夫子何为不执弓？'曰：'今日我疾作，不可以执弓。'曰：'小人学射于尹公之他，尹公之他学射于夫子；我不忍以夫子之道反害夫子。虽然，今日之事，君事也，我不敢废。'抽矢叩轮，去其金，发乘③矢而后反。"

【译文】逢蒙向后羿学习射箭，完全掌握了后羿的箭术，他想全天下只有后羿超过自己，于是杀了后羿。孟子说："这里也有后羿的罪过。"

公明仪说："似乎无罪吧。"

孟子说："罪过不大罢了，怎么能说无罪呢？郑国派子濯孺子侵入卫国，卫国派庾公之斯追击他。子濯孺子叹息说：'今天我的疾病发作了，张不了弓了，我死期到了啊！'问他的车夫说：'追我的人是谁？'车夫回答：'是庾公之斯。'子濯孺子又说：'我有生路了。'车夫不解问他：'庾公之斯，是卫国的射箭能手；先生现在又说有活路了，怎么说啊？'子濯孺子说：'庾公之斯是向尹公之他学习射箭的，尹公之他又是跟从我学得箭艺的。那位尹公之他，是个正派人，他所选择的朋友、学生也一定正派。'说话之际，庾公之斯就追到了，疑问道：'先生为何不拿起弓来？'子濯孺子感叹说：'今天我的病发作了，不可以拉弓。'庾公之斯说：'小人我向尹公之他学习箭艺，尹公之他又师从先生学箭；我不忍心用先生的本事反过来伤害先生。尽管如此，今天的事情，乃是国家的公事，我不敢完全废弃。’说罢抽出箭来，敲了几下车轮，把箭头敲掉，发射四支废箭过后就回去了。”

【简析】种什么因得什么果，因果报应，丝毫不爽。后羿遭杀身之祸，乃是他取友、收徒，不分善恶所致。子濯孺子有强敌追达，命在目前，但因为敌手的老师尹公之他是个正派人，他收受的善良弟子庾公之斯知道眼前的敌人是老师的老师，不忍心加害，因而子濯孺子得以逢凶化吉，遇难呈祥。这叫做“种善因，得善果”。

【注释】①逄（páng，本逢）蒙：逄（páng）蒙，后羿（yì）的家人（家众），又是后羿的弟子。据《左传·襄公四年》载，后羿不改恶习，打猎回来，在叛相寒促（chuò）的主谋下，逄蒙杀死了后羿，并将他煮熟了给他的儿子吃，其儿不忍心吃，被杀死在有穷国城门口。②宜若：表拟测或推断之间。犹言似乎、好像。③乘（shèng）：数词，古时计物以四为乘。

第二十五章　决定人美的是心灵

孟子曰：“西子蒙不洁，则人皆掩鼻而过之；虽有恶人①，斋戒沐浴，则可以祀上帝。”

【译文】孟子说：“美人西施要是沾染了一身污秽，那么经过的人们都会掩着鼻子匆匆远离；尽管有一个人形貌丑陋，假若他斋戒沐浴，就也可以祭祀上帝。”

【简析】心灵美重于外表美。

【注释】①恶人：形貌丑陋的人。

第二十六章　顺应自然，无为之治，学问深矣，大矣

孟子曰："天下之言性也，则故[1]而已矣。故者以利[2]为本。所恶于智者，为其凿也。如智者若禹之行水[3]也，则无恶于智矣。禹之行水也，行其所无事[4]也。如智者亦行其所无事，则智亦大矣。天之高也，星辰之远也，苟求其故，千岁之日至[5]，可坐而致也。"

【译文】孟子说："天下人谈论人性，能推求原因就可以了。推求原因要以顺应自然为根本。人们对于自以为是的所谓聪明人表示厌恶，是因为他们陷于穿凿附会。如果聪明人能像大禹治水一样，人们也就不会厌恶聪明人了。大禹治水，就是实行他的无为的宗旨，顺其自然，因势利导。如果智者也能实行无为处世的宗旨，那么他们的才智就可观了。天虽很高，星辰极远，只要推求其原因，千年之后的冬至或夏至，都可以坐着推算得到。"

【简析】天下聪明人延误自身的，是太过自信、自以为是，不能顺应客观规律办事；若能像大禹治水一样，顺水疏导，顺应自然，摒弃主观主义，聪明人才智的发挥就很可观了。可见无为之治的学问深广。

【注释】①故：缘故、原因。②利：顺应。③行水：治水，使水流通畅。④无事：指无为。道家主张顺其自然，无为而治。⑤日至：指夏至或冬至。

第二十七章　孟子鄙视趋附得势小人的陋俗

公行子有子之丧[1]，右师[2]往吊。入门，有进而与右师言者，有就右师之位而与右师言者。孟子不与右师言。右师不悦，曰："诸君子皆与驩言，孟子独不与驩言，是简驩也。"

孟子闻之，曰："礼，朝廷不历位[3]而相与言，不逾阶而相揖也。我欲行礼，子敖以我为简，不亦异乎？"

【译文】齐国大夫公行子在办大儿子的丧事，齐国贵臣王驩前往吊唁。他一进门，有人前去同这位王右师说话，有人就在王右师的座位旁边同这位右师贵臣说话。孟子不去同王右师说话。右师便不高兴，说："各位大夫都同我说话，独有孟子不同我说话，这是对我的简慢。"

孟子听到后说："按礼节，在朝廷上不跨过位次相与交谈，不越过石阶相与作揖。我想依礼而行，子敖却以为我简慢了他，岂不怪异吗？"

【简析】前面学习《公孙丑下》篇第六章时，在出吊滕国丧事的往返旅途，我们已经熟悉，孟子不屑同王驩说话。这里也是如此。真所谓："道不同，不相为谋。"（《论语·卫灵公》篇）但是王驩不知趣，放出话来怨恨孟子瞧不起他，恰好碰上孟子要教训他的锋芒。孟子纠正他说，你王驩志得意满，势焰熏天，不是代表朝廷来吊丧的吗？那好，依礼仪，按朝规，是不可以越位交谈、逾阶作揖的，你王驩难道想凌驾于朝廷之上吗？孟夫子正义在握，胜算在胸，光明磊落，以他平素善养的浩然之气，喷薄而出，将王驩击倒。

【注释】①有子之丧：根据《仪礼·丧服》的规定，一个人的大儿子死了，做父亲的得为他穿粗麻布孝服（所谓斩衰）三年。②右师：先秦时官名。③历位：逾越位次。

第二十八章　以仁存心，以礼存心

孟子曰："君子所以①异于人者，以其存心也。君子以②仁存心，以礼存心；仁者爱人，有礼者敬人。爱人者，人常③爱之；敬人者，人常敬之。

"有人于此，其待我以横逆④，则君子必自反也：'我必不仁也，必无礼也，此物⑤奚宜⑥至⑦哉？'其自反而仁矣，自反而有礼矣，其横逆由⑧是也，君子必自反也：'我必不忠。'自反而忠矣，其横逆由是也，君子曰：'此亦妄人⑨也已矣。如此，则与禽兽奚择哉？于禽兽又何难焉？'

"是故君子有终身之忧，无一朝⑩之患也。乃若所忧则有之：舜，人也；我，亦人也。舜为法于天下，可传于后世，我由未免为乡人也，是则可忧也。忧之如何？如舜而已矣。

“若夫君子所患，则亡矣；非仁无为也，非礼无行也。如有一朝之患，则君子不患矣。”

【译文】孟子说：“君子与一般人不同的地方，是凭借他的存心。君子存心在仁，存心在礼；有仁德者慈爱他人，有礼貌者尊敬他人。慈爱他人的人，他人永远爱慕他；尊敬他人的人，他人永远敬仰他。

“这里有一个人，他用横暴无理的行为对待我，那么君子一定反躬自省：‘我必定有不仁慈之处，必定有不礼貌之处，此种事情为何引起的呢？’他自问要是遵行了仁，自问要是遵行了礼，那个人横暴无理的行为照旧，君子必定再行反省：‘我待人必定有不忠之处。’自问要是做到了忠心耿耿，那个人横暴无理的行为照旧，君子当会说：‘这也不过是一个无知乱来的人罢了啊。那样的行为，同禽兽有何差别呢？对于禽兽又责备什么呢？’

“所以君子有长远的忧虑，没有突发的祸患。至于说到长远的忧虑之处势必有人生猛志引发：大舜，是一个人；我，同样是一个人。大舜被天下人所取法，传扬后代，我还不免是个普通人，这就是可忧之处。忧虑到此立志之事怎么办？一定做到如大舜那样！

“至于君子所担心的祸患，不会有的；不做不仁之事，杜绝违礼的行为。如有什么意外祸患一旦发生，那君子也并不视作难堪之事。”

【简析】君子只为天下，只为他人，没有私心，没有得失；心在仁上，心在礼上，行世光明，威仪化人。这就是君子考虑做人要取法大舜、成为大舜的地方。

【注释】①所以：表原因。②以：在，于。③常：一本作“恒”。④横逆：横暴无理的行为。⑤物：事情。⑥奚宜：为什么。奚，疑问词，为何，为什么。宜，助词。⑦至：致使、引起。⑧由：通“犹”。⑨妄人：无知妄为的人。妄，胡乱，随便。⑩一朝：一时、一旦。

第二十九章 为政与学道的异同

禹、稷当平世，三过其门而不入，孔子贤之。颜子当乱世，居于陋巷，一箪食，一瓢饮，人不堪其忧，颜子不改其乐，孔子贤之。

孟子曰：“禹、稷、颜回同道。禹思天下有溺者，由己溺之也；稷思天下有饥者，由己饥之也；是以如是其[1]急也。禹、稷、颜子，易地[2]则皆然。今有同室[3]之人斗者，救之，虽被发缨冠[4]而救之，可也。乡邻有斗者，被发缨冠而往救之，则惑也；虽闭户可也。”

【译文】大禹、后稷处在清平时代，受命十三年在外解除天下水患的大禹，三次经过自家门前而不进入，后稷教民稼穑，使得天下人有饭吃；孔子称赞他们。颜子处在混乱的时代，居住在简陋的屋子里，吃的是一竹筐白饭，一瓢冷水，人们忍受不了那种艰苦，颜子却不改变内心的快乐；孔子赞叹他。

孟子说：“大禹、后稷、颜回志趣相同。大禹忧思天下被水淹没了，好像自己被淹没一样；后稷忧思天下人忍受饥饿，好像自己忍受饥饿一样；所以他们解救天下人的苦难才会表现得这样的急切。大禹、后稷、颜子，如果他们互换地位，仍都会这样做。

现在有一家人互相争斗，前往劝架解救他们，即使披散着头发，顶着帽子，连帽带也没系好，就去劝救他们，也是可以的。假如同乡人争殴斗架，也照样披散头发，顶着帽子，没系好帽带匆忙去劝解，那就糊涂了；此时，学道人纵然关起门来也是可以的。”

【简析】不管处在清平时代，还是混乱时代，大禹、后稷、颜回的人生目标都是相同的，莫不胸怀尧舜之道，为天下献身。这是身当为政的大禹、后稷同学道的颜回相同的地方。解决社会矛盾，系为政者义不容辞的任务，学道的人眼下可以不必介入。各有侧重，各承其理。“今有同室之人斗者，救之，虽被发缨冠而救之，可也。”这是比喻大禹、后稷的为政。“乡邻有斗者，被发缨冠而往救之，则惑也；虽闭户可也。”这是比喻颜回的学道。

【注释】①其：助词，用于定语之后，相当于结构助词“之”。句中“如是”系“急”的定语。②易地：互换所处的地位。③同室：谓一家，一户人家。亦指一家人。④被发缨冠：谓不及束发冠戴，只系缨于颈。比喻急于救援。缨冠，谓不暇束发而结缨往救。后因以“缨冠”形容急迫或急切救助他人。

第三十章 将朋友之道错用于父子之间的痛悔

公都子曰：“匡章，通国皆称不孝焉；夫子与之游，又从而礼貌之，敢问何也？”

孟子曰：“世俗所谓不孝者五：惰其四支，不顾父母之养，一不孝也；博弈，好饮酒，不顾父母之养，二不孝也；好货财，私妻子，不顾父母之养，三不孝也；

从耳目之欲，以为父母戮[1]，四不孝也；好勇斗很[2]，以危父母，五不孝也。章子有一于是乎？

“夫章子，子父责善[3]而不相遇也。责善，朋友之道也；父子责善，贼恩[4]之大者。夫章子，岂不欲有夫妻子母之属哉？为得罪于父，不得近，出[5]妻屏[6]子，终身不养焉。其设心[7]以为不若是，是则罪之大者。是则章子已矣。”

【译文】公都子请教老师说：“齐人匡章，举国都说他不孝；老师却与他交游，并且礼貌相待，请问是何道理啊？”

孟子说：“社会上说的不孝的情况有五种：四体不勤，不管父母的奉养，第一种不孝；迷下棋，好喝酒，不管父母的奉养，第二种不孝；喜好钱财，偏爱妻室儿女，不管父母的奉养，第三种不孝；放纵耳目的欲望，因而使得父母蒙受羞辱，第四种不孝；好逞血气之勇，因而危及父母，第五种不孝。章子在这五种之中有一种吗？

“那位章子，父子之间以善相劝而把关系弄僵了。以善相劝，是朋友之间相处的规矩；父子之间而互相责令对方自我完善，伤害亲人的感情可就大了。那位章子，难道不想有夫妻母子这样的亲属吗？因为得罪了父亲，不能亲近，于是休弃妻子，赶出子女，一辈子不接受奉养。他考虑如果不那样做，定是最大的罪业。这就是我所了解的章子这个人。”

【简析】匡章没有世俗约定的五种不孝，但是因为错用了、用偏了做人的规矩，将朋友之道施行于父子之间而造成了终身追悔莫及的伤痛。父子之间一定要遵循父有父道、子有子道的规范，“父父，子子”（《论语·颜渊》篇），礼属上下尊卑、长幼之分，不能责善；而朋友之间是平等切磋的关系，知己之交，理应责善。朋友之道不但不能在父子之间实行，就是兄弟之间也是不行的。是以孔夫子特地叮嘱子路要将朋友之道与兄弟之道严格区分开来（《论语·子路》篇），不能混淆。

【注释】①戮：羞辱。②很：《汉语大字典》解为："险恶；凶暴。后作'狠'。"《汉语大词典》解为"争斗"。③责善：劝勉从善。如从字面直译，即是"责令对方自我完善"之意。④贼恩：贼，伤害。恩，即恩人，对自己有大恩情的人。⑤出：休弃。⑥屏（bǐng）：放逐、摈弃。⑦设心：用心，居心。

第三十一章　师道与臣道的不同

曾子居武城，有越寇。或曰："寇至，盍去诸？"

曰："无寓人于我室，毁伤其薪木。"寇退，则曰："修我墙屋①，我将反。"

寇退，曾子反。左右②曰："待先生如此其③忠且敬也，寇至则先去以为民望④，寇退则反，殆于不可。"

沈犹行曰："是非汝所知也。昔沈犹有负刍之祸，从先生者七十人，未有与焉。"

子思居于卫，有齐寇。或曰："寇至，盍去诸？"

子思曰："如伋⑤去，君谁与守？"

孟子曰："曾子、子思同道。曾子，师也，父兄⑥

也；子思，臣也，微也。曾子、子思易地则皆然。”

【译文】曾子住在武城时，碰上越国军队进犯。有人问他说：“盗匪来了，为什么不离开这里？”

曾子离开时拜托说：“别让他人住进我的房间，损伤那里的树木。”敌军撤退之后，他又捎信告知当地请他为师的大夫说：“将我住的房屋修理修理吧，我要回来了。”

敌军撤退，曾子回来了。他的门人议论说：“武城的大夫招待先生这样的忠诚恭敬，一旦盗匪到来就先离开，盗匪撤退就回来了，如此让百姓效法，大概不可吧。”

曾子弟子中年长的学兄沈犹行对从师学道的同窗说：“这样的事不是你们所能了解的。往年我们沈犹氏家族曾有负刍来犯制造的祸害，跟从先生的七十位弟子，没有一人参与抗暴的。”

子思住在卫国，有齐国军队进犯。有人问他说：“为什么不离开这里？”

子思回答说：“如果我离开了，卫君同谁一道守城？”

孟子说：“曾子、子思忠诚于同一个人生理想。曾子，是师长，是前辈；子思，是臣子，是地位低微的人。若曾子、子思互换职位，都会这样遵循。”

【简析】这一章叙述师道与臣道的不同。传授做人大道，引领并保护弟子平安成长，不受侵害，是为师的神圣职责。做臣子的则不同，当有国难到来，必须誓死赴难，保家卫国。参照二十九章“为政与学道的异同”，则本章所述，便更加一目了然。

【注释】①墙屋：a. 房屋；b. 指墙和屋顶等建筑物的外表部分。②左右：曾子的门人。③其：参照本篇二十九章注释①。④民望：民众所仿效的对象。后多指有德行、才能而享有声望的人。⑤伋(jí)：子思名，受业于曾子。⑥父兄：犹父老。

第三十二章　人性相同，圣人与凡夫平等

储子曰："王使人瞯[①]夫子，果有以[②]异于人乎？"

孟子曰："何以异于人哉？尧舜与人同耳。"

【译文】齐国人储子问道："君王打发人来窥探先生，果然您有与人不同的地方吗？"

孟子说："有什么与人不同啊？唐尧、虞舜也与常人一样罢了。"

【简析】人性皆善，圣人与凡夫无异。这就是西方主流社会长期以来标榜的人人平等、天赋人权的根本道理之所在。就其人性相同者这一根本方面说是这样的。但是就其表现而言，圣人与凡夫的确有明显不同的地方，人性充分显示的为圣人，人性不同程度被掩盖着的是凡夫。是以芸芸众生形形色色，私欲迷心，烦恼无尽，呈现着千差万别不同的状貌。

【注释】①瞯（jiàn）：窥视、偵伺。②以：代词。何，什么。

第三十三章　辱没人格、无耻之尤的人鬼行状

齐人有一妻一妾而处室[①]者，其良人出，则必餍酒肉而后反。其妻问所与饮食者，则尽富贵也。其妻告其妾曰："良人出，则必餍酒肉而后反，问其与饮食者，尽富贵也；而未尝有显者来。吾将瞯良人之所

之也。”

蚤[2]起，施[3]从良人之所之。偏国中无与立谈者。卒之东郭墦[4]间之祭者，乞其余；不足，又顾而之他。此其为餍足之道也。

其妻归，告其妾曰：“良人者，所仰望而终身也。今若此！”与其妾讪[5]其良人，而相泣于中庭[6]。而良人未之知也，施施[7]从外来，骄其妻妾。

由君子观之，则人之所以求富贵利达[8]者，其妻妾不羞也，而不相泣者，几希矣。

【译文】齐国有户娶有一正妻一小妻的人家，这家男人每次外出，就必定吃饱酒肉以后回来。正妻问他同些什么人喝酒吃饭，男人回答说都是有钱有地位的人。正妻告诉男人的小妻说：“男人外出，每次必定吃饱酒肉以后回来，问他同什么人一起喝酒吃肉，总说都是富贵的人；但是我们不曾见到有过显贵体面的人来家。我打算探看男人所去的地方。”

次日清晨起来，正妻便拐弯抹角地紧跟着丈夫所去的地方。发现整个国都中没有同他站着交谈的人。最后其男人走到东门城外墓地正在祭祀的人们中间，向扫墓的人乞讨些残菜剩饭；不够，又东张西望地到其他地方行乞。这便是他做到的能够酒足饭饱的办法。

正妻回到家里，告诉小妻说：“男人，是我们仰望终身依靠的人，想不到如今却是那副样子！”便同小妻一起咒骂她们的男人，一起在厅堂之中哭泣着。但是她们的男人还不知道这个情况，仍然得意洋洋地从外面回来，在妻妾面前耀武扬威。

在君子看来，一些人用来追求升官发财显达的办法，能够不使他的妻妾蒙羞，更不哭泣的，真是少而又少啊。

【简析】未能富贵而装富贵者，孔子曾经严肃批评过春秋末期那种社会的病态（见《论语·述而》篇）。但是总有鲜廉寡耻之徒，为了行骗升达，不惜辱没人格，使尽诈术，半人半鬼，混迹人间。其行状似人而实鬼。哀哉，痛哉！

在《孟子》一书中，这是十分独特的一章，宛如初具规模的小说，有人物、环境、情节，行文以叙述为主，结构完整，相当引人入胜。结笔议论，揭示主题。

【注释】①处室：安身的家，即住家、人家。处，自居、安身。室，家。②蚤：通“早”。③施（yí）：逶迤斜行。逶迤（wēi yí），曲折行进貌。④墦（fán）：坟墓。⑤讪：毁谤、讥讽。⑥中庭：厅堂正中，厅堂之中。⑦施施（yí yí）：喜悦自得貌。⑧利达：犹显达。

万 章 上

第一章 大孝之子，终身思慕父母

万章问曰："舜往于田，号泣[①]于旻天[②]，何为其号泣也？"

孟子曰："怨慕[③]也。"

万章曰："父母爱之，喜而不忘；父母恶之，劳而不怨。然则舜怨乎？"

曰："长息问于公明高曰：'舜往于田，则吾既得闻命[④]矣；号泣于旻天于父母，则吾不知也。'公明高曰：'是非尔所知也。'夫公明高以孝子之心，为不若是恝[⑤]。'我竭力耕田，共[⑥]为子职而已矣；父母之不我爱，于我何哉？'帝使其子九男二女，百官牛羊仓廪[⑦]备，以事舜于畎亩[⑧]之中；天下之士多就之者，帝将胥[⑨]天下而迁之焉；为不顺于父母，如穷人无所归。天下之士悦之，人之所欲也，而不足以解忧；好色，人之所欲，妻帝之二女，而不足以解忧；富，人之所欲，富有天下，而不足以解忧；贵，人之所欲，贵为天子，而不足以解忧。人悦之、好色、富、贵，无足以解忧者；惟顺于父母，可以解忧。人少，则慕父母；知好色，则慕少艾；有妻子，则慕妻子；仕，则慕君；不得于君，则热中[10]。大孝终身慕父母。五十而慕者，予于大舜见之矣。”

【**译文**】弟子万章（齐人）问道：“虞舜到田地里去耕作，朝着苍凉秋天的高空号咷（táo）大哭，为何他要号咷大哭呢？”

孟子说：“是因为自我怨恨的同时又非常地思念父母。”

万章说：“曾子曾经说过：‘父母要是喜爱自己，虽然高兴，却不因此懈怠；父母厌恶自己，虽然痛苦，却不因此怨恨。’那么虞舜怨恨父母吗？”

孟子说：“长息问老师公明高（曾子弟子）说：‘虞舜到田地里去劳作，那我已经听到过老师的教导了；但他朝着上天、朝着父母的方位大哭，那我尚不理解。’公明高回答他说：‘这不是你所能解得的。’公明高认为一个孝子的心地，是不能如此无动于衷的。他解说道：‘我尽力耕田，只为尽做儿子的职责罢了；父母不喜爱我，对我有什么关系呢？’尧帝打发他的孩子九男二女，跟着百官，预备了许多牛羊、米谷，给尚在田野之中劳作、平民身份的虞舜提供建功立业的条件；天下的志士能人纷纷投奔虞舜，尧帝要将整个天下禅让给虞舜；因为不能顺心于父母，虞舜感到有如鳏寡孤独者一般无所依靠。天下的志士能人爱戴他，那是一般人的愿望，但是不能够解除虞舜的忧愁；喜好美色，那是一般人的愿望，虞舜同时娶到了尧帝的两位女儿，但是不能解除他的忧愁；富有，那是一般人的愿望，虞舜面临拥有整个天下的财富，但是不能够解除他的忧愁；高贵，那是一般人的愿望，虞舜至尊至贵做到天子，但是不能够解除他的忧愁。一般人所追求的他人爱戴自己、享受美色、拥有财富、地位高贵，但都不能解除虞舜的忧愁，只有顺心于父母，方可以解除忧愁。人们在幼小时，天性决定依恋父母；懂得喜好美色了，就追慕年轻漂亮的女子；有了妻室儿女,就贪恋妻室儿女;做了官,就倾心依仗君主;得不到君主的信任,内心就急躁。只有大孝的人才会一辈子思慕父母。五十岁还怀恋父母的,我从大舜身上看到了。”

【简析】《礼记·祭义》篇引用曾子的话说:“父母爱之,嘉而弗忘;父母恶之,惧而无怨。”同这里万章所引,文字上有出入,基本意思一致。万章问老师:“虞舜对父母埋怨了没有呢?”孟子引用公明高的话解析说,作为一个孝子,对父母的态度不能没有反应,但是仍然要竭尽做儿子的职责,又要不减损对父母的感情。用孟子的话说则为“怨慕”,自怨而又怀恋。孟子赞叹大舜的可贵在于跳出常人的偏私的欲望,认为只有能够孝顺父母,才是人生最高的心愿。大孝之子,自然如此。大舜的无与伦比的完美孝行,是他作为圣人的最核心的标志所在。孝为仁本,他作为孝子,深爱自己的父母,作为天子,像爱父母一般深爱天下万民。这就是大同时代天下为公的创始人之一的无上风采。

【注释】①号(háo)泣:号咷大哭。《书·大禹谟》:“帝初于历山,往于田,日号泣于旻天,于父母,负罪引慝。”(虞舜先前到历山去耕田,每天朝上苍大哭,朝父母的方位大哭,负罪引咎。)慝(tè),邪恶。孔传:“慝,恶。”孔颖达疏:“自负其罪,自引其恶。”历山,古山名,相传舜耕历山,所在地点说法不一。裴骃集解引郑玄曰:“在河东。”河东,黄河流经山西省境,自北而南,故称山西省境内黄河以东的地区为“河东”。张守节《史记正义》引《括地志》:“蒲州河东县雷首山,一名中条山,亦名历山,亦名首阳山,亦名蒲山,亦名襄山,亦名甘枣山,亦名猪山,亦名狗头山,亦名薄山,亦名吴山。此山西起雷首山,东至吴坂,凡十一名,随州县分之,历山南有舜井。”又云:“越州余姚县有历山舜井,濮州雷泽县有历山舜井,二所又有姚墟,云生舜处也。及妫

(guī)州历山舜井，皆云舜所耕处，未详也。”②旻(mín)天：泛指天。③怨慕：埋怨和思慕。慕，思慕、向往。赵岐注：“言舜自怨遭父母见恶之厄而思慕也。”后泛指因不得相见而思慕。④闻命：接受命令或教导，此谓接受教导。⑤恝(jiá)：忽略、淡然。赵岐注：“恝，无愁之貌。”焦循正义：“忽忘于心，即是无愁。”⑥共：通“供”，供职，奉职。⑦廪(lǐn)：粮仓。⑧畎(quǎn)亩：田地，田野。⑨胥：尽。⑩热中：原为内心躁急。后多指急切追逐名利、权势。

第二章　大舜孝感天下，垂范至德要道

此章讲述了虞舜不告而娶、瞽叟等三人百计害舜、孟子辨明舜以兄友之道诚待险恶弟弟的内容，彰显了大舜为天下垂范至德要道，感人心魄。

不告而娶

万章问曰：“《诗》云：‘娶妻如之何？必告父母。’信斯言也，宜莫如舜。舜之不告而娶，何也？”

孟子曰：“告则不得娶。男女居室[①]，人之大伦[②]也。如告，则废人之大伦以怼[③]父母，是以不告也。”

万章曰：“舜之不告而娶，则吾既得闻命矣；帝之妻舜而不告，何也？”

曰：“帝亦知告焉则不得妻也。”

【译文】万章问道:“《诗经·齐风·南山》篇上说:‘迎娶妻子如何做?一定要先禀告父母。’确信这句话的,理应没有人比得上舜的。但是舜没有禀告父母而先迎娶了妻子,那是何故呢?”

孟子说:“禀告父母就娶不成妻子了。男女成亲成家,是人生的大原则。如果禀告,则要废弃人生大原则,断了后代,终究使父母怨恨自己,因此先不禀告。”

万章又问:“舜不作禀告而娶了妻子,那我已经领受了老师的教导了;但是尧帝将女儿嫁给舜也不通告亲家,是何缘由呢?”

孟子说:“尧帝同样知道如果通告也就嫁娶不成了。”

【简析】孟子曾说:“不孝有三,无后为大。”(《离娄上》篇第二十六章)是以虞舜不告而娶,乃是为了延续子孙后代这一人生大孝。

【注释】①居室:指夫妇同居。②大伦:犹大端,大原则。③怼(duì):怨恨。

象忧亦忧,象喜亦喜

万章曰:“父母使舜完[①]廪,捐阶[②],瞽叟焚廪。使浚井,出,从而掩之。象曰:‘谟盖[③]都君[④],咸我绩!牛羊,父母;仓廪,父母;干戈,朕;琴,朕;弤[⑤],朕;二嫂,使治朕栖。’象往入舜宫,舜在床琴。象曰:‘郁陶[⑥]思君尔。’忸怩。舜曰:‘唯兹臣庶,汝其于予治。’不识舜不知象之将杀己与?”

曰："奚而⑦不知也！象忧亦忧，象喜亦喜。"

【译文】万章说："父母打发舜去修缮谷仓，待舜上屋后便抽去梯子，舜父瞽叟接着又焚烧谷仓。打发舜去淘井，待舜到达井底尚未出来，便倒土掩塞井眼。象狂喜地说着：'谋害都君，全是我的功绩！牛羊，归父母；米仓谷仓，归父母；干戈各类兵器，归我；乐器琴瑟，归我；弤弓，归我；两位嫂子，替我铺床叠被。'于是象便神气活现地走向舜的住房，舜正坐在床上弹琴。象对舜说：'哎呀，我好想念您呀！'羞愧地说着，进退不是，极度尴尬狼狈。舜对象说：'我正想念着那些臣下民众，你就替我管理他们吧。'不知道舜是不是不明白象要杀害自己呀？"

孟子说："如何不明白呢！象忧他也忧，象喜他也喜。"

【简析】《弟子规》说："兄道友，弟道恭。兄弟睦，孝在中。"帝舜在此作了动人心魄的垂范。《弟子规》紧接着又说："财物轻，怨何生。言语忍，忿自泯。"心地凶残而又贪得无厌的象妄图霸占帝舜的所有家产以及妻室，但是洞察其情的大舜视而不见，听而不闻，当做没有发生的一般，照样友爱其弟，恳切委以重任。为什么呢？以平等心可怜凡夫俗子，同时答谢对方考验了自己的定力。当年释迦牟尼佛的前身忍辱仙人示现在菩萨道修炼忍辱行的功夫，被暴君戈利王节节肢解后衷心地表示说，他成佛后第一个要度的人就是戈利王。在圣人的境界，没有憎恨心，没有分别心。佛教有"恒顺众生"、"随喜功德"的开示，为的是德化众生，奥义在此。民间也有大孝的典型，例如闵子骞跪地哀求其父不要休弃曾经虐待他的后母，终使原先冷酷的后母天良发现，屏除了恶行。是以，孟子做结论说："象忧亦忧，象喜亦喜。"余味无穷，明光耀人。

【注释】①完：修筑、修缮。②捐阶：除去阶梯。赵岐注："使舜登廪屋而捐去其阶。"捐，除去。③谟盖（mó hài）：谋害。盖通"害"。④都君：古称诸侯。孙奭疏："都君，即象称舜也。然谓之都君者，盖以舜在侧微（卑贱）之时，渔雷泽，一年所居成聚，二年成邑，三年成都，故以此遂因为之都君。"⑤弤（dǐ）：舜弓之名。赵岐注："弤，雕弓也。天子曰雕弓。尧禅舜天下，故赐之雕弓也。"⑥郁陶：忧思积聚貌。⑦奚而：犹如何。

舜以兄友之道诚待不恭的弟弟

曰："然则舜伪喜者与？"

曰："否。昔者有馈生鱼于郑子产，子产使校人①畜之池。校人烹之，反命曰：'始舍之，圉圉②焉；少则洋洋③焉，悠然④而逝。'子产曰：'得其所⑤哉，得其所哉！'校人出，曰：'孰谓子产智？予既烹而食之，曰：得其所哉，得其所哉！'故君子可欺以其方⑥，难罔⑦以非其道。彼以爱兄之道来，故诚信而喜之；奚伪焉？"

【译文】万章问："那么舜是伪装高兴的吗？"

孟子说："不是这样。从前有人送给郑国子产一条活鱼，子产派管理池沼的校人将那条鱼放到池塘里去养起来。校人把那条鱼烹煮了吃了，复命时活灵活现地编谎说：'刚放入水里，鱼还有些不灵活，一会儿就摇头摆尾地游起来，一下子便消失得无影无踪了。'子产听了欣喜地连连说：'得到了它应得的地方了啊，得到了它应得的地方了啊！'校人退出后告诉人说：'谁说子产聪明啊？我已经把鱼烹煮了吃了，他还高兴地说：得到了它应得的地方了啊,得到了它应得的地方了啊!'所以对于一个诚实的君子,可用合于常规的方法欺骗他,却难于用违反道理的诡诈之术蒙蔽他。那个象用敬爱兄长的幌子前来见舜,舜因此真诚地相信他,并且感到高兴,何故需要伪装呢?”

【简析】圣人的胸量,原非常人所能轻易识得。孟子这儿以幽默而辛辣的文笔活画了校人因骗术一时未被识破而得意忘形的乐极形态,仿佛听得见小人溢出心外的嘿嘿笑声,用来比况象的愚狂而丧失人性的相状,恰如其分。帝舜对于徒具人貌而无有人心的象的昏暗、歪邪、可怜的行为极其悲悯,因而以宽厚的兄友之道、纯净之德去深加感化,着意将他拖出深陷的泥潭。这是圣人的慈悲,光明磊落,不需要伪装。

【注释】①校(jiào)人:管理池沼的小吏。赵岐注:“校人,主池沼小吏也。”②圉圉(yǔ yǔ):困而未舒貌。赵岐注:“鱼在水羸(léi)劣(疲弱)之貌。”③洋洋:舒缓貌、迟缓貌。赵岐注:“洋洋,舒缓摇尾之貌。”④悠然:迅疾貌。⑤得其所:谓得到安居之地或合适的位置。语出《诗经·魏风·硕鼠》篇:“爰得我所。”⑥方:道理、常规。⑦罔:蒙蔽、欺骗。

第三章　仁人对于弟弟,只有亲爱,德化引导

分解封象的缘由,仁人对于弟弟,不藏怒,不宿怨,亲之爱之,富贵同享,同时善加引导,对国家应有担当。与象的凶险暴虐,形成鲜明的对比。兄友之道,一片光明之心,仁德化人,莫此为上。

善加化导的兄友之道

万章问曰："象日以杀舜为事，立为天子则放之，何也？"

孟子曰："封之也，或曰放焉。"

万章曰："舜流共工于幽州①，放驩兜于崇山②，杀③三苗④于三危⑤，殛⑥鲧于羽山⑦，四罪而天下咸服，诛不仁也。象至不仁，封之有庳⑧，有庳之人奚罪焉？仁人固⑨如是乎？在他人则诛之，在弟则封之。"

曰："仁人之于弟也，不藏怒焉，不宿怨⑩焉，亲爱之而已矣。亲之，欲其贵也。爱之，欲其富也。封之有庳，富贵之也。身为天子，弟为匹夫，可谓亲爱之乎？"

【译文】万章问道："象每天以杀害虞舜为能事，舜被拥立为天子以后只是放流他，是何道理啊？"

孟子说："其实是舜封象做诸侯，有人说是放流他了。"

万章说："帝舜把共工流放到幽州，把驩兜流放到崇山，把三苗的国君流放到三危，把鲧流放到羽山，惩处了这四个大罪犯，天下便都归服了，是因为惩罚了没有仁德的恶人。象是最不仁的人，还把有庳国封给他，有庳国的人有何罪过啊？一个仁德君子难道是这样的吗？对他人就加以惩办，对弟弟就封赏国土。"

孟子说："仁德之人对于弟弟，不把怒气藏在胸中，不把怨恨藏在心底，只是亲他爱他罢了。亲他，是想使他高贵；爱他，是想使他富裕；封给他有庳国，是使他富裕尊贵。自身做天子，弟弟做百姓，能说是亲他爱他吗？"

【简析】冤家宜解不宜结，冤亲债主来讨债了，合当痛痛快快地偿还。虞舜深明此因果轮回之理，是以不但一无抱怨之处，而且尽心竭力地为对方效力，做得圆满周到。好，今生的债务了结了，到此为止，自此不再冤冤相报。这叫做了恶缘，断恶因，命运掌控在自己手里，聪明人的做派，前程一片看好。若是相反，人间多少原本可以避免的悲剧未能避免，令人扼腕叹息。有如下棋走棋路一般，只见眼前一步，则难有后面决胜的运筹，吃亏在于心地黯然，单想报仇雪恨的恶念全然障蔽了智慧，堵塞了通路，于是种下了更大的恶因，更惨的厄运就在前头等待着自己。一点不假，"人无远虑，必有近忧"（《论语·卫灵公》篇）；自作自受，就是此等情形。舜帝反其道而行之的大光明的垂范，但愿能够照亮凡夫俗子的人生历程。

【注释】①幽州：今河北密云县。②崇山：山名，相传舜流放驩兜之处。《尚书·舜典》："放驩兜于崇山。"孔颖达疏："盖在衡岭之南也。"按，据清王夫之《孟子稗疏》、王鸣盛《蛾术编》卷四六，当在唐驩州境内，泗城之南（今广西凌云县和西林县一带）。旧说或谓在今湖南大庸县境。③杀：《尚书·舜典》作"窜"："窜三苗于三危。"按窜、杀为同音假借字，此处"杀"系流放义。④三苗：古国名。孔传："三苗，国名，缙云氏之后，为诸侯，号饕餮。"《史记·五帝本纪》："三苗在江淮、荆州数为乱。"张守节正义："吴起云：'三苗之国，左洞庭而右彭蠡。'……以天子在北，故洞庭在西为左，彭蠡在东为右。今江州、鄂州、岳州，三苗之地也。”⑤三危：古代西部边疆山名。关于三危山的位置，说法不一。一说甘肃敦煌三危山即古三危。一说在甘肃岷山之西南。一说在云南。《汉语大词典》“三危山”条注云：“在甘肃省敦煌县东南，属祁连山脉。三峰耸峙，其势欲坠，故名。西与大沙山间有著名的敦煌石窟。《书·尧典》‘窜三苗于三危’，一说即指此山。北魏郦道元《水经注·禹贡山水泽地所在》：“三危山在敦煌县南。”⑥殛（jí）：流放、放逐。孔颖达疏：“传称流四凶族者，皆是流而谓之‘殛、窜、流皆诛’者，流者移其居处若水流然，罪之正名，故先言也；放者使之自活；窜者投弃之名；殛者诛责之称，俱是流徙。异其文，述作之体也。”⑦羽山：a. 在山东郯城东北，传为舜杀禹父鲧之地。b. 在山东蓬莱东南，亦传为舜殛鲧处。⑧有庳（bì）：地名，向来以为在永州府零县（位于今河南零陵县）。也有认为应当在离舜的都城蒲版（位于今山西永济县）不远的地方。⑨固：岂、难道。⑩宿怨：怀恨于心。宿，隐含。

引导象负起治国的责任

“敢问‘或曰放’者，何谓也？”

曰：“象不得有为于其国，天子使吏治其国，而纳其贡税焉，故谓之放。岂得暴彼民哉？虽然，欲常常而见之，故源源①而来。不及贡，以政接于有庳。此之谓也。”

【译文】万章说道：“请问老师，‘有人说放逐’这个话，什么意思呢？”

孟子说："象不能在他的封国里有所作为，天子大舜便派遣官吏帮他治国，缴纳贡税，所以有人说是流放。象难道还能对他的百姓随意暴虐吗？尽管这样，大舜仍然想常常见到他的弟弟，所以让他不断地上京城来。等不了朝贡的日子，天子常借征询政事接见有庳国的国君。这就是有人说的流放这个事。"

【简析】舜帝对待象，是恩爱有加的兄弟关系，也是格外特殊的君臣关系。舜帝不但百般照顾其弟弟，尤其重在引导，使得象明白道义，男儿要负起责任，应有担当。常常接见，自然是手足亲情，难于割舍，更加是指点修身养性，重新做人。圣人不会以公废私，也不会以私害公，大舜对待弟弟象，做到了仁至义尽；所以能如此两全其美，不偏一端，足堪处世典范，全在于中道的境界及其纯净运用的智慧和水准。

【注释】①源源：连续不断貌。

第四章　开解天子不得之臣，父亲不得之子的本意

这一章的内容，是裁断"齐东野人之语"属无稽之谈，从容道来，还虞舜忠臣孝子的历史真貌。齐东，盖偏僻边境地区天高皇帝远，好事者道听途说，人云亦云，编造中央秘闻、天子轶事，相当引人，不胫而走，很是自然，因而使得孟子的弟子咸丘蒙也疑云重重，请求老师澄清视听；孟子深感此乃大是大非，必须辨明事实真相，是以有此一篇宏论。

“齐东野人之语”不是历史的真实，不合圣人之道

咸丘蒙问曰：“语云：盛德之士，君不得而臣，父不得而子。舜南面而立[①]，尧帅诸侯北面而朝之，瞽叟亦北面而朝之。舜见瞽叟，其容有蹙[②]。孔子曰：‘于斯时也，天下殆哉，岌岌[③]乎！’不识此语诚然乎哉？”

孟子曰：“否。此非君子之言，齐东野人之语也。尧老而舜摄也。《尧典》曰：‘二十有八载，放勋[④]乃徂落[⑤]，百姓[⑥]如丧考妣[⑦]。三年，四海[⑧]遏密[⑨]八音[⑩]。’孔子曰：‘天无二日，民无二王。’舜既为天子矣，又帅天下诸侯以为尧三年丧，是二天子矣。”

【译文】弟子咸丘蒙问老师说：“社会上有一种议论在广泛传播：‘品德高尚的人，君主不得将他视为臣子，父亲不得将他视为儿子。虞舜面南坐朝做天子，唐尧率领诸侯面北而朝见他，父亲瞽叟也是面北而朝见他。虞舜一见其父瞽叟，面容出现不安的神色。’孔子说：‘在这个时候，天下危险了，危急之极了！’不知道这些话确实是这样的吗？”

孟子说：“不是那样。那些话决计不是圣哲的言论，是齐国东部边境地方粗野之人热衷的流言。事实系唐尧年老而让虞舜代行天子之职。《尚书·尧典》上说：‘虞舜代政二十八年之后，放勋尧帝有如日落谢世，朝廷群臣好像死了父母般极度悲伤。按照定例为尧帝服丧三年，天下各地也停止了一切音乐。’孔子

说:‘苍天不会有两个太阳,民众也不会有两个帝王。’假如虞舜真的在尧帝生前就已做了天子,又率领天下诸侯替尧帝服丧三年,这样确实成了两个天子了。”

【简析】大舜赢得全天下的衷心拥戴,是他恪尽职责做了天下忠臣的表率。在尧帝生前是服从天子任命代行天子之职,有如后来列朝列代的太子监国一样,毫无疑问仍然是名副其实的臣下。大舜既然是天下道德的楷模,历史证明,尧死之后,他竭诚服丧三年,引领举世致哀,事完之时则立刻退让尧帝的儿子丹朱,避居“于南河之南”做平民。所谓君主“不得而臣”的说法,仅仅是社会上好事者编造的传言,并无客观依据。

【注释】①立:登位,即位。②蹙(cù):困窘、窘迫。③岌岌(jíjí):危急貌。④放勋:尧名放勋,属陶唐氏,故又称唐尧。舜名重(chóng)华,属有虞氏,故又称虞舜。⑤徂(cú)落:死亡。徂,死亡、凋谢。⑥百姓:百官。⑦考妣(bǐ):父母的别称。《礼记·曲礼下》:“生曰父曰母曰妻,死曰考曰妣曰嫔(音 pín,妇人美称)。”⑧四海:犹言天下,天下各处。⑨遏密:指帝王等死后停止举乐。遏,禁绝。密,静默。⑩八音:a. 古代八种乐器的通称,通常为金、石、丝、竹、匏(páo)、土、革、木八种不同质材所制。b. 泛指音乐。

贵在真知,贵在揭示世事的真相

咸丘蒙曰:“舜之不臣尧,则吾既得闻命矣。《诗》云:‘普天之下,莫非王土;率土之滨①,莫非王臣。’而②舜既为天子矣,敢问瞽叟之非臣如何?”

曰:“是《诗》也,非是之谓也;劳于王事,而不得养父母也。曰:‘此莫非王事,我独贤劳也。’[3]故说《诗》者,不以文害辞,不以辞害志。以意逆志[4],是为得之。如以辞而已矣,《云汉》之诗曰:‘周余黎民,靡有孑遗[5]。’信斯言也,是周无遗民也。孝子之至,莫大乎尊亲;尊亲之至,莫大乎以天下养。为天子父,尊之至也;以天下养,养之至也。《诗》曰:‘永言孝思,孝思惟[6]则。’此之谓也。《书》曰:‘祗载[7]见瞽叟,夔夔[8]斋栗[9],瞽叟亦允若[10]。’是为父不得而子也?”

【译文】咸丘蒙说:“虞舜无有以尧为臣的传闻,那我领教明白了。《诗经·小雅·北山》篇上说:‘整个天下,没有一处不是天子的土地;四海之内,没有一人不是天子的臣民。’如果虞舜做了天子之后,请问瞽叟不是臣民怎么解说呢?”

孟子说:“这篇《北山》诗说的,不是这个意思;而是说作者为王事奔忙,因而不能够奉养父母。诗中说:‘这些事没有一件不是天子的事,我却独独不胜劳苦。’所以解释《诗经》的人,起码应该做到不因为文字损害词句,也不因为词句损害原诗的意思。用自己的切身体会去推测作者的本意,这样才能容易得到真切的解释。假如只是拘泥词句,例如《大雅·云汉》这篇诗说道:‘周朝剩余的百姓,已经没有一个遗留的了。’从字面看,此话很确实,这是说周朝没有遗留下一个人了。孝子行孝的极点,没有比尊敬父母更大的了;尊敬父母的极点,没有比拿天下来奉养父母更大的了。做天子的父亲,尊贵到了极点;拿天下奉养父母,奉养到了极点。《诗经·大雅·下武》篇上说:‘永存孝亲之思,孝亲之思是天下的法则。’说的正是这个意思。《尚书·大禹谟》

篇上说：‘虞舜以恭敬事奉的赤子之诚来拜见瞽叟，态度谨慎恐惧，瞽叟也就相信儿子的诚意而顺理行事了。’这难道是说父亲不能把他当做儿子看待吗？”

【简析】这一部分首先要理解好《诗经》的两篇诗。《北山》这篇诗的作者埋怨朝事太多，妨碍孝亲，是说行孝高于一切，大于一切；《云汉》诗说周朝都没有一个遗民来抗旱了，系一种极端的说法，是忧心旱情过重，无法承受了，并非说周朝真无一个遗民了。孟子以两诗的解法，联系虞舜的孝行。“孝子之至，莫大乎尊亲”，对应《北山》诗孝亲的主旨，用来衬托虞舜孝心的恳切；“尊亲之至，莫大乎以天下养”，对应《云汉》诗极端的说法，用来推出虞舜无与伦比的孝行。这里着意强调的根本，在于孝子的无上诚敬的殷殷孝心，“永存孝亲之思，孝亲之思是天下的法则”。故而其真正的内涵是纯孝感通天地，孝感天下，并不是真拿天下来奉养父母。请看《尚书·大禹谟》篇上记叙的虞舜的诚敬孝行，何其感人。孟子以真解诗意的类比，教导弟子要拨开迷雾，探求世事的真相，通达圣人纯净的心行。《后西游记》上有说法，叫做“欲解真经，必得真解”。突出在取得真经的同时，还必须取回真解的无比重要。不然，虽有真经，也是徒劳。人世间以歪理说法的邪师太多，切忌上当受骗，欲解纷繁复杂的世事，理当警觉。

【注释】①率土之滨：谓境域之内。王引之《经义述闻·毛诗中》：“《尔雅》曰：‘率，自也。’自土之滨者，举外以包内，犹言四海之内。”滨，边境、边缘。②而：连词，表假设，犹“如果”。③“此莫非王事，我独贤劳也。”原诗为：“大夫不均，我从事独贤。”意思是，执掌朝务的人分派朝廷的日常事务不公平，使我独个儿劳苦。大夫，指执掌朝务者。贤，辛劳。④逆志：谓猜测其志向，揣度其原意。逆，预测、揣度。⑤孑(jié)遗：遗留、残留。⑥惟：是。⑦祗载(zhī zài)：《孟子注疏》引孔安国注云："祗，敬；载，事也。"⑧夔夔(kuí kuí)：戒惧敬慎貌。⑨斋栗：敬慎恐惧貌。⑩允若：顺从。允，答应，许诺。若，顺、顺从。

第五章　禅让时代的天心与民心

大同时代的禅让制度，反映的就是尧舜至德要道的完善推行，上顺天意，下合民心；所以"民用和睦，上下无怨"（《孝经·开宗明义章》），是中华历史上治迹最高的太平盛世，为历代的政治家所推崇，为民众所向往。

上天的认可与民众的拥戴

万章曰："尧以天下与舜，有诸？"

孟子曰："否。天子不能以天下与人。"

"然则舜有天下也，孰与之？"

曰："天与之。"

"天与之者，谆谆[①]然命[②]之乎？"

曰："否。天不言，以行与事示[③]之而已矣。"

曰："以行与事示之者，如之何？"

曰："天子能荐人于天，不能使天与之天下；诸侯能荐人于天子，不能使天子与之诸侯；大夫能荐人于诸侯，不能使诸侯与之大夫。昔者尧荐舜于天，而[④]

天受之；暴[5]之于民，而民受之。故曰：天不言，以行与事示之而已矣。”

【译文】万章问：“尧帝把整个天下给了虞舜，有这回事吗？”

孟子说：“不是这样。天子不能把天下授予别人。”

万章问：“那么虞舜得到了整个天下，是谁给予的呢？”

孟子回答：“是天授给他的。”

万章问：“天授给他的，是不是上天恳切地让他接受任命的呢？”

孟子说：“不是这样。天不说话，是用行为和事实表达给人看到罢了。”

万章问：“用行为和事实表达给人看，具体情形是怎样的呢？”

孟子说：“天子能够向上天推荐贤人，不能使上天把天下给贤人；诸侯能向天子推荐贤人，不能使天子给那个贤人升任诸侯；大夫能向诸侯推荐贤人，不能使诸侯给那个贤人升任大夫。从前尧帝向上天推荐虞舜，上天就接受了；又把他公开推荐给民众，民众就也接受了他。所以说，天不讲话，只用行为和事实表达给人看见罢了。”

【简析】虞舜所以被上天和民众接受，是因为虞舜的感人德行和帮助尧帝秉公行政的历历治绩，得到了上天的认可和民众的拥戴。

【注释】①谆谆：恳切地再三叮咛告诫。②命：任命。③示：把事物摆出来或指出来给人看。④而：连词，表示承接，犹就、然后。⑤暴（音 pù，今读 bào）：显露、暴露。

虞舜顺从天意民心登天子位

曰："敢问'荐之于天，而天受之；暴之于民，而民受之'，如何？"

曰："使之主祭，而百神享之，是天受之；使之主事而事治，百姓安之，是民受之也。天与之，人与之，故曰：'天子不能以天下与人。'舜相尧二十有八载，非人之所能为也，天也。尧崩，三年之丧毕，舜避尧之子①于南河②之南。天下诸侯朝觐者，不之尧之子，而之舜；讼狱③者，不之尧之子，而之舜；讴歌者，不讴歌尧之子，而讴歌舜。故曰天也。夫然后之中国④，践天子位焉。而居尧之宫，逼尧之子，是篡也，非天与也。《泰誓》曰：'天视自我⑤民视，天听⑥自我民听⑦。'此之谓也。"

【译文】万章说："请问'尧帝推荐虞舜给上天，上天接受了；公开推荐给民众，民众就也接受了'，具体情形是怎样的呢？"

孟子说："尧帝派虞舜去主持祭祀，一切神灵都来享受，这便是天接受他了；派他去主持政事，政事便井然有序，百姓安居乐业，这就是民众接受他了。上天授给他，人民授给他，所以说：'天子不能将天下授给人。'虞舜辅佐尧帝治政二十八年，不是人为的力量所能办到的，那是天意。尧帝辞世驾崩，服丧三年结束，虞舜回避尧帝的儿子丹朱到了南河之南。天下诸侯朝觐天子的，不到尧帝儿子那里去朝拜，而去朝拜虞舜；诉讼的人，不到尧帝儿子那里去起诉，而到虞舜那里去请求裁决；歌颂的人，不歌颂尧帝的儿子，而歌颂虞舜。所以说那是天意。虞舜然后回到京都，登上天子的位置。要是虞舜在此之前就住在尧帝的宫殿里，逼迫尧帝的儿子让位，这是篡夺帝位，绝对不是天授给他的。《尚书·泰誓》篇上说：'天看事物是依靠百姓的眼睛看的，天听言语是要通过百姓的耳朵听的。'正是天意民心的表达。"

【简析】虞舜是大公无私的典范，尧帝派他主祭、主政，他竭尽忠心，所行都符合整个天下和民众的利益；尧帝驾崩后三年守孝圆满结束之时，他迅速退避的谦和做法，赢得了上下赞许，因而登天子位，是天心、民心所在，不是人为所能达成。

【注释】①尧之子：尧的儿子，名朱，一作絑（zhū），封于丹水，故称丹朱。他傲慢荒淫，尧因禅位于舜。②南河：古代称黄河自今潼关以下由西向东流的一段为南河。张守节正义："河在尧都之南，故曰南河。"③讼狱：诉讼。④中国：京师，即国都。亦称"京城"、"京都"、"帝都"。⑤自我：相偶、相依。自，犹相。⑥天听：上天的听闻。⑦民听：民众的听闻。

第六章　尧舜大同时代的禅让，夏商周三代的父位传子，符合社会发展规律

万章问曰："人有言：'至于禹而德衰，不传于贤，而传于子。'有诸？"

孟子曰："否，不然也。天与贤，则与贤；天与子，则与子。昔者，舜荐禹于天，十有七年，舜崩；三年之丧毕，禹避舜之子[1]于阳城[2]，天下之民从之，若尧崩

之后，不从尧之子，而从舜也。禹荐益[3]于天，七年，禹崩；三年之丧毕，益避禹之子[4]于箕山[5]之阴，朝觐讼狱者，不之益，而之启，曰：‘吾君之子也。’讴歌者，不讴歌益，而讴歌启，曰：‘吾君之子也。’丹朱之不肖，舜之子亦不肖；舜之相尧，禹之相舜也，历年多，施泽于民久。启贤，能敬承继禹之道；益之相禹也，历年少，施泽于民未久。舜、禹、益相去久[6]远，其子之贤不肖，皆天也，非人之所能为也。莫之为而为者，天也；莫之致而至者，命也。匹夫而有天下者，德必若舜、禹，而又有天子荐之者，故仲尼不有天下。继世而有天下，天之所废，必若桀、纣者也，故益、伊尹、周公不有天下。伊尹相汤以王于天下，汤崩，太丁未立，外丙二年，仲壬四年。太甲颠覆汤之典刑[7]，伊尹放之于桐[8]三年；太甲悔过，自怨自艾[9]，于桐处仁迁义三年，以听伊尹之训己也，复归于亳[10]。周公之不有天下，犹益之于夏，伊尹之于殷也。孔子曰：‘唐、虞禅，夏后、殷、周继，其义一也。’”

【译文】万章问道：“人们有这样的说法：‘到大禹的时候，道德衰微了，不再把天下传给贤能的人，却传给了儿子。’有那样的情形吗？”

孟子说：“没有，不是这样。天意要授给贤能的人，就授给贤能的人；天意要授给儿子，就授给儿子。从前，舜帝将大禹推荐给上天，大禹辅佐了舜帝十七年，舜帝驾崩了；三年守孝结束，大禹回避舜帝的儿子商均，到了阳城，天下的民众都跟从他，同尧帝驾崩时候的情形一样，民众不跟从尧帝的儿子丹朱，却跟从大舜。大禹将伯益推荐给了上天，伯益辅佐大禹七年之后，大禹驾崩了；三年守孝结束，伯益回避大禹的儿子夏启，到了箕山北边，朝觐诉讼的人们，不到伯益那里去，却去朝觐夏启，他们说：'他是我们君主的儿子。'歌颂的人，不歌颂伯益，却歌颂夏启，他们说：'他是我们君主的儿子。'尧帝儿子丹朱低能，舜帝的儿子商均也低能；大舜辅助尧帝，大禹辅助舜帝，他俩经历的年代多，治理天下带给民众的恩泽长久。夏启很贤明，能够认真地继承大禹的传统；伯益辅助禹帝，经历的年代少，治理天下施达到民众的恩惠时间不长。虞舜、大禹、伯益之间相距时间的长短，以及他们儿子的贤明、无能，都是天意，不是人为的力量所能决定的。没有人令他如何做而做到了的，是天意；不是人为所能招致却自然地达到了的，是命运。一个普通人却可以拥有天下的，道德境界一定像虞舜、大禹一样高尚，进而又有天子向上天推荐，所以仲尼不能享有天下，因为没有天子推荐。继承先世父祖之业而享有天下的人，若是天意要废弃他，一定是像夏桀、商纣那样最无德的人，所以伯益、伊尹、周公不会享有天下，因为他们所逢的恩主是明君。伊尹辅助商汤统一天下实行了王道，商汤驾崩之时，太子太丁还未继位便死了，太丁弟弟外丙坐了二年天子位又死了，外丙弟弟仲壬继任四年又死了。当时太丁儿子太甲破坏了商汤的法度，伊尹将他流放到汤墓所在地桐邑，闭门思过三年；太甲终于悔悟自新，痛改前非，在桐邑三年，能够存心仁爱，唯义是从，因而虚心听取伊尹对自己的训导，重新回到了亳都做天子。周公不会享有天下，有如伯益在夏朝、伊尹在殷商一样，因为都有能够担当明君事业的继承人。孔子说：'唐尧、虞舜禅让帝位，夏、商、周三代帝位传子，道理一样，都是天意。'"

【简析】天意民心，天就是民，民就是天；天意不可违，民心不可侮，那是社会递进之自然的、客观的规律；尧舜天下为公的大同时代，夏商周三代进入小康社会，由于服从了天意民心，圣人即使不得已而以兵刃相加，也是过渡顺利，新的社会制度很快达成。所以孟子在此一再强调“皆天也，非人之所能为也”的道理，归结到孔子的“其义一也”的明论，也就如同丽日当空，照亮人心，深得人心。得人心者得天下，其势如排山倒海，不可阻挡，壮哉，大哉！

【注释】①舜之子：舜的儿子，名叫商均。舜以商均不肖，乃使伯禹继位。后世常与尧子丹朱并用为不孝子之典实。伯禹就是夏禹。《尚书·舜典》：“伯禹作司空。”孔颖达疏引贾逵曰：“伯，爵也。禹代鲧为崇伯，入为天子司空，以其伯爵，故称伯禹。”②阳城：位于今河南登封县境内。③益：即伯益。尧舜时大臣。④禹之子：伯禹（大禹）的儿子夏启，亦称“夏后启”、“夏后开”。姒姓。相传禹命伯益继位为王，禹死后，伯益推让，退隐箕山，启遂继王位，在位九年。⑤箕山：位于今河南省登封县东南。⑥久：时间的长短。⑦典刑：亦作“典型”。谓旧法、常规。⑧桐：古地名。故址在今山西万荣县西。一说在今河北临漳。孔传：“汤葬地也。”⑨自怨自艾：谓悔恨自己的过错而欲改正之。今多指自悔自恨。艾，音 yì，“警戒”义。⑩亳（bó）：古都邑名。商汤的都城。

第七章　伊尹接受商汤礼聘的本怀

万章问曰：“人有言：‘伊尹以割烹①要汤。’

有诸?”

孟子曰:“否,不然。伊尹耕于有莘[2]之野,而乐尧舜之道焉。非其义也,非其道也,禄之以天下,弗顾也。系[3]马千驷,弗视也。非其义也,非其道也,一介[4]不以与人,一介不以取诸人。汤使人以币[5]聘之,嚣嚣[6]然曰:‘我何以汤之聘币为[7]哉?我岂若[8]处畎亩之中,由是以乐尧舜之道哉?’汤三使往聘之,既而幡然改曰:‘与我处畎亩之中,由是以乐尧舜之道,吾岂若使是君为尧舜之君哉?吾岂若使是民为尧舜之民哉?吾岂若于吾身亲见之哉?天之生此民也,使先知觉后知,使先觉觉后觉也。予,天民之先觉者也;予将以斯道觉斯民也,非予觉之而谁也?’思天下之民,匹夫匹妇,有不被尧舜之泽者,若己推而内[9]之沟中。其自任以天下之重如此,故就汤而说之以伐夏救民。吾未闻枉己而正人者也,况辱己以正天下者乎?圣人之行不同也,或远或近,或去或不去,归洁其身而已矣。吾闻其以尧舜之道要汤,未闻以割烹也。《伊训》曰:‘天诛造攻自牧宫[10],朕载自亳。’”

【译文】万章问道:“人们有议论说:‘伊尹曾以割切烹调的厨艺要求商汤信用他。’有那回事吗?”

孟子说:“不,不是那样。伊尹在有莘国的郊野种田,而以追求尧舜的至德要道为快乐。不合正义,不合仁道,纵然用天下的财富给他做俸禄，也不理睬；牵着四千匹马到他眼前，也不看一下。不合正义，不合仁道，一点小东西也不舍与别人，一点小东西也不从别人那里拿取。商汤派人带着礼物聘请他，他安闲地说：‘我为什么要接受商汤的聘礼呢？哪里比得上我身居田野之中，以研习尧舜之道为快乐呢？’商汤三次派人前往聘请他，他才全然改变态度说：‘同我身处田野之中，以研习尧舜之道为快乐相比，哪里比得上使这位君主成为尧舜这样的君主更快乐呢？哪里比得上使这些民众成为尧舜的民众更快乐呢？哪里比得上自身亲见尧舜之道的实行更快乐呢？上天生育这些民众，就是要先知者使后知者觉悟明理，就是要先觉者使后觉者觉悟提升。我，是上天生育的普通人中的先觉悟的人；我将用这个尧舜之道使得这些民众觉悟，不是我使他们觉悟谁使他们觉悟呢？’他心怀天下的民众，哪怕一个男子一个女人，没有受到尧舜之道的恩泽的，就像他自己把他们推入水沟里一样痛苦。他是这样自愿把天下的重任担在肩头，所以便去拜谒商汤而郑重陈说伐夏救民的道理。我没有听说自己不正却能匡正别人的，何况先使自己受辱去匡正天下的人呢？圣人的行事各有不同，有的离君主远有的离君主近，有的离开朝廷有的不离开朝廷，归结起来，只是做到洁身自好、一尘不染罢了。我只听说他用尧舜之道去要求商汤实行王道，没有听说以割切烹调的厨艺要求商汤信用自己。《尚书·伊训》篇上说：‘上天对夏桀的讨伐，是夏桀从牧宫自身制造了被攻打的罪恶酿成的，我和商汤谋划伐桀却是从亳都开始的。’”

【简析】使得商汤成为尧舜那样的圣明君主，使得民众成为尧舜时代的幸运民众，自身亲历谋划尧舜之道的实行，让每个民众充分享受到尧舜之道的恩泽，以切实有力的仁爱举措传扬尧舜的至德要道到达天下的每个角落，教育民众提升境界、更好自控命运做社会的主人，这就是伊尹接受商汤礼聘、乐于承当天下重任的本怀。伐夏救民，除暴安良，是其必走的、兑现宏愿的起步；巩固、完善大同时代天下为公的美好社会制度，护持人民永享太平，是伊尹辅助商汤的崇高目标。一尘不染，无私无畏，这就是圣人治世的光明所在，引人入胜的魅力所在。

【注释】①割烹：亦作“割亨”，割切烹调，泛指烹饪。②有莘（shēn）：国名，位于今河南陈留县东北。③系（xì）：拴缚。④介：同草芥的芥，极其轻微的事物。⑤币：帛，古代赠送人的常物。⑥嚣嚣：闲适貌、无欲自得之貌。⑦为（wéi）：助词，表感叹。⑧岂若：犹何如，表示不如。⑨内（nà）：“纳”的古字。使进入、放入。⑩牧宫：夏桀的王宫。一说为汤的祖庙。杨伯峻注引任启运《四书约旨》：“牧宫，汤祖庙。汤为牧伯，故祖庙称牧宫。古者大征伐必告庙而出，反亦必告庙。此‘造攻自牧宫’，是告而出。”

第八章　孔夫子认命不认人，光明磊落，一身正气

万章问曰：“或谓孔子于卫主[①]痈疽[②]，于齐主侍人瘠环[③]，有诸乎？”

孟子曰：“否，不然也。好事[④]者为之也。于卫主颜雠由。弥子[⑤]之妻与子路之妻，兄弟也。弥子谓子路曰：‘孔子主我，卫卿可得也。’子路以告。孔子曰：‘有命。’孔子进以礼，退以义，得之不得曰‘有

命’。而主痈疽与侍人瘠环,是无义无命也。孔子不悦于鲁卫,遭宋桓司马,将要而杀之,微服[6]而过宋。是时孔子当阨[7],主司城贞子,为陈侯周[8]臣。吾闻:观近臣[9],以其所为主;观远臣[10],以其所主。若孔子主痈疽与侍人瘠环,何以为孔子?”

【译文】万章问道:“有人说孔子在卫国寄居在太监痈疽家里,在齐国寄居在国君近侍、宦官瘠环家里,有那样的事吗?”

孟子说:“没有,不是那样。是那些喜欢多事的人编造出来的。在卫国住宿在贤大夫颜雠由的家里。弥子瑕的妻子同子路的妻子,是姐妹。弥子瑕对子路说:‘孔子住在我家,卫国的卿相唾手可得。’子路把这个话告诉了孔子。孔子说:‘人事都有命定。’孔子依礼而进,依义而退,官位得失与否都‘认定命运’。如果寄居在太监痈疽和君主近侍瘠环家里,这是无视礼义、无视天命。孔子在鲁国、卫国遇事很不遂心,又碰上了宋国司马桓魋要拦截、杀害他,只得改换服装悄悄地通过宋国。这时孔子正值蒙难,也还是住在宋国贤大夫司城贞子家里,做了陈侯周的臣子。我听说:考察朝中臣子的好坏,就看他家里寄居的是何等客臣;考察外来臣子的好坏,就看他寄居的人家。要是孔子真个寄居在宦官痈疽和君主近侍瘠环家里,怎么还能是孔子呢?”

【简析】常言道:“物以类聚,人以群分;近朱者赤,近墨者黑。”考察一个人,看他交接、喜好什么样的人,一般便可分晓。孔夫子认命不认人,是以他光明磊落,一身正气,不找关系户,不走徇私路,不近黑暗处。天命所在,民心所在;人有前程在于顺乎天意民心,岂能搞旁门左道,坏了做人的规矩,坏了国家的纲纪,坏了社会的风气!

【**注释**】①主：寓居。②痈疽：即雍渠，是卫灵公的太监，“痈疽”是用同音通借的蔑称。③侍人瘠环：侍人，君王近侍；瘠环，姓瘠，名环。痈疽、瘠环，皆时君近狎之人。④好(hào)事：爱兴事端、喜欢多事。⑤弥子：弥子瑕，卫灵公的宠臣。⑥微服：为隐藏身份，避人注目而改换常服。古代多指帝王将相或其他有身份的人而言。⑦阨(è)：困窘。⑧陈侯周：陈桓公的儿子，周是他的名字，即位后被楚国攻灭，所以没有谥号，只称陈侯周。⑨近臣：指君主左右亲近之臣。⑩远臣：远方之臣。

第九章　百里奚弃暗投明的智慧

万章问曰：“或曰：‘百里奚自鬻[1]于秦养牲者五羊之皮[2]，食牛，以要秦缪公。’信乎？”

孟子曰：“否，不然。好事者为之也。百里奚，虞人也。晋人以垂棘[3]之璧与屈[4]产之乘[5]，假道于虞以伐虢[6]。宫之奇谏，百里奚不谏，知虞公之不可谏而去。之秦，年已七十矣，曾不知以食牛干秦缪公之为污也，可谓智乎？不可谏而不谏，可谓不智乎？知虞公之将亡，而先去之，不可谓不智也。时举于秦，知缪公之可与有行也，而相之，可谓不智乎？相秦而显其君于天下，可传于后世，不贤而能之乎？自鬻以成其君，乡党自好者不为，而谓贤者为之乎？”

【**译文**】万章问道：“有人说：‘百里奚以五张羊皮的价格将

自己卖给了秦国养牲口的人,给他喂牛,用此方法要求秦穆公任用。'是真的吗?"

孟子说:"不会,不会那样。那是喜欢多事的人编造出来的。百里奚是虞国人。晋国人用垂棘地方出产的白璧同屈地出产的良马送给虞公,向虞国借路攻打虢国。贤臣宫之奇劝阻虞公,百里奚却不劝阻,他了解虞公不会接受劝阻而迅速离开。百里奚到达秦国,年纪已经七十岁了,竟然不知道以喂牛方式求取秦缪公信用是污浊行为,难道流言如此张扬还能算是智谋吗?了解虞公不会纳谏而不进谏,能说他不明智吗?明白虞公将要亡国,进而先行离开,不能说不明智。当被秦国起用时,他判明缪公可以跟从将有所作为,因而竭诚辅助,能说不明智吗?辅助秦国而使其君主名扬天下,流传后代,不贤明的人能够这样做到吗?出卖自己而成全君主,连乡里洁身自好的人都不干,能说贤明的人会干那样的事吗?"

【简析】进谏只能适用于明君,不适用于昏君;而且,孔子认为还要适可而止,不能啰唆,更不能死谏,免得白受侮辱,甚至送命。曹雪芹在《红楼梦》中借贾宝玉的口反对"文死谏,武死战",是合圣人之道的。百里奚为国家效力,其先决条件是判明君主的有道与否:对刚愎自用、在国家危难时刻也不接受忠谏的昏君虞公,他选择离开的办法,避免了晋国伐虢返回灭虞时国亡身辱的蒙难;对求贤若渴、知人善任的明君秦缪公,他鼎力辅佐,促成称霸的大业,英名永垂青史。秦缪公是得到孔子赞叹的贤明君主(见《史记·孔子世家》)。百里奚是一代名臣,弃暗投明,智慧引领他抉择了大有作为的前程。

【注释】①鬻(yù):卖。②五羊之皮:即"五羖皮",五张公羊的皮。羖,音 gǔ,黑色的公羊,亦泛指公羊。虞国大夫百里奚

(亦作"傒"),虞亡时被晋国俘去,作为陪嫁之臣送入秦国;后出走到楚,为楚人所执,又被秦缪公以五张公羊皮赎回,用为大夫。《史记·秦本纪》这样记载秦赎百里奚的计谋:"〔秦缪公〕闻百里傒贤,欲重赎之,恐楚人不与,乃使人谓楚曰:'吾媵臣(古代随嫁的臣仆,媵,音 yìng)百里傒在焉,请以五羖羊皮赎之。'楚人遂许,与之。"《秦本纪》接着叙述:"缪公释其囚,与语国事……语三日,缪公大说,授之国政,号曰五羖大夫。"后百里奚与蹇叔等共同帮助秦缪公建立霸业。汉刘向《说苑·尊贤》:"〔秦缪公〕亲举五羖大夫于系缧之中。"系缧,音 xìléi,亦作"系累"、"系絫",束缚,捆绑;拘囚。"五羖大夫"亦省作"五羖"。③垂棘:春秋晋地,以出美玉著称。后借指美玉。④屈:古地名。一在今山西乡宁北,盛产良马。一在今山西吉县,春秋时晋公子夷吾的采邑。⑤乘:指马。⑥虢(guó):古国名。西周文王弟虢仲之封地。故城在今陕西省宝鸡市东者,是为西虢。虢叔之封地,在今河南省成皋县虢亭者,是为东虢。平王东迁,西虢徙上阳,地在今河南省陕县东南,称南虢。西虢迁徙后,其支族留居原封地者,称小虢。此外,虢仲有别支,地居于今山西省平陆县大阳之南、滨河之北者,称北虢。史称"晋假道于虞以伐虢"者,即指此。

万 章 下

第一章 圣之时者孔夫子集大成，则如金声玉振，开端良好，乐终完美

孟子曰："伯夷目不视恶色①，耳不听恶声②；非其君不事，非其民不使；治则进，乱则退。横政③之所出，横民④之所止⑤，不忍居也。思与乡人处，如以朝衣朝冠坐于涂炭⑥也。当纣之时，居北海之滨，以待天下之清也。故闻伯夷之风者，顽夫廉，懦夫有立志。

"伊尹曰：'何事非君？何使非民？'治亦进，乱亦进。曰：'天之生斯民也，使先知觉后知，使先觉觉后觉。予，天民之先觉者也，予将以此道觉此民也。'思天下之民，匹夫匹妇，有不与被尧舜之泽者，如己推而内之沟中，其自任以天下之重也。

"柳下惠不羞污君，不辞小官；进不隐贤，必以其道。遗佚而不怨，阨穷而不悯。与乡人处，由由⑦然不忍去也。'尔为尔，我为我，虽袒裼裸裎⑧于我侧，尔焉能浼我哉？'故闻柳下惠之风者，鄙夫宽，薄夫敦。

"孔子之去齐，接淅⑨而行；去鲁，曰：'迟迟吾行

也,去父母国之道也。'可以速而速,可以久而久,可以处而处,可以仕而仕,孔子也。"

孟子曰:"伯夷,圣之清者也;伊尹,圣之任者也;柳下惠,圣之和者也;孔子,圣之时者也。孔子之谓集大成。集大成也者,金声而玉振⑩之也。金声也者,始条理也;玉振之也者,终条理也。始条理者,智之事也;终条理者,圣之事也。智,譬则巧也;圣,譬则力也。由射于百步之外也,其至,尔力也;其中,非尔力也。"

【译文】孟子说:"伯夷眼不看邪恶的事物,耳不听邪恶的声音;不是他理想的君主不去事奉,不是他认可的民众不去使唤;天下太平就出来做事,天下昏乱就退隐田野。在施行暴政的国家,住有乱民的地方,他都不忍心去居住。认为同无知的俗人相处,就好像穿戴着礼服礼帽坐在泥地和炭灰上面一样。时当商纣无道之世,他住到北海之边,等待天下清平时代的到来。所以听到伯夷高风亮节的人,纵然是贪得无厌之徒都能廉洁起来,懦弱者也能树立不屈的意志。

"伊尹说:'哪有不可事奉的国君?哪有不可使唤的民众?'太平之世可以做官,混乱之世同样做官。他说:'上天降生这些民众,就要指派先明理的人开导后明理的人,指派先觉悟的人开导后觉悟的人。我,是上天降生的普通民众中的先觉悟的人,我将用这个尧舜之道开导这些民众。'他想天下的民众之中,哪怕一个男子一个女人,没有受到尧舜之道的恩泽的,好像自己把他们推到水沟里一般不能忍受,就这样把天下的重任担在肩头。

"柳下惠不以事奉无道之君为羞耻,也不推辞做小官;立于朝廷不隐瞒自己的才能，但必定以原则办事。被遗弃却不怨恨，身处困境并不犯愁。同无知的俗人相处，高高兴兴地不愿意离开。他认为：'你是你，我是我，纵然赤身露体靠在我旁边，粗野无礼如此，你怎能玷污我呢？'所以听到柳下惠高风亮节的人，气量狭小的庸人也胸襟开阔了，刻薄的贱丈夫也敦厚了。

"孔子离开齐国，放下手里淘好将炊的米立马上路；但当离开鲁国，他说：'我们慢慢地走吧，这是离开祖国的态度。'应该马上走就马上走，应该继续干就继续干，应该隐居就隐居，应该做官就做官，这便是孔子。"

孟子说："伯夷是圣人中清高的人；伊尹是圣人中特有责任感的人；柳下惠是圣人中随和的人；孔子是与时俱进、相机行事的圣人。因而孔子被称为集大成者。所谓集大成，有如奏乐，先敲金属乐器镈(bó)钟开头宣声，最后以玉磬收束一样有始有终。先敲金属乐器镈钟宣声，是表示奏乐条理的开端；最后用玉磬收尾，是表示奏乐条理的终结。掌握奏乐条理的开端，得靠人的智力；掌握奏乐条理的终结，得靠人的圣功。智力，好比是技巧；圣功，好比是力气。犹如在百步以外射箭一般，射到，是靠你的力量；射中，不是单靠你的力量。"

【简析】孙奭疏解说："此章言圣人由力力(尽力)有常也，贤者由巧巧可增也；仲尼天高不可阶，它人丘陵犹可逾；所谓小同而大异者也。"(《孟子注疏》)这是说，圣人是永远全力以赴提升自己，真诚纯净到极处，贤能之士凭借技巧增加自己的才力，可见心地上的减色；仲尼的境界如天一般高远不可拾阶而上，他人的境域只不过像小山丘那样可以超越。是以，圣之时者孔夫子集大成，则如金声玉振，开端良好，乐终完美。

【注释】①恶色：邪恶的事物。②恶声：邪恶的声音。③横政:暴政。④横民:不法之徒、不讲道理的人。⑤止:居住。⑥涂炭:泥淖和炭灰。喻污浊之地。亦为污浊。涂,泥。⑦由由:愉悦。⑧袒裼裸裎:赤身露体。裼,袒开或脱去上衣,露出身体。袒裼(xī),露臂也。裎,脱衣露体。裸裎(chéng),露身也。⑨接淅(xī):捧着已经淘湿的米。后以"接淅"指行色匆忙。⑩金声而玉振:谓以钟发声,以磬收韵,奏乐至终。金,金制的乐器;玉,玉制的乐器。

第二章　周朝官爵俸禄的等级制度

北宫锜问曰:"周室班[1]爵禄也,如之何?"

孟子曰:"其详不可得闻也。诸侯恶其害己也,而皆去其籍。然而轲也,尝闻其略也。天子一位[2],公一位,侯一位,伯一位,子、男同一位,凡五等也。君一位,卿一位,大夫一位,上士一位,中士一位,下士一位,凡六等[3]。天子之制,地方千里,公、侯皆方百里,伯七十里,子、男五十里,凡四等。不能五十里,不达于天子,附于诸侯,曰附庸。天子之卿受地视[4]侯,大夫受地视伯,元士[5]受地视子、男。大国地方百里,君十卿禄,卿禄四大夫,大夫倍上士,上士倍中士,中士倍下士,下士与庶人在官者同禄,禄足以代其耕也。次国地方七十里,君十卿禄,卿禄三大夫,大夫倍上士,上士倍中士,中士倍下士,下士与庶人在官者同禄，禄足以代其耕也。小国地方五十里，君十卿禄，卿禄二大夫，大夫倍上士，上士倍中士，中士倍下士，下士与庶人在官者同禄，禄足以代其耕也。耕者之所获，一夫百亩；百亩之粪，上农夫食九人，上次食八人，中食七人，中次食六人，下食五人。庶人在官者，其禄以是为差。”

【译文】北宫锜问道：“周朝制定的官爵和俸禄的等级制度，具体情况怎么样啊？”

孟子说：“那些详细情况已经不可能听闻了。诸侯们讨厌那种制度损害自己的兼并僭（jiàn）窃（越分窃取），因而都抛弃、毁灭那种文献典籍。但是我曾经听说过这些制度的大概情况。天子是一个等级，爵位达到公的属一级，依次侯一级，伯一级，子、男同一级，总共五个等级。在朝廷中，天子一个等级，依次卿一级，大夫一级，上士一级，中士一级，下士一级，总共六个等级。天子亲自控制的范围，土地方圆千里，公与侯都是掌握百里范围，伯掌握七十里，子、男爵位的都是五十里，总共四个等级。掌控土地范围不能达到五十里的，不能直接通名到天子那里，附属于诸侯国，称作附庸。天子朝中卿所受的封地比照诸侯，大夫所受的封地比照伯，元士所受的封地比照子、男的爵位。公、侯大国掌控土地方圆百里，其国君的俸禄十倍于卿，卿的俸禄四倍于大夫，大夫的俸禄是上士的一倍，上士是中士的一倍，中士是下士的一倍，下士的俸禄和在公家当差的百姓等同，所得的俸禄足以抵偿他们耕种土地的收入。中等国家的封地方圆七十里，君主的俸禄是卿的十倍，卿的俸禄是大夫的三倍，大夫是上士的一倍，上士是中士的一倍，中士是下士的一倍，下士的俸禄和在公家当差的庶人相等，他们的俸禄足以抵得上他们从事耕种的收入。小国的封地方圆五十里，君主的俸禄是卿的十倍，卿的俸禄是大夫的两倍，大夫是上士的一倍，上士是中士的一倍，中士是下士的一倍，下士的俸禄和在公家当差的庶人相等，他们的俸禄足以抵得上他们从事耕种的收入。农夫耕种的收入，一夫一妇分得田地一百亩；百亩土地施肥耕种，上等农夫养活九人，次于上等的养活八人，中等农夫养活七人，次于中等的养活六人，下等的养活五人。百姓在公家当差的，他们的俸禄也比照这个来分等级高下的差别。"

【简析】据朱熹《孟子集注》的意见，此章之说同周礼王制不同，已不可考证。程子说，孟子距离先王的时代不远，载籍未经秦火，然而班爵之制已不闻其详；当今的礼书都是从秦火的灰烬中收拾拼凑起来的，大多出于汉儒的一时附会之说，今人不可能确解，不可能一一追究复原。朱熹之说，只是其一；其二，学习此章的价值乃在于，使我们清楚地了解到，周朝官爵俸禄的等级制度失传的直接原因，是由于诸侯们背叛周王朝的结果，周代由盛而衰，特别到了春秋末期，进入战国，除了周王自身，诸侯们称雄争霸，蔑视中央，其离心破坏的力量不可等闲视之。

【注释】①班：分等列序。②位：爵次、等列。③五等、六等：《孟子集注》："此班爵之制也，五等通于天下，六等施于国中。"④视：比照，比拟。⑤元士：周代称天子之士为元士。

第三章　交友交德，平等互尊

万章问曰："敢问友？"

孟子曰："不挟①长，不挟贵，不挟兄弟而友。友也者，友其德也，不可以有挟也。孟献子②，百乘之家也，有友五人焉：乐正裘、牧仲，其三人则予忘之矣。献子之与此五人者友也，无献子之家者也，此五人者，亦③有献子之家，则不与之友矣。非惟百乘之家为然也，虽小国之君亦有之。费惠公曰：'吾于子思，则师之矣；吾于颜般，则友之矣。王顺、长息，则事我者也。'非惟小国之君为然也，虽大国之君亦有之。晋平公于亥唐④也，入云则入，坐云则坐，食云则食；虽疏食菜羹，未尝不饱，盖不敢不饱也。然终于此而已矣。弗与共天位⑤也，弗与治天职⑥也，弗与食天禄也。士之尊贤者也，非王公尊贤也。舜尚⑦见帝，帝馆甥⑧于贰室⑨，亦飨舜，迭为宾主，是天子而友匹夫也。用下敬上谓之贵贵，用上敬下谓之尊贤。贵贵尊贤，其义一也。"

【译文】万章问老师说："请教交友的原则。"

孟子说："不依仗自己年长，不依仗地位高，不依仗有钱有势的兄弟而交友。所谓交友，是交接他的品德，不可以有依仗的观念。孟献子，是有兵车百辆的大夫之家，他交友五人：有乐正裘、牧仲，其余三人我忘记了。孟献子同这五人交友，毫无献子的家庭是大夫之家的观念，那五个人呢，要是有献子是大夫之家的观念，孟献子就不同他们交朋友了。不仅有兵车百辆的大夫之家是这样交友，纵使小国的君主也有个交朋友的问题。费（bì）邑之君费惠公说：'我对于子思，以他为师；我对于颜般，以他为友。

王顺、长息，是替我做事的人。'不仅小国的君主是如此，纵使大国的君主也要有朋友。晋平公同亥唐是朋友，亥唐请他进就进，请他坐就坐，请他吃饭就吃饭；尽管是粗米饭小菜汤，不曾不吃饱，因为不敢不吃饱。然而晋平公也只是做到这种程度为止，并不同他共有官位，共理政事，共享俸禄。这是一般士人对贤人的尊敬，还不是王公尊敬贤人应有的态度。虞舜上京谒见尧帝，尧帝令人安置这位女婿住在另外的宫邸，设宴请舜，虞舜也恭请尧帝，互为宾主，这是天子交接平民百姓的范例。位卑的人尊敬高贵者称作尊敬贵人，高贵的人尊重位卑的人称作尊重贤者。尊敬贵人尊重贤者，道理是一样的。"

【简析】朋友是五伦之一，可以用来辅助仁德（《论语·颜渊》篇）。孟献子同五人交友，彼此摒除依仗富贵的观念，做到了平等交往，一无障碍。这是大夫交友的表率。大小国君同贤人、平民交友，只讲私人友情，不牵涉国事，保持了友谊的纯洁。尧帝尊贤，考虑的是天下的前程。

【注释】①挟：依恃（shì）、依仗。②孟献子：名蔑，春秋后期鲁国有名的贤臣，史称其"为卿不骄，礼贤下士，士以是归之"。反对在位权臣以权谋私、以官图利。他是孟庄子的父亲。③亦：连词，假如，如果。④亥唐：晋国隐居陋巷的贤人。⑤天位：天赐之职位，官位。⑥天职：天授与的职分，指治理政事。⑦尚：上。⑧甥：女婿。赵岐注："《礼》，谓妻父曰外舅，谓我舅者，吾谓之甥。尧以女妻舜，故谓舜甥。"⑨贰室：副宫。

第四章 极端主义不是办法，行中道方有开阔的通路

这一章由交际的话题扩展到应对诸侯的策略，为行道的人生大目标留足施展德才的充裕的天地，学习孔夫子和众随俗、以礼引导、相机行道的智谋。

常情下礼赠应恭敬接受

万章问曰："敢问交际何心也？"

孟子曰："恭也。"

曰："却之却之为不恭，何哉？"

曰："尊者赐之，曰：'其所取之者，义乎？不义乎？'而后受之。以是为不恭，故弗却也。"

曰："请①无以辞却之，以心却之，曰：'其取诸民之不义也。'而以他辞无受，不可乎？"

曰："其交也以道，其接也以礼，斯孔子受之矣。"

【译文】万章问道："请问交际时存何心念？"

孟子说："当存恭敬心。"

万章问："坚持拒绝人家的赠礼被认为是不恭敬，为什么呢？"

孟子说："有地位者赠送东西，自己先想：'他取得的这些东西，是合于义的呢，还是不义的呢？'想清楚后才接受赠品；以此

存心是不恭敬的,所以不要拒绝。”

万章说:“对人赠品不用言辞明白拒绝,用心拒绝,想:‘他的礼品是取之于民众的不义之财。’因而用别的言辞加以谢绝,不也可以吗?”

孟子说:“他以正道来相交,他依礼节同我接触,这是孔子都会受礼的。”

【简析】合道合礼,赠礼可受。

【注释】①请:敬辞,向尊者报告情况或提出某种建议,然后请求指示。

杀人越货者的劫夺之物绝不可受

万章曰:“今有御人①于国门之外者,其交也以道,其馈也以礼,斯②可受御与?”

曰:“不可。《康诰》曰:‘杀越③人于货,闵④不畏死,凡民罔不憝⑤。’是不待教而诛者也。殷受夏,周受殷,所不辞⑥也。于今为烈,如之何其受之?”

【译文】万章说:“现在有一个在京郊无人之处拦路抢劫的人,他也以道来相交,他也依礼来馈赠,难道就可以接受他那种抢来的东西吗?”

孟子说:“当然不可以。《尚书·康诰》篇上说:‘杀死人命,抢人财物,强横不怕死,所有民众无不痛恨。’那是一种不必等待教育即可诛杀之徒。殷商接受了夏朝的这种制度,周朝也同样接受殷商的这种制度而加以沿用,都没有更改。今天那种杀人越货的情况更加严重,如何可以接受抢来的东西呢?”

【简析】对这一段的内容，孟子斩钉截铁地指出，应坚拒暴徒抢夺之物；万章也是明白无误的，故意设问，是为了引出他下面的话题。

【注释】①御人：以武力制人而夺其财货。②斯：连词，犹则、乃。③杀越：即“杀人越货”，杀害人命，抢夺财物。指盗匪行为。越，劫夺，抢劫。④闵：通“愍”，强悍、祸乱。⑤憝（duì）：怨恨、憎恶。⑥辞：遣去，去；本文则是“抛开”之意。

过头的行为堵死行道的机遇，同圣人之行相悖

曰：“今之诸侯取之于民也，犹御也。苟善其礼际①矣，斯君子受之，敢问何说也？”

曰：“子以为有王者作，将比②今之诸侯而诛之乎？其③教之不改，而后诛④之乎？夫谓非其有而取之者，盗也；充类⑤至，义之尽也。孔子之仕于鲁也，鲁人猎较⑥，孔子亦猎较。猎较犹可，而况受其赐乎？”

曰：“然则孔子之仕也，非事道与？”

曰：“事道也。”

“事道，奚猎较也？”

曰：“孔子先簿正⑦祭器，不以四方之食供簿正。”

曰：“奚不去也？”

曰:“为之兆[⑧]也,兆足以行矣,而不行,而后去;是以未尝有所终三年淹也。孔子有见行可之仕,有际可[⑨]之仕,有公养[⑩]之仕。于季桓子,见行可之仕也;于卫灵公,际可之仕也;于卫孝公,公养之仕也。”

【译文】万章说:“当今诸侯从百姓那里抢夺的财物,同暴徒杀人越货没有多少差别。假如他们把交际的一套礼节表演得很出色,这样君子就可以接受他们的馈赠,请问那该如何解释呢?”

孟子说:“你以为有圣王出世,将对今天的诸侯会一律诛杀吗?还是先教育,若不改悔,然后惩治他们的罪行呢?这是说,把不属自己所有的东西夺取到了,就是抢劫;不用说,那是比照推类,把道理引申到极点为了提醒人们的注意,不是说他们真的就是拦路抢劫的强盗。孔子在鲁国做官之时,鲁国人争夺猎物,孔子也争夺猎物。争夺猎物尚且可以,何况接受诸侯的赏赐呢?”

万章说:“那么孔子做官,不是为着行道啊?”

孟子说:“是为着行道。”

万章说:“既为着行道,为什么又要争夺猎物呢?”

孟子说:“孔子先用文书规定祭祀的器物,并且规定不得用四方难以获得的食物供在文书规定的祭器中充祭品。如此,原为祭祀的猎物既然被排除了,猎较的风气也就可以逐渐自行停止了。”

万章问:“为什么不辞官离开呢?”

孟子说:“是为开头先应验一下,假如这个开头预示自己的政治主张可以施行,但君主不肯做下去,而后离开;因此孔子从未在一个朝廷待过整整三年的。孔子看见有行道的可能便去做官，君主以礼相待便去做官，国君能养贤便去做官。对于季桓子，就是看见有行道的可能而做官的；对于卫灵公，就是因为国君能对自己以礼相待而做官的；对于卫孝公，就是因为国君能养贤而做官的。”

【简析】万章偏激，将剥削民众的诸侯一律视为拦路行凶抢劫的强盗，思维方法离开了中道；孟子教导他要留有余地，不要将行道的通路堵死，要行道，必然还要同诸侯打交道，孔子便是这样做的，见有“行可”、“际可”、“公养”之机，则相机行事，从容应对。

【注释】①礼际：按礼节交往，以礼应接。②比：对着、向着。③其：连词，表示选择，或者，还是。④诛：惩罚。⑤充类：推类。“充类至尽”，谓用同类事物比照推类，把道理引申到极点。⑥猎较：争夺猎物。赵岐注：“猎较者，田猎相较夺禽兽，得之以祭，时俗所尚，以为吉祥。孔子不违而从之，所以小同于世也。”后因以表示和众随俗。⑦簿正：谓立文书以正其不正。赵岐注：“先为簿书以正其宗庙祭祀之器……不以四方珍食，供其所簿正之器度。”器度，指标志名位、爵号等的器物制度。⑧兆：a. 起始、发端；b. 预示；c. 应验。⑨际可：谓接遇以礼。⑩公养：谓古代国君以养贤之礼奉养贤者。

第五章　地位与处世的对应

孟子曰：“仕非为贫也，而有时乎为贫；娶妻非为养也，而有时乎为养。为贫者，辞尊居卑，辞富居贫。辞尊居卑，辞富居贫，恶①乎宜乎？抱关击柝②。孔子尝为委吏③矣，曰：'会计当④而已矣。'尝为乘田⑤矣，曰：'牛羊茁壮长而已矣。'位卑而言高，罪也；立乎人之本朝而道不行，耻也。”

【译文】孟子说：“做官不是为了贫穷，但有时也为了贫穷；娶妻不是为了奉养双亲，但有时也为了奉养双亲。为了贫穷做官的，拒绝高官居于卑位，拒绝厚禄甘受薄俸。拒绝高官居于卑位，拒绝厚禄甘受薄俸，那做什么适宜呢？做守门打更的小吏适宜。孔子曾经做过管理粮仓的小吏，他说：'做到出入的账目都对等无误罢了。'曾经做过鲁国管理畜牧的小吏，他说：'使得牛羊膘肥体壮地生长罢了。'假如职位卑微却高谈阔论批评朝政，那是罪过；站在人家的朝廷里做官却不努力推行正道，那是耻辱。”

【简析】《论语·宪问》篇引孔子的话说：“不在其位，不谋其政。”又引曾子的话说：“君子思不出其位。”

子思在《中庸》这部典籍的第八章上说，君子愿按照目前所处的地位行事，不作分外之想：“素富贵，行乎富贵；素贫贱，行乎贫贱；素夷狄，行乎夷狄；素患难，行乎患难。”因而，君子无论进入何种境地皆守善道，没有不悠然自得的。

据此，孟子说：“为了贫穷做官的，拒绝高官居于卑位，拒绝厚禄甘受薄俸。”这就是贫穷者必定拒绝富贵却宁愿处在贫贱位置的原委。贫贱者处在尊贵的地位是冒充尊贵，假的真不了，恶行败德更加显露无遗；处在尊贵的地位一定要行道，是为保持尊贵，名实相副。

【注释】①恶（wū）：疑问代词，相当“何”、“安”、“怎么”。②抱关击柝（tuò）：守门打更的小吏。抱关，监门，借指小吏的职务，亦借指职位卑微。柝，古代巡夜人敲以报更的木梆。③委吏:管理粮仓的小官。亦泛指小吏。④当(dāng):对等、相当。⑤乘田:春秋时鲁国主管畜牧的小吏。赵岐注:“乘田,苑囿之吏也,主六畜之刍牧者也。”乘,音 shèng,量词,用作计算田地、区域的单位,犹丘。古井田制,四丘为甸,亦谓之乘。

第六章 士人奉献与诸侯悦贤公养之道

这一章主要讲有理想的士人应当谋职报国,不可以像失国的诸侯那样寻找他国的奉养;重点评述诸侯的养贤,若能做到像尧舜那般,既能有礼貌地公养,又能提拔重用,养用并举,足为后世效法。

周济有别于赐予

万章曰:“士之不托①诸侯,何也?”

孟子曰:“不敢也。诸侯失国而后托于诸侯,礼也;士之托于诸侯,非礼也。”

万章曰:“君馈之粟,则受之乎?”

曰:“受之。”

“受之何义也?”

曰:“君之于氓②也,固③周④之。”

曰:“周之则受,赐之则不受,何也?”

曰:“不敢也。”

曰:“敢问其‘不敢’,何也?”

曰:"抱关击柝者,皆有常职以食于上,无常职而赐于上者,以为不恭也。"

【译文】万章问:"士人不会寄居诸侯国讨生活,是何道理呀?"

孟子说:"不敢那样做。诸侯失去国家之后寄居在别的诸侯国做寓公*,是合于礼的;若士人也寄居在别的诸侯国做寓公,不做官而拿俸禄,是不合于礼的。"

万章问:"若国君赠送给他粮食,那接受吗?"

孟子说:"接受。"

万章问:"接受的道理何在呢?"

孟子说:"国君对于在他国内的流民,原本有周济他们的义务。"

万章问:"周济他就接受,赐予他就不接受,这又是何故呢?"

孟子说:"不敢啊。"

万章问:"请问他'不敢接受',理由何在呢?"

孟子说:"看门打更的小吏,都有固定的职务因而接受上面的公养,没有固定的职务而接受上面的赐予,认为是不恭敬的行为。"

【简析】这里有两层内容:第一要辨别清楚士人不能像失国的诸侯那样寄居他国接受公养,第二是一定要分清周济同赐予的不同含义。周济是使穷困者能够活下去的起码生活保障;但是若无常职而接受赐予,则是无功受禄,强调务必要谋职奉献。

【注释】①托:寄居。②氓(méng):指外地迁来之民。③固:副词,原来、本来。④周:周济,救济。

*寓公:古指失去领地而寄居他国的贵族,后凡流亡寄居他乡或别的国家的官僚、士绅等都称"寓公"。

能养能用，方是王公尊贤的典范

曰："君馈之则受之，不识可常继乎？"

曰："缪公之于子思也，亟问，亟馈鼎肉[①]。子思不悦，于卒也，摽[②]使者出诸大门之外，北面稽首[③]再拜而不受，曰：'今而后，知君之犬马畜伋。'盖自是，台[④]无馈也。悦贤不能举，又不能养也，可谓悦贤乎？"

曰："敢问国君欲养君子，如何斯可谓养矣？"

曰："以君命将之，再拜稽首而受。其后廪人[⑤]继粟，庖人[⑥]继肉，不以君命将之。子思以为鼎肉使己仆仆[⑦]尔亟拜也，非养君子之道也。尧之于舜也，使其子九男事[⑧]之，二女女[⑨]焉，百官牛羊仓廪[⑩]备，以养舜于畎亩之中，后举而加诸上位，故曰王公之尊贤者也。"

【译文】万章问："国君馈赠的就接受，不知道是否经常继续这样做？"

孟子说："鲁缪公对于子思，屡次问候，屡次给他赠送肉食。子思内心很不高兴，最后一次，挥手把使者驱赶到大门之外，自己面北先磕头再作揖，拒绝接受赠品，说：'从今后，知道您君主是像犬马一般在蓄养着我。'大概从这以后，缪公再不派人送东西了。喜得贤人却不能重用，又不能有礼貌地奉养，能说是喜欢贤人吗？"

万章问："请问国君要奉养君子，如何做才可称作有礼貌地奉养呢？"

孟子说："首次馈送礼品用国君的名义致意迎请的贤人，对方也接着作揖、磕头受礼，好了，以君命礼赠的仪式到此为止。以后管理粮仓者继续送谷米，掌控膳食者经常送肉食，便不以国君的名义给他送达。子思认为缪公馈送肉食让自己屡屡烦琐作揖下跪，不是奉养君子的礼貌做法。尧帝对待虞舜，派自己的九个男孩拜舜为师，两个女儿嫁给他，还有替舜服役的各类官吏，以及牛羊、米谷，应有尽有，用来供养尚在田野之中平民身份的虞舜，然后提拔他到高位上，这才是王公尊贤的典范。"

【简析】孙奭疏解说："知贤之道，举之为上，养之为次；不举不养，贤恶肯归！是以孟子上陈尧舜之大法，下刺缪公之不弘者也。"意为识得、看准贤人的做法，提拔任用乃是最为紧要的上策，公养是要做到的其次方面；若是既不提拔重用，又不公养，贤明之士哪里肯归而听用！因此孟子由上陈述尧舜推行大道的高明法则，由下否决鲁缪公不能弘扬圣人大法的错误。（《孟子注疏》）

【注释】①鼎肉：已经解割的牲肉。亦指熟肉。②摽（biāo）：挥之使去，驱逐。赵岐注："摽，麾也。"麾（huī），指挥、挥动。③稽（qǐ）首：古时一种跪拜礼，叩头至地，是九拜中最恭敬者，即是九拜中第一种拜礼形式。贾公彦云："稽首，拜中最重，臣拜君之拜。"④台：赵岐注解说：台，鲁缪公的仆人，自子思发火后，不再送物品来了，因为缪公恼怒了。⑤廪（lǐn）人：古代管理粮仓的官吏。廪，此处《孟子注疏》原文如此，不像他处作"廩"。廩、廪古通用，"廩"为异体字，今统一规范为"廪"。⑥庖（páo）人：官名，职掌供膳。⑦仆仆：屡屡之意，形容烦琐。⑧事：谓从师求学。

⑨女：将女子嫁给人。⑩廪（lǐn）：粮仓。

第七章　行在大义之路，出入礼仪之门

拒绝不合礼仪的召唤

万章曰："敢问不见诸侯，何义也？"

孟子曰："在国曰市井之臣①，在野曰草莽②之臣，皆谓庶人。庶人不传质③为臣，不敢见于诸侯，礼也。"

万章曰："庶人，召之役，则往役；君欲见之，召之，则④不往见之，何也？"

曰："往役，义⑤也；往见，不义也。且君之欲见之也，何为也哉？"

曰："为其多闻也，为其贤也。"

曰："为其多闻也，则天子不召师，而况诸侯乎？为其贤也，则吾未闻欲见贤而召之也。缪公亟见于子思，曰：'古千乘之国以友士，何如？'子思不悦，曰：'古之人有言，曰事之云乎，岂曰友之云乎？'子思之不悦也，岂不曰：'以位，则子君也，我臣也，何敢与君友也？以德，则子事我者也，奚可以与我友？'千乘之君，求与之友而不可得也，而况可召与？齐景公田，招虞人⑥以旌⑦，不至，将杀之。'志士不忘在沟壑，勇士不忘丧其元。’孔子奚取焉？取非其招不往也[8]。”

【译文】万章问:“请问士人不去谒见诸侯,道理何在呢?”

孟子说:“士人不在职而住在都城的叫‘市井之臣’,住在乡野的叫‘草莽之臣’,都属平民百姓。庶民百姓没有送见面礼而成为臣属的,不敢去谒见诸侯,是合于礼的。”

万章问:“对于平民百姓,国君召唤他去服役,就前往服役;国君想见他,召请他,他却不去谒见国君,是何缘故呀?”

孟子说:“前往服役,应该;前往谒见,不该。而且国君想见他,为的是什么呢?”

万章说:“为的他博识广闻,为的他品德高尚。”

孟子说:“因为博识多闻要拜他为师,那么即使天子也不便召见老师的,况且是诸侯呢?因为他品德高尚,那我也没有听说想会见贤德的人却去召见他的。鲁缪公屡次去拜访子思,问道:‘古代有千辆兵车的国君要同士人交友,是如何做的呢?’子思内心很不高兴,答道:‘古人的话,是说拜他为师吧,难道是说跟他交朋友吗?’子思所以不高兴,岂不是说:‘论地位,那么您是君主,我是臣子,怎敢同君主交朋友呢?论品德,那么您就该拜我为师,怎可与我交朋友呢?’拥有千辆兵车的君主,要求同国师级的贤德者交友都不可能,更何况轻易召唤呢?齐景公打猎,用羽毛装饰的旗子召唤猎场管理者,不听召唤,动怒要杀他。孔子赞道:‘守义之士常念弃尸山沟而不恨,义勇之士常念抛头颅而无怨。’孔子肯定他什么呢?肯定他坚守礼义,拒绝不合礼仪的召唤。”

【简析】国君想会见德高望重的贤德之士,或欲重用,不能轻易召唤,一定要亲自前往礼请。刘玄德三顾茅庐,礼贤下士,请求诸葛孔明出山辅佐自己,精诚所至,金石为开,终于赢得智慧的化身、忠贞的谋圣剖心"开济"先后主"两朝"君王（见杜甫七律《蜀相》），名垂千古，青史不朽。刘备的成功，在于悉心遵循、加意运用周公开创、孔子传扬的礼乐文化，做得完备动情，感人心魄。夫子在《孝经》中说，礼的本质，就是对他人的尊敬。

【注释】①市井之臣：去官而居于都邑的士大夫，对君自称"市井之臣"。亦指居于都邑而未做官的人。②草莽：草野、民间。与"朝廷"、"廊庙"相对。③传质：谓致送礼品。质，通"贽"，古代相见时所送的礼物。④则：连词，表转折，犹却。⑤义：理应。高亨《周易大传今注·需》"附考"："《易传》常以义为宜。义、宜古通用。"宜者，适宜也，谓正当的道理。⑥虞（yú）人：古掌山泽苑囿之官。⑦旌（jīng）：古代用牦牛尾或兼五采羽毛饰竿头的旗子。⑧这一段文字的内容，同《滕文公下》篇第一章第二自然段同，可以参照。

君子行由义路，出入礼门

曰："敢问招虞人何以？"

曰："以皮冠。庶人以旃[1]，士以旂[2]，大夫以旌。以大夫之招招虞人，虞人死不敢往；以士之招招庶人，庶人岂敢往哉？况乎以不贤人之招招贤人乎？欲见贤人而不以其道，犹欲其入而闭之门也。夫义，路也；礼，门也；惟君子能由是路，出入是门也。《诗》云：'周道[3]如底[4]，其直如矢；君子所履，小人所视[5]。'"

万章曰："孔子，君命召，不俟驾而行[6]；然则孔子非与?”

曰:“孔子当仕,有官职,而以其官召之也。”

【译文】万章问:“请问用什么召唤管理猎场的小吏?”

孟子说:“用皮帽子。召唤平民用赤色、无饰的曲柄旗,召唤士人用画有两龙相交并在竿头悬铃的旗,召唤大夫才用羽毛装饰的旗子。用召唤大夫的旗子去召唤管理猎场的小吏,小吏死也不敢前往接受召唤;用召唤士人的旗子去召唤平民百姓,平民百姓难道敢去受召吗?何况用召唤不贤之人的礼节去召唤贤德之人呢?想与贤人会见却不遵循应有的礼节,就好像请人进门反而把大门关闭起来一样荒诞。那个义,好比是大路;礼仪,有如请人进入厅堂的大门;只有君子能从这条大路行走,能从这个大门进出。《诗经·小雅·大东》篇上说:‘通往宗周的大路像磨刀石一样平,像箭一般直;这是君子所走的路,是普通人所应当效法的。”

万章问:“听说孔子,有国君之命召唤他,不等车马驾好,他便先行走去;那么孔子做得不合礼吧?”

孟子说:“那是孔子正在做官,有官职在身,国君是凭借他的官职召唤他的。”

【简析】礼有讲究,有分别,直至今日,都规定不同的礼法要有相应合适的运用,特别涉及国事,严肃严格,随意不得,何况处在开创礼乐文明的周代!纯净为人的贤明君子,自然一丝不苟地照办遵行。是以孟子说:“夫义,路也;礼,门也;惟君子能由是路,出入是门也。”鲜明、透辟、集中地展示了君子持守礼义所以不可更易的德操,以及常人难于抵达的境界。

【注释】①旃(zhān):赤色、无饰、曲柄的旗。亦泛指旌旗。②旂(qí):古代画有两龙并在竿头悬铃的旗。③周道:大路。安徽人民出版社出版的张克平等撰写的《诗经》注译本注为“指通往宗周的公路”是有道理的。④底：通“砥”，磨刀石。⑤视：效法。⑥这一处的内容，《论语·乡党》篇第十一章末可印证：“君命召，不俟驾行矣。”

第八章　孟夫子做人生学问的功夫

孟子谓万章曰：“一乡之善士，斯①友一乡之善士；一国之善士，斯友一国之善士；天下之善士，斯友天下之善士。以②友天下之善士为未足，又尚③论古之人，颂④其诗，读⑤其书，不知其人，可乎？是以论其世也。是尚友也。”

【译文】孟子告诉弟子万章说：“一个乡村里的有德之士，就和一个乡村里的有德之士交朋友；一个国家里的有德之士，就和一个国家里的有德之士交朋友；名闻天下的有德之士，就和名闻天下的有德之士交朋友。若认为和天下的有德之士交朋友还感到不满足，当又向上追论古代的高人，吟咏他们的诗歌，诵读、体悟他们的著作；但是不了解他们的为人，可以吗？自然不可以，因此还必须论析他们所处的时代。这就是上溯历史跟古代高人交朋友不胜其乐的妙趣所在。”

【简析】这是孟子向弟子传授高境界做人生学问的经验之谈。孟子所崇尚的尧舜、禹汤、文武、周公，直至孔子等圣人，对他们的大学之道有精当的论述，就是因为他同他们交了心心相印的朋友，有非同一般的了解。但是古圣人已经不在世了，这个超凡出众的了解是从阅读经典来的，古圣人的高超理念、非凡事功承载于经典之中，所以孟子实际上是向后人传授了阅读经典、从经典领略人生真谛、同古圣人倾心交友的妙悟。交友要广，博采众长，悟道要深，用世明心。孟老夫子是做人生学问的一代宗师、名副其实的帝王之师，他善养浩然之气的妙谛源头在此。

【注释】①斯：副词，表示承接上文，得出结论，相当于“则”、“就”。②以：认为、以为。③尚：上。④颂：通“诵”。吟哦、朗读。⑤读：诵读，阅读，理解文书的意义。“颂其诗，读其书，不知其人，可乎？”杨伯峻注：“‘读’字涵义，既有诵读之义，亦可有抽绎之义，故译文用‘研究’两字。”

第九章　王族公卿同非王族公卿职责的同异

齐宣王问卿。孟子曰：“王何卿之问[1]也？”

王曰：“卿不同乎？”

曰：“不同。有贵戚[2]之卿，有异姓之卿。”

王曰：“请问贵戚之卿？”

曰：“君有大过则谏；反覆[3]之而不听，则易位。”

王勃然变乎色。

曰：“王勿异也。王问臣，臣不敢不以正对[4]。”

王色定，然后请问“异姓之卿”。

曰：“君有过则谏；反覆之而不听，则去。”

【译文】齐宣王问到关于公卿的事情。孟子复问：“君王所问的是哪一类的公卿？”

齐宣王问：“公卿不一样吗？”

孟子回答：“不一样。有王族的公卿，有非王族的公卿。”

齐宣王说：“请教王族之卿有什么说法？”

孟子回答：“国君有大的过错就进谏；反复劝谏而国君不听，便改立另一位贤能的国君。”

齐宣王一下子改变了脸色。

孟子说：“君王不要奇怪。大王问到我，我不敢不用真诚的直言答复您。”

齐宣王的脸色恢复了平静，然后再问“非王族的公卿”之事。

孟子回答：“国君有过错就劝谏；反复劝谏而国君不听，他们就离开朝廷。”

【简析】上一章是叙述作为帝王之师的资质，这一章是帝王之师回答帝王的具体提问，坐实上一章的内容。两章互证，层次井然。

孟子继承孔夫子的道统，认为理应用谏官制度限制君权的滥施。孔子在《孝经·谏诤章》中说：“昔者，天子有诤臣七人，虽无道，不失其天下；诸侯有诤臣五人，虽无道，不失其国；大夫有诤臣三人，虽无道，不失其家；士有诤友，则身不离于令名；父有诤子，则身不陷于不义。故当不义，则……臣不可以不诤于君。”这就是古代谏官制度的内容以及必须遵循的原则。

【注释】①何卿之问：宾语前置句。谓语是“问”，宾语是“何卿”，“之”是宾语前置的标志。②贵戚：帝王的亲族。③反覆：重复再三。④正对：直言对答。正，正直、真诚。

告 子 上

第一章　告子祸害仁义的歪论

告子[1]曰："性犹杞柳[2]也，义犹桮棬[3]也。以人性为仁义，犹以杞柳为桮棬。"

孟子曰："子能顺杞柳之性，而以为桮棬乎？将[4]戕贼[5]杞柳，而后以为桮棬也？如将戕贼杞柳而以为桮棬，则亦将戕贼人以为仁义与？率天下之人而祸仁义者，必子之言夫！"

【译文】告子说："人的本性好比杞柳树，仁义好比杯盘。以人的本性去行仁义，好比用杞柳树制成杯盘一样失去了木性的真实。"

孟子说："您是顺着杞柳树的本性用来制成杯盘呢，还是毁伤了杞柳树的本性之后制成杯盘呢？如果要毁伤杞柳树的本性制成杯盘，那也要毁伤人的本性去行仁义吗？率领天下的人来伤害仁义的，一定是您的那种论调吧！"

【简析】孟子指出，只要顺着杞柳树的本性——柔韧、可弯曲——就能制成杯盘；同理，只要顺着人的本性去引导，就能达到仁义的境界，因为人性本善。但是告子相反，坚持"人性本无仁义"的谬误，认为制成杯盘一定要使木料弯曲，那就失去了木性的真实，所以用人性行仁义，也是矫揉造作的欺骗；于是他曲解行仁义是破坏人性的结果。对此，孟子斩钉截铁地指出，"率天下之人而祸仁义者”,必定是告子的谬论。

【注释】①告子:战国时人。名不详。一说名不害。提出性无善恶论,同孟子的天赋道德的性善论对立。②杞柳:亦称红皮柳。杨柳科,落叶丛生灌木。耐湿,耐碱。枝条韧,供编柳条箱、筐等用,又为固沙保土造林树种。③杯棬(quān):一种木质的饮器。棬,曲木制成的杯盂。④将:连词,抑(还是),表选择。⑤戕(qiāng)贼:摧残,破坏。戕,毁坏、损伤。

第二章 人性之善,有如水之就下

告子曰:“性犹湍水[1]也,决诸东方则东流,决诸西方则西流。人性之无分于善不善也,犹水之无分于东西也。”

孟子曰:“水信无分于东西,无分于上下乎?人性之善也,犹水之就下也;人无有不善,水无有不下。今夫水,搏而跃之,可使过颡[2];激[3]而行之,可使在山;是岂水之性哉?其势则然也。人之可使为不善,其性亦犹是也。”

【译文】告子说:“人性好比急流的水,从东方开个缺口便向东流,从西方开个缺口便向西流。人性不分善与不善,好比水不分东西流向一样。”

孟子说:“水的流向的确不分东西,但是不分上下吗?人性的向善,同水向低处流一样;人的本性无不善良,水的本性无不向下流去。此刻这个水,拍打它使它溅起来,可以使它高过额角；阻挡水流，改变流向，也可使它流到山上；这难道是水的本性吗？这是形势逼着它如此。人也可使他做坏事，本性似乎改变了，也类似此等情形。”

【简析】人性之善，有如水之就下；水性不变，人性不变。在前学《离娄上》篇第九章时，孟子说过：“民之归仁也，犹水之就下、兽之走圹也。”也是将人性之善，“犹水之就下”，紧密联系在一起的。

【注释】①湍水：急流的水。②颡（sǎng）：额头。③激：阻挡水流。

第三章　质疑“人与动物同气而不同性”之说

告子曰：“生之谓性。”

孟子曰：“生之谓性也，犹白之谓白与？”

曰：“然。”

“白羽之白也，犹白雪之白；白雪之白，犹白玉之白与？”

曰：“然。”

“然则犬之性，犹牛之性；牛之性，犹人之性与？”

【译文】告子说：“天生的禀赋叫做性。”

孟子说：“天生的禀赋叫做性，就像白色的东西就叫做白吗？”

告子说：“是。”

孟子说："白色羽毛的白，同白雪的白一样；白雪的白，就像白玉的白一样吗？"

告子说："是。"

孟子问道："那么狗的生性，如同牛的生性一样；牛的生性，如同人的生性一样吗？"

【简析】告子说："天生的禀赋叫做性。"对于此解，朱熹企图纠错，解释动物的天生禀赋中只有气，没有性，唯独人才两全齐备。他说："性是人从天得到的理，生是人从天得到的气。从气的角度说，那么知觉运动，人与动物没有不同；从理的角度说，那么仁德、道义、礼仪、智慧的赋予，哪里是动物所能得而具备！这就是人性没有不善的道理所在，因而人成为万物之灵。"（译自《孟子集注》）认为告子不懂得性理之说，混淆了与气的界限。朱熹的说法值得商榷，解对了人性，解错了物性，也同他自己的见地"凡有生者，同是一性"前后抵触。其实，凡是生灵之物，皆有善性，只是动物的善性，全被贪婪愚痴所障蔽，因而不能有为性所决定的仁德、道义、礼仪、智慧的表现。

在本章，孟子批告子的"生之谓性"的观点，也是吃力不讨好。他用简单的类比一下子引申到"牛的生性，如同人的生性一样吗？"以为显然不一样，意图用来捅穿告子观点的荒谬性。生性就是天性。佛家揭示众生平等，牛的天性，的确如同人的天性一般，无差无别，引导人们走出了认识的误区。"生之谓性"，在这一点上，告子并没有说错。朱熹也承认此说同佛家的说法大致相似。当然，朱熹是反对佛道两家的学说的。在此，他企图通过他武断臆定的佛家观点的不对，达到否定告子说法的目的，这恰好暴露了朱熹理学的重大缺陷。

第四章　荡涤告子“仁内义外”的大谬

告子曰：“食、色，性也。仁，内也，非外也；义，外也，非内也。”

孟子曰：“何以谓仁内义外也？”

曰：“彼长而我长之，非有长于我也；犹彼白而我白之，从其白于外也；故谓之外也。”

曰：“异于白马之白也，无以①异于白人之白也；不识长马②之长也，无以异于长人③之长与？且谓长者义乎？长之者义乎？”

曰：“吾弟则爱之，秦人之弟则不爱也，是以我为悦者也，故谓之内。长楚人之长，亦长吾之长，是以长为悦者也，故谓之外也。”

曰：“耆④秦人之炙⑤，无以异于耆吾炙，夫物则亦有然者也。然则耆炙亦有外与？”

【译文】告子说：“饮食、男女，是人的本性。仁，是内心的东西，不是从外面来的；义，是外来的东西，不是内心所有的。”

孟子问道：“凭什么说仁在身内义在身外呢？”

告子说：“他年长，因而我将他看作长者加以尊敬，并不是预先就有尊敬的念头存在我心里；好比那东西是白的，我将它看做白一样，是服从它外面的白色；所以说义是外在的。”

孟子说：“白马的白同白人的白，固然没有什么差别；不知道对老马的尊敬，是否同对年长者的尊敬也一样没有不同？而且您所说的是指长者的义呢，还是指尊敬长者的义呢？”

告子说：“我对自己的弟弟就爱他，对秦人的弟弟就不爱，这是因为我发自内心的喜悦而如此做的，所以说仁是内心的东西。尊敬楚国人的长者，也尊敬我的长者，这是因为尊敬他方年长引起我内心的喜悦（可见尊敬被心外他方的年长所决定），所以我称义是身外的东西。”

孟子说：“爱吃秦国人烹煮的烧肉，同爱吃自己烹煮的烧肉没有什么两样，各种事物也都有类似的情形。那么爱吃烤肉的心也是外来的吗？”

【简析】在此，得首先纠正告子“食、色，性也”的这个重大错误、根本错误。饮食、男女之事，是人们的强烈欲望，绝对不是本性。这个荒唐的谬论，误导了世世代代的人们，直至今天，常听人一开口便说：“儒家认为，食色性也。”张冠李戴。请听圣人的明判：“饮食男女，人之大欲存焉。”（《礼记·礼运》篇）孔子指出，人类最强大的欲望，表现在饮食男女之中。欲望是后天的染污，并非与生俱来的天性。

关于白色，由上一章知道，在孟子的追问之下，告子承认白则一律。这就是说，“凡有生者，同是一性。”（《孟子集注》）紧接而来的“长马”同“长人”、“爱吾弟”同“爱秦人之弟”、“长楚人之长”同“长吾之长”，以及“耆秦人之炙”同“耆吾炙”，孟子指出，都决定于人的内心，都是义在内心的证明，毫无差别。至此，“仁内义外”之说，被驳倒无余，告子难于再有说辞。

【注释】①以：通“有”。②长马：老马。长，特指老。③长人：指居上位者，为人君长，官长，统治者；这里指年长者、老年人。④耆（shì）：爱好。后作“嗜”。颜师古注：“耆，读曰嗜。”⑤

炙(zhì):烤熟的肉食。

第五章　重申仁义在内心、人性善良的性善论

孟季子问公都子曰:"何以谓义内也?"

曰:"行吾敬,故谓之内也。"

"乡人长于伯兄[①]一岁,则谁敬?"

曰:"敬兄。"

"酌[②]则谁先?"

曰:"先酌乡人。"

"所敬在此,所长在彼,果[③]在外,非由内也。"

公都子不能答,以告孟子。孟子曰:"敬叔父乎?敬弟乎?彼将曰:'敬叔父。'曰:'弟为尸[④],则谁敬?'彼将曰:'敬弟。'子曰:'恶[⑤]在其[⑥]敬叔父也?'彼将曰:'在位故也。'子亦曰:'在位故也。'庸[⑦]敬在兄,斯须[⑧]之敬在乡人。"

季子闻之,曰:"敬叔父则敬,敬弟则敬,果在外,非由内也。"

公都子曰:"冬日则饮汤[⑨],夏日则饮水,然则饮食亦在外也?"

【译文】孟子的从兄弟孟季子问难孟子弟子公都子说:"为什么说义又是内在的呢?"

公都子答道："对人表达我内心的尊敬，所以说义是内在的。"

孟季子问："同乡人比我长兄年长一岁，那么先敬谁呢？"

公都子答道："先敬长兄。"

孟季子问："同桌饮酒，先给谁斟酒？"

公都子答道："先给同乡长者斟酒。"

孟季子说："你内心尊敬的在长兄，外面表示礼敬的在乡人，可见义果真是外来的，并不在内心。"

公都子答不上来，报告老师孟子。孟子说："你可以反问他，是该敬叔父呢，还是敬弟弟呢？他将回答：'敬重叔父。'你可以进一步问：'假如弟弟充任受祭的代理人，那又敬谁呢？'他将回答：'敬弟弟。'你便问：'那你刚说敬重叔父的道理又在哪里呢？'他将回答：'因为弟弟在受祭代理人之位的缘故。'你也同样说：'因为乡人处在客位的缘故。'经常的尊敬在长兄，暂时的尊敬在乡人。"

孟季子听说了他们师生的议论，说道："尊敬叔父是在一般情况下暂时的应付式尊敬，尊敬弟弟更是在特殊情况下才给予尊敬，看来义果然在身外，并不是发自内心。"

公都子回答他说："冬天就喝开水，夏天就喝凉水，照你说来，那么饮食也不是内在的需要，而是外在的因素决定的吗？"

【简析】此章孟季子之说，是上章告子"仁内义外"之说的老调重弹，被公都子"冬日则饮汤，夏日则饮水，然则饮食亦在外也？"的生动比喻驳倒。

【注释】①伯兄：长兄（兄弟中年最长者）。②酌：斟酒。倒酒不满曰斟，太过曰酌。③果：事情的结局。④尸：古代祭祀时，代死者受祭的人。⑤恶（wū）：疑问代词，相当于"何"、"安"、

“怎么”。⑥其：助词，用于疑问代词的前后，起强调作用。⑦庸：副词，经常，常常。⑧斯须：须臾、片刻。⑨汤：沸水。

第六章　永恒的法则紧随苍天生育的无数人民一起降临

公都子曰：“告子曰：‘性无善无不善也。’或曰：‘性可以为善，可以为不善。是故，文武兴，则民好善；幽厉兴，则民好暴。’或曰：‘有性善，有性不善。是故，以[1]尧为君，而有象；以瞽叟为父，而有舜；以纣为兄之子，且以为君，而有微子启、王子比干。’今曰‘性善’，然则彼皆非与？”

孟子曰：“乃若[2]其情[3]，则[4]可以为善矣，乃所谓善也。若夫[5]为不善，非才之罪也。恻隐之心，人皆有之；羞恶之心，人皆有之；恭敬之心，人皆有之；是非之心，人皆有之。恻隐之心，仁也；羞恶之心，义也；恭敬之心，礼也；是非之心，智也。仁义礼智，非由外铄我也，我固有之也，弗思耳矣。故曰：求则得之，舍则失之。或相倍蓰[6]，而无筭[7]者，不能尽其才者也。《诗》曰：‘天生蒸民[8]，有物有则。民之秉彝[9]，好是懿德[10]。’孔子曰：‘为此诗者，其知道乎！故有物必有则；民之秉彝也，故好是懿德。’”

【译文】公都子报告并问老师道：“告子说：‘人的本性没有

善和恶。'有人说：'本性可以使人善良，也可以使人变得不善良。因此，文王、武王掌朝，百姓就喜好善良；幽王、厉王掌朝，百姓就喜好横暴。'有人说：'有些人本性善良，有些人本性不善良。因此，有尧这样的圣人做君主，却有象那样不好的百姓；有瞽叟那样的坏人做父亲，却有舜这样的孝子；有商纣那样的暴虐者做侄子，而且做了君主，却有微子启、王子比干这样的仁人长者。'如今老师说'人的本性善良'，那么他们的说法都错了吗？"

孟子说："天生本性的显露，定可使人向善，这就是我所说的人性善良。至于有些人做坏事，不能归罪于他的资质。同情之心，人人都有；羞耻之心，人人都有；恭敬之心，人人都有；是非之心，人人都有。同情心属于仁，羞耻心属于义，恭敬心属于礼，是非心属于智。仁义礼智，不是由外人给予我的，我原本就有的，不曾思索它罢了。所以说，追求便会得到它，放弃那就失掉了。人们之间的素质，有相差一倍、五倍，甚而无数倍的，不能充分发挥超常的才能。《诗经·大雅·蒸民》篇上说：'苍天生育了无数人民，有了以人为代表的万物便就伴同有相应的法则。百姓掌握了这种永恒不变的善法，便就跟着喜好随同的美德。'孔子说：'做这篇诗的作者，他明白"道"啊！所以有万物必有相随的法则；百姓掌握了这种永恒不变的法则，所以便就跟着喜好随同的美德。'"

【简析】永恒的法则就是中道、中庸之道，就是宇宙大道，是十方世界不变的总规律。这个不变的大道与上天生育的以人为代表的万物一起降临，"有物有则"。道分布到物、人，就是物性、人性。这里只说人性。道不变，人性不变。孔子告诉我们，道是德的最高体现；道善，所以人性善。善良的本性被凡夫俗子的种种欲望覆盖着，所以难于彰显其美好，一旦人欲得到控制、减少，人们的善良本性就能得到普遍的发扬。孟子的“性善”论,由此而来。亚圣找到了根,其理无上,光明无上。

【注释】①以:通“有”。②乃若:至于。③情:本性。俞樾《群经平议·孟子二》:“盖性、情二字,在后人言之,则区以别矣,而在古人言之,则情即性也……孟子以恻隐为仁,羞恶为义,正是以情见性。”④则:副词。犹乃,就是。加强肯定语气。⑤若夫:至于。用于句首或段落的开始,表示另提一事。⑥蓰(xǐ):五倍。⑦无筭(suàn):不计其数,极言其多。筭,古代计数的筹码,这里的主要义项同“算”,计数,计算。⑧蒸民:众民、百姓。《孟子》一书在引用《诗经·大雅·烝民》篇上“天生烝民,有物有则”时,将“烝(zhēng)”书为“蒸”。“蒸民”、“烝民”,音义等同。这种差别,可能是古代在手手传抄过程中发生的。⑨秉彝:持执常道。秉,执。彝,常(永恒)。⑩懿(yì):美、美德。

第七章　心灵相通在理义,理义功德在悦心

这一章孟子首先论述了环境影响心灵,心灵决定人们的行为;接着又以同类相似的道理着意点化引导,推断善良的人性决定与圣人同类的人们都可以见贤思齐,努力提升;最后归纳到人们心灵的相通在于理义,理义悦心,因而使得人们兴奋无比地追求理义,通达理义。

人们后天的变坏,是由于环境的影响

孟子曰:“富岁,子弟多赖[1];凶岁,子弟多暴。

非天之降才②尔殊也，其③所以陷溺④其心者然也。”

【译文】孟子说：“丰收年成，青少年子弟大多懒惰；灾荒年景，青少年子弟多半强暴。不是天生的资质如此的不同，究其原因是影响他们心灵的环境使他们那样变坏的。”

【简析】孔子指出：“性相近也，习相远也。”（《论语·阳货》篇）善良的天性原本相同，只是后天不同的影响使得人们的修养会有天壤之别；孟子这里，申说了天生资质本无差异之后，偏重在环境不好的习染引领人们的表现远离了先天的本性，直达先圣明论。

【注释】①赖：通“懒”，懒惰。②才：犹材质。③其：副词。表推测、估计。大概，或许。④陷溺：浸润、影响、使变坏。

以大麦不变为例，说明同类相似，推断善良的人性决定人类思维生存方式的雷同

“今夫麰麦①，播种而耰②之，其地同，树之时又同，浡然而生，至于日至③之时，皆孰④矣；虽有不同，则地有肥硗⑤，雨露之养，人事之不齐也。故凡同类者，举⑥相似也，何独至于人而疑之？圣人与我同类者。故龙子⑦曰：‘不知足而为屦⑧，我知其不为蒉⑨也。’屦之相似，天下之足同也。”

【译文】孟子说：“眼前这个大麦，播了种耪（音 pǎng，用锄翻松泥土）了地，相同的土地面积，相同的种植时间，使得它们破土出苗后一样蓬勃生长，待到夏至时节，都成熟了；虽然收获物的量与质有不同，那是土地有肥沃贫瘠，雨露滋养多少，人力勤惰

不一样造成的。所以一切同类之物，都是相似的，为什么单单涉及人类却就怀疑这个道理了呢？圣人与我们是同类。所以龙子说：'即使不知道脚的大小编草鞋，我知道制鞋工也不会将鞋子编成筐子。'草鞋样式相似，天下人的脚样也相同。"

【简析】在大麦播种时客观条件相同的前提下，虽有生长期管理之类种种不一，虽有收获物量的多少与质地优劣的差异，但是大麦内在的本性没有改变，决定成熟后的大麦仍然是大麦，对此谁也不会置疑。人亦如此。尽管有品格高下与水平能力的参差，先天的人性决定人们思维方式和处事行为的雷同，不会有动物般的怪诞。这是因为善良的人性相同，无可更易。孟子以同类相似、本性各异的类推，判定植物永远为植物，动物永远为动物，人类也永远为人类，况且"人皆可以为尧舜"，前程光明，都可以提升、抵达圣人的境界，"圣人与我同类"，圣人能行的我也能行，鼓励人们精进修德，完善自身。其实动物的天性也与人道的人类毫无差异，只是因为愚痴的生存欲望全部覆盖住了它们的本性，无法显露，所以表现出了同人类截然有别的行为习气，归为畜生道。孟子认为人与动物生存行为方式的不同，是由于本性不同，其实是误判。

【注释】①麰（móu）麦：大麦。亦泛指麦。②耰（yōu）：农具名。状如槌，用以击碎土块，平整土地和覆种。本文这里指用耰松土并使土块细碎。亦指覆种。③日至：指夏至或冬至。夏至之日日照最长，冬至之日日照最短。此指夏至。④孰："熟"的古字。⑤硗（qiāo）：指土质坚硬瘠薄。⑥举：皆、全。⑦龙子：古贤人名。⑧屦（jù）：草底鞋。多以麻、葛、皮等制成。后亦泛指鞋。⑨蒉（kuì）：草织的盛器。

理义之悦我心，犹刍豢之悦我口

“口之于味，有同耆也，易牙[1]先得我口之所耆者也。如使口之于味也，其性与人殊，若犬马之与我不同类[2]也，则天下何耆皆从易牙之于味也？至于味，天下期于易牙，是天下之口相似也。惟[3]耳亦然。至于声，天下期于师旷，是天下之耳相似也。惟目亦然。至于子都[4]，天下莫不知其姣[5]也；不知子都之姣者，无目者也。故曰：口之于味也，有同耆焉；耳之于声也，有同听焉；目之于色也，有同美焉。至于心，独无所同然乎？心之所同然者何也？谓理也、义也。圣人先得我心之所同然耳。故理义之悦我心，犹刍豢[6]之悦我口。”

【译文】孟子说：“人的口舌对于美味，有着相同的爱好，易牙早就摸准了我们的这一嗜好。假如口舌对于味道，生来就人人不同，像狗马同我们人类不同品别一样，那么天下的人为什么爱好易牙烹调的美味呢？说到烹制美味，天下的人们都期待能一享易牙的厨艺，这是因为天下人的口味相似。耳朵也是这样。一涉及耳朵辨声，天下的人都希望能有师旷一样高超的辨音能力，这是因为天下人们的耳朵听音能力相似。眼睛也是这样。这就要说到美男子子都，天下没有人不知道他的漂亮的；不能识得子都的漂亮，那是没长眼睛的人。所以说，人的口舌对于美味，都有相同的爱好；耳朵对于声音，都有相同的听觉；眼睛对于美色，都有相同的美感。说到人们的心灵，独独没有相同之处吗？心灵的相同之处是什么呢？是理、是义。圣人早就掌握了我们内心相同的理义。所以理义使得我的内心喜悦，正如牛羊猪狗之肉满足我的口感一般。”

【简析】人有眼、耳、鼻、舌、身、意六根；六根有六种功能，叫六识：眼喜美色，耳喜美声，鼻喜香味，舌喜美味，身喜美感，意率五根。除了鼻识、身识之外，孟子在此说了眼、耳、舌、意（心）四识，而且是在意根保持正念的前提下说的，谓之“理义悦心”。一旦意根偏邪，放纵其余五根，人就会趋恶下堕，极其危险。是以控制六根，显露人性，成了人们行世处事的核心一环。

顺便指出，孟子这里的“心”，在说它同眼、耳、舌一样发挥功能的时候，是将它放在意识的范围内叙述的，在说它保持正念、喜悦理义的时候，又将它列入心性即善良本性的范围。

【注释】①易牙：人名。又称狄牙、雍巫。春秋时齐桓公宠臣，长于调味，善逢迎，传说曾烹其子为羹以献桓公（人性全无；害死齐桓公的主谋）。后多以指善烹调者。②类：品别。③惟：助词。也作“唯”、“维”。用于句首。④子都（dū）：古美男子名。⑤姣（jiāo）：谓容貌美丽，体态健美。⑥刍豢（huàn）：牛羊犬豕之类的家畜。泛指肉类食品。孔颖达曰：“食草曰刍，食谷曰豢。”刍，以草喂牲口。亦指吃草的牲口。豢，食谷的牲畜。

第八章　本性的显示在于昼夜不失善思善行

牛山树木失去往昔的茂盛，是因为受到无休止的摧残；人们的堕落，是由于不能严守德行；所以孔子说的“操则存，舍则亡”，乃是人们修身养性、保住根性的明则。

牛山濯濯之因

孟子曰：“牛山[1]之木尝美矣。以其郊于大国[2]也，斧斤伐之，可以为美乎？是其日夜之所息[3]，雨露之所润，非无萌蘖[4]之生焉；牛羊又从而牧之，是以若彼濯濯[5]也。人见其濯濯也，以为未尝有材[6]焉，此岂山之性也哉？”

【译文】孟子说：“牛山的树木曾经长得非常茂盛。但是因为这些树木生长在国家京城的郊野，人们常用斧头去砍伐它们，还能够保持茂盛吗？这是说，尽管它们日日夜夜在繁衍生长，雨露也在不断地滋润着它们，也不是说没有新芽和旁枝在长出来；但是跟着而来牧放的牛羊又糟蹋它们，因此牛山就像眼前那样光秃秃的样子。人们见到它那样光秃秃的样子，误以为不曾有树木生长过，这难道是牛山的本来面目吗？”

【简析】以曾经茂盛生长的牛山树木被摧残殆尽作比喻，说明善良本性被埋没的可怕。

【注释】①牛山：山名，在今山东省淄博市。赵岐注：“牛山，齐之东南山也。”②国：国都。③息：滋息（繁殖、增生）、生长。④萌蘖（niè）：植物的萌芽。蘖，草木砍伐后长出的新芽。⑤濯濯（zhuó zhuó）：光秃貌。赵岐注：“濯濯，无草之貌。”⑥材：木材、可作木材的树。

夜气日消，堵塞本性

“虽存乎人者，岂无仁义之心哉？其所以放[1]其良心者，亦犹斧斤之于木也，旦旦[2]而伐之，可为美乎？其日夜之所息，平旦[3]之气，其好恶与人相近也者几希；则[4]其旦昼[5]之所为，有梏亡[6]之矣。梏之反覆，则其夜气[7]不足以存；夜气不足以存，则其违禽兽不远矣。人见其禽兽也，而以为未尝有才焉者，是岂人之情也哉？”

【译文】孟子说：“尽管有存在不善良之处的人们，难道他们没有仁义之心吗？他们丧失善良之心的原因，也正如斧头对于树木一般，天天砍伐，还可以生长茂盛吗？他日里夜里潜滋暗长的善心，天刚亮时接收到的清新之气，这些促成的好恶同他人比较也是有一点点相近的；但是他第二天的所作所为，又使它们泯灭了。反复地搅扰泯灭，那么他夜有所思的良知善念便不能保存；夜间所秉的良知善念不能保存，那他离开禽兽也就不远了。人家见到他沦为禽兽，因而以为他从来不曾有过善良的资质，这难道是人的本性吗？”

【简析】人们好不容易培养起来的良知善念，经不起自身恶行败德的糟蹋，以致腾空堕落，直如禽兽。可见远离和摒除邪恶的行为是做人的关键。《弟子规》明确要求：“斗闹场，绝勿近，邪僻事，绝勿问。”

是以本章涉及的夜气的保养，保护和发育善念，极其重要。一天下来，晚上入睡时分，需将白昼所言所行在脑海再过滤一遍，去邪存正，是是非非，以利明日更有进益。这是一日最后功课。今日之事今日毕，更待明天新功课，如是，一天功过格圆成，则坦然入梦，睡得更香，来日益加奋发而有为。再有例证，小时候陪伴外祖母睡觉，上床之时，常听她老人家讲，上床要念上床经，一觉睡到大天明，通宵安眠无梦扰，神清气爽一日行。真的，一夜睡安稳了，起来后投入新的一天的学习和处事的实践，愉悦之至，朝气百倍。临睡静思和念上床经，就是清净入定的功夫，有利身心健康，有利智慧的开发，有利境界的提升。

【注释】①放：丧失。②旦旦：天天。旦，天。③平旦：清晨。④则：连词，表转折，犹却，或相当于而。⑤旦昼：第二天的白天。焦循正义：“旦昼，犹云明日。”⑥梏（gù）亡：谓因受束缚而致丧失。孙奭疏：“梏，手械也。”⑦夜气：a. 儒家谓晚上静思所产生的良知善念；b. 夜间的清凉之气。

良好的操行可守清净的心性

“故苟得其养，无物不长；苟失其养，无物不消。孔子曰：‘操①则存，舍则亡；出入无时，莫知其乡②。’惟③心之谓与！”

【译文】孟子说：“所以假如得到良好的培养，没有哪一类生命体不会生长；假如失掉了应有的培养，没有哪一种物类不会消亡。孔子说：‘把握它就存在，舍弃它就消亡；出出进进没有定时，也不知道它何去何从。’特别是针对心性说的吧！”

【简析】悟道、证道，关键在于守定清净的内心。孔子说：“操则存，舍则亡。”就是本章的结论。

【注释】①操：掌握，控制。②乡（xiàng）：方向、方位。③惟：

副词，相当于“只有”、“只是”。

第九章　齐王身边“一日暴之”与“十日寒之”的危险现状

孟子曰：“无或[①]乎王之不智也。虽有天下易生之物也，一日暴之，十日寒之，未有能生者也。吾见亦罕矣。吾退而寒之者至矣，吾如有萌[②]焉，何哉？今夫[③]弈[④]之为数[⑤]，小数也；不专心致志，则不得也。弈秋，通国之善弈者也。使弈秋诲二人弈，其一人专心致志，惟弈秋之为[⑥]听；一人虽听之，一心以为有鸿鹄将至[⑦]，思援弓缴[⑧]而射之，虽与之俱学，弗若之矣。为是[⑨]其智弗若与？曰：非然也。”

【**译文**】孟子说：“不要对国王的不明智感到困惑不解吧。纵使有天下最易生长的植物，一天曝晒它，十天寒冷它，没有能够再长得好的。我见到齐王的次数极少。我退居在家，对他泼冷水的人也就到了，我即使有帮助他的良图产生，又有什么意义呢？现在就说下棋这种技艺，不过是小技艺；但是不聚精会神、尽心尽意，就学不到手。弈秋，是名闻全国的下棋高手。假定弈秋教导两个人下棋，其中一个人聚精会神、尽心尽意，只听从弈秋的教导；另一个人虽有听的样子，却在一心想着将有大雁和天鹅飞来，拿起弓箭去射它，所以尽管一起在学，不如前一个人学得好。或许是他的智力比不上人家吧？我说，不是这样。”

【**简析**】在齐王主政的朝廷，孟子以为，主张用仁政治国的正面势力,处于寡弱无援的境地,“一日暴之”,正是其无奈的自喻;而“十日寒之”的嚣张反面势力,诱以急功近利、图霸称雄的欲望,包围了齐王。“一日暴之”,是光明,是力量,是为政的长远之计,根本之计;而“十日寒之”的急功近利、图霸称雄,是为政的大忌所在,危险所在。孟子痛心疾首,他尽管像名闻遐迩的下棋神手弈秋那样有良谋,有长策,但是不专心听他的齐王被“十日寒之”的巨大祸国势力所迷惑,信以为“鸿鹄将至”,并且使得齐国因此而走上了不归之路。

【注释】①或:通“惑”。“惑”是“疑惑、怀疑”和“令人不解”之意。②萌:产生。③夫(fú):助词,用于句中,延长音节。④弈(yì):围棋。亦指下棋。⑤数:技艺、技巧。⑥之为:为,助词,与“之”相配合,用作宾语提前的标志。“惟弈秋之为听”,即是“惟听弈秋”,“弈秋”是“听”的宾语。⑦鸿鹄(hú)将(jiāng)至:比喻心思旁骛(wù,追求),另求所得。鸿鹄,鸿雁与天鹅;亦称“鸿鹄”即鹅。鸿,大雁。鹄,通称天鹅,似雁而大,颈长,飞翔甚高,羽毛洁白,亦有黄、红者。⑧缴(zhuó):系在箭上的生丝绳,射鸟用。亦指系着丝绳的箭。⑨为是:抑或、还是。为(wéi),连词,表选择,犹言还是,或者。是,助词,犹“夫”,表发端。在“为是”一词中,“为”系主要构词成分,“是”乃起辅助作用的附加成分。

第十章　舍生取义,贤者勿丧

孟子曰:“鱼,我所欲也;熊掌,亦我所欲也;二者不可得兼,舍鱼而取熊掌者也。生,亦[①]我所欲也;义,亦我所欲也;二者不可得兼,舍生而取义者也。

生,亦我所欲,所欲有甚于生者,故不为苟得[②]也;死,亦我所恶,所恶有甚于死者,故患有所不辟[③]也。如使人之所欲莫甚于生,则凡可以得生者,何不用也?使人之所恶莫甚于死者,则凡可以辟患者,何不为也?由是则生,而有不用也;由是则可以辟患,而有不为也。是故,所欲有甚于生者,所恶有甚于死者,非独贤者有是心也,人皆有之,贤者能勿丧耳。

"一箪[④]食,一豆[⑤]羹,得之则生,弗得则死。嘑尔[⑥]而与之,行道之人弗受;蹴尔[⑥]而与之,乞人不屑也。万钟则不辩礼义而受之,万钟于我何加[⑦]焉?为宫室[⑧]之美,妻妾之奉,所识穷乏者得[⑨]我与?乡[⑩]为身死而不受,今为宫室之美为之;乡为身死而不受,今为妻妾之奉为之;乡为身死而不受,今为所识穷乏者得我而为之;是亦不可以已乎?此之谓失其本心。"

【译文】孟子说:"鱼,是我喜爱的,熊掌,也是我喜爱的;假如这两样东西不可能同时得到,那就舍弃鱼而拿熊掌。生命,是我所珍爱的,大义,也是我所珍爱的;假如这两个方面不可能同时得到,那就舍弃生命而取大义。生命,毕竟是我所珍惜的,但所珍惜的方面有比生命更宝贵的,所以不干苟且偷生的勾当;死亡,毕竟是我所厌恶的,但所厌恶的方面有比死亡更严重的,所以对有的祸患不能逃避。假如人们所珍惜的方面没有比生命更为重大的,那么一切可以求生的手段,什么不会采用呢!假如人们所厌恶的方面没有比死亡更为可怕的,那么一切可以躲避死亡这一祸患的手段,哪一种不会使上呢！由此便可得到生存,却有人不去使用;由此便可避免祸患,却有人不去照做。由此可知,所珍爱的方面有比生命更珍贵的,所憎恶的方面有比死亡更可怕的,不单贤德的人有这种思想,人人都有,只是贤德的人能够做到不会丧失。

“一盒饭,一碗汤,得到它便能活,得不到它便饿死。若呼喝着给人,就是饥饿的过路人都不会接受;一脚踢过去给人,乞丐也鄙弃不受。不问万钟的厚禄合不合礼义就接受了,万钟厚禄对我有何增益呢?是为了住宅的华美、妻妾的事奉、所认识的穷苦人感激自己吗?以往宁死而不接受的,今天为了住宅的华美接受了;以往宁死而不接受的,今天为了妻妾的事奉接受了;以往宁死而不接受的,今天为了所认识的穷苦人感激自己而接受了;这些事难道是不可以罢手的吗?这就叫做人丧失了他的本性。”

【简析】舍生取义,是儒家重大的修身之道,是中华民族最为宝贵的献身爱国的历史传统。孔子明白要求:“志士仁人,无求生以害仁,有杀身以成仁。”(《论语·卫灵公》篇)他老人家还说:“朝闻道,夕死可矣。”(《论语·里仁》篇)陈毅元帅在《梅岭三章》中激昂慷慨地写道:“取义成仁今日事,人间遍种自由花。”危险临头,准备为人民的自由幸福当即从容就义。匈牙利诗人裴多菲也说:“生命诚宝贵,爱情价更高;若为自由故,二者皆可抛。”足见舍生取义乃是人类、特别是世界高人共具的良知。

【注释】①亦:毕竟。②苟得:不当得而得。孔颖达曰:“非义而取,谓之苟得。”③辟(bì):退避、躲避。④箪(dān):古代用来盛饭食的盛器,以竹或苇编成,圆形,有盖。⑤豆:古代食器,形似高足盘,大多有盖,多为陶质,也有用青铜、木、竹制成的。⑥

嘑(hū)尔、蹴(cù)尔:喻指无礼的、侮辱性的施舍。嘑尔,呵叱貌。蹴尔,践踏貌。⑦加:增益。孟子因齐宣王不采纳"仁政论"决意离齐;齐宣王表示要在京城的中心建一套住房供养孟子及其弟子,许以"万钟"为生活费;孟子说,拒年薪"十万"而"受万",岂非笑谈? 故说:"万钟则不辩礼义而受之,万钟于我何加焉?"(《公孙丑下》篇第十章)此"加"字有分量。在本章又提及,足见"加益"在"礼义",不在身外之财! ⑧宫室:房屋的通称。⑨得:通"德",感恩。焦循正义:"得与德通。"⑩乡(xiàng):从前,原先。

第十一章　学问之道无他,在其找回丧失的人心

孟子曰:"仁,人心也;义,人路也。舍其路而弗由,放①其心而不知求,哀哉! 人有鸡犬放,则知求之;有放心,而不知求。学问之道无他,求其放心而已矣。"

【译文】孟子说:"仁德,是人先天赋有的心性;大义,是人往来出入的必由之路。舍弃人必经的大路不走,丧失了心性却不知道找回,可悲啊! 人当有鸡犬走失了,便知道去寻找;当人心丢失了,却不知道寻找。研究人生学问的途径没有别的,找回那丧失了的人心就行了。"

【简析】孟子说:"学问之道无他,求其放心而已矣。"就是本章的主题。

【注释】①放:散失、失落。

第十二章　内在美与外在美的颠倒

孟子曰："今有无名之指，屈而不信①，非疾痛②害事也；如有能信之者，则不远秦楚之路，为指之不若人也。指不若人，则③知恶之；心不若人，则不知恶；此之谓不知类④也。"

【译文】孟子说："现在有个人的无名指弯曲了不能伸直，并非是疼痛妨碍做事，但是如有能将他的无名指伸直的人，即使像秦国、楚国那样的路途遥远也定必前往寻找，因为无名指不如别人无时不起烦恼。无名指不如别人倒知道厌恶，心灵不如别人，反不知厌恶，这叫做不通事理。"

【简析】人们的通病，注重外表，不知道提升内在的心灵更重要。这叫做本末倒置。

【注释】①信（shēn）：通"伸"，伸直。②疾痛：疼痛。③则：连词，表转折，犹却。④类：事理。

第十三章　弗思养身不如养桐梓，迷惑太深

孟子曰："拱把①之桐梓②，人苟欲生之，皆知所以养之者。至于身，而不知所以养之者，岂爱身不若桐梓哉？弗思甚也！"

【译文】孟子说："一两把手大小的桐树和梓树，人们假如想使它生长得好，都知道如何去培养的方法。至于人们的自身，却不知道如何培养，难道爱自身不如桐树、梓树吗？太不懂得如何用心思了！"

【简析】世间一般人的致命糊涂，在于只知道谋划身外之财，反而不明白增加身内之财的要紧；因而某些鬼迷了心窍的奸商以及守财奴之类，只要能获得身外之财，甭管道德沦丧，不惜谋财害命，种种不法，自也干得出来！

财富可不可以谋求？答曰：君子爱财，取之有道。这个"道"，是孔子一再明示的"仁、智、勇"三者统一之"道"，强调突出身内之财即本性的提升、显露、当家；一定要先有身内这个光明本性的引领，具备得力的修身养性的功夫，开发的财富方会利人利己，悠远绵长。

试拟七言古风一首作为学习本章的体悟——

欲加内财须攀登，身外之财随缘生；财运到来救穷厄，夜气盈盈心益清。

【注释】①拱把：极言树干之小。拱，两手所围；把，一手所握。②梓（zǐ）：木名，紫葳科，落叶乔木，叶子对生或三枚轮生，花黄白色，木质优良，轻软，耐朽，供建筑及制家具、乐器等用。

第十四章　养其小者为小人，养其大者为大人

孟子曰："人之于身也，兼[1]所爱；兼所爱，则兼所养也。无尺寸之肤不爱焉，则无尺寸之肤不养也。

所以考其善不善者，岂有他哉？于己取[2]之而已矣。体有贵贱，有小大；无以小害大，无以贱害贵。养其小者为小人，养其大者为大人。今有场师[3]，舍其梧槚[4]，养其樲棘[5]，则为贱场师焉。养其一指，而失其肩背而不知也，则为狼疾[6]人也。饮食之人，则人贱之矣，为其养小以失大也。饮食之人，无有失也，则口腹岂适[7]为尺寸之肤哉！"

【译文】孟子说："人们对于身体，各部分都得爱护；各部分都爱护了，那么所有部分都得到了保养。没有一尺一寸的肌肤不加爱护，那么就没有一尺一寸的肌肤不会得到保养。用来考察一个人对身体保养得好不好，哪里需要另外的办法？对于身体是看重哪部分罢了。身体各部分有重要和不太重要、有小和大的区别；不要因为小的部分妨碍了大的部分，不要因为不太重要的部分妨碍了重要的部分。只注意保养小的部分的是识见低下的平庸之人，善于保养大的部分的才是秉性高尚的、不平凡的人物。现在有一个园艺师，放弃培养梧桐、楸树等材质贵重的树木，反而去培养酸枣荆棘等灌木之类劣种树木，不用说那是位水平很低、没有辨别能力的园艺师。如果有人仅仅保养他的一个手指，连丧失了肩膀、背脊的功能还不知道，那是个糊涂透顶的人。光是讲究吃喝的人，那就要遭到人们的鄙弃，因为他只保养微小的而丧失了重大的方面。但若讲究吃喝的人没有损害品德的培养，那么一饱口腹的目的难道仅仅是为了一尺一寸肌肤的小部分吗？"

【简析】这一章孟子反复比较、设喻，不厌其烦，告诫人们重视修身养性，万勿缺失，不要只注意小的，放弃了大的，变成为一个鼠目寸光的庸人！孟子说："不要以小害大，不要以贱害贵。"他指出："养其小者为小人，养其大者为大人。"要我们做大人，决不做庸碌的小人。

【注释】①兼：副词，俱，同时。②取：选拔。③场师：古代园艺匠师之称。④槚(jiǎ)：即楸(qiū)，落叶乔木，叶子三角状卵形或长椭圆形，花冠白色，有紫色斑点，木材质地细密，可供建筑、造船等用。⑤樲(èr)棘：果木名，樲即酸枣，棘为荆棘。⑥狼疾：昏乱、糊涂。⑦适：仅仅。

第十五章　明白护理树立心之官则思的大人

公都子问曰："钧[1]是人也，或为大人，或为小人，何也？"

孟子曰："从其大体[2]为大人，从其小体[3]为小人。"

曰："钧是人也，或从其大体，或从其小体，何也？"

曰："耳目之官不思，而蔽于物；物交物，则引之而已矣。心之官则思，思则得之，不思则不得也。此天之所与我者，先立乎其大者，则其小者不能夺也。此为大人而已矣。"

【译文】公都子问道："同样是人，有的是君子，有的是小人，什么缘故呢？"

孟子说："顺从身体重要器官、特别顾及心性培养的是君子大人，只顺从耳目口腹之需的是平庸小人。"

公都子又问："同样是人，有的能顺从大局，有的只顾到小处，为什么呢？"

孟子说："耳朵、眼睛之类器官不能思考，因而被外物所蒙蔽；这种东西一与外物接触，就只能被外物引诱罢了。心这个器官则善于思考，一思考便能得到人本来的善性，不思考就不能得到。这个器官是上天特意赐给我们人类的，先把这种关乎大体大局的器官护理树立起来，那么那些次要器官就不能夺走人的善性了。这就是大人君子的道理罢了。"

【**简析**】人之所以为万物之灵，是在于思考；君子大人特别明白"心之官则思"的道理，善于区分大体、小体，保护心性，主导人身，行持一生。

【**注释**】①钧(jūn)：通"均"，相同。②大体：a. 重要的义理，有关大局的道理；b. 纲领。③小体：指耳目之类。

第十六章　天爵与人爵

孟子曰："有天爵[①]者，有人爵[②]者。仁义忠信，乐善不倦，此天爵也；公卿大夫，此人爵也。古之人修其天爵，而人爵从之。今之人修其天爵，以[③]要人爵；既得人爵，而弃其天爵，则惑之甚者也，终亦必亡而已矣。"

【**译文**】孟子说："有天然尊贵的爵位，有社会人所授的爵位。

追求仁德、大义、忠诚、守信,行善不止,这就是天然尊贵的爵位;公卿大夫等官职,这是社会的人所授的爵位。古人看重天然爵位的修养,因而人间的爵位便随之到来。当今的人修养天然尊贵的爵位,为的是追求社会人授的爵位;一旦人间爵位到手之后,便抛弃天然爵位的修养,那真是糊涂得太厉害了,最终人间的爵位也一定丧失罢了。”

【简析】古人修天爵,同时得到人爵;今人看重人爵,人爵到手,抛弃天爵,最终人爵亦必丧失。吃亏在于颠倒了主次。

【注释】①天爵:天然的爵位。指高尚的道德修养。因德高则受人尊敬,胜于有爵位,故称。②人爵:爵禄,指人所授予的爵位。③以:介词,用。

第十七章　饱乎仁义乃良贵,超过膏粱与文绣

孟子曰:“欲贵者,人之同心也;人人有贵于己者,弗思耳矣。人之所贵者,非良贵①也。赵孟②之所贵,赵孟能贱之。《诗》云:‘既醉③以酒,既饱以德。’言饱乎仁义也,所以不愿④人之膏粱⑤之味也。令闻⑥广誉⑦施于身,所以不愿人之文绣也。”

【译文】孟子说:“向往地位尊贵,是人们共同的心理;实际上人人自身都有尊贵的东西,没有思考罢了。别人所给予的尊贵,不是最可贵的。赵孟给人加官晋爵使其尊贵,赵孟也能夺其官爵使其卑贱。《诗经·大雅·既醉》篇上说:‘已经请我喝足酒,又用德泽润我身。’说的是仁义之德很富足了,所以不羡慕他人

肥肉精米的美味了。名闻遐迩的赞誉令我荣耀,所以也就不羡慕做官人穿的锦绣美服了。”

【简析】修身得力,仁义富足,因而正己利人,赞誉远播,比之人世间一切口腹的享受和地位的高贵,都有更加不可比拟的魅力,启迪后世,功垂不朽。

【注释】①良贵:最可贵。②赵孟:春秋时晋臣赵盾及其后代赵武、赵鞅、赵无恤。赵氏世代执掌晋国朝政,显贵无比。杨伯峻注:“晋国正卿赵盾字孟,因而其子孙都称赵孟。”赵盾,即赵宣子,赵衰之子,晋襄公七年(公元前621年),任中军元帅,掌握国政。晋灵公十四年(前607年),避灵公杀害出走,未出境,其族人赵穿杀死灵公。他回来拥立晋成公,继续执政。③既醉:《诗·大雅》篇名。诗中首写饮宴,继而赞美“君子”威仪,颂其长寿多福,子孙蕃盛。④愿:羡慕,倾慕。⑤膏粱:肥美的食物。韦昭曰:“膏,肉之肥者;粱,食之精者。”⑥令闻(wèn):美好的声誉。与“令问”同义。“问”通“闻”。⑦广誉:到处皆知的好名声。

第十八章　感叹杯水车薪行仁的结局

孟子曰:“仁之胜不仁也,犹水之胜火。今之为仁者,犹以一杯水救一车薪之火也;不熄,则谓之水不胜火。此又与①于不仁之甚者也,亦②终必亡而已矣。”

【译文】孟子说:“仁胜过不仁,正如水可以扑灭火一般。当今那些行仁的人，好像用一杯水去浇灭一车木材的火；火不熄灭，就说水不能扑灭火。此等论调又大大助长了那些不仁者的气焰，那样的结果则连他们已行的那一点点仁德全都会丧失罢了。”

【简析】战国末期，仁德更加衰微，只图急功近利，整个社会的人们在一片浑浑噩噩中讨生活。尚有些行善行德的人，但是他们缺少修身的功底，识见很低，处事自然不会得力，更被污浊的外界所包围，最终只好打退堂鼓，无奈地败下阵来，反为不仁者所利用，成为他们的谈资和口实。这同当今世界道德滑坡的情形是一样的。道德值几个钱？早被聪明的人们嗤之以鼻。

再说孟子当年，处此关头，见此现状，极为着急，是以留下警示，以告弟子和同仁。

【注释】①与：帮助、援助。②亦：副词，皆。

第十九章　仁熟则显威力

孟子曰：“五谷①者，种②之美者也；苟为不熟，不如荑稗③。夫仁，亦在乎熟之而已矣。”

【译文】孟子说：“五谷，是作物种类中的优良品种；假如栽种了不能成熟，反倒不如荑稗一类野生植物了。修仁德，也在于成熟能有作用罢了。”

【简析】上一章讲仁不熟，行仁者苍白无力，反而敌不过不仁者荑稗之类可恶势力；所以这一章紧接着叙述仁熟，修学仁学务必要发挥作用，显示威力。

世上无难事，只怕有心人；只要有心，万事可成。仁熟的功夫，在于修心。

【注释】①五谷：五种谷物。后以五谷为谷物的通称，不一定限于五种。解“五谷”为“五种谷物”也不贴切，古人诸解中涉及的“麻”、“胡麻”即非谷物，故应解为“五种作物”方宜。②种：种类。③荑稗：荑、稗为二草名，似禾，实比谷小，亦可食。荑，音 tí，通“稊（tí）”，草名，形似稗，结实如小米。稗一类的草。稗，音 bài，植物名，稗子，似谷的草。

第二十章　教学必以规矩

孟子曰：“羿①之教人射，必志②于彀③；学者亦必志于彀。大匠④诲人，必以规矩；学者亦必以规矩。”

【译文】孟子说：“后羿教人射箭，一定要求弟子将弓拉满；从学的弟子也必定在拉满弓上努力下工夫。学艺非凡、名满天下的大师教导人，一定遵循严格的规矩；从学的弟子也必定遵循大师高标准的规矩。”

【简析】孟子说，没有规矩，不成方圆；“大匠诲人，必以规矩；学者亦必以规矩。”正是其理；否则，万事不成。

【注释】①羿（yì）：《离娄下》篇第二十四章叙有羿的内容。②志：期望。③彀（gòu）：张满弓弩。④大匠：称学艺上有大成就而为众人所崇敬的人。

告 子 下

第一章　揣本而言，礼重乃当然之理

任[①]人有问屋庐子曰："礼与食孰重？"

曰："礼重。"

"色与礼孰重？"

曰："礼重。"

曰："以礼食，则饥而死；不以礼食，则得食；必以礼乎？亲迎[②]，则不得妻；不亲迎，则得妻；必亲迎乎？"

屋庐子不能对。明日之邹，以告孟子。孟子曰："於[③]！答是也，何有？不揣其本[④]，而齐其末[⑤]，方寸之木[⑥]，可使高于岑楼[⑦]；金重于羽者，岂谓一钩金[⑧]与一舆羽之谓哉？取食之重者与礼之轻者而比之，奚翅[⑨]食重？取色之重者与礼之轻者而比之，奚翅色重？往应之曰：'紾[⑩]兄之臂而夺之食，则得食；不紾，则不得食；则将紾之乎？逾东家墙而搂其处子，则得妻；不搂，则不得妻；则将搂之乎？'"

【译文】有一位任国人问孟子弟子屋庐子（名连）说："礼与饮食哪个重要？"

屋庐子说："礼重要。"

任国人问:“婚姻与礼哪个重要?”

屋庐子说:“礼重要。”

任国人问:“要是依照礼节去找食物,便会饥饿而死;不依照礼节去找食物,就能找到食物;必定要依照礼节去行事吗?要是依照亲迎礼,便得不到妻子;不依照亲迎礼,就能得到妻子;必定要行亲迎礼吗?”

屋庐子不能回答。他就在第二天赶到了老师的故乡邹国,把同任国人对话的情况报告了孟子。孟子说:“哎!答复此类问题,有什么困难呢?不去度量树木的根部是否在同一平面,而只是比较末梢顶端的高低,那么即使仅是块寸把长的木条,也可以使它比高楼还高;金子比羽毛重,难道说一个小小金钩的重量比一车羽毛的重量还重吗?拿饮食的重要方面与礼节的轻微方面比较,哪里只是说饮食重要?拿婚姻的重要方面与礼节的轻微方面比较,哪里只是说婚姻重要?你去回答他说:‘扭转兄长的胳膊抢夺他的食物,便能得到食物;不扭转兄长的胳膊,就不能得到食物;那就去扭转兄长的胳膊吗?翻过东邻的围墙去搂抱他家的姑娘,就能得到妻子;不去搂抱,就不能得到妻子;那就能去搂抱邻家的姑娘吗?”

【简析】本章阐述“礼”与“欲”的关系问题。礼是调节欲的,具有指导性和制约性。食色是人不可或缺的欲,应以礼的基本原则调节,使合人世之事理。孔子说:“发乎情,止乎礼。”

孟子曾明确指出,从“人皆有之”的“恻隐之心”、“羞恶之心”、“恭敬之心”、“是非之心”显示出来的仁、义、礼、智,是人原本就有的天性(《告子上》篇第六章)。孔夫子告诉我们,饮食、男女是人类最强烈的欲望;应当限制欲望,护持人本具的纯净。眼下的那个任国人,显然主张放纵人们的欲望,不受礼法的规制，抛开人类的良知。饮食、男女重不重要？重要！取消了饮食、男女，人类不能生存，不能繁衍；但是作为万物之灵的人类，自有更光明、更高级的存在法则，有尧舜至德要道的指引，有仁义礼智的约束，有修身提升境界的自觉，此乃引领饮食、男女的前提；不然，人就混同于禽兽！目前世界，人欲横流，种种不法，肆行无忌，就是因为抛弃了仁义礼智的道德法条，泯灭了修身的天良，人类自食的恶果。

【注释】①任：周代国名，风姓。今山东济宁。杨伯峻注："阎若璩（qú）《释地》云：'任，国名，太皞（hào）之后，风姓。汉为任城县，后汉为任城国。今济宁州东任城废县是。'按当即今山东济宁市。"本章那个任国人自说自话的"食重"、"色重"，是重弹告子"食色，性也"的陈词滥调（见《告子上》篇第四章）。色，指"饮食男女"中的"男女"之事，故以"婚姻"译之。②亲迎：新郎亲自去新娘家迎娶。此婚姻礼制中所谓六礼（纳采、问名、纳吉、纳徵、请期、亲迎）之一。③於（wū）：叹词。④本：草木的根。⑤末：树梢。⑥方寸之木：《孟子集注》："方寸之木至卑，喻食色。"⑦岑楼：《孟子集注》："岑楼，楼之高锐似山者；至高，喻礼。"⑧钩金：带钩上的黄金。谓数量虽少，但仍值得珍贵。钩金舆羽，谓二者悬殊，不可作比。⑨奚翅：亦作"奚啻"。何止、岂但。奚，疑问代词，表示反诘，相当于"哪儿"、"哪个"。古字翅与啻同、通用。⑩紾（zhěn）：即扭转之意。

第二章　人皆可以为尧舜

曹交[①]问曰："人皆可以为尧舜，有诸？"

孟子曰："然。"

"交闻文王十尺，汤九尺；今交九尺四寸以长，食粟而已，如何则[2]可？"

曰："奚[3]有于是？亦[4]为之而已矣。有人于此，力不能胜一匹雏，则为无力人矣；今曰举百钧，则为有力人矣。然则举乌获[5]之任[6]，是亦为乌获而已矣。夫人岂以不胜为患哉？弗为耳。徐行后长者，谓之弟；疾行先长者，谓之不弟。夫徐行者，岂人所不能哉？所不为也。尧舜之道，孝悌而已矣。子服尧之服，诵[7]尧之言，行尧之行，是尧而已矣。子服桀之服，诵桀之言，行桀之行，是桀而已矣。"

曰："交得见于邹君，可以假馆[8]，愿留而受业[9]于门。"

曰："夫道若大路然，岂难知哉？人病不求耳。子归而求之，有余师[10]。"

【译文】曹交问道："人人都可以成为尧舜，有这种说法吗？"

孟子回答："有的。"

曹交说："我听说文王身高十尺，商汤身高九尺；目今我有九尺四寸身高，却只会消耗饭食罢了，怎样才可以成为尧舜呢？"

孟子说："这有什么难呢？也只是做下去就行了。假定这里有一个人，自己说手无缚鸡之力，那就是一个毫无力气的人了；现在又说能举起三千斤的重量，那就是一个很有力气的人了。那么，要能举得起大力士乌获曾经举起过的重量的，这也就是乌获了。人所担心的难道是在不能胜任吗？在于不去做罢了。慢慢地行走在长者的后面,叫做懂得尊敬长者;大步流星抢在长者的前面走,叫做不懂得尊敬长者。那种慢慢地行走的步态,难道是人不能做到的吗?在于不去做啊。所谓尧舜之道,就是孝顺父母尊敬长者罢了。您穿尧的衣服,说尧的言语,行尧的所为,这就成了尧了。您穿夏桀的衣服,说夏桀的言语,行夏桀的所为,这就成了夏桀了。”

曹交听了兴奋地说:“我能见到邹国君主,可以借到一所客馆,愿意留下来受教于先生的门下。”

孟子说:“那个道好像大路一般,哪有难于了解的啊!只怕人不去寻求罢了。您回去自己努力寻求,老师多得很呢。”

【简析】人皆可以为尧舜,在于修身,在于认真落实尧舜至德要道:“尧舜之道,孝悌而已矣。”在于从思想、言论到行动,都为他人、为社会、为天下着想的高尚人品的完善兑现。

孟子所以告诉曹交说:“子服尧之服,诵尧之言,行尧之行,是尧而已矣;子服桀之服,诵桀之言,行桀之行,是桀而已矣。”

孟子真诚教导了他,但是拒收为徒,这是由曹交自己的素质决定的。例如他将自己的身高列于先代圣王之后,不伦不类,不通之至;接着又说自己只会吃饭,粗鄙已极;假馆受业,有依仗之嫌,求道之心不实。孟子在《万章下》篇第三章谈到交友之道时说:“友也者,友其德也,不可以有挟(依仗)也。”

【注释】①曹交:赵岐注:“曹交,曹君之弟。”②则:副词,相当于“就”。③奚:疑问代词,什么。④亦:副词,只是。⑤乌获:战国时秦之力士。一说可能为更古之力士。后为力士的泛指。⑥任:担荷、负载。⑦诵:述说。⑧假馆:借用馆舍。赵岐注:“假馆舍,备门徒也。”引申指作客旅居。⑨受业:从师学习。接受教诲,完成学业。业,学业。⑩余师:很多可受教之处;很多可效法之处。赵岐注:“有余师,师不少也,不必留馆学也。”

第三章 孝子对待父母的态度应像虞舜那般,自怨而怀恋

公孙丑问曰:“高子[①]曰:‘《小弁》[②],小人之诗也。’”

孟子曰:“何以言之?”

曰:“怨。”

曰:“固[③]哉,高叟之为诗也!有人于此,越人关弓[④]而射之,则己谈笑而道之;无他,疏之也。其兄关弓而射之,则己垂涕泣而道之;无他,戚[⑤]之也。《小弁》之怨,亲亲也;亲亲,仁也。固矣夫[⑥],高叟之为诗也!”

曰:“《凯风》[⑦]何以不怨?”

曰:“《凯风》,亲之过小者也;《小弁》,亲之过大者也。亲之过大而不怨,是愈疏也;亲之过小而怨,是不可矶[⑧]也。愈疏,不孝也;不可矶,亦不孝也。孔子曰:‘舜其[⑨]至孝矣,五十而慕。’”

【译文】公孙丑问老师说:“高子说:‘《诗经·小雅·小弁》这篇诗,是小人做的诗。’”

孟子反问:“为什么那样说呢?”

公孙丑回答:“高子说,此诗有怨愤之情。”

孟子叹道："高老先生讲诗，太拘泥了！假如这里有个人，越国人弯弓向他射箭，那他自己谈笑着说这件事；没有别的原因，越国人同他关系疏远。若是他的兄长弯弓向他射箭，那他就要痛心落泪谈这件事了；没有别的原因，是同胞兄长同他的关系太亲密了。《小弁》这篇诗的怨愤，正是爱亲人的缘故；爱亲人，是仁心的发动。哎，高老先生解诗太机械了！"

公孙丑又问："《诗经·邶风·凯风》这篇诗为什么没有流露怨愤之情？"

孟子开导说："《凯风》这篇诗，叙述的是母亲的小过失；《小弁》这篇诗，讲的却是父亲的大错误。父亲过错大却无怨言，这是更加疏远的表现；母亲过错小却抱怨，这说明做子女的连一点小小刺激也受不了。过分疏远是不孝，连一点小刺激也受不了，也是不孝。孔子说：'虞舜果真是大孝之子，五十岁了还怀恋父母。'"

【简析】《小弁》这篇诗，对于父亲的大过，本有怨愤，是一种爱亲的仁孝；但是怨愤并不强烈，孟子认为，那就是疏远的表现，疏远父亲属于不孝。《凯风》这篇诗，对于母亲的小过失也抱怨，自然属于不孝。正确的态度应该像虞舜那样，既自怨，又怀恋，爱亲的感情强烈。是以孔子说："舜其至孝矣，五十而慕。"

【注释】①高子：同前《公孙丑下》篇第十二章中涉及的高子不是一人，虽亦齐人，前者是孟子弟子，这里从孟子称其为"高叟"看，显然系另外一人。②小弁(pán)：《诗经·小雅》篇名，写一贵族集团中的人物，被其父弃逐后的哀怨。《诗序》以为"刺幽王"，谓"太子之傅作焉"，代太子宜臼鸣不平。周幽王娶申后，生太子宜臼，又得褒姒，生伯服，遂黜申后，废宜臼。于是宜臼的师傅作此诗，叙其哀痛迫切之情。弁，通"般"。快乐。③固：愚陋、固执。可解为“死板，机械，教条”。④关(wān)弓：拉满弓。关，通“弯”。⑤戚：亲近，亲密。⑥矣夫：啦(了和啊的合音)；了吧。⑦凯风：《诗经·邶风》篇名。《诗序》谓赞美孝子的诗。魏源《诗古微》说是“事继母”之诗，言七子不同母，母爱不均，七子自责以感悟其母。也有人认为七子因父虐待其母，故作此诗，名为慰母，实为谏父。⑧矶(jī)：水冲击岩石。引申为激怒，触犯。⑨其：副词，表示论断，相当于“乃”。

第四章　上下言“利”，亡国之兆；笃行仁义，王道必兴

宋牼①将之楚，孟子遇于石丘②，曰：“先生将何之？”

曰：“吾闻秦楚搆兵③，我将④见楚王说而罢之。楚王不悦，我将见秦王说而罢之。二王我将⑤有所遇⑥焉。”

曰：“轲也请⑦无问其详，愿闻其指⑧。说之将何如？”

曰：“我将言其不利也。”

曰：“先生之志⑨则大矣，先生之号⑩则不可。先生以利说秦楚之王，秦楚之王悦于利，以罢三军之师，是三军之士乐罢而悦于利也。为人臣者，怀利以事其君；为人子者，怀利以事其父；为人弟者，怀利以事其兄；是君臣、父子、兄弟终⑪去仁义，怀利以相接；

然而不亡者，未之有也。先生以仁义说秦楚之王，秦楚之王悦于仁义，而罢三军之师，是三军之士乐罢而悦于仁义也。为人臣者，怀仁义以事其君；为人子者，怀仁义以事其父；为人弟者，怀仁义以事其兄；是君臣、父子、兄弟去利，怀仁义以相接也；然而不王者，未之有也。何必曰利？”

【译文】宋牼正要到楚国去，孟子在石丘遇见他，问道：“先生准备往哪里去？”

宋牼回答：“我听说秦国、楚国交战，我打算拜见楚王劝他罢兵。楚王要是不愿意听，我就考虑拜见秦王劝他罢兵。在两位国王之间，我估计总会有劝成一位罢战的机缘的。”

孟子笑道：“我不想问得太详细，愿意听听您的意向。将如何劝说他们呢？”

宋牼说：“我打算说交兵的不利。”

孟子说：“先生的期望是良好的，先生说辞的定位却不合适。先生用‘利’来说服秦国、楚国的国王，秦楚两国的国王因为有‘利’而高兴，从而让全军停战，这就使得全军官兵乐于停战进而对‘利’产生了浓厚的兴趣。做臣下的，怀着‘利’的观念事奉君主；做儿子的，怀着‘利’的观念事奉父亲；做弟弟的，怀着‘利’的观念事奉兄长；这使君臣、父子、兄弟之间完全抛弃了仁义，而怀着‘利’的观念互相都有戒备地对待；如此国家还不灭亡的，从来没有过。若是先生用仁义劝说秦国、楚国的国王，秦楚两国的国王因为仁义而高兴，从而让全军停战，这就使得全军官兵乐于停战进而对仁义产生了浓厚的兴趣。做臣下的，怀着仁义的观念事奉君主；做儿子的，怀着仁义的观念事奉父亲；做弟弟的，怀着仁义的观念事奉兄长；这自然会使君臣、父子、兄弟之间都去掉了‘利’的偏私，而怀着大仁大义的光明、开阔的胸襟互相诚待；这样还不成就王道的，从来不会有。先生为什么一定要言‘利’呢？”

【简析】上下言“利”、交相“征利”，人们失去了正确的方向，一心想在“利”上，两眼盯在“利”上，孟子曾郑重指出，如此一来国家就危险了（《梁惠王上》篇第一章）。眼前又碰上宋牼要以言“利”的套路去劝说秦楚罢兵，孟子向他分析做法的不妥，这会使得君臣、父子、兄弟之间完全抛弃了仁义，而以怀“利”的戒心互相对待，历史证明是亡国之兆；若以仁义陈述利害，统一朝野的思想，人们都以仁义的光明心态处世待人，目标一致，步调一致，历史昭示，王道就会到来。两种做法，两种前途。

【注释】①宋牼（kēng）：战国时与孟子、尹文子、慎到等同时的有名学者。②石丘：地名，未详所在。有人以为属宋国。③搆（gòu）兵：交兵，交战。④将：副词，欲、打算。⑤将：副词，殆（大概、几乎）、大概。⑥遇：机遇、机会。⑦请：敬辞，表示自己愿意做某件事请求对方允许。⑧指：旨意、意向。⑨志：期望。⑩号：称谓，此处可解为“提法”、“定位”。⑪终：尽。

第五章　赠送礼品，贵在合于礼仪

孟子居邹。季任①为任处守②，以币交；受之而不报。处于平陆③，储子为相，以币交；受之而不报。他日，由邹之任，见季子；由平陆之齐，不见储子。屋庐子喜曰:“连得间[4]矣!”问曰:“夫子之任,见季子;之齐,不见储子——为其为相与?”

曰:“非也。《书》[5]曰:‘享[6]多[7]仪,仪不及物,曰不享;惟[8]不役志[9]于享。’为其不成享也。”

屋庐子悦。或问之。屋庐子曰:“季子不得之邹,储子得之平陆。”

【译文】孟子在故乡邹国居住时,季任为任国留守,送礼物来和孟子结交;孟子接受了却并不答报。孟子住在平陆时,储子做齐国国相,派人送礼物来和孟子结交;孟子接受了却并不答报。过了些日子,孟子从邹国到任国,拜访了季子;从平陆到齐国,没有去拜见储子。屋庐子高兴地说:“我得到一个请教提高的机会了!”但是口气上故作惊讶地问道:“老师到任国,拜见了代行君职的季子;到齐国,没有去拜见储子——是因为储子只是卿相吗?”

孟子说:“并不是那样。《尚书·洛诰》篇上说:‘进献之礼可贵的是礼仪,礼仪没有体现于礼物,只能叫做没有进献;这是由于进献的人没有把心思用在礼仪上。’是为他没有完成进献之礼的缘故。”

屋庐子听了老师的开导喜形于色。有人就此问题仍向他问疑。屋庐子明明白白地告诉他说:“季子因为有国事在身不能离开本国到邹国去,而储子作为齐国国相是能够到本土平陆去的。”

【简析】向人赠送礼物,一定要符合圆满的礼仪,不能只送礼物而礼仪不足;不然就是没有达到送礼的目标。《尚书·洛诰》篇上说:“进献之礼可贵的是礼仪,礼仪没有体现于礼物,只能叫做没有进献;这是由于进献的人没有把心思用在礼仪上。”泱泱中华礼仪之邦,恪守礼仪。

【注释】①季任:任国君主最小的弟弟。②处守:犹留守。古时国君离开京城,命大臣留守其地。赵岐注:“季任为之居守其国。”③平陆:齐国的下邑(国都以外的城邑),故城位于今山东汶上县北。④间:空隙、缝隙。⑤书:《孟子注疏》注是《尚书·洛诰》篇。《尚书》有《虞夏书》、《商书》、《周书》几部分构成,《周书》中有《洛诰》篇。⑥享:进献。⑦多:称赞、重视。⑧惟:介词,相当于“以”、“由于”。⑨役志:用心。

第六章　不具备仁德君子的境界,不能识别仁德者

淳于髡[①]曰:“先名实[②]者,为人也;后名实者,自为也。夫子在三卿之中,名实未加于上下而去之,仁者固如此乎?”

孟子曰:“居下位,不以贤事不肖者,伯夷也;五就汤,五就桀者,伊尹也;不恶污君,不辞小官者,柳下惠也。三子者不同道,其趋[③]一也。一者何也?曰:仁也。君子亦仁而已矣,何必同?”

曰:“鲁缪公之时,公仪子[④]为政,子柳[⑤]、子思为臣,鲁之削也滋甚。若是乎,贤者之无益于国也!”

曰:“虞不用百里奚而亡,秦缪公用之而霸。不用贤则亡,削何可得与?”

曰："昔者王豹[6]处于淇，而河西善讴；绵驹处于高唐[7]，而齐右善歌；华周、杞梁[8]之妻善哭其夫，而变国俗。有诸内必形诸外，为其事而无其功者，髡未尝睹之也。是故无贤者也，有则髡必识之。"

曰："孔子为鲁司寇，不用；从而祭；燔肉[9]不至。不税冕[10]而行。不知者以为为肉也，其知者以为为无礼也；乃孔子则欲以微罪行，不欲为苟去。君子之所为，众人固不识也。"

【译文】淳于髡对孟子说："重视名誉功业，是为了济世救民；轻视名誉功业，是为了独善自身。先生身居齐国三卿的高位，上辅君主下济臣民的名誉功业都未建立就甩手离开，仁德的人原来是如此的吗？"

孟子回答说："处在卑贱的职位，不愿用自己贤德的身份去事奉不贤的人，伯夷是这样的；五次投到商汤的门下，五次投到夏桀的门下，伊尹是这样的；不讨厌污浊的君主，不拒绝微贱的职位，柳下惠是这样的。那三位贤者处世待人的态度不同，他们的总趋向是一致的。这个一致的是什么呢？我认为，就是仁德。君子只要仁德就行了，何必一定要相同呢？"

淳于髡微微笑道："从前鲁缪公的时候，博士公仪休主持国政，泄柳、子思都在朝做官，而鲁国地削国弱更见厉害。像这个样子，所谓贤德者对于国家是没有好处的啊！"

孟子也笑道："虞国不任用百里奚而灭亡，秦缪公重用他而称霸。不任用贤德者就要亡国，单单削减点国土又怎么可能呢？"

淳于髡摆开架势说："从前歌手王豹居住在淇水旁边，因而使得河西地方的人也都擅长歌唱;歌手绵驹住在高唐,因而使得齐国西部地方的人也都善于歌唱;华周、杞梁的妻子失声痛哭她们战死疆场的丈夫,悲彻心脾的哭声深深感染了国人,因而改变了国家的风俗。这是说心内有构想必定会表现在外面的情形,做了事却不见于功业的,我不曾见到过。可见实在没有贤人,若有我必定知道他。”

孟子一笑说:“孔子做鲁定公朝的司寇,不被信用;跟着鲁君去祭祀,祭祀过后的燔肉也不按规定送达。于是他匆匆上路离开。不了解孔子的人以为是未得燔肉而走的,那些自以为了解孔子的人估计是为鲁君失礼而走的;至于孔子却想使自己背上一点小小的罪名而告别鲁国,不想随随便便地离开。一个仁德君子的作为,识见一般的人原本是不容易理解得了的呀。”

【简析】齐宣王继承祖父齐桓公、父亲齐威王的优良传统,在国都临淄稷门(西边南首门)附近扩置学宫,招揽文学游说之士数千人,任其讲学议论。众多知名学者如淳于髡、邹衍、田骈、接子、慎到、宋钘、尹文、环渊、田巴、鲁仲连和荀况等于是汇集于稷门之下,创言立说。各个学派之间常常激烈论辩。是名副其实的百花齐放、百家争鸣,对于繁荣学术,起到了极大的推动作用。这就是当时稷下学宫的盛况。眼前这里,孟子碰到淳于髡,一位是帝王之师,一位是稷下学宫的名流,当然是不同学派的代表人物会面,免不了不同观点的交锋;旋即,两人唇枪舌剑,展开了各不相让的论战。然而淳于髡的仁德、智慧,毕竟比不上孟子,是以最终哑口无言,只得败下阵来。

【注释】①淳于髡:见《离娄上》篇第十七章注释①。②名实:名誉与事功。③趋:趋向。④公仪子:复姓公仪,名休。据司马迁《史记·循吏列传》载,公仪休是鲁国博士,凭着才学优异任鲁国宰相。他“奉法循理”，无为而治，“百官自正”，拒贪，惠民，心中只有百姓，没有自己，在他的治下，社会风气清明。⑤子柳：赵岐注：“子柳，泄柳也。”做过鲁缪公的卿。在前《公孙丑下》篇第十一章叙及：“泄柳、申详无人乎缪公之侧，则不能安其身。”⑥王豹：春秋时卫人，善讴。淇（qí），水名。在河南省北部。古为黄河支流，南流至今汲县东北淇门镇南入河。东汉建安中，曹操于淇口筑堰，遏使东北流，注入白沟（今卫河），以通漕运。此后遂成为卫河支流。⑦高唐：齐国西部县邑，故城位于今山东禹县西南。高唐在齐西面，西在右，故称“齐右”。⑧华周、杞梁：据《春秋左传》载，鲁襄公二十三年，齐庄公袭击莒国，杞梁、华周一同参战，莒国俘杀杞梁。赵岐注曰：“华周，华旋也；杞梁，杞殖也。二人齐大夫，死于戎事者；其妻哭之哀，城为之崩，国俗化之，则效其哭。”⑨燔（fán）肉：祭肉。⑩税（tuō）冕：脱去礼帽。税，通“挩”、“脱”。挩，“脱”的古字。

第七章　当今逢君之恶的大夫，是最危险的罪人

孟子曰：“五霸者，三王[①]之罪人也；今之诸侯，五霸之罪人也；今之大夫，今之诸侯之罪人也。天子适诸侯曰巡狩，诸侯朝于天子曰述职。春省耕而补不足，秋省敛而助不给。入其疆，土地辟，田野治，养老尊贤，俊杰在位，则有庆[②]，庆以地。入其疆，土地荒芜，遗老失贤，掊克[③]在位，则有让[④]。一不朝，则

贬其爵；再不朝，则削其地；三不朝，则六师[5]移之。是故天子讨而不伐，诸侯伐而不讨。五霸者，搂诸侯以伐诸侯者也；故曰：五霸者，三王之罪人也。五霸，桓公为盛；葵丘[6]之会诸侯，束牲、载书而不歃血[7]。初命曰：'诛不孝，无易树子[8]，无以妾为妻。'再命曰：'尊贤育才，以彰有德。'三命曰：'敬老慈幼，无忘宾旅。'四命曰：'士无世官[9]，官事无摄，取士必得，无专杀大夫。'五命曰：'无曲防[10]，无遏籴，无有封而不告。'曰：'凡我同盟之人，既盟之后，言归于好。'今之诸侯皆犯此五禁，故曰：今之诸侯，五霸之罪人也。长君之恶，其罪小；逢君之恶，其罪大。今之大夫皆逢君之恶，故曰：今之大夫，今之诸侯之罪人也。"

【译文】孟子说："五个霸主，是三王的罪人；当今的诸侯，是五霸的罪人；今天的大夫，是当今诸侯的罪人。天子到诸侯国去考察叫巡狩，诸侯朝见天子叫述职。天子的巡狩，春天巡视耕种情况补助贫困的农户，秋天巡视收获的情况接济不能自给的家庭。天子进入一国的疆界，见到土地开辟，田野经营得井井有条，老人有赡养，贤人受尊重，杰出的人才都被选拔掌权，那就予以赏赐，赐给土地。天子进入一国的疆界，见到土地荒芜，老人遗弃，贤者失位，横征暴敛者占据要职，那就要责罚。诸侯述职一次不朝拜，就降低他的爵位；两次不朝拜，就削减他的封地；三次不朝拜，就出师弹压，另立国君。所以天子对于不服从的诸侯动用武力，在于发布命令声讨其罪，而不亲自去攻伐他；诸侯奉命行事,攻伐不服从天子的诸侯,而不对别的诸侯发号施令,声罪致讨。然而五霸争夺的情形,却是挟持一部分诸侯去攻伐另一部分诸侯;所以我说,五霸是三王的罪人。五霸当中,齐桓公最强大;在葵丘会盟诸侯,捆绑牺牲祭品搁置盟书,由于桓公自信其威而未举行歃血仪式。第一条盟约说:'诛罚不孝父母的人,但不要擅自改变已立的太子,不得扶立爱妾为正妻。'第二条盟约说:'尊重贤人,培育人才,表彰有德之士。'第三条盟约说:'尊敬老人,慈爱幼小,不要怠慢外宾和旅客。'第四条盟约说:'士人的官职不要世代相传,公事不要兼代,选拔人才一定任人唯贤,不得擅自杀戮大夫。'第五条盟约说:'不要遍设禁区阻碍王命,不要限制别国来购买粮食,不要有所封赏而不报告王室。'末后说:'凡是我们共缔盟约者,缔约之后,便要恢复正常的友好邦交。'当今的诸侯全部违犯了这五条禁令,所以我说,当今诸侯是五霸的罪人。一味助长国君的过失,这个罪行尚小;逢迎唆使国君作恶,这个罪行就大了。如今的大夫都逢迎唆使国君作恶,所以我说,如今的大夫,都是当今诸侯的罪人。"

【简析】春秋之际,五霸是功劳最大的,过错也最大。五霸的重大罪行之一,就是《万章下》篇第二章上明确叙述到的,诸侯们讨厌周朝制定的官爵俸禄的等级制度,会损害自己对他国的兼并和超越名分争相窃夺的不义之举,因而就抛弃、毁灭记载那种制度的文献典籍。有那种背叛三王行为的罪人,当推五霸为代表。

孟子特别指出,讨好、引诱、怂恿一国之主作恶的小人,是人类社会最可怕的毒瘤。孟子揭示的这个身历的战国末期的惨淡现实,是历朝历代后期政治特别令人扼腕叹息的痛苦史、伤心史、悲愤史。

【注释】①三王：指夏禹、商汤、周文王；一说，指夏禹、商汤和周代的文王、武王。②庆：赏赐，褒美。③掊（póu）克：亦作“掊刻”。聚敛；搜括。亦指搜括民财之人。一说，自大而好胜人。④让：责备、责问。⑤六师：天子所统六军之师。⑥葵丘：古邑名。春秋齐地。在今山东淄博市境。⑦歃血：古代盟会中的一种仪式。盟约宣读后，参加者用口微吸所杀牲之血，以示诚意。一说，以指蘸血，涂于口旁。⑧树子：古代诸侯立为世子（太子，帝王和诸侯的嫡长子）的嫡子。⑨世官：古代某官职由一族世代承袭，谓之世官。⑩曲防：遍设堤防。曲，周遍、多方面、详尽。

第八章　有道的人事奉国君，务引其君合于道，用心于仁

鲁欲使慎子为将军。孟子曰：“不教[①]民而用之，谓之殃民。殃民者，不容于尧舜之世。一战胜齐，遂[②]有南阳[③]，然且不可……”

慎子勃然[④]不悦曰：“此则滑厘[⑤]所不识也。”

曰：“吾明告子：天子之地，方千里，不千里，不足以待诸侯；诸侯之地，方百里，不百里，不足以守宗庙[⑥]之典籍[⑦]。周公之封于鲁，为方百里也；地非不足，而俭[⑧]于百里。太公之封于齐也，亦为方百里也；地非不足也，而俭于百里。今鲁方百里者五，子以为有王者作，则鲁在所损乎？在所益乎？徒取诸彼以

与此，然且仁者不为，况于杀人以求之乎？君子之事君也，务引其君以当道[9]，志于仁而已。”

【译文】鲁国准备派善于用兵的慎子做将军。孟子说：“对民众不先训练就派将帅率领他们去打仗，这叫做加害百姓。加害百姓的行为，在尧舜时代是不能容忍的。纵使一次战争赢得了齐国，如愿占有了南阳，但如此尚且不可以……”

不等孟子把话讲完，慎子的脸色一下子变了，不高兴地说：“这就是我慎滑厘所不了解的了。”

孟子说：“我明白告诉您好了：天子的辖地是方圆千里，不满千里，不够用来接待朝见的诸侯；诸侯的辖地是方圆百里，不满百里，不够用来奉守国家历代相传的礼法制度的重要文献。周公被封在鲁国，是该有方圆百里的土地的；土地并非不够，但事实上少于百里。太公被封在齐国，同样该有方圆百里的土地；土地并非不够，但事实上少于百里。如今鲁国有五倍于方圆百里的国土，您如认为有圣贤明王出现时，那么鲁国的土地在减少之列呢，还是在增加之列呢？不用兵力白白地从那个国家取来土地给予这个国家，仁德的人尚且不做，何况用杀人来求得土地呢？有道的人事奉国君，务必引导他的国君事事合于正道，将心放在仁上罢了。”

【简析】周公、太公是参加创建周代天下的元勋，心地清净，没有非分之想，亦无僭越之念；而鲁国、齐国的后代，忘了先祖的规范，更忘了鲁、齐应当互相扶助的嘱托，蔑视周室，动不动就想侵吞他国的领土。所以孟子要慎子必须清楚地考虑到，假如真有圣明天子出世，鲁国的土地必在削减之列，因为已经扩展到了始封国土的五倍，还不停止杀人开疆的贪欲吗？孟子曾痛愤地说过：“争地以战，杀人盈野；争城以战，杀人盈城；此所谓率土地而食人肉,罪不容于死。”(《离娄上》篇第十四章)孟子最后开导慎子说,作为一个有道的人事奉国君,应当引导他的君主事事合于正道,把心思放在仁政上,致力从事和平外交,和平于他国,和平于天下,和平于民众。这才是赢得天下人心的上等良方。有子说:“礼之用,和为贵,先王之道斯为美。”(《论语·学而》篇)诚哉!令人身心透亮的先贤明论,能不遵循吗?

【注释】①教:教练、训练。②遂:顺应、如愿。③南阳:古地名。战国齐地。杨伯峻注:“即汶阳,在泰山之西南,汶水之北。”④勃然:因愤怒或心情紧张而变色之貌。⑤滑厘(gǔ lí):赵岐注:“滑厘,慎子名。”⑥宗庙:朝廷和国家政权的代称。⑦典籍:指法典图籍等重要文献。亦泛指古今图书。⑧俭:薄、少。⑨当(dàng)道:合于正道。

第九章　痛斥乱臣贼子的恶行败德

孟子曰:“今之事君者皆曰:‘我能为君辟土地,充府库[①]。’今之所谓良臣,古之所谓民贼[②]也。君不乡[③]道,不志于仁,而求富之,是富桀也。‘我能为君约[④]与国[⑤],战必克。’今之所谓良臣,古之所谓民贼也。君不乡道,不志于仁,而求为之强战,是辅桀也。由今之道,无变今之俗[⑥],虽与之天下,不能一朝[⑦]居也。”

【译文】孟子说:“当今事奉君主的人都说:‘我能为国君开拓疆土,充实金库。’哎,这些今天所称的‘良臣’,实际上是古人所说的‘民贼’呀。君主不向往道德,心不在仁上,那些‘良臣’却卖力使他富足,这是等于让夏桀富足呀。那种‘良臣’又摇唇鼓舌地诱惑说:‘我能替君上邀结盟国,每战必胜。’哎,这些今天所称的‘良臣’,实际上是古人所说的‘民贼’呀。君主不向往道德,心不在仁上,那些‘良臣’却卖力替他恃强奋战,这是等于在辅佐夏桀呀。从现在这样的道路走下去,也不改变今天这样的恶习,纵然给他整个天下,也不能坐稳一个早晨。”

【简析】没有仁慈光明的指导思想,更无正义的行为,一味怂恿贪欲的膨胀,有如盲人骑瞎马,又在黑暗里乱闯,只能自食恶果,别无他途。

第八、第九章都揭露逢君之恶的大夫之罪:第八章判武将逢君之恶,第九章判文臣逢君之恶。对那两类臣子,孟子毫不留情地全把他们划为“民贼”的范畴。我们将在《尽心下》篇第四章学到,孟子对“善为阵,善为战”的施暴者,都义愤填膺地宣判他们为“大罪”者,罪不容于死。

【注释】①府库:国家贮藏财物、兵甲的处所。②民贼:残害人民的人。贼:a. 伤害;b. 杀害;c. 祸害。③乡(xiàng):通“向”。面向,朝着。④约:邀结、邀请。⑤与国:盟国、友邦。⑥俗:习俗。⑦一朝(zhāo):一个早晨。

第十章　中原治国,离不开尧舜中而不偏十分抽一的税率

白圭[①]曰:“吾欲二十而取一,何如?”

孟子曰:“子之道,貉道[②]也。万室之国,一人

陶[3]，则可乎？”

曰：“不可，器不足用也。”

曰：“夫貉，五谷不生，惟黍生之；无城郭[4]宫室[5]、宗庙[6]祭祀之礼，无诸侯币帛[7]饔飧[8]，无百官有司[9]，故二十而取一而足也。今居中国，去人伦，无君子，如之何其可也？陶以寡，且不可以为国，况无君子乎？欲轻之于尧舜之道[10]者，大貉小貉也；欲重之于尧舜之道者，大桀小桀也。”

【译文】白圭征询孟子的意向说：“我想制定二十抽一的税率，您以为如何？”

孟子回答并反问道：“您的办法，是貉国的做法。假若在一个万户的国家，只有一人制作陶器，那能行吗？”

白圭答道：“不行，陶器不能满足需用。”

孟子于是说：“北方的貉国，气候寒冷，五谷不生，只有黍能生长；他们没有城墙和高大的房屋以及祖庙祭祀的礼仪，没有诸侯间往来致送礼物和飨宴款客的礼节，没有各种官吏和政府机关，所以二十抽一的税率是足够开销的。现在我们居住在天下的中心地带，去掉社会伦常，不要各种官吏，那怎么能行得通呢？因为做陶器的人太少，尚且不能满足社会的需要而治不好国家，何况没有官吏呢？要用比尧舜十分抽一的税率还轻的做法，那就成了大貉小貉的北方民族；要用重过尧舜十分抽一的税率的做法，那就成了大桀小桀等苛政虐民的暴君。”

【简析】中庸之道，是治世行事的指南，是客观规律的体现。尧舜十分抽一的税率，符合中庸之道这个道德最高准则的办事规律，是治天下的不偏不倚的良方，兼顾了官府的需要和民众的承受力,是经过为政实践的长期检验证明可行的制度;是以进入小康社会以后,夏商周三代都加以采用。白圭的用心也许是良好的,想减轻民众的负担,但是离开了可能,好心不可能达成好事,事与愿违,到头来要受客观规律的惩罚。因而孟子循循善诱,耐心予以开导,令他防患于未然。

【注释】①白圭:名丹,周人,曾任魏相,善生产,曾筑堤治水。②貉(mò)道:犹貊(mò)道,对北方少数民族的习俗、制度的贬称。③陶:此名动化,谓制造陶器。④城郭:城墙。亦作"城廓"。"郭"与"廓"同。城指内城的墙,郭指外城的墙。⑤宫室:房屋的通称。此谓中原民族居住的房屋高大,北方游牧民族,一般无房舍定居。⑥宗庙:古代帝王、诸侯祭祀祖宗的庙宇。⑦币帛:缯帛,古代用于祭祀、进贡、馈赠的礼物。也泛指财物。⑧饔飧(yōng sūn):指馈食及宴饮之礼。⑨有司:官吏。古代设官分职,各有专司,故称。此指国家办事机构。下文紧接而来的"君子",与此"有司"同义,因为官吏是要有道的人担当的,故以"君子"代官吏。⑩道:此指以十抽一的税率。

第十一章　白圭以邻为壑的治水术,违背大禹的治水法则,人为酿灾

白圭曰:"丹之治水也,愈[1]于禹。"

孟子曰:"子过矣!禹之治水,水之道也。是故禹以四海为壑[2]。今吾子以邻国为壑,水逆行,谓之洚水[3]。洚水者,洪水也。仁人之所恶也。吾子过矣。"

【译文】白圭自负地说："我治理洪水的办法，超过了大禹。"

孟子纠正他说："先生，您错了！大禹治理洪水，是顺着水由高向低的流淌方向加以疏导的，这才是真正的治水办法。所以大禹把四海当做吸纳洪水的地方。而今先生却把邻国当做储水的水坑，使得水不遵循故道四处泛滥，这叫做人为制造灾害的洚水。所谓洚水，就是使得水不循道造成了泛滥的洪水。这是有仁爱之心的人最厌恶的。先生错了。"

【简析】紧接上章而来，再叙白圭治水，违背规律的又一显例。上章是在社会制度方面不按祖宗有效的规则办事，这一章错在对待自然方面不循规律。不管对社会对自然，违背规律都要遭受惩罚，人类在这方面的教训，一言难尽。当前的天灾人祸异乎寻常的严重，这是大自然发出的严厉的警告，就看人类觉醒不觉醒！抓紧学习中华传统文化，提升道德素养，重视伦理建设，不再侵害自然，严格控制，减少废气、废液的排放，停止一切高污染、高耗能、低效益产业项目的上马，尽可能降低高科技带来的负面影响，当是合理宜行的途径。

【注释】①愈：胜过。②壑：本指山沟或大水坑，此引申为吸纳水之处。③洚（jiàng）水：大水泛滥。《说文》："洚，水不遵道。"在前学过的《滕文公下》篇第九章，与本处的内容相关："《书》曰：'洚水警余。'洚水者，洪水也。"叙及大禹治水，开掘挖通河道把水引入海里的科学的疏导方法。

第十二章　亮与执的关系

孟子曰："君子不亮①，恶乎执②？"

【译文】孟子说："君子不讲诚信，如何执持操守？"

【简析】诚信是执持操守的基础、前提、核心；没有诚信，无法体现操守。诚讲真实、守信。真诚要做到一毫不加、一丝不减，保持事物的原貌，信守诺言的原样，有如品尝天然果品的原汁原味一般纯净美好，令人舒心、叹服。

上面两章白圭对社会对自然的规则任意添减的行为，正是不诚的表现。诚则感通天地，从而人在社会、自然界心明眼亮，对其规律一目了然，故对如何护持、建设人天两道，得大自在，这是学习子思《中庸》篇的精髓所在；不诚则违背中道，无法沟通天地，人在社会、自然的规律面前，成了一筹莫展的瞎子，于是乎在一片喊杀声中蛮干、胡来，征服、重新安排河山之类的糊涂之举层出不穷，留下伤痕累累，教训无穷。是以一定要诚待社会、诚待自然，决不可以有急功近利、只顾眼前的主观空想。

【注释】①亮：诚信、忠诚。②执：守，持守，保持。

第十三章　好善优于天下

鲁欲使乐正子为政。孟子曰："吾闻之，喜而不寐①。"

公孙丑曰："乐正子强②乎？"

曰："否。"

"有知虑③乎？"

曰："否。"

"多闻识乎？"

曰："否。"

"然则奚为喜而不寐？"

曰："其为人也好善[4]。"

"好善足乎？"

曰："好善优[5]于天下，而况鲁国乎？夫苟好善，则四海之内，皆将轻[6]千里而来告之以善；夫苟不好善，则人将曰：'訑訑[7]，予既已知之矣。'訑訑之声音颜色，距[8]人于千里之外。士止于千里之外，则谗谄面谀[9]之人至矣。与谗谄面谀之人居[10]，国欲治，可得乎？"

【译文】鲁国准备让乐正子掌握国政。孟子说："我听到这个消息后，高兴得睡不着觉。"

公孙丑问老师说："乐正子坚定果断吗？"

孟子回答："不是说这个。"

公孙丑问道："他有智慧和谋略吗？"

孟子回答："不是说这个。"

公孙丑问道："他博学多闻见识很广吗？"

孟子回答："不是说这个。"

公孙丑更加疑惑不解地问道："那么老师您为什么高兴得连觉都睡不着呢？"

孟子明白告诉说："我是说他的为人，喜听善言。"

公孙丑问道："喜欢听取善言就够了吗？"

孟子说："有喜听善言的诚敬德养，则能应付裕如地治理天下，何况仅仅治理一个鲁国呢？如果喜听善言，那么四海之内的好善之士，都会不远千里而来把有益的话告诉他；要是不喜听善言，那么人们将会学着他的言语神态说：‘呵呵，我早都知道了。’呵呵的声音和颐指气使的脸色，把人拒绝到了千里之外。好善之士被阻止在千里之外，那么进谗言、逢迎和当面讨好的人就围拥上来了。同进谗言、逢迎和当面讨好的人混在了一起，国家还想治理好，做得到吗？”

【简析】被尊为“文始真经”的道家的著作《关尹子·三极》篇上说：“圣人不以一己治天下，而以天下治天下。”指的是那种包容、好用天下善谋之士的博大胸襟和智慧之举。孔夫子教导说：“远人不服，则修文德以来之；既来之，则安之。”（《论语·季氏》篇）总之，要和，要安，要诚，要敬，要忠，要宽，务须放开使用，一定博采众长。待人以上宾之礼，用人于舒心舒意。天下，是天下人的天下。为政者之要，在于创造一种机宜，让天下的德能之士，都能尽情地一展自己的平生抱负，兑现人生价值。

【注释】①寐（mèi）：睡，入睡。②强：坚定。③知虑：智慧和谋略。④好善：谓乐闻善言。这是乐正子发扬虞舜“好闻善言”、“好察迩言”的传统。在后《尽心上》篇第十六章，记叙舜“闻一善言，见一善行，若决江河，沛然莫之能御也。”《礼记·中庸》篇第三章：“子曰：‘舜好问而好察迩言，隐恶而扬善。’”乐正子，孟子弟子，在前《梁惠王下》篇第十六章、《离娄上》篇第二十四章，都已经同他见过面，在后《尽心下》篇还将会面。⑤优：宽绰，有余力。⑥轻：容易。⑦訑訑（yíyí）：洋洋自得貌，沾沾自喜貌。赵岐注：“訑訑者，自足其智，不嗜善言之貌。”⑧距：通“拒”。拒绝、排斥。⑨谗（chán）谄（chǎn）面谀（yú）：诋毁他人，阿谀奉承，当面恭维。谗，说别人的坏话，说陷害人的话。谗谄，谗毁和谄谀（阿谀）。谀，恭维。⑩居：相处。

第十四章 出仕的条件，行可、际可、公养，三者至少居一

陈子[1]曰："古之君子何如则仕？"

孟子曰："所就三，所去三。迎之致敬以有礼，言将行其言也，则就之；礼貌未衰，言弗行也，则去之。其次，虽未行其言也，迎之致敬以有礼，则就之；礼貌衰，则去之。其下，朝不食，夕不食，饥饿不能出门户，君闻之，曰：'吾大者不能行其道，又不能从其言也，使饥饿于我土地，吾耻之。'周[2]之。亦可受也，免死而已矣。"

【译文】陈臻问老师说："古代的君子要有如何的待遇才出来做官呢？"

孟子说："就任的情形有三种，离职的情形也有三种。国君礼貌地恭敬地迎接他，有进言国君也考虑付诸实行，那便就任；国君礼貌不缺，可对进言不能采纳实行，那就离任。次一等的，虽还没有实行他的建言，国君尚能有礼貌地恭敬地迎接他，那便就任；若又礼貌全无，那就离开。最下等的，早晨不供应食物，晚上也不供应食物，饥饿得不能走出房门，国君知道了，说：'我在大的方面不能实行他的主张，又不能采纳他的建言，致使他在我的国土上挨饿，我感到耻辱。'便派人周济了他。那也可以考虑接受，只是免于死亡罢了。"

【**简析**】在前《万章下》篇第四章，我们学习过："孔子有见行可之仕，有际可之仕，有公养之仕。于季桓子，见行可之仕也；于卫灵公，际可之仕也；于卫孝公，公养之仕也。"意思是说，孔子看见有行道的可能便去做官，君主以礼相待便去做官，国君能养贤便去做官。对于季桓子，就是看见有行道的可能而做官的；对于卫灵公，就是因为国君能对自己以礼相待而做官的；对于卫孝公，就是因为国君能养贤而做官的。

这一章孟子回答弟子陈臻的问题，同前面解答万章"孔子为什么不离开鲁国"的疑问，有类似的情形，于是更加具体地叙述了三种国君对待贤士的做法，即行可、际可、公养，三者有一，便可考虑出仕。贤德君子考虑出仕的核心，是对国家的事业，能够发生实际的效用，所以把国君是否采纳、实行他的建言，看得很重。

【**注释**】①陈子：即陈臻，孟子弟子。《公孙丑下》篇第三章会过面。在《尽心下》篇还将会面。②周：周济，给济。

第十五章　生于忧患，死于安乐

孟子曰："舜发于畎亩之中，傅说①举于版筑②之间，胶鬲③举于鱼盐之中，管夷吾举于士④，孙叔敖⑤举于海，百里奚举于市。故天将降大任于是人也，必先苦其心志，劳其筋骨，饿其体肤，空乏其身，行拂乱其所为；所以动心忍性，曾⑥益其所不能。人恒过，然后能改；困于心，衡于虑⑦，而后作；征⑧于色，发于声，而后喻。入则无法家[9]拂士[10]，出则无敌国外患者，国恒亡。然后知生于忧患，而死于安乐也。”

【译文】孟子说：“虞舜初起发自历山田亩之中由四岳共荐而尧帝禅让其位，傅说从傅岩筑墙的苦役中被商王高宗提拔为相，胶鬲从贩卖鱼盐的行业中被周文王举为贤臣，管夷吾从狱官手里被齐桓公选拔出来担任国相，孙叔敖隐遁于海边被楚庄王拔为令尹，百里奚从买卖场所被秦缪公提拔为相。是以上天将要把重任加到这个人的肩上，一定先要困苦他的心意，劳累他的筋骨，饥饿他的躯体，使他穷困一无所有，扰乱他的行事不使如意；用来激动他的心志，坚韧他的性情，增长他所缺少的能力。一个人错误常常发生，只要改了便能够走上正道；心意困辱，忧虑满胸，而后方有可能奋发创造；累念积虑，反应在脸色上，发表在言语中，而后方有可能被人了解。一个国家，假若内无守法度的大臣和辅佐的贤士，外无相与抗衡的邻国和袭来的忧患，这样的国家常常容易被灭亡。这就使人刻骨铭心地懂得，在忧患中反能生存，在安乐中却很轻易地遭受毁灭。”

【简析】生于忧患，死于安乐，不绝于世，不绝于史。欧阳修有类似的感慨，他在《新五代史·伶官传》中写道：“忧劳可以兴国，逸豫（安乐）可以亡身。”他还提醒人们说：“夫祸患常积于忽微，而智勇多困于所溺。”古今中外都有一个大致的情状，某些政治人物当无权势之时尚能清醒，信誓旦旦，许诺平等博爱，宪政治国；一旦登上生杀予夺之位，便颠倒迷惑，猜忌多端，陷害忠臣良将，坑民于水火之中。忘了平生之愿，只顾一人独裁。摧毁传统，蔑视规律。从而国事日衰，民心尽失。历史证明，丧身灭国之祸，无不来自于主政者自己。《诗经·大雅·荡》之篇上曾有警示：“殷鉴不远，在夏后之世。”东欧剧变，苏联解体，岂非近在目前？毛泽东关于真老虎转变成纸老虎的著名论断，期待人们永远应当予以记取。

【注释】①傅说（yuè）：殷高宗武丁的大臣。相传原是傅岩地方从事版筑、曾被判刑的奴隶，商王武丁从劳役中起用了他。②版筑：筑土墙，在夹板中填土，再用杵筑以成墙。版，亦作“板”，筑墙用的夹板。③胶鬲（gé）：商周时人，纣时因遭世乱，曾隐遁为商。周文王在贩卖鱼盐的商人中找到了他，提拔他做臣子。后因以“胶鬲之困”指士人不在位而处于困难之境。④士：古代指掌管刑狱的官员。⑤孙叔敖：春秋时楚国期思（今河南淮滨东南）人。芳（wěi）氏，名敖，字孙叔，一字艾猎。官令尹。邲（bì，春秋郑邑）之战，辅助楚庄王指挥楚军，大胜晋兵。曾在期思、雩（yú）娄（今河南商城东）兴修水利工程。又相传开凿芍陂（今安徽寿县安丰塘），蓄水灌田。芳，亦作“薳（wěi）”。《通志·氏族略三》：“薳氏，亦作芳，芈（mǐ）姓。……楚有地名芳……晋士芳之后亦为芳氏。”⑥曾：通“增”，增长、增加。⑦困心衡虑：亦作“困心横虑”。谓心意困苦，忧虑满胸。亦指费尽心思。⑧征（zhēng）：表现。⑨法家：守法度的世臣（历代有功勋的旧臣）。⑩拂（bì）士：辅佐的贤士。拂，通“弼（bì）”，辅佐。

第十六章　教亦多术，或与或不与，无非教也

孟子曰：“教亦①多术②矣！予不屑之教诲也者，是亦教诲之而已矣。”

【译文】孟子说：“教育无疑有多种多样的办法。我不值得给

予教诲的人,这也就是对他的一种教诲。”

【简析】孟子是名副其实的帝王之师,曾经担当过齐宣王、梁惠王的老师,都有相当时间,并且拜为上卿;因邀指导滕文公推行仁政,获得了成功。在当时天下,名望很高。孟子充满了自信,他说:“如欲平治天下,当今之世,舍我其谁也?”(《公孙丑下》篇第十三章)

“教亦多术矣!予不屑之教诲也者,是亦教诲之而已矣。”例如曹交,孟子拒绝了他的“受业”之想,但也当面教以孝悌之道;同时明白指出两种相反做人的前途,一为尧舜,一为桀纣,全在于自己定夺(本篇第二章)。这也是一种教育,特殊的教育,是对曹交严峻的考验。

【注释】①亦:副词,相当于“确实”、“的确”。②术:方法、手段。

尽 心 上

第一章 安身立命的功夫

孟子曰："尽其心者，知其性也①。知其性②，则知天矣。存其心，养其性③，所以事④天也。夭寿不贰⑤，修身以俟之，所以立命⑥也。"

【译文】孟子说："充分发挥心中的良知良能，就能认识人性。认识了人性，就认识天命了。保存本心，养育正性，用来事奉天命。不管短命长寿，都不三心二意，只是修身养性等待天命，这就是安身立命的功夫。"

【简析】孙奭阐释说："尽心竭性，足以承天。"意谓充分发挥了心中的良知良能，完全顺从着纯真的本性行世，就可以承奉天命。又云："夭寿祸福，秉心不违，立命之道，惟是为珍者也。"这是说，不管夭寿祸福，总能保持心净，不违正念，安身立命的功夫，惟有这样恒定自若才最珍贵(引自、译自《孟子注疏》)。

儒释道三家都主张命运自控。自控命运的途径，在于不谋私利，只为他人，有如清水出芙蓉，一尘不染，那么，必定前程光明，无所挂碍，得大自在。

【注释】①尽其心者，知其性也：孟子提倡的内省修行方法。为充分发挥心中的良知良能，认识人性，不违天命。②知其性：知道人的本性。焦循正义："知其性，谓知其性之善也。"明王守仁《传习录》卷上："尽心由于知性，致知在于格物。"③存其心，养其性：保存本心，养育正性(自然的禀性，纯正的禀性)。思孟学派认为，人性本善，保持并培养这种本性，即可事天。赵岐注："能存其心，养育其正性，可谓仁人。天道好生，仁人亦好生，天道无亲，惟仁是与。行与天合，故曰'所以事天'也。"宋张载《西铭》："存心养性，君子之所以事天也。"④事：侍奉、供奉。⑤不贰：专一，无二心。⑥立命：谓修身养性以奉天命。赵岐注："修正其身，以待天命，此所以立命之本。"王守仁《传习录》卷下："你萌时，这一知处，便是你的命根，当下即去消磨（犹琢磨），便是立命功夫。"

第二章　承受正命，在于顺理而行，为正道尽力

孟子曰："莫非命也，顺受①其正②。是故知命者，不立乎岩墙③之下。尽其道而死者，正命④也；桎梏⑤死者，非正命也。"

【译文】孟子说："无一不是命运，顺理而行，正直不邪，接受的便是正常的命运。所以懂得命运的人，决不站在有倾倒危险的墙壁之下。为正道尽力而死的人，所受的是正常命运；犯罪坐牢而死的人，不是正常的命运。"

【简析】人们自控命运的关键，在于顺理而行，为正道尽力，决不做邪恶之事。当前社会道德滑坡，不法之徒干出种种伤天害理之事，殊不知危害他人的同时，正在自祸其身，天网恢恢，最终逃脱不了痛苦悲惨的下场。

【注释】①顺受：顺从地接受。②顺正：和顺正直、不邪僻。③岩墙：将要倒塌的墙。借指危险之地。岩，险要。④正命：儒

家以顺应于天道、得其天年而死为得“正命”。⑤桎梏(zhì gù):刑具,脚镣手铐。桎,拘系犯人两脚的刑具;梏,古代木制的手铐。

第三章　内求在仁,外求有道

孟子曰:“求则得之,舍则失之,是求有益于得也,求在我者[1]也。求之有道[2],得之有命[3],是求无益于得也,求在外者[4]也。”

【译文】孟子说:“凡是自身天性本具的,一心真诚地追求就能得到,放弃追求就会失去,这种有益于获得的追求是妥帖的,因为追求在于展示我身内的天性,善在相应。追求必具相应的规矩,想得到它须听从命运的安排,但若这种追求的结果无益于所得,说明追求身外之物不可肆意妄为。”

【简析】夫子说:“富而可求也,虽执鞭之士,吾亦为之;如不可求,从吾所好。”(《论语·述而》篇)

求有内求外求。内求就是展露自身本具的仁德、仁性,修身提升境界的功夫。只要摒除一切自私自利的杂念,全副身心为他人、为国家、为天下,修仁得仁,成贤成圣,均可达成。富贵万不可主观执着地去硬求,系身外之物,求不会得,若是妄求,事与愿违,有可能反遭不测。相反的做派是舍,叫做舍得,舍倒会得,是为舍得之理。这个“得”从你纯净施舍的功夫中来,是你种下的福田。既是纯净的施舍,你在舍的时候便不能有丝毫“得”的念头,要名副其实,只为他人,不为自己。是一种大仁心、大智慧的自然流露。这种纯净施舍、不求有报但会得报的功夫，便是“求之有道，得之有命”的天道观，乃大德行世，德化众人。

【注释】①在我者：展示身内的天性。②有道：有办法，合正道。③有命：由命运主宰。④在外者：谓身外之物。

第四章　万物皆备于我

孟子曰：“万物皆备于我矣。反身[1]而诚[2]，乐莫大焉。强恕[3]而行，求仁莫近焉。”

【译文】孟子说：“世间一切事物之理都在我的本性之内具备了。反躬自省，本性之内所具备的事物当然之理都实实在在，那就是人世最大的快乐！努力不懈地实践推己及人的恕道，那就是求仁的捷径！”

【简析】万法唯心造，一切法从心想生，心外无物，心包太虚，量周沙际，心量无限，等同宇宙，是谓“万物皆备于我矣”。孟子指出，明白人的本性之内实实在在地、圆满地体现着、反映着天理，通晓宇宙人生的真相，那么无论什么快乐都不能比它更大的了；努力不懈地推行仁爱无边的恕道，善为人谋，那么求得天地仁德的途径没有哪种能比它更近的了。这两道步骤，对于求取仁德，展示本性，功夫最佳：本性之内，万物皆备。自然是大宇宙，人体是小宇宙，大宇宙、小宇宙同属一个性德，是总与分的关系，或称“道”或称“德”，在宇宙称“道”，是纲——总规律，分达包含人在内的万物称“德”，是目。纲与目同为一体，不可分割。“万物皆备于我”，是展示天地万物同每个人关系的客观存在。是以人的仁德就是宇宙天理在人的本性的自然流露、呈现,加大力度实践恕道,就是证得天地仁德、展露天性的最近途径。

孟子在这一章称说的“我”,是天性充分显示的“我”,是纯净真我,是智慧之我,是仁爱大我。人皆可以为尧舜,“万物皆备于我”,愿人人都是通向天理、显示性善原貌的仁德君子。

【注释】①反身:反过来要求自己,自我检束。②诚:真实,实在。③强(qiǎng)恕:勉力于恕道。

第五章　凡夫俗子的糊涂人生

孟子曰:“行之而不著①焉,习矣而不察②焉,终身由之而不知其道者,众③也。”

【译文】孟子说:“已经付诸行动却不明白行动的道理,已经养成了习惯却不理解其间的原因,一生都随着这样下去却不清楚它的意义所在,哎,那就是浑浑噩噩的凡夫俗子过的日子啊!”

【简析】在中国,被称为国学的儒释道三家之学是人生的指南。以孔夫子为代表的儒家学说教人做好人,做高人;以老子为代表的道家学说教人将天道应用于人道,因为天道合理,“损有余而补不足”,人道不合理,“损不足而奉有余”;以释迦牟尼为代表的佛家学说教人觉悟人生、奉献人生而抵达究竟圆满光明的彼岸。层次一个比一个高,一个比一个理想,一个比一个透亮。若是修学、领略了中华国学——儒释道三家之学的学问,糊里糊涂讨生活的普通人——可怜的凡夫俗子,必将跳出“行之而不著焉,习矣而不察焉,终身由之而不知其道者”的昏暗朦胧、见不到光明的怪圈。被誉为“企业经营之神”的日本松下幸之助由衷地赞叹道:“中国古代的哲学,是天下之最,我公司职员必须顶礼膜拜,认真总结、背诵,灵活运用,公司才能兴旺发达。”高人明见,透悟真谛。

孟夫子可怜普通人众的糊涂人生:“行之而不著焉,习矣而不察焉,终身由之而不知其道者。”——三不知自己一辈子的所作所为:不知做事、不知习气、不知终身的价值和目的。如此不明就里、不堪已极的人生,不能自控命运,只能随波逐流瞎闯,陷阱不期而至,毫无所察,危险之至,可怕之至。

首先,普通人众的糊涂集中表现在自私自利的贪婪,贪婪财富、色情、美食、声名。所谓欲壑难填,揭示的就是人类无边贪欲的膨胀,将会导致严重的后果。例如俗语或格言说的,“人为财死”、“万恶淫为首”、“吃光败光”、“人生最大的烦恼是名利”之类,如不限制,必定会酿至巨大而惨烈的祸患。但是许许多多的人们不能觉悟、不会觉悟、不肯觉悟,沉溺其中,以害为宝,推波助澜,于是道德滑坡,天灾人祸,一齐到来,愈演愈烈,宁不痛哉!

私欲迷惑了人们的心智,挡住了人们的目光,使得人们“行之而不著焉,习矣而不察焉,终身由之而不知其道者”,在黑暗中爬行,危苦到了极点而不停止危行,就是由于私欲这个万恶之源在张狂、在作祟所致。

其次,普通人众的糊涂还表现在好争好斗,冤冤相报,制造了世间无穷无尽的灾变;表现在愚痴、下贱、堕落,败坏了、毒化了社会的风气;表现在骄傲狂妄、目中无人,陷自身于孤立,阻塞了进步提高的可能;表现在疑惑没有自信,也无他信,一片茫然,不知路在何方!

上述种种表现,都是人生的脚镣手铐,是在喝人生的迷魂汤。摆脱那些镣铐,还我自由、自在、明亮的人生,惟有学习、领悟儒释道三家之学,努力培养道德,提升做人的境界,那么,光明、轻松的前程,将会自自然然地到来。

【注释】①著:明了。②察:a. 知晓;b. 清楚。③众:普通、一般。

第六章　人不可以无耻

孟子曰:“人不可以无耻。无耻之①耻,无耻矣。”

【译文】孟子说:“人不可以没有羞耻之心。人若明白自己没有羞耻是可耻的,那么,他就终身不再蒙受羞耻之累了。”

【简析】孔子说:“行己有耻。”(《论语·子路》篇)意为立身行事应有知耻之心。孔子还说:“知耻近乎勇。”(《中庸》第十五章)这自然是君子富有智慧、胸怀坦荡的处世观。孙奭阐释说:“能够不被耻辱拖累而还有知耻之心,这是努力向善远离罪恶的人,那就一辈子不再有耻辱的拖累了。按礼书上说:‘君子认为有五种情况是耻辱的,掌握朝政却不坐朝办公,平日又无善政,君子感到耻辱;占据了高官的职位,却无施政建言的谋划,君子感到耻辱;有一套夸夸其谈的理论,却无具体实施的行动规划,君子感到耻辱;既然得到了职位,又因没有政绩而被罢免,君子感到耻辱;国土宽广有余,居住的民众却很少,君子感到耻辱。’对于如此不堪的状况,一个人还可以没有耻辱感吗?那就是孟子讲出这番话用来挽救时弊的原委所在。”(译自《孟子注疏》)

孔子说："不在其位，不谋其政。"（《论语》：《泰伯》篇、《宪问》篇）这里本来的意思，是说不要轻易插手他人职位上的政务，不要随便干政。舍弃这个特定的指向，那么，在其位，就一定要谋其政，为国为民谋取福祉；不谋政，白占一个职位，徒享国家的俸禄，空耗民脂民膏，无疑是君子不齿的羞辱。

【注释】①之：相当于"为"，训（解释）作"是"。

第七章　羞耻对于人关系重大

孟子曰："耻之于人大矣。为机变[①]之巧[②]者，无所用耻焉。不耻不若人，何若[③]人有？"

【译文】孟子说："羞耻对于人关系重大。善于搞阴谋诡计的欺诈之徒，是没有地方用得着羞耻的。一个人要是不把不如别人看作是羞耻，哪里还能比得上人家总有所长呢？"

【简析】羞耻之心的重要，在于使人有最强烈、最鲜明的是非之心，杜绝羞耻之事的发生；若无羞耻之心，则人世间什么坏事都会有人干得出来，十恶不赦之徒就是那样屡屡出现的。还有，掩饰自身的短处，就是不知羞耻的开始，堕落的开始，开始可能是不自觉的，以为无关紧要，随着而来的，则可能会有意掩饰、着意掩饰，那就危险了，应当紧急刹车。

千真万确，羞耻对于人的干系太重大了，孟子的警示，是人生的良药。

【注释】①机变：计谋，权诈。②巧：虚伪、欺诈。③何若：何如，哪里比得上。

第八章　贤王好善而忘势，贤士乐其道而忘人之势

孟子曰："古之贤王，好善而忘势；古之贤士，何独[1]不然？乐其道而忘人之势。故王公不致敬尽礼，则不得亟见之；见且由[2]不得亟，而况得而臣之乎？"

【译文】孟子说："古代的贤明圣王，喜好礼贤下士而忘记了自己的权势；古代的贤德之士，哪个不是这样？乐于行自己的仁道而忘记了别人的权势。因此王公们要是不对他们诚心恭敬，礼仪周到，就不能多次见到他们；相见的次数尚且不能多，更何况能够以他们为臣子呢？"

【简析】孙奭疏解说："此章言王公尊贤，以贵下贱，乐道忘势，不以富贵动其心者也。"(《孟子注疏》)意为天子与诸侯礼贤下士，专一圣道，以道为乐，忘记了权势，是以不可能用富贵动摇他们的信念。

【注释】①何独：犹何谁，谁人。独，犹孰。②且由：亦作"且犹"，尚且。

第九章　穷则独善其身，达则兼善天下

孟子谓宋句践[1]曰："子好游乎？吾语子游。人知之亦嚣嚣[2]，人不知亦嚣嚣。"

曰："何如斯可以嚣嚣矣？"

曰："尊德乐义，则可以嚣嚣矣。故士穷不失义，达[3]不离道。穷不失义，故士得己焉；达不离道，故民不失望焉。古之人得志[4]，泽加于民；不得志，修身见于世。穷则独善其身，达则兼善[5]天下。"

【译文】孟子对宋句践说："您喜欢游说各国的君主吗？我告诉您游说应取的态度。人家理解我悠然自得，人家不理解我亦悠然自得。"

宋句践问道："怎样做就可以悠然自得呢？"

孟子回答说："崇尚道德，喜欢礼义，就可以悠然自得了。所以士人穷困时不失掉礼义，显达时不离开正道。穷困时不失掉礼义，所以士人自得其乐；显达时不离开正道，所以民众对他不会失望。古人实现志愿的时候，恩泽遍施民众；失意的时候，以良好的德养展现于世。穷困时就独自努力修养身心，得意时就使天下人也普遍地得到好处。"

【简析】孟子曾豪气凌云地宣称："居天下之广居，立天下之正位，行天下之大道；得志与民由之，不得志独行其道；富贵不能淫，贫贱不能移，威武不能屈；此之谓大丈夫。"（《滕文公下》篇第二章）"穷则独善其身，达则兼善天下"；仁义明心，通天达地，一股浩然正气，冲云破雾而来。

【注释】①宋句（gōu）践：宋姓，句践名，是一位拿道德游说诸侯，希望能实现其政治主张的学者。②嚣嚣：自得无欲貌。嚣，闲适貌、自得貌。③达：显贵、显达。④得志：谓实现其志愿。⑤兼善：谓使他人得到好处。孙奭疏："古之人得志遭遇其时，则布恩泽而加被于民。"兼，副词，俱，同时。

第十章　豪杰自兴

孟子曰："待文王而后兴者，凡民也。若夫豪杰之士，虽无文王犹兴。"

【译文】孟子说："必定要等到文王出来之后方才奋发起来的，那是普通民众。至于有过人才智的豪杰之士，纵使没有文王也能奋发起来。"

【简析】孙奭解析说："此章言小人待化乃不邪僻，君子特立不为俗移，故称豪杰自兴者也。"（《孟子注疏》）意谓，普通小民要在教化引导之后，方能走上兴旺正道；君子有独立的志向与操守，不会随顺世俗势力转移立定的前程，是以孟子裁断，豪杰自兴。

第十一章　富贵不能移易超人之士

孟子曰："附①之以韩、魏之家②，如其自视欿然③，则过人远矣。"

【译文】孟子说："除开自身家业，再把韩、魏两大豪族的财富增加给他，如他自觉仁义之道还不足，不值得自满，那就远远超过一般人了。"

【简析】在前《万章下》篇第三章，我们已经学过，孟献子交友，泯灭了自身是大夫之家的世俗挂碍，同这里孟子赞叹的一样,也是识见远超于人,非等闲之辈。

本章,进一步申述上章之意,有上智之资的豪杰之士,清净无欲,胸怀利人利天下的豪兴,一往无前。

【注释】①附:增加。②韩、魏之家:春秋时晋国的两大豪族。③欿(kǎn)然:不自满。

第十二章 佚道、生道,出发点、归宿点全在为民

孟子曰:"以佚道①使民,虽劳不怨;以生道②杀民,虽死不怨杀者。"

【译文】孟子说:"从谋求百姓过上安逸生活出发役使百姓,他们尽管劳累也不埋怨;从维护百姓生存出发而不得已杀人,纵被杀死,也不埋怨杀他的人。"

【简析】佚道、生道,其出发点和归宿之处全在为民,是以民众"虽劳不怨","虽死不怨杀者"。务使善策沟通民众的心灵。

"以生道杀民,虽死不怨杀者。"注意这里一项重大的、英明的决策,就是推行仁政者绝不株连被杀者的家族,进而采取了安抚政策,促使转化,因此使得生者、死者都不怨恨,心悦诚服,接受法治,保证和推进了社会的安定和谐。

【注释】①佚道:逸道,使百姓安乐之道。②生道:使民生存之道。

第十三章　圣王所过所在之处，上下与天地同流

孟子曰："霸者之民，驩虞[①]如也；王者之民，皞皞[②]如也。杀之而不怨，利之而不庸[③]；民日迁善[④]而不知为之者，夫君子所过者化，所存者神，上下与天地同流，岂曰小补之哉？"

【译文】孟子说："霸主的百姓得到了君主建功立业的利益，因而欢喜快乐；圣王的百姓感受到恩德浩荡，因而和乐舒畅。犯罪的百姓被杀了，人民也不怨恨，得到了益处，也不认为应该酬谢；百姓天天向好的方面转化，也不知道谁使他们这样的。圣人所到之处，人们受到感化，他所在的国家，神妙莫测受到德泽，简直是上下与天地同时运转，哪能说只是小小的补益呢？"

【简析】这一章比较"霸者之民"与"王者之民"所表现出来不同境界的欢乐，描绘了圣王治下，大道推行，天下为公，德风沐浴，民心纯正，一幅至善至乐的图景。

【注释】①驩(huān)虞：亦作"驩娱"，欢乐。驩通"欢"。②皞皞(hào hào)：广大自得貌、心情舒畅貌。皞，和乐，舒畅。③庸：酬其功劳。赵岐注："庸，功也。"④迁善：去恶为善，改过向善。

第十四章　善政得民财，善教得民心

孟子曰：“仁言[1]，不如仁声[2]之入人深也；善政[3]，不如善教[4]之得民也。善政，民畏之；善教，民爱之。善政，得民财；善教，得民心。”

【译文】孟子说：“仁德教化的言论，比不上乐声《雅》、《颂》能深入陶冶人心；清明的政治，比不上使人心地光明的教化能吸引民众。再清明的政治，民众也畏惧它；而高明引人的教化，使得民众喜爱它。再好的政治，得到的是民财；高明引人的教化，得到的是民心。”

【简析】善政、善教都需要，但是重点应在善教，根本应在善教；善政在于保障善教的顺畅推行。《礼记·学记》篇上说：“建国君民，教学为先。”建设国家引导民众，教学是第一位紧要之事。

【注释】①仁言：仁德教化的言论。②仁声：指有教化作用，能使风俗变得淳厚的音乐或乐声。赵岐注：“仁声，乐声《雅》、《颂》也。”③善政：清明的政治、良好的政令。④善教：正确高明的教诲。

第十五章　仁义通达天下

孟子曰：“人之所不学而能者，其良能[1]也；所不虑而知者，其良知②也。孩提③之童，无不知爱其亲者；及其长也，无不知敬其兄也。亲亲，仁也；敬长，义也。无他，达④之天下也。”

【译文】孟子说：“人们不用学习就会实际做事的，这是天赋之能；不用思考就会明了事理的，这是天赋的道德。二三岁光会笑、要人抱的小孩，没有不知道爱他的父母的；等他长大了，没有不知道尊敬他的兄长的。亲爱父母，是仁的流露；尊敬兄长，是义的表现。此无其他原因，是两种品德通行于天下的结果。”

【简析】发扬光大仁义，保护具有良知良能的天赋者，使得他们更好更快成才。要让天才的成长，不偏正确的方向，离不开仁义的滋养。仁义引导人们孝养父母，尊敬兄长；两种品德通行于天下，社会将是和睦、和谐、和平，一片大光明的宜人景象。

【注释】①良能：天赋之能。②良知：儒家谓人类先天具有的道德意识。明王守仁提出“致良知”的道德修养方法。认为良知即天理存在于人的本体中。人们只要推极良知于客观事物，则一切行为活动就自然合乎理，即自然合乎伦理道德的标准。王守仁也将这种“致良知”的功夫叫做“致知格物”。推极，推求穷究，达到顶峰。③孩提：幼小、幼年。赵岐注：“孩提，二三岁之间，在襁褓知孩笑，可提抱者也。”④达：畅通。

第十六章　虞舜闻善，当下推行

孟子曰：“舜之居深山之中①，与木石居②，与鹿豕[3]游，其所以异于深山之野人者几希[4]；及其闻一善言，见一善行，若决江河，沛然[5]莫之能御也。”

【译文】孟子说：“虞舜居住在深山时，跟树木、石头相处做伴，和麋鹿、野猪一起游息，他同深山老林当中的野人几乎没有区别；但等他听到一句好话，见到一种良好的行为，当下采纳推行，好像江河决了口，声势浩大得没有谁能阻挡得了。”

【简析】我们曾听孟子说：“人之所以异于禽兽者几希，庶民去之，君子存之。”意为人用来区分禽兽的优点近乎没有，凡夫俗子竟然连那一点点优于禽兽的地方也抛弃了，德养高尚的君子则保全了那种尽管极其稀少但是无比珍贵的秉性（引自、译自《离娄下》篇第十九章）。面前的虞舜即是典范。他这个喜闻善言、喜见善行的长处是一贯的，突出地保全着的。在《礼记·中庸》篇第三章，子思引用其祖父孔子的话说：“舜好问而好察迩言，隐恶而扬善。”此处引文中的“迩言”，即普通民众的浅近、浅显的言语，毫无疑问是质朴纯净的善言，虞舜喜欢请教，善于体察。不是到此为止，他闻善后，雷厉风行，当下见之于推广的实践；其行动之快，声势之大，“若决江河，沛然莫之能御也”。圣哲风采，油然而临，威严当家。这是虞舜“居深山之中”，耕于历山之时的初露治迹，是他作为伟大圣人的开始阶段的垂范，是他纯净天性的自然流露。为上一章仁义“达之天下”，点起一盏明灯。

【注释】①中：指一个时期内或其中间。②居：处于、处在。③豕（shǐ）：猪。④几（jī）希：极少。几，差不多、接近于。希，少、罕有。⑤沛然：充盛貌、盛大貌。

第十七章　不为不欲，人道清平

孟子曰："无为其所不为，无欲其所不欲，如此而已矣。"

【译文】孟子说："不要做那些不应该做的事情，不要生起那些不应该生起的贪欲，能够这样做到就可以了。"

【简析】孙奭解释说："这一章阐述'己所不欲，勿施于人'，即仲尼的忠恕学说。孟子说人不要做自己不该做的事情，因为那些不该做的事情不合大义；不要生起自己不该生起的贪欲，因为那些不该有的贪欲诱使自己做坏事。人能不做不合大义之事，又不生起不好的贪欲，那么人类世界就足以清平了。"(译自《孟子注疏》)

"以戒为师"，是释迦牟尼佛涅槃之时对修行弟子的重大告诫；这一章孟子的不为不欲，是要人筑起一道心灵的堤坝，自设戒律，隔绝外界种种物欲的引诱，保护人们生活天地的清净。

第十八章　人有德慧术知者，在于恒存忧患意识

孟子曰："人之有德慧①术知②者，恒存乎疢疾③。独孤臣孽子④，其操心也危，其虑患也深，故达。"

【译文】孟子说："人有道德、聪慧、技能、才智的原因，在于总能保持忧患意识。所以唯独那些孤立无援的臣子、非正妻所生

遭受歧视的庶子，他们平时警惕不安，考虑祸患深切，反而能够通达透彻地明白事理。"

【简析】"生于忧患"(《告子下》篇第十五章)，是至理名言，真实不虚。所以孟子说："独孤臣孽子，其操心也危，其虑患也深，故达。"强烈的忧患意识，有力地推动着人们德慧术知的达成。

【注释】①德慧：道德智慧。②术知：道术才智。赵岐注："人所以有德行智慧道术才智者，以其在于有疢(chèn)疾之人；疢疾之人，又力学，故能成德。"③疢疾：犹忧患。④孽子：庶子，非正妻所生之子。孽，旧时指庶子或旁支。

第十九章　人品不同，处世大异

孟子曰："有事君人者，事是君则为容悦①者也；有安社稷臣者，以安社稷为悦者也；有天民②者，达可行于天下而后行之者也；有大人者，正己而物正者也。"

【译文】孟子说："有一种事奉君主的人，他们事奉君主是为了讨得君主的欢心；有安定国家的臣子，以安定国家为愉悦；有明乎天理、适乎天性的人，知道他们的道可通于天下才出来行道；有道德高尚的人，那是一种先端正了自己而后使外物随着端正的人。"

【简析】孙奭解析说："此章言容悦凡臣、社稷股肱、天民行道、大人正身，凡四科，优劣之差者也。"(《孟子注疏》)容悦凡臣，心地黑暗，假公谋私；社稷股肱，尽忠报国，一身正气；天民行道，明乎天理，通于天下；大人正身，自律律人，一同向善。

【注释】①容悦：谓曲意逢迎以取悦于上。②天民：指贤者。因其明乎天理，适乎天性，故称。宋陈师道《理究》："贤而在下谓之天民，贤而在上谓之天吏。"

第二十章　行仁政外的君子三乐

孟子曰："君子有三乐，而王天下不与存焉。父母俱存，兄弟无故，一乐也；仰不愧于天，俯不怍[①]于人，二乐也；得天下英才而教育之，三乐也。君子有三乐，而王天下不与存焉。"

【译文】孟子说："君子有三桩乐事，但统一天下不包含在其中。父母都健在，兄弟无意外事故，是第一桩乐事；上不愧于天，下不愧于人，是第二桩乐事；得到天下优秀人才对他们进行教育，是第三桩乐事。君子有三桩乐事，但统一天下不包含在其中。"

【简析】这里的君子，必定是国士一流，帝王之师之列，表达他们日常的处世态度。是以说统一天下的大事没有包含在其中。也就是说，在推行仁政的国家大事之外，他们平日是如何做人的。有三桩乐事是其紧要内容。无疑，这是孟夫子自道。我们今天学习"君子三乐"，效法孟夫子的榜样，也要自勉自励，严守孝悌之道，立下人生远大的理想，为了人类的进步事业，终身作不懈的奉献。

【注释】①怍(zuò):羞惭。

第二十一章 天性生发仁义礼智，显示人类性善的本貌

孟子曰:“广土众民,君子欲之,所乐不存焉。中①天下而立,定四海之民;君子乐之,所性②不存焉。君子所性,虽大行③不加焉,虽穷居不损焉,分定④故也。君子所性,仁义礼智根于心;其生色⑤也,睟⑥然见于面,盎⑦于背,施⑧于四体;四体不言而喻⑨。”

【译文】孟子说:“国土广阔,人口众多,为君子所希望的,但是乐趣不在这里。屹立于天下的中央,安定四海的民众;君子以此为乐,但是从天而得的本性不在这里。君子得自上天的本性,纵使他的理想通行于天下,也不因此增加,纵使穷困隐居,也不有所减少,这是天分固定的缘故。君子得自上天的本性,生发仁义礼智植根在人心之中;来自仁义礼智的精神本色表现在外面,润泽容颜,洋溢肩背,显露四肢;四肢一有动作,不用言语说明,人们一看便知。”

【简析】常言道,修身养性,这一章就讲修身护养天性、展示天性的道理,证明人们拥有不生不灭、不增不减的天性,仁义礼智是其生发,是其表现。天性显露,在人身占主导地位,所谓真人、圣人便出现在我们面前了,就是上一章为大家亲睹,在推行仁政外有三乐的君子大人。

【注释】①中:居于其中。②所性:天性。③大行:广为推行,

普遍流行。④分(fèn)定:本分所定、命定。⑤生色:谓表现于外表。⑥睟(suì):润泽貌。⑦盎:振奋貌。⑧施:显扬。⑨喻:知晓。

第二十二章　圣人为政的魅力
——仁慈本性充分显示

孟子曰:“伯夷辟[①]纣,居北海[②]之滨,闻文王作,兴曰:‘盍归乎来[③],吾闻西伯[④]善养老者。’太公辟纣,居东海[⑤]之滨,闻文王作,兴曰:‘盍归乎来,吾闻西伯善养老者。’天下有善养老,则仁人以为己归矣。五亩之宅,树墙下以桑,匹妇蚕之,则老者足以衣帛[⑥]矣。五母鸡,二母彘,无失其时,老者足以无失肉矣。百亩之田,匹夫耕之,八口之家,足以无饥矣。所谓西伯善养老者,制其田里[⑦],教之树畜[⑧];导其妻子,使养其老。五十非帛不暖,七十非肉不饱;不暖不饱,谓之冻馁[⑨]。文王之民,无冻馁之老者,此之谓也。”

【译文】孟子说:“伯夷逃避商纣王的无道统治,居住到了北海边上,听说文王推行仁政,高兴地说:‘何不归附到哪里去呢?我听说西伯是最能奉养老人的人。’姜太公逃避商纣王的无道统治,居住到了东海边上,听说文王推行仁政,高兴地说:‘何不归附到哪里去呢?我听说西伯是最能奉养老人的人。’天下有最能奉养老人的人,那仁人便把他当做自己的归宿了。五亩地的住宅，把桑树种在墙脚下，妇女养蚕缫丝，那么，老人便可以穿上丝棉袄了。养五只母鸡，二头母猪，不要耽误了养殖的时机，老年人便可以不缺肉食了。一百亩田地，一个丁壮男子耕种，一户八口人的家庭，便可以没有饥饿了。所说的西伯最能奉养老人的事，在于他制定分配土地和住宅的制度，教育人民栽种和畜牧；引导他们的妻儿，奉养自己的老人。到了五十岁穿不上丝棉袄不能暖和身子，七十岁吃不上肉食不能饱腹；不能保暖不能饱腹，就是经常听说的挨冻挨饿。在文王的百姓里边，没有挨冻挨饿的老人，正是说的他推行仁政之善。”

【简析】关于伯夷、太公二老归附周文王之事，在前学习《离娄上》篇第十三章，我们已经了解了，在当时肯定是一件具有轰动效应的重大新闻。孟子当即判断道：“二老者，天下之大老也，而归之，是天下之父归之也。”伯夷、太公是全天下的代表，周文王以仁政统一天下，是大势所趋，人心所向。得人心者得天下。所以能得人心，是文王姬昌的仁性的光辉所达。

这一章以周文王在推行仁政实践中的修为，说明养护光大天性的无与伦比的功力，使得天下苍生广泛地充分地蒙受到他的德益。修身养护光大天性，是使天性展露无遗，是使所施的仁政之制，体现的尽是性善的威力，美好到了极处。

本章是前面数章内容的延伸。前一章说君子有三乐，推行仁政在其外，本章便以专叙仁政之威补足之，满足了读者渴望了解仁政的心愿；上一章说天性生发仁义礼智，显示人类性善的本貌，本章特叙性善使仁政圆满地实施，引人入胜，环环相扣。

【注释】①辟（bì）：躲避。②北海：古代泛指北方最远僻之地。③盍归乎来：何不归附。盍（hé），何不。来，语助词，用在句末，表示疑问语气。④西伯：指周文王或周武王，此指周文王。

亦称西伯昌，周文王姬昌。⑤东海：古时东海名称，所指因时而异。先秦古籍中的东海，相当于今之黄海。战国时已有兼指今东海北部的。⑥帛：古代丝织物的通称。⑦田里：田地和庐舍。⑧树畜：栽种畜牧。⑨冻馁(něi)：谓饥寒交迫。馁，饥饿。

第二十三章　富民之制，引民仁爱

孟子曰："易[①]其田畴[②]，薄其税敛，民可使富也。食之以时，用[③]之以礼，财不可胜用也。民非水火不生活，昏暮叩人之门户求水火，无弗与者，至足矣。圣人治天下，使有菽粟[④]如水火；菽粟如水火，而民焉有不仁者乎？"

【译文】孟子说："整治好耕地，减轻赋税，可使百姓富足。食用要有时节，花费不超过礼数，财物便用不尽了。百姓没有水与火是不能生活的，黑夜敲门向人讨碗水或要个火，没有人会不给的，是由于水与火极多的缘故。圣人治理天下，务使粮食如水火般之多；粮食像水火一样多，百姓哪有不讲仁爱的呢？"

【简析】《管子·牧民》篇上说："仓廪(贮藏米谷的仓库)实则知礼节，衣食足则知荣辱。"假如不具备"仓廪实"、"衣食足"的条件，没有较好的物质生活作保障，那么谋生糊口还来不及呢，哪有充裕的时间去奢谈什么知礼节、知荣辱啊！常言道人穷志短。孟子曾对齐宣王说：如今您制定的齐国的家产制度，使得百姓"对上不可能奉养父母，对下不可能养育妻儿；好年成同样是身受苦难，灾荒之年更是难免死亡；如此单单救死还怕力量不够,哪里还有空闲时间修学礼义呢?"(《梁惠王上》篇第七章)可见推行仁政,讲究礼义,引导民众互相关爱,一定要有使得民众富裕的经济制度作保证。所以孟子说:"圣人治理天下,务使粮食如水火般之多;粮食像水火一样多,百姓哪有不讲仁爱的呢?"

司马迁在《史记·货殖列传》中说,"礼生于有而废于无",意为礼仪在富有中产生,而在贫困时废弃。他说,所以君子富有就爱好施行仁德,普通民众就会乐于发挥自己的余力。继而,太史公概括成下面这则千古不朽的名言:"天下熙熙,皆为利来;天下壤壤*,皆为利往。"保护合理的该得的利益,是推行仁政的核心内容之一。这也是孟子学说的中坚部分。孟子强调指出:"夫仁政,必自经界始。"(《滕文公上》篇第三章)意为推行仁政,一定得从划定田界即实行井田制度开始;也就是说,制定妥善的经济制度,是推行仁政的基础,轻忽不得。孟子对齐宣王、对梁惠王都一再反复阐述,确立这项经济方针、立国方针的极端重要性。请读《梁惠王上》篇第七章、第三章,要齐宣王必须保证民众有维护"恒心"的"恒产",要梁惠王必须保证"黎民"有"不饥不寒"的田产。

上一章配给每家"五亩之宅"、"百亩之田"的田产,就是周朝创建之始制定的保证民众"无冻馁"之苦的具体实在的经济制度,是施行仁政的极其重大的内容。

【注释】①易:治,治理。②田畴:泛指田地。畴,已耕作的田地。亦指良田。③用:此指花钱、消费。④菽粟(shū sù):豆和小米。泛指粮食。

*壤壤:同"攘攘",同音同义。《古诗源》卷一引《六韬》:"天下攘攘,皆为利往;天下熙熙,皆为利来。"

第二十四章　君子志道，成章通达

孟子曰："孔子登东山[1]而小鲁，登太山[2]而小天下，故观于海者难为水[3]，游于圣人之门者难为言[4]。观水有术，必观其澜；日月有明[5]，容光[6]必照焉。流水之为物也，不盈科[7]不行；君子之志于道也，不成章[8]不达。"

【译文】孟子说："孔子登上东山，便感到鲁国小了，登上泰山，便感到天下小了；所以观看过海洋的人，别处的水难于吸引他了，在圣人门下学习过的人，另外的言谈也就很难引动他了。观看水有门道有讲究，一定要观看它壮阔的波澜；太阳月亮都有光辉，连一点儿缝隙都必定照耀到。流水这个东西，不把洼地注满它不再向前流淌；君子立志于行道，没有一定的成就便不能通达。"

【简析】登山愈高，视下面的地域范围则愈小；经过大世面的人，小场面则不能动他的兴了，在圣人门下学习过的人，即使有人故作惊人之语夸夸其谈，也不能打动他了；天外有天，人上有人，见识不同，境界不同；若能加之以"日月有明，容光必照"的洞察力，成章可观，君子的道业自会臻于通达的境域。

唐朝著名诗人元稹在他悼念亡妻韦氏的《离思》诗之四中，曾以孟子这里的"观于海者难为水，游于圣人之门者难为言"的比喻为典，情深意切地写道："曾经沧海难为水，除却巫山不是云。"* 见过"沧海"、"巫山"这个世间至大至美形象的人，对其他地方的水和云自然就难于看上眼了，不会太在意了。

观水观澜，水是澜之源；日月有明，日月为明之本。

【注释】①东山：指山东南部的蒙山，位在春秋时鲁国的东面。②太山：即“泰山”。③难为水：难于被水吸引，即难于被海水之外的水吸引了。④难为言：难于被他人的言语所吸引，即圣人之外的言语难有吸引力了。⑤明：指日月的光亮。⑥容光：指幽微的空隙。赵岐注：“容光，小郤也。言大明照幽微也。”焦循正义：“苟有丝发之隙可以容纳，则光必入而照焉。容光非小隙之名，至于小隙，极言其容之微者，以见其照之大也，故以小郤明容光。”⑦科：坎、坑。⑧成章：乐竟为一章。引申之，凡积渐生变，自成格局，皆可称成章。

* 此诗后两句为：“取次花丛懒回顾，半缘修道半缘君。”

第二十五章　舜与跖之分，利与善之间

孟子曰：“鸡鸣而起，孳孳①为善者，舜之徒②也；鸡鸣而起，孳孳为利者，跖③之徒也。欲知舜与跖之分，无他，利与善之间④也。”

【译文】孟子说：“鸡叫便起床，努力行善的人，是舜一类的人物；鸡叫便起床，一心求利的人，是盗跖一般的恶人。要想知道大舜同盗跖的区分，没有别的，谋利与行善的不同罢了。”

【简析】俗话说，人以群分，物以类聚。孟子指出，区分善恶，仅在“利与善之间”。无疑，为他人的，是善的；为自己的，是恶的。为他人的，人生亮丽；为自己的，人生昏暗。两种心地，两种

命运。

【注释】①孳孳（zī zī）：a. 勤勉、努力；b. 一心一意或用心力的样子。②徒：类，同类，同类的人。③跖（zhí）：古人名，指盗跖。跖亦作“蹠”。《史记·伯夷列传》：“盗蹠日杀不辜，肝人之肉，暴戾恣睢。”④间：差别、距离。

第二十六章　执中有权，利益天下

孟子曰：“杨子[①]取为我，拔一毛而利天下，不为也。墨子兼爱，摩顶放踵[②]利天下，为之。子莫[③]执中[④]，执中为近之；执中无权[⑤]，犹执一[⑥]也。所恶执一者，为其贼道也，举[⑦]一而废百也。”

【译文】孟子说：“杨子采取只为自我的处世态度，拔下一根汗毛因而利益天下，却不肯做。墨子主张兼爱，哪怕摩秃头顶走破脚跟，只要有利于天下，都做。子莫执持中道，执持中道就是接近了圣人之道；但是执持中道若无灵活性，那还是固执一偏。所以厌恶固执一偏的做法，因为它损害了仁义之道，只是顾及一点而废弃了其余百事。”

【简析】杨墨皆非中道，故有子莫执中，但是子莫也没有真正执中。守中要有变通，否则死守，决非中道。杨子“取为我”，死守一端，无中道可言；墨子兼爱，孟子说他背离了人伦道德。儒家的孝悌之道，先从孝养双亲、尊敬兄长开始，然后爱及他人，逐步推开，所谓“老吾老以及人之老，幼吾幼以及人之幼”（《梁惠王上》篇第七章）是也；墨家不分亲疏，平等施爱，孟子批评他们犯了"人有两个根本"的错误。历史已经发生了巨大变化，今日不可能再有孟子的执着，只把杨墨当做当时社会背景下的学术流派即可。

【注释】①杨子：亦称杨朱，战国初哲学家，先秦古书中又称他为杨子、阳子居或阳生。魏国人。相传他反对墨子的"兼爱"和儒家的伦理思想，主张"贵生"、"重己"，"全性葆真，不以物累形"，重视个人生命的保存，也反对侵夺别人。孟子说他"拔一毛而利天下不为也"，极力抨击他的"为我"思想。他没有留下著作。关于他的片段史料，散见于《孟子》、《庄子》、《韩非子》、《吕氏春秋》等书中。编入《列子》里的《杨朱篇》，仅供参考。②摩顶放踵：从头顶到脚跟都磨伤。形容不辞辛苦，舍己为人。摩，磨损。放，至，到。③子莫：鲁国贤人。④执中：谓执持中庸之道，无过无不及。⑤权：权宜，变通。⑥执一：固执一端，不知变通。⑦举：取、选用。

第二十七章　无以饥渴之害为心害

孟子曰："饥者甘食，渴者甘饮，是未得饮食之正也，饥渴害之也。岂惟口腹有饥渴之害，人心亦皆有害。人能无以饥渴之害为①心害，则不及人不为忧矣。"

【译文】孟子说："饥饿的人吃什么都觉是甘美的食物，干渴的人饮什么都觉是甘甜的饮料，这是他们不能知道饮食的正常滋味造成的，是饥渴损害了味觉的缘故。哪里只是口腹受到饥渴的损害,人心也都有类似的损害。人能不使饥渴之害损及心灵,那么尽管一时赶不上人也不会发生忧愁了。”

【简析】人们对于富贵,决不能像饿鬼那样,只顾贪婪地拿取吞食。一定要学孔子的榜样:“不义而富且贵,于我如浮云。”(《论语·述而》篇)孔子说:“君子喻于义,小人喻于利。”孔子还说:“富与贵,是人之所欲也,不以其道得之,不处也。”(《论语·里仁》篇)所以君子爱财,取之有道。

【注释】①为:当做。此句中的“以……为……”的格式,即“把……当做……”的意思。

第二十八章　柳下惠守节不移

孟子曰:“柳下惠[①]不以三公[②]易其介[③]。”

【译文】孟子说:“柳下惠不因为三公的高位改变他的操守。”

【简析】柳下惠不因为三公的高位改变他的操守,是他作为圣人的一个特色;但不究竟完善,是以孔子评论说他“降志辱身矣!”(《论语·微子》篇)降低了志向,身受撤职的屈辱,意即尚少权宜的智慧。

【注释】①柳下惠:即展禽。春秋时鲁国大夫。展氏,名获,字禽。食邑在柳下,谥惠。任士师(掌管刑狱的官)。鲁僖公二十六年(公元前634年),齐攻鲁,他派人到齐劝说退兵。以善于讲究贵族礼节著称。②三公:古代中央三种最高官衔的合称。周以太师、太傅、太保为三公。一说以司马、司徒、司空为三公。司空为主管囚徒之官,柳下惠任士师,属此,系三公最高官衔之一。③介：节操。孙奭疏："不以三公之荣位而移易己之大志也。"《孟子注疏》："介，大也。柳下惠执弘大之志，不耻污君，不以三公荣位易其大量也。"大量，宽宏的度量。

第二十九章　九轫而辍，前功尽弃

孟子曰："有为者辟①若掘井，掘井九轫②而不及泉，犹为弃井也。"

【译文】孟子说："做一件事譬如掘井，掘井到七丈多还不见泉水，仍然还是一口废井。"

【简析】孙奭于《孟子注疏》阐释说："此章言为仁由己，必在究之，九轫而辍，无益成功者也。……孔子曰：'为山未成一篑，止，吾止也。'"意为想要达到仁的境界，全在于自己的努力，下决心追根究底弄个明白，掘井九轫眼见希望在即却停下了，对于成就事业的人损失太大了。是以孔子叹息说："离开堆成土山就差一筐土了，却停止下来了，是人们自己停止不干的。"（《论语·子罕》篇）功亏一篑，功败垂成，实在可惜。

【注释】①辟：通"譬"。②轫（rèn）：通"仞（rèn）"。仞，古代长度单位，七尺为一仞，一说，八尺为一仞。

第三十章　性之身之，成功则一；假借图私，浪得虚名

孟子曰："尧舜，性之也；汤武，身之也；五霸，假

之也。久假而不归，恶知其非有也。”

【译文】孟子说：“唐尧、虞舜行仁，出于天性，因其自然；商汤、周武，躬行仁义，勉力恢复本性；春秋五霸，是假借仁义之名图利。借久了不归还，人受蒙蔽，又怎么知道他们并没有仁的实际呢？”

【简析】孙奭解释说：“此章言，仁在性体，而行仁本性之自然者也。”（《孟子注疏》）意为仁德存在于本性之中，因而行仁乃是本性的自然流露。

第三十一章　伊尹公天下，民心大悦之

公孙丑曰：“伊尹曰：‘予不狎①于不顺②。’放太甲于桐③，民大悦。太甲贤，又反④之，民大悦。贤者之为人臣也，其君不贤，则固⑤可放与？”

孟子曰：“有伊尹之志⑥则可，无伊尹之志则篡也。”

【译文】公孙丑问道：“伊尹说：‘我不愿接近违背礼义的人。’遂将太甲放逐到了其先祖父商汤的安葬地桐邑，民众大感欣悦。太甲向善了，又恢复他的王位，民众大为喜悦。贤德的人作为臣属，他的君主不好，难道就可以放逐吗？”

孟子说：“有伊尹这般为公的德行就可以，没有伊尹这般为公的德行就是篡权了。”

【简析】伊尹一心为公，一心为民，忠贞天下，是以孟子对伊尹放逐太甲又恢复其王位的做法，下了响亮的判断：“有伊尹之

志则可以，无伊尹之志就是篡权。”有无之间，对比强烈，突出伊尹之志是照亮世道人心的明灯。

【注释】①狎（xiá）：接近、亲近。②不顺：不归顺、叛逆。③桐：古地名。孔传：“汤葬地也。”见《万章上》篇第六章注释⑧。④反：还归，回。后多作“返”。⑤固：岂、难道。⑥志：德行。

第三十二章　国家能安富尊荣，社会有孝悌忠信，善莫大焉

公孙丑曰：“《诗》曰：‘不素餐兮。’①君子之不耕而食，何也？”

孟子曰：“君子居是国也，其君用之，则安富尊荣；其子弟从之，则孝悌忠信。‘不素餐兮’，孰大于是？”

【译文】公孙丑问道：“《诗经·魏风·伐檀》篇上说：‘不可白吃饭呀。’君子不耕种田地还能吃饭，为什么呢？”

孟子说：“君子居住在这个国家，该国的君主用他做官，便能使国家安定、富足、尊贵而有荣誉；那些少年子弟追随他，社会就有孝顺父母、尊敬兄长、忠心耿耿而守信实的德风。‘不白吃饭么’，还有什么功劳比这个更大的呢？”

【简析】在前学《滕文公上》篇第四章，我们熟悉了陈相。他原是楚国儒者陈良的弟子，到滕国后见到了研究神农学说的学者许行，便全部抛弃了原师陈良之学，而转学许行。许行反对社会分工，主张每个人都要亲自耕种，自食其力。陈相便得意地去拜访孟子，转述许行的话，然后说：“滕国国君尽管是个贤明的君

主，但还不懂得做贤君的道理！贤君应该与百姓一道耕种获取口粮，自己做饭吃，兼理国事。现在滕国有的是粮仓、财库，那就是损害百姓来养肥自己，怎么称得上贤德呢?”孟子听后，一一询问，原来许行衣冠等物也是通过交换所得，并非件件亲历，陈相所述，自相矛盾；于是，孟子便说了如下一段千古不朽的名言："或劳心，或劳力；劳心者治人，劳力者治于人；治于人者食人，治人者食于人；天下之通义也。”明确指出社会分工的必要、重要，不可或缺。

再说孟子的弟子彭更，在《滕文公下》篇第四章，我们看到他也犯了类似于陈相的错误，固执地认为："士无事而食，不可也。”孟子指出，不能只重视木工、车工等有形的体力劳动，而轻视士人传道的脑力劳动；凡是有功之人，应一律论功行赏，社会方可提升、进步。

眼前的公孙丑，还是看不到士人的特殊贡献，重弹陈相、彭更的陈词老调，可见排除其影响，非是轻易之事。

时处今日，有没有反对社会分工的倒退情况呢？依然有。康生、江青、张春桥之流打着极端革命的旗号，青面獠牙，凶焰万丈，丧心病狂地迫害广大知识分子，以莫须有罪名炮制冤狱，遍于国中；历史已经推进到了20世纪中期之后，世界早就步入以民主、法治为主流的时代，尚有如此之倒行逆施，不能不说是骇人听闻的。

【注释】①“不素餐兮”：见《诗经·魏风·伐檀》篇，凡三章，每章收尾都是“彼君子兮，不素餐兮”的复沓（同语重复）。

第三十三章　居仁由义，大人之事备矣

王子垫[1]问曰：“士何事？”

孟子曰：“尚志。”

曰：“何谓尚志？”

曰：“仁义而已矣。杀一无罪，非仁也；非其有而取之，非义也。居恶在？仁是也；路恶在？义是也。居仁由义，大人之事备矣。”

【译文】王子垫问道：“士人该做什么事？”

孟子回答他：“保持高尚的志向。”

王子垫再问：“怎样做才能说是志向高尚呢？”

孟子说：“实行仁义罢了。杀害一个无罪的人，便是不仁；不属自己所有却去抢占拿了过来，便是不义。一个人的心应居何处？仁便是最安全的住宅；所行之路在哪里？义便是最宽广的道路。居住仁宅，行走义路，大德之人应行之事全部具备了。”

【简析】尚志的核心内容自当为，心存仁，行事义，心仁行义，乃是名副其实的圣人。是以孟子下了断语：“大人之事备矣。”

【注释】①垫：齐国王子。

第三十四章　切不可以小信大，抛弃人伦道德

孟子曰：“仲子[1]，不义与之齐国而弗受，人皆信

之，是舍箪食豆羹[②]之义也。人莫大焉亡[③]亲戚君臣上下。以其小者信其大者，奚可哉？”

【译文】孟子说：“陈仲子这个人，若是毫无道理地给他一个齐国，他也不会接受，人们都会相信这件事，其实，那是等于放弃一筐饭一碗汤的义。人的罪行没有比不要父母君臣上下更大的了。以他这点点廉洁的表现便相信他的大节操，怎么可以呢？”

【简析】在前《滕文公下》篇第十章，当叙述到齐国的士人，孟子极其鄙弃陈仲子那样的怪诞之人，说他所行的廉洁，属蚯蚓一类：“上食槁（gǎo）壤，下饮黄泉。”他避兄离母，不食君禄，完全抛开人伦道德，孟子指出，没有比他的罪行更大的了。

在学《论语·微子》篇时，我们听到子路对道家隐士荷蓧（dí）丈人采取与世不合作的极端态度表示了谴责：“不做官是不义的。长幼之间的礼节，不可能废弃；君臣之间的大义，怎么能废弃呢？想要自身清白，却破坏了根本的伦理关系！”现在孟子重申，正是儒家一贯的救世道统。

【注释】①仲子：陈仲子，齐国一个既不做官，也无益于世的士子。在前《滕文公下》篇第十章叙述过他的怪异处世态度。②箪食豆羹：一箪饭食，一豆羹汤。谓少量饮食，亦以喻小利。箪食，装在箪笥（音 dān sì，竹或苇制的圆形和方形的盛饭器）里的饭食。箪豆，犹言箪食豆羹。豆，古代食器，亦用作装酒肉的祭器。形似高足盘，大多有盖。多为陶质，也有用青铜、木、竹制成的。③亡（wú）：无，没有。

第三十五章　尧舜孝道高于天下

桃应问曰："舜为天子，皋陶[1]为士[2]，瞽叟杀人，则如之何？"

孟子曰："执之而已矣！"

"然则舜不禁[3]与？"

曰："夫舜恶得而禁之？夫有所受[4]之也。"

"然则舜如之何？"

曰："舜视弃天下犹弃敝蹝[5]也。窃[6]负而逃，遵[7]海滨而处，终身䜣然[8]，乐而忘天下。"

【译文】孟子弟子桃应问老师说："大舜作为天子，皋陶作为司法官，假如舜父瞽叟杀了人，那怎么处置呢？"

孟子说："把他逮捕起来罢了。"

桃应问："那么大舜不阻止吗？"

孟子说："那大舜怎么能阻止他呢？他皋陶是有法统传承的依据的。"

桃应疑惑道："那么大舜怎么办呢？"

孟子回答说："大舜把抛弃天下看作像扔掉一双破鞋子一样轻易。他会悄悄地背着犯法的父亲逃走，靠着海边住下来，一辈子乐在其中，乐而忘记了曾经统领过天下之事。"

【简析】本章孟子的假设，是为说明孝道高于一切，为了孝养父亲，大舜甚至连治理天下也不顾了；更加衬托出陈仲子避兄离母的不近人性！上下两章，对比鲜明，天理昭然。

孝道使人忽然开朗。回顾学习《万章上》篇第一章时，历历在目，我们亲睹耕于历山的大舜，所以五十而怀恋父母，“号泣于旻天”，因为世上万般，都不足以解忧，惟有顺于父母，方可以解忧。父母是人生命的根本，没有父母，就没有人世上的一切。处好孝道，这是人生的亮点。

【注释】①皋陶（gāo yáo）：传说中东夷族的首领。偃姓。相传曾被舜任为掌管刑法的官，后被禹选为继承人，因早死，未继位。春秋时英、六等国是其后代。②士：古代指掌管刑狱的官员。③禁：阻止、限制。④受：承，继。⑤敝蹝（bì xǐ）：破烂的鞋子。蹝，亦作“躧（xǐ）”，草鞋。⑥窃：副词，偷偷地、暗地里。⑦遵：顺着、沿着。⑧䜣（xīn）然：高兴的样子。

第三十六章　居移气，养移体

孟子自范①之齐②，望见齐王之子，喟然叹曰：“居移气，养移体③；大哉居乎！夫非尽④人之子与？”

【译文】孟子从范邑到齐国的京城临淄去，远远地看到齐王的儿子，深有感触地长叹道：“一个人所处的环境改变他的气度，所受的奉养改变他的体魄；环境对人的影响多大啊！他和普通人不都是人的儿子吗？”

【简析】孙奭阐释说，人性相同，居住的环境使人发生变化；应当谨慎地选择居住之处，把仁当做最宽广安全的住宅（译自《孟子注疏》）。学习下一章，便会更加明确孟子这个一贯的思想。

【注释】①范：齐国地名，故城位于今山东范县东南二十里，是从梁(魏)到齐都的要道。②之齐:到齐国的京都临淄,都城可代表国家,此指京城临淄代表齐国,故说"之齐"。③居移气,养移体:所处环境改变气质,保养方式改变身体。孙奭疏:"夫居足以移易人之气,所养足以移易人之体。"④尽:副词,全部,都。

第三十七章 居天下之广居
——不平凡气度的本源

孟子曰:"王子宫室、车马、衣服多与人同,而王子若彼者,其居使之然也;况居天下之广居者乎? 鲁君之宋,呼于垤泽①之门。守者曰:'此非吾君也,何其声之似我君也?'此无他,居相似也。"

【译文】孟子说:"王子的住处、车马、衣服多半与别人相同,可王子却显出那样不凡的气魄,是他的居处使他这样的啊! 何况住在天下最宽广的住宅——仁之中的人呢? 鲁君到宋国去,在宋国的垤泽城门下呼喊。守门人说:'这不是我们的君主,为什么他的声音那样地像我们的君主啊?'这无别的原因,只是因为他们所处的环境相似。"

【简析】修身养性,就是护养人的内心世界,让人的心灵永处于仁德的境界之中,这就叫做"居天下之广居"。如此,人便显示出不平凡的气度。在前学本篇第二十一章时,我们曾见到孟子有过一番引人入胜、脍炙人口的描绘:"君子得自上天的本性,生发仁义礼智植根在人心之中;来自仁义礼智的精神本色表现在外面,润泽容颜,洋溢肩背,显露四肢;四肢一有动作,不用言语说明，人们一看便知。”这就是人的不平凡的精神气度的来源之处。

【注释】①垤（dié）泽：宋国城门名。

第三十八章　恒存恭敬之心，不待送礼之时

孟子曰：“食而弗爱，豕交之也；爱而不敬，兽畜之也。恭敬者，币之未将者也；恭敬而无实，君子不可虚拘[①]。”

【译文】孟子说：“对于贤人，只是奉养而不爱护，那就把他当做猪一样接待；光知爱护而不尊敬，等于豢养兽类一般。恭敬之心，应在送礼之前就具备了的；徒有恭敬的形式而无恭敬的实质，君子是不会被那种虚假的礼仪所拘束的。”

【简析】孟子曾有千古名言飨宴听众：“君子以仁存心，以礼存心；仁者爱人，有礼者敬人。爱人者，人恒爱之；敬人者，人恒敬之。”（《离娄下》篇第二十八章）

【注释】①虚拘（jū）：以虚假的礼仪笼络人。亦指虚假不实。拘，限制。

第三十九章　圣人尽得天理而践形

孟子曰：“形色[①]，天性[②]也；惟圣人然后可以践形[③]。”

【译文】孟子说："人的形体容貌，源于自然之理；惟有圣人尽得自然之理，充实、体现于形貌，完美行世。"

【简析】确切不虚，圣人尽得天理而践形。

"天生蒸民，有物有则。"见《告子上》篇第六章，孟子引用《诗经·大雅·烝民》说："苍天生育了无数人民，有了以人为代表的万物便就伴同有相应的法则。"可以参照目前所学的内容，体悟更深的道理。顺便说明，《孟子》一书引用的《诗经·大雅·烝民》篇原文为"天生烝民，有物有则"，"烝民"写成"蒸民"，读音相同，意思也一样。这也许是在手书传抄过程中发生的差别。

【注释】①形色：指形体和容貌。②天性：先天具有的品质或性情。③践形：古代哲学术语，体现人所天赋的品质。

第四十章　三年之丧，不可轻改

齐宣王欲短丧①。公孙丑曰："为期之丧②，犹愈③于已④乎？"

孟子曰："是犹或紾其兄之臂⑤，子谓之姑徐徐云尔。亦⑥教之孝悌而已矣。"

王子有其母死者，其傅为之请数月之丧。公孙丑曰："若此者何如也？"

曰："是欲终之而不可得也，虽加一日愈于已。谓夫莫之禁而弗为者也。"

【译文】齐宣王想要缩短守孝的时间，意欲请公孙丑征询孟子的意向，于是公孙丑试探着问老师说：“父母去世后守孝一周年，还是比完全不守孝强些吧？”

孟子说：“这好比有人扭转他兄长的胳膊，你却对他说姑且慢慢地扭吧，行吗？毕竟教导他孝顺父母、尊敬兄长才是正理。”

有个王子死了母亲，他的老师替他请求守几个月的孝。公孙丑就此事又问道：“像这样的事该怎么办呢？”

孟子说：“这是王子想守完三年丧期，因受丧礼限制办不到，纵使多守孝一天，也比不守孝好。这是对那些没有人禁止却自己不守孝的人说的。”

【简析】孝悌之道，是尧舜的至德要道，是仁道的根本，孔子指出，一切道德都是由它产生的（见《孝经·开宗明义章》）。轻改这个人世的根本之道，道德就断了它产生的本源了，不待说，危险之极。当今世界道德滑坡，腐败成风，伤天害理之事层出不穷，防不胜防，轻视孝道、抛开孝道，乃其祸端所在。

【注释】①短丧：缩短服丧期限，如以日易月，改三年的三十六月为三十六日之类。②为期（wéi jī）之丧：守孝一周年。期，时间周而复始，分别指一周年、一个月或一整天。③愈：胜过。④已：停止。⑤是犹或紾其兄之臂：见《告子下》篇第一章，针对任人“以礼食，则饥而死；不以礼食，则得食；必以礼乎？亲迎，则不得妻；不亲迎，则得妻；必亲迎乎”的谬论，孟子教导弟子屋庐子对任人说：“取食之重者与礼之轻者而比之，奚翅食重？取色之重者与礼之轻者而比之，奚翅色重？往应之曰：‘紾兄之臂而夺之食，则得食；不紾，则不得食；则将紾之乎？逾东家墙而搂其处子，则得妻；不搂，则不得妻；则将搂之乎？”孟子采用归谬法，将任国人置于极端难堪的境地。紾（zhěn），扭转，拗折。⑥亦：

实在、毕竟。

第四十一章 多方育人成才，乐在其中

孟子曰："君子之所以教者五：有如时雨化之者，有成德[①]者，有达财[②]者，有答问者，有私淑艾[③]者。此五者，君子之所以教也。"

【译文】孟子说："君子用来教育人的方法有五种：有像及时雨那般化育万物的，有帮助人养成优良品德的，有多方诱导使之成才的，有解答疑难问题的，还有影响那些没有登门受业的人，通过自修得到成功的。这五种方式，是君子用来教育人的方式。"

【简析】前面第二十章叙到，君子在推行仁政之外还有三乐，"得天下英才而教育之"，是其中一乐，本章就专门讲教育人的五种办法，道此乐事。采用多种办法，是为了因材施教，有针对性，提高成才率。私淑艾这种方式，孟子自己最有体会，他敬仰、崇拜孔子，但由于隔开了时代，只能受业于孔子的孙子子思的门人，特别通过自身努力，成了孔子的私淑弟子，成了传承孔子道统最具影响力的大家。

这一章首尾反复说到君子用来教人的办法有五种，流露出育人成才的乐趣之深，情操之纯，做人生学问的快乐。真可谓应付裕如，用世轻松。做学问的最高层次在乐。孔子说："知之者不如好之者，好之者不如乐之者。"（《论语·雍也》篇）体现了圣者治学的智慧，大学至善的宗旨。

【注释】①成德：成就品德。②达财：亦作"达才"、"达材"，

使之通达、成才。财，通“才”，资质，才能。③私淑艾：谓取人之善以自治其身。私淑，私自敬仰而未得到直接的传授。淑，音shū，善也。艾，音yì，治，治理。

第四十二章　君子教人，中道而立，能者从之

公孙丑曰：“道则高矣，美矣，宜若①登天然，似不可及也；何不使彼为可几及②，而日孳孳③也？”

孟子曰：“大匠④不为拙工改废绳墨⑤，羿不为拙射变其彀率⑥。君子引⑦而不发，跃如⑧也。中道而立，能者从之。”

【译文】公孙丑说：“道实在是太高了，太美了，因而学习起来几乎像登天一样，似乎不可能到达；为什么不使它变为可以容易一点达到，以便鼓励人们树立天天去努力追求的信心呢？”

孟子说：“高明的木匠不因为笨拙的徒工而改变废弃操作时必不可少的墨线，神射手后羿不因为笨拙的学射者而变更降低弯弓的极限。君子教人，如同射手教射一般，拉满了弓却不发箭，只是做出很想要发射的姿势。他立下一个合于中庸之道、不难也不易的学习准则，能接受者就跟上去学习。”

【简析】上章说教人有智慧，办法众多；本章讲学道、教人有定体、有成法，绝不可随心所欲，破了规范。思路辩证严密，章法层次井然。

【注释】①宜若：表拟测或推断之词。犹言似乎、好像。②几及：达到。③孳孳（zī zī）：见前第二十五章注释①。④大匠：技艺

高超的木工。⑤绳墨：木工画直线用的工具，或称为“墨斗”。⑥彀率（gòu lǜ）：弓张开的程度。⑦引：拉弓、开弓。⑧跃如：跃跃欲试貌。跃跃欲试，形容心里急切地想试一试。

第四十三章　以道殉身与以身殉道

孟子曰：“天下有道，以道殉身①；天下无道，以身殉道②；未闻以道殉乎人者也。”

【**译文**】孟子说：“天下清明，君子得志，道因此得到施行；天下黑暗，君子守道，不惜为道献身；没有听说过牺牲道来迁就王侯的。”

【**简析**】孔子说：“用之则行，舍之则藏。”（《论语·述而》篇）意为有能用我之道的，则去推行它，不用此道就隐藏在身。表示随缘奉献，这正是仁者智者的行事法则。有机会奉献自己的治世至道和德学才能，则勇担职分，造福天下，仁者本具的胸怀；没有机会就藏锋不露，隐居修身，亦是智者的自在。

孟子发扬孔子的道统，他说，“天下有道，以道殉身”，正是讲的政治清平时能行王道，志士仁人则以身施道，抓住机会为国家建功立业；“天下无道，以身殉道”，政治黑暗，志士仁人则坚守道业，不惜奉献自己的生命；只有“以道殉人”，用牺牲道来迁就王侯，孟子予以强烈的谴责、否定。孟子曾表示：“居天下之广居，立天下之正位，行天下之大道；得志与民由之，不得志独行其道；富贵不能淫，贫贱不能移，威武不能屈；此之谓大丈夫。”（《滕文公下》篇第二章）真可谓浩然正气，大义凛然，行道守道，无可移易。

【注释】①殉身：为达到某种目的而献身。②殉道：为道义或某种主张而献身。

第四十四章　挟贵挟贤，求道之心不诚

公都子曰："滕更①之在门也，若在所礼；而不答，何也？"

孟子曰："挟贵而问，挟贤②而问，挟长而问，挟有勋劳而问，挟故③而问，皆所不答也。滕更有二焉。"

【译文】孟子弟子公都子问老师说："滕更在您门下学习，似乎该在依礼接待之列；您却不回答他的问题，什么原因呢？"

孟子说："依仗处在高位的权势发问，依仗才干名声发问，依仗年长发问，依仗有功劳发问，依仗老交情发问，都是我所不回答的。滕更在这五条之中占有两条。"

【简析】在前学习《万章下》篇第三章时，我们曾听孟子说："友也者，友其德也，不可以有挟也。"学习《告子下》篇第二章，曹交假馆受业，有依仗邹君之嫌，孟子见其求道之心不实，拒绝收为弟子。眼下滕文公之弟滕更犯有挟贵挟贤的毛病，故而孟子不给他解答学业上的疑难问题。

【注释】①滕更：滕文公之弟，就学于孟子。②贤：多才能。③故：指旧交、旧友。

第四十五章　不可已而已，所当厚反薄，超越伦常，败悔必速

孟子曰："于不可已①而②已者，无所不已；于所厚者薄，无所不薄也。其进锐者，其退速。"

【译文】孟子说："对于不可废弃的人却废弃了，那么没有什么人不可以废弃了；对于应该厚待的人却薄待了，那么没有谁不可以薄待了。那些进升很快的人，恐其被黜退也会快速。"

【简析】孙奭说，从道义上说不应当废弃的人却被废弃了，那样做同法度很不相宜。所以不可废弃的人而被废弃了，使得无辜的人都很恐惧。从道义上说应当厚待的人却反遭薄待了，那么谁又能不遭薄待啊。没有审慎考察人，过快提拔了那些德才低下的庸人，超越了伦常纲纪的许可，因而反悔退改的速度也极快速。应当让其展翅高翔却立马叫停，谨慎处事还怎么遵行啊！（见《孟子注疏》）

这是注疏此章的古人的感慨。超越伦常，离开中道，反复无常，显然是一种小人当政的危险政治！这是孟子给战国末期无道之世的画像。他老人家深刻审视了当时天下各个诸侯大国的政治情况。他待过时间较长的齐国和魏国，还是治理得不差的国度，是以他愿意前往建言献策。尤在临淄稷下学宫，百花齐放，百家争鸣，盛况空前。但是就在齐、魏，小人得到信用、揽权的偏向也很为严重，孟子极有看法，极为忧虑。宠臣王驩即为突出的一例。在前学习《公孙丑下》篇第六章时，孟子代表齐国"出吊于滕"，同"王驩朝暮见"而不与他"言行事"；学习《离娄下》篇

第二十七章时，我们看到，代表朝廷到大夫公行子家吊丧的王驩，他势焰熏天，众人无不向他套近乎，唯独孟子鄙视他；于是他就放阴风，扬言孟子简慢他，妄图借助齐宣王之手将孟子扳倒；反被孟子明证其不守朝廷的礼规而击垮。小人弄权，乱象迭出，本章即是末世衰运，无法逃脱。

【注释】①已：废弃。②而：连词，表转折，犹然而、却。

第四十六章　亲亲、仁民、爱物

孟子曰："君子之于物①也，爱之而弗仁；于民也，仁之而弗亲。亲亲而仁民，仁民而爱物。"

【译文】孟子说："君子对于禽兽草木等天地间的万物，爱惜它们却不施仁德；对于民众，施以仁德却不亲爱。步骤是，由亲爱双亲进而仁爱民众，由仁爱民众进而爱惜万物。"

【简析】施爱有差别。孙奭说，凡是可以养人的生命体，应当爱惜养育它们，但不施加仁德，例如牲口不得不杀。对于人众，先爱双亲，然后达于他人；因为人只有一个根本，亲疏有别，不能同时兼而爱之（《孟子注疏》）。孟子有名言，叫做："老吾老，以及人之老；幼吾幼，以及人之幼。"（《梁惠王上》篇第七章）涉及人类之外的万物，也要爱屋及乌，只能爱惜不能糟蹋，人要懂得为自身惜福，泽被后世。这是儒家的仁爱观，目光很远，不能只顾眼前。

【注释】①物：客观存在的生命体。本章这里指禽兽草木等。《说文·牛部》："物，万物也。"《荀子·正名》："物也者，大共名也。"《列子·黄帝》："凡有貌像声色者，皆物也。"是以从广义讲，人也是物之一，称说"人为万物之灵"，即其证也。

第四十七章　智者处当务为急，仁者急亲贤为务

孟子曰："知者无不知也，当务之为急；仁者无不爱也，急亲贤之为务。尧舜之知而不遍物，急先务也；尧舜之仁不遍爱人，急亲贤也。不能三年之丧，而①缌②、小功③之察④；放饭流歠⑤，而问⑥无齿决⑦；是之谓不知务⑧。"

【译文】孟子说："智者无所不知，但必须处好当前急切应办的要务；仁者没有不爱人的，但必须把爱双亲、贤者当做自己急切的首务。即令如尧舜这样的智慧也不可能知道一切事物，首先应办好当前紧急要办的事务；即令如尧舜这样的仁德大爱也不可能爱及所有的人，得首先爱双亲和贤人。若不能执行三年的丧礼，却对缌麻三月、服丧五月的孝服过分讲究；与尊长同桌用餐，不知自己大口吃饭、大口喝汤是大不敬的行为，却责备别人不用牙齿咬断干肉而以手撕为失敬；这叫做不懂得事情的紧要与否。"

【简析】《尽心上》篇这最后一章，集中申说的就是有子的名言明论："君子务本，本立而道生。"（《论语·学而》篇）这个根本，在家为孝顺双亲，治国得重用贤才，是本章突出强调的"仁者急亲贤为务"的中心，抓住了它，就体现了"智者处当务为急"，是一个为政的高手了。为政之先，得抓住根本。

【注释】①而：连词，表转折，犹然而、却。②缌（sī）：细麻布

做的丧服。以细麻布为孝服，服丧三个月。③小功：丧服名，其服以熟麻布制成，服期五月。④察：明辨、详审。⑤放饭流歠(chuò)：大口吃饭和喝汤。古人认为是对尊长极不敬的行为。赵岐注："放饭，大饭也；流歠，长歠也……于尊长前赐食，大饭长歠，不敬之大者。"歠，饮，喝。⑥问：追究。⑦齿决：用牙齿咬断。⑧务：紧要的事情。

尽 心 下

第一章 梁惠王为扩张土地发动战争，祸害民众，惨无人道

孟子曰："不仁哉，梁惠王也！仁者以其所爱，及其所不爱；不仁者以其所不爱，及其所爱。"

公孙丑问曰："何谓也？"

"梁惠王以土地之故，糜烂[①]其民而战之，大败；将复之，恐不能胜，故驱其所爱子弟以殉[②]之。是之谓以其所不爱，及其所爱也。"

【译文】孟子说："梁惠王太不仁道了啊！仁德的人把他对所爱者的恩德，推到他所不爱的人那里；没有仁德的人把他加给不爱者的祸害，连累到他所爱的人身上。"

公孙丑问道："怎么理解呀？"

孟子说："梁惠王因为扩张土地的缘故，强迫他所不爱的百姓去死战，败得很惨，使得被蹂躏的兵士暴尸野外；预备再战，怕不能取胜，故又驱使他所爱的子弟去卖命。这就叫做拿他施加于所不爱的人的祸害，连累到他所爱的人身上。"

【简析】孟子对于扩张土地、争夺城池而发动的不义之战，视百姓生命为儿戏者，历来强烈谴责。他为民请命，控诉说："争地以战，杀人盈野；争城以战，杀人盈城；此所谓率土地而食人肉，罪不容于死。"是以他义愤填膺地宣判，对于那些惯于喜好发动战争以及能征惯战助纣为虐者应受最重的刑罚，唆使诸侯合纵

连横的人受次一等的刑罚，驱使百姓开辟荒原、刮尽地力、增加霸主们赋税的人，也该受更次一等的刑罚(引自、译自《离娄上》篇第十四章)。梁惠王为了扩张土地、雪耻图霸而贸然发动战争，祸害他所不爱的民众以及所爱的子弟，是积久以来的所谓“宿愿”。他曾对孟子透露心声说：“晋国，天下最强大的国家，是老先生所知道的。到了寡人继承王位，东面败给齐国，长子献身；西面割让给秦国七百里土地；南面又受辱于楚国。寡人深以为耻，希望替为国捐躯者彻底雪耻报仇，怎样才可以做到呢?”(《梁惠王上》篇第五章)在他的“诉苦”中，已见好战酿成的累累恶果，蹂躏、祸害、死伤参战国双方大量无辜民众的生命。但他不听推行仁政的忠告，继续以战害人害己，为此，孟子指责有加，当在情理之中。

【注释】①糜烂：毁伤、摧残、被蹂躏。②殉：以人从葬。亦指从葬的人。

第二章　春秋之战的不义性在于敌国相征

孟子曰：“春秋无义战；彼善于此，则有之矣。征者，上伐下也；敌国①不相征也。”

【译文】孟子说：“春秋时代没有正义之战。相对而言，那场战争比这场战争好一点，是可能有的。征讨，是上级讨伐下级；同等国家是不能互相征讨的。”

【简析】“春秋无义战；彼善于此，则有之矣。”据朱熹介绍：“如召(shào)陵之师之类是也。”(《孟子集注》)

召陵，春秋时楚邑，在今河南郾城东。据《春秋左传·僖公四年》载，所谓“召陵之师”，是齐桓公在管仲的谋划下，集结诸侯联军驻扎在楚国召陵，迫使楚国参加盟会，尊王攘夷，维护诸侯各国的团结与统一。凭借武威，达成和平霸业的继续，这就是“召陵之师”的善举。

【注释】①敌国：地位或势力相等的国家。韦昭云：“敌国，位敌也。”位敌，从地位、势力上讲双方势均力敌，可以互相抗衡。

第三章　尽信书，则不如无书

孟子曰：“尽信书，则①不如无书。吾于《武成》，取二三策②而已矣。仁人无敌于天下，以至仁伐至不仁，而何其血之流杵也？”

【译文】孟子说：“全部相信书，倒不如没有书。我对于《尚书·武成》这篇文章，只不过采用它两三个片段的文字罢了。仁德之人在全天下都没有敌手，以周武王这样最仁慈的明君去讨伐商纣王那样最没有仁心的暴君，又怎么会发生血流成河、连舂米的木槌都漂流起来了的事呢？”

【简析】《尚书·武成》篇叙述周武王同商纣王在牧野*对阵、会战的情形是：戊午日，周师渡过孟津**；癸亥日，在商郊布好军阵；甲子日清晨，纣王率其如林之师来到牧野。纣军没有抵抗，其前军反戈攻击后军，因而大败，“血流漂杵”。从《武成》篇描写的文字看，是说纣军倒戈自相残杀造成的惨相；但是纣军整体已无战意，不会自相拼命厮杀，行文显然夸大失实；其次，武王仁慈，不可能坐视不问，定当紧急采取措施，宣布政策，制止乱象，稳定对方军情，惟此方收全胜之效。是以孟子推断，“仁人无敌于天下，以至仁伐至不仁”，绝不会发生“血流漂杵”的情况。“尽信书，则不如无书”，告诫读书人不要盲目从书，要善于筛选，扬弃不实之词。

【注释】①则：连词，表示对比关系，用于前一分句，相当于“倒是”。②策：古代用以记事的竹、木片，编在一起的叫“策”。亦借指书简、簿册。古代尚未发明纸时，用漆在竹片上或木片上书写文字，一块竹片或木片名为简，编连若干竹简名为策。古人大事记在策上，小事记在简上。

＊牧野：在今河南省淇（qí）县南。曾运乾正读：“牧野，在纣都朝（zhāo）歌南七十里。”周武王与反殷诸侯会师大败纣军处。朝歌，在今河南淇县，商代帝乙、帝辛（纣）的别都。周武王封康叔为卫侯、项羽封司马卬（qióng）为殷王，皆都于此。＊＊孟津：古黄河津渡名。在今河南省孟津县东北、孟州市西南。周武王在此盟会诸侯并渡河，故一名盟津。一说本作盟津，后讹作孟津。为历代兵家争战要地。

第四章　仁者无敌，天下归心，各方百姓巴望武王匡正自己的国家

孟子曰：“有人曰：‘我善为陈①，我善为战。’大罪也。国君好仁，天下无敌焉。南面而征，北夷怨；东面而征，西夷怨；曰：‘奚为后我？’武王之伐殷也，革车②三百两③，虎贲④三千人。王曰：‘无畏，宁尔也，非敌百姓也。’若崩厥角⑤稽首⑥。征之为言⑦正也，各欲正己也，焉用战？”

【译文】孟子说："有人自称：'我善于摆列阵势，我善于作战。'这是该服上等刑罚的大罪过。国君好行仁德，天下便没有敌手。商汤率师征讨南方，北方的部族便埋怨；征讨东方，西方的夷族便埋怨；他们说：'为什么把我们放在后面呢？'武王讨伐商纣时，重量级兵车三百辆，百夫长级别的勇士三千员。武王告谕殷商的百姓说：'别害怕，我们是来安定你们生活的，不是来跟百姓为敌的。'百姓顿时都以额触地，五体投地磕起头来，发出的声响像山崩一般。'征'这个字含有'正'的意思，各国百姓都巴望武王来匡正自己的国家，哪里还用得着战争呢？"

【简析】周武王为解救天下处在水深火热之中的百姓而南征北战，所以东西南北的各族人民都像当年翘首以待汤军那般，盼望武王的仁义之师早日到达，解放他们，让他们获得自由人的生活。得民心者得天下，回应上章，重申"仁者无敌"这一颠扑不破的真理。

同周武王布仁匡正他方的意愿相反，孟子对"善为阵，善为战"的暴力兜售者，深恶痛疾地定之为"大罪"。在《告子下》篇第八、第九章，孟子都揭露了逢君之恶的大夫之罪：第八章判武将逢君之恶，第九章判文臣逢君之恶。他们都以"我能为君辟土地，充府库"怂恿君主扩大施暴、加重剥削民众的欲望。对那两类臣子，孟子毫不留情地全把他们划为"民贼"的范畴。

【注释】①陈（zhèn）：同"阵"。②革车：古代兵车的一种。梅尧臣云："驰车，轻车也；革车，重车也。凡轻车一乘，甲士步卒二十五人；重车一乘，甲士步卒七十五人。"③两："辆"的古字。④虎贲（bēn）：勇士之称。贲，通"奔"。孔安国曰："勇士称也。若虎贲兽，言其猛也。"百夫长，旧时统率百人的小头目。⑤若崩厥角：叩头的声响像山崩一样。形容万分恭敬的状貌。厥角，谓兽之角。孔颖达云:“以畜兽为喻,民之怖惧,若似畜兽崩摧其角。”后因用“厥角”指以额触地。颜师古《汉书》注引应劭曰:“厥者,顿也;角者,额角也。”⑥稽(qǐ)首:古时一种跪拜礼,叩头至地,是九拜中最恭敬者。⑦言:指一个字或一句话,此指一个字。

第五章　与人规矩,引人入门,技巧高明,在人自力

孟子曰:“梓匠[1]轮舆[2],能与人规矩,不能使人巧。”

【译文】孟子说:“梓人、匠人、轮人、舆人这四种木工,能传授给人制作的规矩法度,不能使人获得熟练高明的技巧。”

【简析】据《庄子·天道》篇载,一个七十岁的老木匠名“扁”的对齐桓公说,制作车轮的功夫,“得之于手而应于心”,表现在手上而应验在心,“口不能言”,但心中有数;只可意会,不可言传。“梓匠轮舆,能与人规矩,不能使人巧。”关键是学徒心快眼快,从师傅那里领会了规矩,按规矩勤加练习,精进不已,令人艳羡的、娴熟的技巧便会得到明慧不惑的掌握和提升。所以,决定成功胜出的因素是在学艺者自身,不在他人。——服从规矩引领,下功夫反复熟练,熟能生巧后更明规矩,“得之于手而应于心”,有如卖油翁自如地表演的从铜钱孔灌油不掉一滴油于瓶外的手熟活巧的技艺一般,独特的本事便为勤奋者拥有了,更可以自由自在地运用规矩了。——所谓从必然王国向自由王国飞跃,就是这种情形。

【注释】①梓匠：两种木工。梓，梓人，造器具；匠，匠人，主建筑。②轮舆：轮人和舆人，古代造车的工人。轮人，古代指制作车轮的工匠或执掌制作车轮及有关部件的官员。舆人，造车工人。梓匠轮舆，古代对梓人、匠人、轮人、舆人的并称。亦泛指木工。

第六章　清净处世，贵贱一如

孟子曰："舜之饭糗[①]茹[②]草也，若将[③]终身焉。及其为天子也，被[④]袗衣[⑤]，鼓琴，二女果[⑥]，若固[⑦]有之。"

【译文】孟子说："虞舜当年吃干粮啃野菜的时候，好像一辈子都要这样过下去。等他做了天子，穿着绣有文采的华贵衣服，弹着琴，尧帝的两个女儿娥皇、女英事奉着他，又好像本来就是这样具有了的，悠然自在。"

【简析】孙奭说："阨穷不悯，贵而思降，凡人所难。舜降，圣德所以殊者也。"（《孟子注疏》）困厄穷迫，不会忧愁忧伤，高贵而考虑下处平民的地位，是普通人难于做到的。舜处穷困平民的境地，泰然自若"将终身焉"，这就是圣人特殊的地方。

【注释】①糗（qiǔ）：炒熟的米麦。亦泛指干粮。②茹（rú）：吃，吞咽。颜师古曰："食菜曰茹。"③若将：好像要。④被（pī）：覆盖。后作"披"，意即覆盖或搭衣在肩。王逸云："在背曰被（披）。"⑤袗（zhěn）衣：绘绣有文采的华贵衣服。指天子所穿的盛服。⑥果（wǒ）：通"婐（wǒ）"，侍女。《说文·女部》注曰："婐，女侍曰婐。……孟轲曰：'舜为天子，二女婐。'"王筠句读：

"二女婐,《尽心篇》文,引之以证女侍义。今作果者,省形存声字也。赵注:'果,侍也。'"⑦若固:好像原本具有。

第七章　杀人之亲,人亦杀其亲,无异自杀其亲,天下仇杀不停

孟子曰:"吾今而后知杀人亲之重也。杀人之父,人亦杀其父;杀人之兄,人亦杀其兄。然则非自杀之也,一间①耳。"

【译文】孟子说:"我从今而后才知道杀害人家亲人的干系的重大。杀害人家的父亲,人家也杀害他的父亲;杀害人家的兄长,人家也杀害他的兄长。这样看来,虽然不是自己杀死亲人的,但也只差一个人的间隙罢了。"

【简析】赵岐解释说:父仇不同天,兄仇不同国。以恶加人,人必加之。务须明白,所谓"一间"的情形,就是离开亲手杀死亲人仅仅只差一个人的距离罢了;我杀过去,他杀过来,其实质同亲手杀害亲人没有什么两样!(见《孟子注疏》)

那是表层的意思。孟子的明锐的目光,是注视着诸侯国之间为称霸、为争夺地盘而互相厮杀,制造"白骨蔽平原"的惨相,带给民众无穷无尽的灾难。"春秋无义战",战国更是以暴制暴,屠杀不绝,视天下民众的生命为儿戏。是以他一再愤怒斥责"善为阵"、"善为战"者是"大罪",是在互相假借他人之手杀害自己的亲人,没有商量的余地,无疑应受最重的刑罚。孟子大声疾呼强调推行仁政,以仁义诚服他人,滕文公成功了;齐桓公在管仲辅佐下实行和平外交,九合诸侯,一匡天下,民众受惠,孔子赞不

绝口。这就是化干戈为玉帛，转仇视为爱敬，因而孟子和颜悦色、欣喜无比地倡导：“爱人者，人恒爱之；敬人者，人恒敬之。”（《离娄下》篇第二十八章）他老人家更有高屋建瓴、气势磅礴的明论引领有志统一天下的诸侯：“老吾老，以及人之老，幼吾幼，以及人之幼：天下可运于掌。”（《梁惠王上》篇第七章）果真那样，得到天下并非难事，而且治理起来得心应手，左右逢源。如此，人际和睦，社会和谐，天下和平，人们不复受战争之累矣。和为贵，人民强烈渴望和平、渴望仁政，强于水火，普天之下，力量的源泉在此。

【注释】①间：空隙、缝隙。

第八章　古今设关之异，古代御暴，当今为暴

孟子曰：“古之为关①也，将②以御暴；今之为关也，将以为暴。”

【译文】孟子说：“古代设立关口，稽查奸人出入，是用来防止暴乱；当今设立关口，却是用来推行暴政的。”

【简析】齐宣王曾对文王拥有方圆七十里的园林，“民犹以为小”，他的园林，方圆仅仅四十里，“民犹以为大”，感到困惑不解，请教孟子；孟子告诉他：“文王的园林，方圆七十里，割草打柴的人都可以进入，猎取野鸡和兔子的人也可以进入，与民众共同享用；民众认为小，岂不是应当的吗？……我听说在上邦都城外百里之内有方圆四十里的园林，有人猎杀了其中的麋鹿，如获杀人的罪行。那么这样方圆四十里的地方，对于百姓来说，就是在国

中布置了一口陷阱；民众认为这样的园林太大了，岂不该当的吗？”（引自、译自《梁惠王下》篇第二章）这就是齐宣王用园林推行暴政，同周文王用园林方便百姓，形成鲜明的对比。

【注释】①关：要塞、关口。②将：相当于“为”、“是”。

第九章　自身不正，不可令行禁止

孟子曰：“身不行道，不行于妻子；使人不以道，不能行于妻子。”

【译文】孟子说：“本身不行正道，也不能行正道到妻儿身上；使唤人不按正道，也不能行正道到妻儿身上。”

【简析】孔夫子对前去问政的季康子说：“政者，正也。子帅以正，孰敢不正？”夫子还曾教导说：“其身正，不令而行；其身不正，虽令不从。”（引自《论语》：《颜渊》篇、《子路》篇）身不正，令不行，不能齐家，不能治国。

第十章　周德为先，周利于后，德利双赢

孟子曰：“周[①]于利者，凶年不能杀；周于德者，邪世不能乱[②]。”

【译文】孟子说：“积蓄财物富足的人，灾荒之年不受困窘；积累德养深厚的人，黑暗乱世也不能使他迷失方向。”

【简析】孙奭解释说，财富达到富足的程度，苦心经营取得了

利益，因而追求到了富庶的生活，尽管遭受饥荒年头，也不致死；积累德养深厚的人，身体力行，尽管遭受乱世，也不能使他迷失人生的崇高志向。（译自《孟子注疏》）

不用说，积德比积财更为紧要。若在积德为本的前提下，然后顺势积财，德财双赢，自更完善而圆满。但是必须注意到，有了财富，更要明白惜福的深层的道理，绝对不能挥霍糟蹋，折福损德，而应将财富更多地投入于利他、利公、拯救灾荒、扶助贫困、鳏、寡、孤、独、老、弱、残、疾者方面。古来的大德高人，都是这样行世的典范。我们应当继承前人这笔丰厚无价的精神财富，做一个明白用世的志士仁人、清净贤人。

【注释】①周：完备、充足。②乱：昏乱、迷乱。

第十一章　好名之人与苟非其人

孟子曰："好名之人，能让千乘之国；苟非其人，箪食豆羹①见于色。"

【译文】孟子说："珍惜名誉的人，能把拥有千辆兵车的国家轻易地让给贤人；假如不是那种珍惜名誉的人，即令为了一筐饭、一碗汤的丁点利害，内心的不悦也会在脸色上表现出来。"

【简析】孙奭解释说，好不朽之名者，轻让千乘，是伯夷、季札这样的人；诚非好名者，争箪食豆羹而造成祸害，如郑公子染指鼋羹一类的事例。（译自《孟子注疏》）

伯夷逃让君位之事，古来称道，有口皆碑。这里介绍季札。他是吴王寿梦少子，不受君位，封于延陵；延陵，春秋吴邑，在今江苏常州，号延陵季子。历聘各国，路过徐国，徐君羡慕其宝剑，季子因为还要出使上国而未给。待他返回，徐君已死，季子就把宝剑系挂在徐君墓旁的树上方才离开。后人称颂他高风亮节。

再说郑公子染指稀有珍美食品“鼋羹”滋事。鼋（yuán），大鳖。明李时珍《本草纲目·介一·鼋》〔集解〕引苏颂曰：“鼋生南方江湖中，大者围一二丈。南人捕食之。肉有五色，而白者多。”由于郑国宫廷君不君、臣不臣的危局，仅为争尝“鼋羹”而酿成悲剧。

据《史记·郑世家》载，郑灵公元年春天，楚献鼋于灵公。子家、子公将朝见灵公，子公的食指跳动了一下，对子家说：“他日指动，必食灵异之物。”待入宫，果见灵公进餐鼋羹，子公笑道：“果不其然！”灵公问他笑为何故，子公具告灵公。灵公召他近前，但独独不给他尝鼋羹。子公愤怒，用指头沾了一下鼋羹，尝之而出。灵公怒，欲杀子公。子公与子家谋划，先行动手，夏天，就杀死了灵公。

【注释】①箪食豆羹：见《尽心上》篇第三十四章注释②。

第十二章　以仁贤为本，则礼义、政事处之有道

孟子曰：“不信仁贤，则国空虚；无礼义，则上下乱；无政事，则财用不足。”

【译文】孟子说：“不信任有仁德才干的人，就会使国家空虚；国家不实行礼义，就会使上下关系紊乱；没有好的政事规划，就会使国家的财力、费用不够。”

【简析】人才是国之本，礼义为治之基，政事系财之谋。礼义、政事都是人制定的，并为人所使用，有了仁德智谋之士，则礼义、政事都会上轨道，合法度。

第十三章 不仁而得天下民心，未之有也

孟子曰："不仁而得国者，有之矣；不仁而得天下者，未之有也。"

【译文】孟子说："不行仁德却能得到一个国家，有这样的事；不行仁德却能赢得天下民心的，这样的事从来没有发生过。"

【简析】在孟子之前，夏商周三代的末期，都有昏君、暴君如夏桀、商纣和周厉王、周幽王出现，形式上得到了天下，但由于民心思叛，很快被下一个朝代的明君或百姓推翻。这就是孟子下的千古不可更易的历史结论："不行仁德却能赢得天下民心的，这样的事从来没有发生过。"

第十四章 民为贵，社稷次之，君为轻

孟子曰："民为贵，社稷①次之，君为轻。是故得乎丘民②而为天子，得乎天子为诸侯，得乎诸侯为大夫。诸侯危社稷，则变置③。牺牲④既成⑤，粢盛⑥既絜⑦，祭祀以时⑧；然而旱干⑨水溢⑩，则变置社稷。"

【译文】孟子说："民众是最重要的，其次是社稷，君主是最轻

的。所以得到民众拥戴的做天子，得到天子信任的做诸侯，得到诸侯信任的做大夫。诸侯危害国家，就改立一位贤君。祭祀用的牲口肥大合乎标准，盛在祭器内的谷物也洁净，祭祀将依传统按时进行；虽然如此，但是民众还是避免不了旱涝灾害，那就得改立土谷之神了。”

【简析】“民为贵，社稷次之，君为轻。”这一明论，脍炙人口，家喻户晓，是孟子学说的核心之一。加之天子的出世决定于民心、“诸侯危社稷，则变置”的为政法则，已经具备了现代民主政治的雏型，历来广受推崇。国君不贤，则另立新君，是孟子一贯的主张。在前学习《万章下》篇第九章，当齐宣王问及有关王族公卿的内容时，孟子明白告诉他说：“国君有大的过错就进谏；反复劝谏而国君不听，王族公卿便改立另一位贤能的国君。”这是继承孔子设立谏官制度、保证国家长治久安的政措，孟子进一步作了发展。在《孝经·谏诤章》，孔子具体叙述了上古时代谏官制度的内容。

孟子的这一民主政治的理念，也为独裁统治者所不容，朱元璋是典型的一位；是以《孟子》一书，在有明王朝，被删改得面目全非。

【注释】①社稷：古代帝王、诸侯所祭的土神和谷神。社，土神；稷，谷神。旧时亦用为国家的代称。②丘民：丘甸之民。王夫之稗疏：“丘民者，众民也。”丘甸，古代划分田地和政区的单位名称。古井田制，四丘为甸，亦谓之乘。丘民，就是编入国家户籍并且依法享有土地和房产的正式居住人口。③变置：改立、另行设立。赵岐注：“诸侯为危社稷之行，则变更立贤诸侯也。”④牺牲：供祭祀用的纯色全体牲畜。郑玄云：“牺牲，毛羽完具也。”⑤既成：已经完成、已经成为。成，大，肥壮。⑥粢盛（zī chéng）：

古代盛在祭器内以供祭祀的谷物。何休云:“黍稷曰粢,在器曰盛。”粢,特指祭祀用的谷物。⑦絜(jié):通“洁”,清洁。⑧以时:按一定的时间。⑨旱干:即干旱,指旱灾。⑩水溢:亦作“水泆”。水泛滥。泆,音同“溢”,水满而泛滥。

第十五章 圣人,百世之师也

孟子曰:“圣人,百世之师也;伯夷、柳下惠是也。故闻伯夷之风者,顽夫①廉,懦夫有立志;闻柳下惠之风者,薄夫②敦,鄙③夫宽。奋乎百世④之上⑤,百世之下⑥,闻者莫不兴起也。非圣人而能若是乎?而况于亲炙⑦之者乎?”

【译文】孟子说:“圣人,是百代人的老师;伯夷、柳下惠便是这样的人。所以听到伯夷风范的人之中,贪婪的人也廉洁了,懦弱的人也能树立不屈的意志;听到柳下惠风范的人,刻薄的人也厚道了,胸襟狭小的人也宽宏了。他们在百代之前就奋发有为,百代之后,听到的人没有不感动奋发的。不是圣人能像这样吗?何况在当时亲自接受他们熏陶的人呢?”

【简析】圣人不朽,其道风沐浴之处,无不化卑贱为高尚,转腐朽为神奇。他们奋斗垂芳在百代之前,感召力激发于百代之后。劭德引人,若有亲受教诲熏陶的机会,自然是别有洞天,真如孟子在《尽心上》篇第二十四章比况的那样,观光过海洋的人难于被别处的水所吸引,既在圣人门下学习过了,他处的言论,还能引动得了吗?

【注释】①顽夫：贪婪的人。②薄夫：刻薄的人。③鄙：狭小。④百世：世世代代。指久远的岁月。⑤上：时间或次序在前，此指时间在前。⑥下：时间、次序在后的，此指时间在后。⑦亲炙：谓亲受教育熏陶。

第十六章　人行仁，便是道

孟子曰："仁也者，人也。合而言之，道①也。"

【译文】孟子说："仁这个字的意思，就是人。将仁和人合起来讲，就是道。"

【简析】人行仁合乎自然之理，就体现道。道就是仁理结合人身，人身有仁即为道。子思在《礼记·中庸》篇阐发："率性之谓道。"一切顺着本性即是人们说的道。很显然，人性在人身的充分显露就体现为道。《周易·系辞上》说："一阴一阳之谓道。"天地阴阳的结合就称其为道。人体是阴阳的统一，如不被人本身意识和行为相扰，阴阳平衡的人身就体现了道。老子说："有物混成，先天地生。"讲的是宇宙之道。混沌一片，不见其相的道，在宇宙形成之前就存在了。实际上道无始无终，没有开始也没有结束。宇宙从道产生，道是宇宙本原、本体。人命之源也在道。人与宇宙同根。人体是小宇宙，自然是大宇宙，在宇宙称道，在人体称性，道性、人性名异而实质相同，人天一体为道。一言以蔽之，人体之道，就是人性在人身的纯净显示。人们应该行仁护持仁道于人身，做一个合乎天地人生自然发展、和谐发展的高尚的人。

【注释】①道：宇宙的本原、本体。

第十七章　惜别祖国的依依不舍之情

孟子曰："孔子之去鲁，曰：'迟迟吾行也，去父母国之道也。'去齐，接淅而行。去他国之道也。"

【译文】孟子说："孔子离开鲁国，说：'我们慢慢地走吧，这是离开祖国的态度。'离开齐国，不等把米淘完，匆匆忙忙上路。那是离开他国的态度。"

【简析】本章属于重出，同《万章下》篇第一章第四自然段开头的内容一样，只是文字的顺序前后倒换了一下。此学《论语》的编辑方法。安排于此的原委，上章讲人性之美是行仁道，这一章讲爱国情深即为人性美的展示。坐实人性美于人的行为。圣人即是人性美的化身："仁也者，人也。"

第十八章　道不同，不相为谋

孟子曰："君子①之厄②于陈、蔡之间，无上下之交也。"

【译文】孟子说："孔子在陈、蔡国之间被围困，是由于同两国的君臣都无交往的缘故。"

【简析】与上章对立，暴露陈蔡地区上层丧失人性，行事险恶。孔子指出："道不同，不相为谋。"(《论语·卫灵公》篇)说尽"无上下之交"的原委。

【注释】①君子：对道行高深者的尊称、敬称，此指孔子。②厄：被困，受苦。

第十九章　学为人师，行为世范

貉稽[1]曰："稽大不理[2]于口。"

孟子曰："无伤也，士憎兹多口[3]。《诗》云：'忧心悄悄[4]，愠[5]于群小[6]。'孔子也。'肆[7]不殄[8]厥愠，亦不殒[9]厥问[10]。'文王也。"

【译文】貉稽向孟子告苦："我被大家说得很坏。"

孟子说："没有关系，士人常受那种多嘴多舌的讥讽。《诗经·邶风·柏舟》篇上说：'忧伤层层压在心，小人视我眼中钉。'孔子的遭遇便是这样。《诗经·大雅·绵》之篇上说：'今不能杜绝别人的怨恨，也不损害自己的名声。'这是说的文王。"

【简析】孟子以为："天将降大任于是人也，必先苦其心志，劳其筋骨，饿其体肤，空乏其身，行拂乱其所为；所以动心忍性，曾益其所不能。"（引自《告子下》篇第十五章）俗语说："吃尽苦中苦，方为人上人。"有道是："不经一番寒彻骨，哪得梅花放幽香。"所以孟子申述："一个人错误常常发生，只要改了便能够走上正道；心意困辱，忧虑满胸，而后方有可能奋发创造；累念积虑，反应在脸色上，发表在言语中，而后方有可能被人了解。"（译自《告子下》篇第十五章）总之，吃苦磨炼，是圣人成就道业的基石。学为人师，行为世范。孔子和文王，正是这样行世成道的人师与世范。

【注释】①貉稽(mò jī):一位姓貉名稽的做官者。②理:犹顺。直译“稽大不理于口”如下:我极大地被众口所否定。③憎兹多口:即“憎于兹多口”,省略了介词“于(被)”;此句可直译为“被那些多口多舌的人所刁难(或厌恶)”。憎,难、厌恶。兹,代词“此,这”。多口,多言,不该说而说。④悄悄:忧伤貌。⑤愠:含怒、怨恨。⑥群小:众小人。郑玄云:“群小,众小人在君侧者。”《柏舟》这篇诗,写卫国一个臣子对政事的忧虑。⑦肆:今、现在。《尔雅·释诂下》:“肆……今也。”⑧殄(tiǎn):灭绝、绝尽。⑨殒(yǔn):损毁。⑩厥问:文王的声誉。厥,代词,其,表示领属关系;上句的“厥”代怨愤者,这句的“厥”代文王。问,通“闻”,声誉。《诗序》说《绵》这篇诗为:“文王之兴,本由太王也。”叙写太王(古公亶父)始迁于岐,及其定居、创业的经过。实为文王兴周的基础。为周人叙述开国历史的诗篇之一。《生民》、《公刘》是其姐妹篇。

第二十章 “以其昭昭,使人昭昭”,君子行道;“以其昏昏,使人昭昭”,小人惑世

孟子曰:“贤者以①其昭昭②,使人昭昭;今以③其昏昏④,使人昭昭。”

【译文】孟子说:“古时贤者教人,必先使自己透彻明白学理,然后才使被教的人明理;今人教人,竟凭自己糊里糊涂的识见,想要使人明白事理。”

【简析】“以其昭昭,使人昭昭”,所谓“学为人师”,理所当然;“以其昏昏,使人昭昭”,那是天方夜谭,大谬误人。“以其

昭昭，使人昭昭”，就是“行为世范”，引人入于正道；“以其昏昏，使人昭昭”，那是邪魔外道，诱人于陷阱之中。君子与小人，并存于世：尤在市场经济、道德滑坡之时，恶人乱世，骗术多端，严防巧言令色者居心叵测，警惕自身贪利招致祸端；千万要找准明师，做好人生道德学问这篇最为紧要的文章，行入正途。以儒释道三家之学为核心的中华国学，是永世的指路明灯，东学兴世，正在引领环球潮流，自觉地学习、掌握、运用，决计有明丽的前程。

【注释】①以：使。②昭昭：明白。③以：凭借。④昏昏：糊涂。

第二十一章　谨防“以其昏昏，使人昭昭”的“他术”堵塞人心

孟子谓高子①曰：“山径②之蹊间③，介然④用⑤之而成路；为间⑥不用，则茅塞⑦之矣。今茅塞子之心矣。”

【译文】孟子对弟子高子说：“山岭间的小道，经常从上面行走而成为一条路；只要过一段时间不走，就会被长满的茅草所堵塞。现在茅草已经堵塞了你的心了。”

【简析】赵岐注解说：高子“尝学于孟子，乡道而未明，去而学于他术”，所以受到了批评（见《孟子注疏》）。乡道（xiàng dào），是说高子有靠拢道义的初衷，乡即“向”；他曾经就学于孟子的门下，但是学不明白，心不坚定，便离开老师转学“他术”，因而发生了心被歪道所堵、行事糊涂的严重情况。

上章孟子揭示、警示的“以其昏昏，使人昭昭”的欺世盗名、招摇过市的骗术，就是现今使高子上当的“他术”，陷人于不测的深渊，不能不严加防范。

【注释】①高子：孟子弟子，齐人，《公孙丑下》篇第十二章登场，与《告子下》篇第三章中的高子不是一人。②山径：山岭。③蹊(xī)间：小道。蹊，小路。亦泛指道路。④介然：专一。介，接近。⑤用：犹由。⑥为间：有顷、一会儿。⑦茅塞：谓为茅草所堵塞。

第二十二章　高子之说，浮在表面

高子曰：“禹之声①，尚②文王之声。”

孟子曰：“何以言之？”

曰：“以追蠡③。”

曰：“是奚足哉？城门之轨④，两马之力与？”

【译文】高子说：“大禹时代的音乐，胜过文王时代的音乐。”

孟子问：“如此讲有何依据？”

高子说：“因为大禹时代传下来的钟钮磨损得很厉害了。”

孟子说：“这又何足为证呢？城门下的车辙那样深陷，难道是两匹拉车的马的力量吗？”

【简析】大禹在周文王之前，其间至少隔开了殷商一朝，其乐器使用年代久远，必然损坏严重；有如城门下的车辙很深，不是拉车的马力，是因为行车的次数多了。高子仅仅看到了事物表面的现象；只见浅层，不见深处，又受“他术”蒙惑，所以孟子批评他的心已被茅草堵塞住了。

【注释】①声：指音乐、诗歌。②尚：超过，胜过。③追蠡（duī lǐ）：钟钮欲断貌。赵岐注："追，钟钮也，钮磨啮处深矣；蠡，欲绝之貌也。"蠡，虫蛀木。引申为器物久磨将断的样子。钟，古代乐器，青铜制，悬挂于架上，以槌叩击发音，祭祀或宴享时用。战争中亦用以指挥进退。钮，器物上面可以提携或系绳带的部分。④轨：车迹。

第二十三章　孟子审时度势，不可则止

齐饥。陈臻[1]曰："国人皆以夫子将复为发棠[2]，殆[3]不可复。"

孟子曰："是为冯妇[4]也。晋人有冯妇者，善搏虎，卒为善士[5]。则[6]之[7]野，有众逐虎，虎负嵎[8]，莫之敢撄[9]。望见冯妇，趋而迎之。冯妇攘臂[10]下车，众皆悦之；其为士者笑之。"

【译文】齐国发生饥荒。陈臻对孟子说："国人都以为老师将再次请齐王打开棠地的粮仓赈济百姓，大概不可能再这样做了吧。"

孟子说："再这样做便成了冯妇了。晋国人中有个叫冯妇的人，善于打老虎，最后成了慈善之士，放弃打虎了。有次他到野外去，有多人追逐老虎，老虎背靠着山角，没有人敢靠近它。众人望见冯妇乘车而来，于是快步向前去迎接他。冯妇捋起衣袖，走下车来，众人极其兴奋愉悦；可是作为士的那些人都在讥笑他。”

【简析】孟子崇敬、赞叹孔子是相机行事的圣人；他老人家也同样审时度势，权变通达，不可则止；是以他讲了冯妇的故事。冯妇受到他的士人同党的嘲笑，是因为他仗恃勇猛，少了智慧，不懂得因时之变，不知道退缩的缘故。

【注释】①陈臻：孟子弟子，在前学《公孙丑下》篇第三章、《告子下》篇第十四章，都见过面，“陈子”即为陈臻。②发棠（táng）：孟子为推行仁政，曾就齐饥劝齐宣王发放棠城积谷赈济贫民。后因谓开仓赈济为“发棠”。棠，春秋齐邑。③殆：大概。④冯妇：古男子名，善搏虎。赵岐注：“其士之党笑其不知止也。”后用以指重操旧业的人。⑤善士：慈善之士，行善之士。⑥则：助词，用于句首，无义。⑦之：往，至。⑧嵎（yú）：山势曲折险峻处。⑨撄（yīng）：迫近、触、触犯。⑩攘（rǎng）臂：捋起衣袖，伸出胳膊。常形容激奋貌。

第二十四章　命运自立，天性当家

孟子曰：“口之于味也，目之于色也，耳之于声也，鼻之于臭①也，四肢之于安佚②也，性也；有命焉，君子不谓性也。仁之于父子也，义之于君臣也，礼之于宾主也，知之于贤者也，圣人之于天道也，命也；有性焉，君子不谓命也。”

【译文】孟子说：“口舌喜尝美味，眼睛喜观美色，耳朵喜听美乐，鼻子喜闻香气，四肢喜好舒适，那些都是生命在迁延过程中派生的欲望;但是那些欲望的满足又都取决于命运,所以君子不认为这是天性的必然,不会去强求。仁对于父子,义对于君臣,礼对于宾主,智慧对于贤者,圣人对于天道,属于命运;但更是天性的必然,所以君子不认为这些是该属于命运的,理应去追求。”

【简析】在前学习《告子上》篇第七章之时,我们说过:“人有眼、耳、鼻、舌、身、意六根;六根有六种功能,叫六识:眼喜美色,耳喜美声,鼻喜香味,舌喜美味,身喜美感,意率五根。除了鼻识、身识之外,孟子在此说了眼、耳、舌、意(心)四识,而且是在意根保持正念的前提下说的,谓之‘理义悦心’。一旦意根偏邪,放纵其余五根,人就会趋恶下堕,极其危险。是以控制六根,显露人性,成了人们行世处事的核心一环。”

眼下这一章,又一次涉及口、目、耳、鼻、身五根的欲望,追求享受的人生课题。孟子指出,那些属于命运,不是人追求所可得到。古人认为,由于前世修德所积的福报没有用完,故而今生还能有一些好的享受;但若只顾享受,为所欲为,不再修德,那么福报用尽了,便要欠账,灾祸可能就要降临了;所以古人又强调惜福,不可任意奢靡,能够一日三餐,夜眠七尺,满足了。

什么可以追求呢?仁义礼智可以追求,天道可以追求;这些属于命运,更加取决于天性。命运应该紧紧掌握在人们自己手里,核心在于修身,展示亮丽的天性;天性得以展示了,坏的命运可以转好,好的命运好上加好,福祉无边。

天道谓天理、天意。属于自然客观的力量。人们重德行善,便得好报,若恣意妄为,便得恶报。乃天道扬善惩恶,警戒人类。近年来灾害频发,系世人污染破坏地球所致。这叫做客观规律不以人的主观意志为转移。古人所谓“天道好还”,因果不虚,其理若此。圣人视此为命运，但更看重天性；人身有天性当家，全心全意利好他人，利好社会，无一毫私意，命运便可自控、自立，得大自在。

“生于忧患，死于安乐。”（见《告子下》篇第十五章）学习这一章，让我们再一次回想起、体会到孟子这个谆谆告诫的千古不朽的真理所在，它是行船于茫茫大海的航标灯，是照亮人生旅程的北斗星，使人心明，希望永存。

【注释】①臭（xiù）：气味的总称。孔颖达疏：“通于鼻者谓之臭。”②安佚（yì）：安乐舒适。佚，安逸、安乐。

第二十五章　充实善信，追求美、大、圣、神

浩生不害①问曰：“乐正子②，何人也？”

孟子曰：“善人也，信人③也。”

“何谓善？何谓信？”

曰：“可欲④之谓善，有诸己之谓信，充实⑤之谓美，充实而有光辉之谓大，大而化之⑥之谓圣，圣而不可知之之为神。乐正子二之中，四之下也。”

【译文】浩生不害问道：“乐正子，是一个怎样的人？”

孟子回答说：“是个善人，是个诚实的人。”

浩生不害问：“怎么叫做善？怎么叫做诚实？”

孟子说：“让人觉得可爱便叫做善，他自己的确有那些值得人爱的优点便叫做诚实，那些优点充满于他本身便叫做美，充满而且光辉地表现出来便叫做大，光辉地表现出来又能融会贯通

便叫做圣,圣德到了妙不可测的境界便叫做神。乐正子正是处在善和诚实二者的中间,以及美、大、圣、神四者的下面。”

【简析】乐正子是个好善诚实努力向上的人。在前学《离娄上》篇第二十四、二十五章,我们看到,他曾因跟随齐宣王的宠臣王子敖(王驩的字)从鲁国跑到齐国吃喝,受到孟子严厉的批评。乐正子当场承认错误,愿意改过。后来孟子便赞扬他,夸他“为人好善”,眼前是又一次褒奖。真实不虚,有错能改,善莫大焉。

乐正子的提升余地还很大,孟子说他“处在善和诚实二者的中间”,远不达美、大、圣、神的境界。

【注释】①浩生不害:赵岐注:“浩生姓,不害名,齐人也。”②乐正子:孟子弟子,在鲁做官;在前学《告子下》篇第十三章,“鲁欲使乐正子为政”,孟子闻之,“喜而不寐”,夸赞他“为人好善”。③信人:诚实的人。④欲:爱,喜爱。⑤充实:使完满、加强。焦循正义:“扩而充之使全备、满盈,是为充实。”⑥大而化之:谓光大德业,以化万民。赵岐注:“大行其道使天下化之,是谓圣人。”

第二十六章　回头是岸

孟子曰:“逃[1]墨必归于杨,逃杨必归于儒。归,斯[2]受之而已矣。今之与杨、墨辩者,如追放豚[3],既入其苙[4],又从而招[5]之。”

【译文】孟子说:“脱离墨子学派者一定归到杨朱学派去,脱离杨朱学派者一定归到儒家学派来。既归来了,就接受他算了。

今天同杨、墨两派辩论的人,好像追逐已经走失的猪一般,赶进猪圈之后,还要用绳索把它的脚拴住。"

【简析】孟子的意思,对离开邪恶回到正道的人要抱欢迎的态度,不要抓住他们的过去不放。

【注释】①逃:脱离、离开。②斯:连词,犹则。③豚(tún):亦作"豘(tún)"。小猪,亦泛指猪。④苙(lì):畜圈。⑤招:羁绊,束缚。

第二十七章 征税无度,民惨国危

孟子曰:"有布缕[①]之征,粟米之征,力役[②]之征。君子用其一,缓其二。用其二而民有殍[③],用其三而父子离。"

【译文】孟子说:"国家征收赋税的种类,有征收布帛的,有征收粮食的,有征发人力服劳役的。君子使用一种,暂缓使用其余两种。若同时使用两种百姓便要有被饿死的,若同时使用三种更要使得父子这样的至亲骨肉都不得不离散了。"

【简析】赋税劳役要轻,方是君子治国的善策。

【注释】①布缕:布与线。亦泛指织物。缕,帛。②力役:劳役。③殍(piǎo):饿死的人。

第二十八章 国有三宝安,国失三宝危

孟子曰:"诸侯之宝三:土地,人民,政事。宝珠

玉者，殃必及身。”

【译文】孟子说：“诸侯具有三件宝贝：拥有土地，人民众多，办好国务。若将珍珠美玉视作宝贝，那么祸殃一定会降临到他的身上。”

【简析】土地是国家的基本产业，开发财富的源头；人民是国家的根本，力量的代表；政事经办如何，象征国家的兴衰。诸侯当把心思精力集中使用于此，则清明有道，国事日隆。若以珠玉为宝，历史曾有多少悲剧演绎于前，覆辙岂可重蹈！

第二十九章　盆成括死为何来

盆成括[①]仕于齐。孟子曰：“死矣盆成括！”

盆成括见[②]杀，门人问曰：“夫子何以知其将见杀？”

曰：“其为人也小有才，未闻[③]君子之大道也，则足以杀其躯而已矣。”

【译文】盆成括在齐国做官。孟子说：“盆成括死期到了！”

后来盆成括果然被杀，弟子问道：“先生怎么知道他要被杀害？”

孟子说：“他做人有小才能，但不懂得大德高人的处世大学问，就足以招致杀身之祸了。”

【简析】盆成括不懂得大德高人的处世大学问，仅凭小聪明，便恃才妄作，必毁政事，必食恶果。是以孔子要求弟子一定先做好以尧舜之道为核心的人生学问，不然不允许做官。子路反其道而行之，受到夫子严厉的责备(《论语·先进》篇)。夫子强调做好尧舜之道的人生学问是指："弟子入则孝，出则弟，谨而信，泛爱众，而亲仁；行有余力，则以学文。"(《论语·学而》篇)德育领先，余力学文。在做好道德学问的前提下，也必须要学文，为什么？夫子明确指出，"博学于文，约之以礼"，也就不至于离经叛道了(《论语·颜渊》篇)。广博的文化知识，规范的礼仪修养，辅助道德学问顺利地普施于人，力行于政。官场有许多看得见的明规则，也有不少看不见的但是必须应对的潜规则。对于这些，要能从容不迫，应付裕如，必须透彻领悟、切实掌握大德高人的用世大道，仁智勇一体，那么，世事洞明，人情练达，将会如孔夫子垂范的那样："从心所欲，不逾矩。"(《论语·为政》篇)

【注释】①盆成括：赵岐注："盆成姓，括名也。"②见：用在动词前面表示被动，相当于被，受到。③闻：接受。

第三十章　平静对待"往者不追，来者不拒"的议论

孟子之滕，馆于上宫①。有业屦②于牖③上，馆人求之弗得。或问之曰："若是乎，从者之廋④也？"

曰："子以是为窃屦来与？"

曰："殆⑤非也。夫子之设科也，往⑥者不追，来者不拒。苟⑦以是心至，斯受之而已矣。"

【译文】孟子来到滕国，住在上宫。有一双尚未织成的草鞋放在窗台上不见了，宾馆的人寻找不到。其中有人便婉转地问孟子说："像这样的情况，是否有可能跟随您的人把草鞋藏起来

了呢？”

孟子淡淡一笑说：“您以为这些人是来偷草鞋的吗？”

宾馆问疑的人员很快地对答道：“那当然不会的。不过，您老先生开科授业，对离去的人不追问，进来的人不拒绝；只要抱着这种向学的心地到来，就接受他们了，难免良莠不齐呢。”

【简析】这是孟子日常处世中的一个小插曲。宾馆窗台上少了一双还没有编织完工的草鞋，有人当面向孟子质疑，可能是跟从他的弟子所为；孟子虽然答了一句：“您以为这些人是来偷草鞋的吗？”告以从者来此的目的，疑心待客不妥；但是对于问疑者接着而来的一席议论，也未置可否；尤且特地将此编入典籍传世，表示孟子心态的光明，行世的严肃，对外界舆论的尊重。他老人家认真地向社会表明，他和他的弟子不是十全十美，愿意听取人们的批评。同时，孟子在此也郑重地告诫他的弟子，学问之道，做人之道，必须时加检点，防微杜渐，不能轻忽小节，铸成大错。

“往者不追，来者不拒”，宾馆人员对孟子开科授徒的这个评论，当然不确。孟子收受弟子入门，严肃、严格，对有依仗之心的曹交、滕更，拒受、拒教，便是显例。在前学《告子下》篇第二章时，我们看到，曹交凭和邹君的交谊，假馆而受业，被孟子当场温和拒绝；在学《尽心上》篇第四十四章时，孟子告诉弟子公都子，滕文公之弟滕更挟贵、挟贤，故而不回答他的请教。人际平等，作为弟子，更应谦恭，离开做人的基本规范，做不好人生学问。

【注释】①上宫：楼馆。赵岐注：“上宫，楼也。孟子舍止宾客所馆之楼上也。”②业屦：没有编织完的草鞋。业，创始。屦(jù)，单底鞋，多以麻、葛、皮等制成。③牖(yǒu)：窗户。④廋(sōu)：藏匿，隐藏。⑤殆：副词，表示肯定，相当于“当然”、“必定”。选择该义项，系揣度宾馆接待人员对孟子的礼貌之词。⑥往：去（离开）。⑦苟：只要。

第三十一章　广施仁义利人利己，诱惑害人盗贼之心

孟子曰：“人皆有所不忍，达[①]之于其所忍，仁也；人皆有所不为，达之于其所为，义也。人能充无欲害人之心，而仁不可胜用也。人能充无穿窬[②]之心，而义不可胜用也。人能充无受尔汝[③]之实，无所往而不为义也。士未可以言而言，是以言餂[④]之也；可以言而不言，是以不言餂之也。是皆穿窬之类也。”

【译文】孟子说：“人都有不忍心做的事，能把它推广到所忍心做的事上，便是仁；人都有不愿做的事，把它推广到愿意做的事上，便是义。人能扩充不想害人的心，那么仁便用不尽了。人能扩充不可有挖洞爬墙偷窃的心，那么义便用不尽了。人能扩充不受轻贱的实际言行，那么无论走到哪里都不会有不合于义的事发生。一个士人，不可以同人交谈却故意去交谈，那就是为自己取利用言语去引诱人；可以交谈却不去交谈，那也是为自己取利而用沉默来引诱人。凡此种种，都是属于打洞翻墙一类的奸利之心。”

【简析】人本来都有为性善所决定的善行美德，就是孟子倡导传扬的良知良能的展示，因而推动人广施仁义，利人利己。这

是本章突出强调的宗旨。但是由于后天人际环境的污染，“习相远也”，习气使得人们的修养相差遥远，甚至有天壤之别，出现了利己损人的私心、恶行，所谓人类的弱点。这个弱点普遍存在，一个地区、一个国家、一个民族、一个族群，都可能有程度不同的各种弱点。中华民族的道德文明，两千多年来领先于世界，这是在以儒家为主流的、道家、佛家的共同长期熏陶的结果。目前社会出现的触目惊心、伤天害理的道德滑坡，由人际危害到自然，是我们自食否定传统的恶果。那种为害他人、为害社会、为害自然的恶行败德，用孟夫子的话说，都属于盗贼的一类，只能唾弃，不可谅解。

【注释】①达：周遍，全面。②穿窬（yú）：挖墙洞，爬墙头。穿，挖掘；窬，翻越。③尔汝：古代尊长对卑幼者的称呼。引申为轻贱之称。④餂（tiǎn）：诱取。

第三十二章　君子之守，修其身而天下平

孟子曰：“言近而指远①者，善言也；守约而施博②者，善道③也。君子之言也，不下带④而道存焉；君子之守，修其身而天下平。人病舍其田而芸⑤人之田，所求于人者重，而所以自任者轻。”

【译文】孟子说：“表达出来的言语浅近而涵义深远的，这是好话；操持简要而效果广大的，这是好办法。君子的言论，说的如记在腰间衣带上的目前近事，而最高的道理就存在其中；君子的操守，从修养自身开始达到天下太平的目标。一般人的毛病，

在于放弃自己的田地不耕耘，却去耕耘别人的田地，要求别人很苛重，用来自己担任的却很轻。”

【简析】言近旨远，守约施博，是君子的善言善道：说的是衣带上记的眼前身边近事，却涵盖最高的道理；做的是日常切实的修身养德，却直达治国平天下的远大目标。责己严，待人宽，这是君子引人向善、摒绝一般人通病的仁德义行。

【注释】①言近而指远：亦作“言近旨远”，语言浅近而涵义深远。②守约而施博：谓所操者简易而施予者广大。守约，简易可行。③善道：好的途径，好的方法。④不下带：古人衣带记事。在《论语·卫灵公》篇第六章，子张问怎样才能四处行得通；孔夫子告诉他认真实行“忠信笃敬”四个字，则四处通达。子张把夫子的教导写在自己腰间的大带上。⑤芸：通“耘”，除草。

第三十三章　行仁在天性，守法待天命

孟子曰：“尧舜，性者也；汤武，反①之也。动容②周旋③中礼者，盛德④之至也。哭死而哀，非为生者也。经⑤德不回⑥，非以干禄⑦也。言语必信，非以正行⑧也。君子行法以俟命而已矣。”

【译文】孟子说：“尧帝、舜帝行仁道，是出于天性；商汤、周武王行仁道，经过修身，回归天性，然后力行。举止仪容、应酬进退都合乎礼法，这是美德中的最高美德。痛哭死去者而哀伤不已，不是做给活着的人看的。德行坚定不歪，不是为做官拿俸禄。讲话必守信用，并非为了博取好名声。君子行事守法，以等待天

命的安排罢了。”

【简析】尧舜行仁道，直接展示天性的境界；汤武行仁道，要经过修身的阶段，回归天性，方可达成。孟子指出，日常具体处世事务中桩桩件件摒除私心，纯净而不染，这就是修身的功夫；行事守法，服从天命的安排，这就是天性的表现。人皆可以为尧舜，孟子在本章为学道的弟子指引了明确可行的途径。尧舜直接展现的天性，汤武经过修身回归天性，只要坚信、发愿、实行，绝不停止而后退，均可如愿学成。

孔夫子明告后人：“温故而知新，可以为师矣。”（《论语·为政》篇）

那么，就让我们回顾一下此章之前从《孟子》一书学习过的相关的内容，以见孟夫子反复诱导叮咛的良苦用心。

在学《公孙丑上》篇第二章时，孟子引用有若的话说，圣人同民众，也是同类，只是远远高出于一般人类。既是同类，就有可比、可学、可达之理。更从学习《滕文公上》篇第一章明白此理。孟子引用颜渊的话说，有作为者也应当像大舜那样坦荡处世，成就一番圣人的事业。在学习《离娄下》篇第二十八章时，我们曾直接听到孟子谈“君子有终身之忧”时说，“舜，人也，我，亦人也；舜为法于天下，可传于后世”，我未免还是普通人，则是可忧之处，怎么办？取法像舜一样的处世态度。孟子要弟子见贤思齐，精进不已，抵达圣人的境界。就在本篇上第十章，孟子更以浩然正气鼓舞学道的弟子说，豪杰自兴，不必等待圣人的出世。志愿学道成圣，必须满怀自信。

【注释】①反：还归，回。后多作“返”。②动容：举止仪容。③周旋：古代行礼时进退揖让的动作。引申为交往、交际应酬。④盛德：品德高尚、高尚的品德。⑤经：常久。《玉篇·糸（mì）

部》:“经,常也。”⑥回:邪,邪僻。⑦干禄:求禄位,求仕进。⑧正行:正直的行为。也有解为“方正的名声”。

第三十四章　孟子所行,皆古之法度

孟子曰:“说大人,则藐之,勿视其巍巍然。堂高数仞,榱题①数尺,我得志弗为也;食前方丈②,侍妾数百人,我得志弗为也;般乐③饮酒,驱骋④田猎,后车⑤千乘,我得志弗为也。在彼者,皆我所不为也;在我者,皆古之制⑥也;吾何畏彼哉!”

【译文】孟子说:“游说达官贵人,就得轻视他,不要把他们一时的显赫看得了不起。他们的殿堂台阶几丈高,屋檐几尺宽,我若兑现人生志愿为国为民办事绝不如此张扬;用餐时佳肴满桌,姬妾数百人,我若兑现人生志愿为国为民办事绝不如此张扬;大肆饮酒作乐,往来驰骋打猎,随从的车子千辆,我若兑现人生志愿为国为民办事绝不如此张扬。凡是他们所做的那些腐化享乐的行为,我都绝不去做;在我做的,都符合古代的法度;我怕他们什么呢!”

【简析】孟子的人生志愿,是为国为民,广施仁义,不愿奢华享乐,糟蹋民脂民膏。他老人家的浩然正气,冲云破雾,震荡长空,藐视富贵张扬,显示了威武不能屈的豪迈大丈夫气概。千古以来,为人叹服。

【注释】①榱(cuī)题:亦称“榱提”。屋椽的端倪。通常伸出屋檐,因通称出檐。焦循正义:“榱之抵檐处为榱题,其下覆以瓦，雨自此下溜，故为霤(liù，屋檐的流水)。……自瓦言之为霤，自椽言之为榱题。”②食前方丈：吃饭时面前一丈见方的地方摆满了食物。形容生活奢侈。赵岐注：“极五味之馔(zhuàn)食列于前，方一丈。”③般乐(pán lè)：大肆作乐。般，大。④驱骋：驱策驰骋。⑤后车：副车，侍从所乘的车。⑥制：法度、制度。

第三十五章　养心莫善于寡欲

孟子曰：“养心莫善于寡欲。其为人也寡欲，虽有不存焉者，寡矣；其为人也多欲，虽有存焉者，寡矣。”

【译文】孟子说：“养心的方法没有比减少欲望更好的了。做人欲念少，本性尽管也有丧失的，为数很少；做人欲念多，本性尽管也有能保存的，为数极少。”

【简析】清心寡欲，是高人修身养性的明慧不惑的善则。这是孟子在做人方面继承“古之制”的身体力行。眼耳鼻舌身意六根，是人追求享乐、发泄欲望之处，尤其意根，必须严加控制，让本性当家，人们方有清净处世的自由自在。

第三十六章　曾子不忍食羊枣

曾皙嗜羊枣①，而曾子不忍食羊枣。公孙丑问曰：“脍炙②与羊枣孰美？”

孟子曰："脍炙哉！"

公孙丑曰："然则曾子何为食脍炙而不食羊枣？"

曰："脍炙所同也，羊枣所独也。讳名不讳姓，姓所同也，名所独也。"

【译文】曾子的父亲曾皙喜欢吃羊枣，曾皙辞世后，曾子不忍心吃羊枣。公孙丑问老师说："细切的烤肉同羊枣比，哪一种味美？"

孟子说："细切的烤肉啊！"

公孙丑疑问："那么这样看来，曾子吃细切的烤肉而不吃羊枣是为了享受美味吗？"

孟子说："细切的烤肉大家都喜欢吃的，羊枣只是个别人喜欢吃的。这同对于父母君上避讳名、不避讳姓是一样的，姓是大家共同的，而名却是人所独有的。"

【简析】孙奭说："曾参至孝，思亲异心，羊枣之感，终身不尝。"（《孟子注疏》）

【注释】①羊枣：果名。君迁子之实，长椭圆形，初生色黄，熟则黑，似羊矢，俗称"羊矢枣"。君迁子，果木名，又称君迁、黑枣、软枣、羊矢枣。树冠圆形，叶互生，椭圆，夏季开花，色淡黄或淡红。浆果长椭圆形，熟时蓝黑色。中国各地都有野生。可用作嫁接柿树的砧木。羊矢，股内侧近阴处。②脍炙：细切的肉和烤熟的肉。亦泛指佳肴。

第三十七章　狂狷之士与乡原德贼

孔子不能必得中道之士，故而收受有进取精神的狂者、保持自身洁白的狷者为弟子,演绎华夏文明传世,沿袭中华历史的光明走向。乡原系德之贼,“同乎流俗,合乎污世;居之似忠信,行之似廉洁;众皆悦之,自以为是”,危害巨大,必须清除其恶劣影响。

中道不可必得,故思狂狷之士

万章问曰:“孔子在陈曰:‘盍归乎来[①]!吾党之小子狂简[②],进取,不忘其初。’孔子在陈,何思鲁之狂士?”

孟子曰:“孔子不得中道而与[③]之,必也狂狷[④]乎!狂者进取,狷者有所不为也。孔子岂不欲中道哉?不可必得,故思其次也。”

“敢问何如斯可谓狂矣?”

曰:“如琴张、曾皙、牧皮者,孔子之所谓狂矣。”

“何以谓之狂也?”

曰:“其志嘐嘐[⑤]然,曰:‘古之人,古之人。’夷考[⑥]其行,而不掩[⑦]焉者也[⑧]。狂者又不可得,欲得不屑[⑨]不絜之士而与之,是狷也,是又其次也。孔子曰:‘过我门而不入我室,我不憾焉者,其惟乡原[⑩]乎!乡原,德之贼也。’”

【译文】万章问道:“孔子在陈国时说:‘何不回去呢?我家乡的弟子们志气大,阅历不深,有进取心,不忘初衷。’孔子在陈国,为什么思念鲁国的这些狂放之士呢?”

孟子说："孔子说过，得不到行中道之士而同他们交往，那就必定结识狂狷之士吧！狂放之士勇于进取，狷介之士有所不为。孔子岂不想同行中道之士交往呢？不能一定得到，所以就考虑次一等的人了。"

万章问："请问怎样的人称作狂放之士呢？"

孟子说："例如琴张、曾皙、牧皮这些人，是孔子所说的狂放之士。"

万章问："为什么说他们是狂放之士呢？"

孟子说："他们志气大，夸夸其谈，总说：'古人呀，古人呀。'可是一考察他们的行为，却不能同他们的言语相吻合。若狂放之士也不可能得到，便考虑同鄙弃做肮脏事的人交往，此即洁身自好的狷介之士，这是又次一等的人。孔子说：'经过我的门口却不进我的室，而我不感到遗憾的，恐怕只有那些好好先生吧！那些好好先生，是伤害道德的人。'"

【简析】狂放、狷介之士，或者志向远大而踏实不足，或者洁身自好而有所不为，都可以通过裁剪、修整而提高，培养成志士仁人；是以在中道不可必得的境况下，吸纳了狂狷之士，传承以尧舜之道为核心的中华文化，历史证明，孔夫子的抉择英明无误。

【注释】①来：用在句末，表示疑问语气。②狂简：志向高远而处事疏阔。狂，狂放。简，大。《尔雅·释诂上》："简，大也。"在此也含有"简略、简单"之意。③与：交往。"与之"，即"与于之"，同他们交往。④狷(juàn)：拘谨无为。引申为孤洁。⑤嘐嘐(xiāo xiāo)：形容志大而言夸。赵岐注："嘐嘐，志大言大者也。"⑥夷考：考察。夷，发语词。⑦掩：合上。⑧者也：用于句末，接名词后，表示语句停顿，兼助确认语气；重点在"也"字加重语气作用。没有实际意义,语体文可以不必译出。⑨不屑:认为不值得。⑩乡原(yuàn):指乡里中貌似谨厚,而实与流俗合污的伪善者。原,同“愿”,谨厚(谨慎厚道)貌。

乡原德贼,曲意迎世媚俗,与尧舜之道对立

曰:“何如斯可谓之乡原矣?”

曰:“何以是嘐嘐也?言不顾行,行不顾言,则曰:‘古之人,古之人。’行何为踽踽凉凉①?生斯世也,为斯世也,善②斯可矣。阉然③媚于世也者,是乡原也。”

万子曰:“一乡皆称原人④焉,无所往而不为原人;孔子以为⑤德之贼,何哉?”

曰:“非之无举也,刺之无刺也;同乎流俗,合乎污世;居之似忠信,行之似廉洁⑥;众皆悦之,自以为是,而不可与入尧舜之道,故曰德之贼也。孔子曰:‘恶似而非者:恶莠⑦,恐其乱苗也;恶佞,恐其乱义也;恶利口⑧,恐其乱信也;恶郑声⑨,恐其乱乐也;恶紫,恐其乱朱也;恶乡原,恐其乱德也。’君子反经⑩而已矣。经正,则庶民兴;庶民兴,斯无邪慝⑪矣。”

【译文】万章问:“怎样的人叫做好好先生呢?”

孟子说:“那些好好先生指责狂放之士说,为什么要如此口气大、夸夸其谈呢?说的不顾做的,做的不顾说的,就单单会说:‘古人呀,古人呀。’又指责狷介之士说,行动为什么要那样

落落寡合呢？还说，生在这个世界上，为这个世界做事，只要和善老实就行了。他们曲意逢迎、讨好世俗，这些人就是好好先生。”

万章问：“全乡的人都称他为老好人，他也四处表现出是个老好人；孔子竟把他们看作损害道德的人，为什么呢？”

孟子说：“要否定那种人，又举不出大错误来，要讽刺吧又好像没什么讽刺的；但他们混同流俗，迎合浊世；平日处世也好像忠厚信实，行为也好像廉正清白；大家都喜欢他，他们自己也认为正确，但与尧舜之道格格不入，所以说他们是损害道德的人。孔子说：‘我厌恶那种似是而非的东西：厌恶狗尾草，恐怕它混淆了禾苗；厌恶那些有歪才似义非义的人，恐怕他们混淆了义；厌恶能言善辩似信非信的人，恐怕他们混淆了信；厌恶郑国的淫乐，恐怕它们混淆了雅乐；厌恶那些似朱非朱的紫色，恐怕它们混淆了朱色；厌恶那些似有德非有德的好好先生，恐怕他们混淆了德。’君子的使命是让一切事物回到常道罢了。常道处于正位，百姓就会兴旺发达；百姓兴旺发达，就没有邪恶了。”

【简析】乡原的危害，正在其似是而非，似恶非恶，混淆了正与邪、德与非德：混同流俗，迎合浊世，败坏风气，滋长邪恶。是以同尧舜之道格格不入。尧舜之道是引导人民通向光明境域的常道——永恒之道。永恒之道处于正位，百姓就会兴旺发达；百姓兴旺发达，就没有邪恶了。关键是护持尧舜的永恒之道，使得社会正气升腾。这是君子处世百折不回的崇高使命。

【注释】①踽踽（jǔ jǔ）凉凉：落落寡合貌、狷介（孤高洁身）貌。②善：和善、老实。③阉（yān）然：曲意逢迎貌。④原人：老实谨慎的人。⑤以为：即“以之为”，其间省略了“之”（指原人）。

⑥絜(jié):通“洁”,清洁。⑦莠(yǒu):草名,田间常见杂草,生禾粟下,似禾非禾,秀而不实;因其穗形像狗尾,故俗名狗尾草。赵岐注:“莠之茎叶似苗。”⑧利口:能言善辩。⑨郑声:原指喜好战国时郑国的流行音乐,与雅乐对立,不入正统之列。⑩反经:恢复常道。反,回归。经,常道,指常行的义理、准则、法则。⑪慝(tè):邪恶。

第三十八章　孟子当之无愧是孔夫子道统的传人

孟子曰:“由尧舜至于汤,五百有余岁;若禹、皋陶,则见而知之;若汤,则闻而知之。由汤至于文王,五百有余岁;若伊尹、莱朱[①],则见而知之;若文王,则闻而知之。由文王至于孔子,五百有余岁;若太公望、散宜生[②],则见而知之;若孔子,则闻而知之。由孔子而来,至于今,百有余岁,去圣人之世,若此其未远也;近圣人之居[③],若此其甚也。然而无有乎尔!则亦无有乎尔!”

【译文】孟子说:“从尧舜到商汤,经历了五百多年;像大禹、皋陶,是亲历尧舜治天下因而知道尧舜治天下之道的;像商汤,是从传闻而知道尧舜治天下之道的。从商汤到周文王,经历了五百多年;像伊尹、莱朱,是亲历商汤治天下因而知道商汤治天下之道的;像周文王,是从传闻而知道商汤治天下之道的。从文王到孔子,经历了五百多年;像太公望、散宜生,是亲历文王治天下因而知道文王治天下之道的；像孔子，是从传闻而知道文王治天下之道的。从孔子以来，到达今天，经历了一百多年，离开圣人的时代，是这样的近；距离圣人的家乡，更是近得很啊。可是还没有继承道统的人！那么也就没有继承道统的人了！”

【简析】在前学《公孙丑下》篇第十三章时，我们听到孟子宣告说：“五百年必有王者兴，其间必有名世者。”紧接着他极其自信地表示，若上苍想要平治天下，当今之世，除开我谁能担当呢？有一股责无旁贷、义无反顾为天下、为大众谋取福祉的浩然正气在。眼下这一章，直接以尧舜至汤、汤至文王的史实，证明“五百年必有王者兴，其间必有名世者”的时段间隔的规律。但从孔子至今，百有余年，离开圣人的时代如此之近，距离圣人的家乡更是如在目前，却无继承孔子道统的人出现，孟子为此感慨万端。然而两千多年的华夏文明，早就无可移易地昭告天下，他老人家就是孔夫子道统当之无愧的传人。在他之前，曾子的《大学》，精妙地阐述了圣人做学问的宗旨及其永为后世指南的治学步骤，所谓“三纲八目”，脍炙人口；子思的《中庸》，剖示了“无过无不及”的道德之最，做人的智慧、境界，不能逾此，是圣人的标志。孔子之道有明白的传人。孟夫子的学问功德，是对孔夫子学说的全面继承、弘扬，故而孔孟并称，有口皆碑。这是历史的结论。

【注释】①莱朱：商汤贤臣左相。②散宜生：周文王贤臣。③居：住宅。

2011 年 9 曰 6 日午后 2:55，初稿草创，2013 年 12 月 2 日定稿

初版记言

《孟子》原文的章次、断句,除个别情况,这里采用绍南文化编订、厦门大学出版社出版的大字本体例;关于译文,参照了杨伯峻《白话四书》等几种译本,择善借鉴,得益良多;校读文稿,呈审清本,齐鲁书社编辑给予了周密指导,在此一并衷心感谢。

作者　2013 年 9 月 18 日